逻辑原理

上 册

〔英〕F. H. 布拉德雷　著

庆泽彭　译

F. H. Bradley
THE PRINCIPLES OF LOGIC
VOL. I
LONDON
OXFORD UNIVERSITY PRESS
1922

布拉德雷逻辑思想评述

贺 麟

布拉德雷（F.H.Bradley，1846—1924）是英国新黑格尔学派最重要的一个代表。英美资产阶级哲学界把他捧得很高。他在他的著作的序言里，一再说他的学说没有什么创见，自称如果说他有创见的话，也只是由于他吸收别人的智慧特多（见《逻辑原理》第二版序）。但是英国的资产阶级哲学家却称布拉德雷为英国当时"最有独创性的著作家"。（见缪尔黑德主编《现代英国哲学》第一卷第316页）

在以理论脱离实际为特点的资产阶级唯心主义哲学家中，布拉德雷的生活是最与现实的社会、政治生活相隔绝的。由于健康不佳，他在牛津大学毕业后，自1876年起即任牛津麦尔顿学院的研究员，终身都是过的隐居养病的生活，不惟没有参加过社会、政治活动，连教学和学术演讲的工作都没有参加过。但是这种脱离实际的生活，以及他的著作之绝少直接接触到政治、社会和经济问题，却不能掩饰他的唯心主义哲学的反唯物主义、反科学、替英帝国主义、替英国资产阶级的统治服务的阶级内容和反动实质。到他晚年，英王曾颁发给他一枚哲学家很少得到的"功绩勋章"（Order of Merits），以表扬他对英帝国主义服务的"功绩"，这决不是偶然的。

现在我们要看一看这位得"功绩勋章"的、被英美资产阶级学界吹捧"最有独创性的著作家"、"第一流的人物"(缪尔黑德语)、"现代哲学中的芝诺"(见梯利著《哲学史》)、"锐敏的辩证法家"(见韦伯及培黎著《哲学史》)、"哲学家中之哲学家"(见亨勒著《唯心主义哲学》)的布拉德雷,究竟所出售的是一些什么货色。

我们先对布拉德雷的主要著作作一个概括的检阅,然后进一步批评介绍他的《逻辑原理》一书中的主要思想。布拉德雷的著作除了一小册《格言录》外,共有下列五种,兹分别加以简略的评介。

一、《伦理研究》,1876年出版,1927年第二版,新版附有注释,共344页。这书用意在反对英国当时盛行的功利主义伦理学,从黑格尔的观点出发,批评并发展康德的伦理思想,提倡自我实现说。本书第一章讨论道德责任及自由与必然问题,认为自由与必然在道德生活中并不矛盾。对于人的性格和行为的必然性能作出合理的预测,正足以表示这人的意志是自由的,应对他的行为负一定的道德责任。反之一个失性发疯的人,他的行为就没有规律可以预测,这正表明他的意志不自由。布拉德雷把意志的自由建立在人的主观的性格和行为之合理的可预测性上,而不建筑在对于客观现实发展规律的反映与依靠上。第二章解答"我为什么应该有道德?"一问题,提出他的自我实现说,他认为道德的目的在于实现自我,而实现自我就是"实现理想之我"、"实现作为全体的自我"、"实现无限之我",完全是神秘的、唯心的、麻痹人们阶级意识的道德说教。第三章批评"为快乐而快乐",对于英国传统流行的快乐主义和功利主义提出了一些有趣的批评论证。第四章批评康德的"为义务而义务"的纯义务说和纯动机说,从唯心主义观点来主张动机和结果统一说。第五章亦即书中最重要、最有名的一章叫作"我的岗位和义务",教人在剥削社会中谨守自己的"岗位",克尽厥职,实践自己的"义务"。据说这篇很有感人能力,有助于替英国资产阶级社会教育出安分守法的公民。正如一切唯心主义者最后都是信仰主义者那样,布拉德雷也把道德引向宗教。他说"信奉宗教是一个道德义务,有道德修养是一个宗教义务"。(第335页)"道德最后完成于与上帝为一的神秘境界中"。(第342页)《伦理研究》是布拉德雷最早的著作,也是黑格尔主义色彩比较最浓厚、最显著的著作。在这书中他曾引证黑格尔的话作为卷头语。但是他讨论伦理学问题时不曾用历史方法,即没有发展观点,这就表明他只抓住黑格尔死的唯心主义体系,丢掉了他的方法。

二、《逻辑原理》,1883年出版,共两卷,1922年出第二版增订版,共739页。在第二版中,作者对原书正文基本上没有作什么修改,但加了许多"增补附注",每章有时多至六、七十条。他又附有"书末论文"十二篇,这十二篇东西,牵涉到逻辑、方法论和认识问题,范围很广。在这些书末论文和附注中,可以看出布拉德雷的用意,是想把他的《逻辑原理》和他后来的中心著作《现象与实在》联系起来看,常常用后书的话来纠正或补充《逻辑原理》书中的话。稍后另外一位英国新黑格尔主义哲学家鲍桑葵所著两卷本《逻辑——知识的形态学》及《涵蕴与直线的推理》二书,是布拉德雷这书的直接继承与发展。

《逻辑原理》一书的内容,拟俟下文讨论。

三、《现象与实在》,1893年第一版,1897年第二版增加了一个附录,共628页。这是奠定了布拉德雷在英美现代资产阶级哲学中的重要地位的中心著作。这书的副题是《一篇形而上学的论文》。他对形而上学的理解不惟充分表明了他的唯心主义观点，而且表明了他的唯心主义和神秘主义的实质。他说："形而上学是寻找一些坏的理由来为我们本能所信仰的东西作辩护，而寻找这些理由也仍然是一种本能活动。"（序第14页）他明言，"新的时代要求新的哲学，正如新的时代要求新的诗歌一样，虽说新的哲学较逊于旧的哲学"。（第6页）这表示他死心踏地要为他的资产阶级的本能信仰作辩护的保守和反动的态度。

他运用希腊哲学家芝诺式的消极辩证法来讨论哲学上的重要范畴。他对这种方法的运用使他得到"现代芝诺"的徽号。他依次分析初性、次性、时间、空间、运动、变化、因果、自我、物自体等范畴，认为它们都是自相矛盾的，因此它们都不是实在，只能是现象，只能是第二性的东西，这样他就把唯物主义者认为是客观现实的第一性的许多东西，一概贬斥为"仅仅的现象"。他对康德有唯物论因素的"物自体"的批评，最足以表明他运用近于诡辩的方法来反对唯物论的手法。他说物自体不是有性质，即是没有性质。如果物自体有性质，则它便与他物有关系，便在时空之内，因而便是现象。如果物自体没有性质，则它便是无性质、无关系的空虚。这里他显然形而上学地割裂了物自体与现象。

布拉德雷承认有所谓"绝对"或"绝对者"为最高实在，因此一般人都认布拉德雷为客观唯心主义者或绝对唯心主义者，他也采纳黑格尔的词句，认为"绝对"是"不自相矛盾的"、"谐和的全体"。但他的实在观的最突出之点在于放弃了黑格尔"绝对理念"和"绝对精神"，而提出"绝对经验"来代替，表面上好像更注重实际经验、更少抽象、更多接近现实。显然布拉德雷所谓"经验",正是列宁所揭露的对于经验的唯心主义了解,也就是毛主席所指斥的唯心主义的"内省经验"。而且事实上他是把黑格尔更神秘主义化,由客观唯心主义而转入主观唯心主义。他强调"实在是感性经验"。他断言"在通常所称为心灵存在之外没有任何存在和事实"。(《现象与实在》第144页)他想开脱主观唯心论的嫌疑,自己解释道:"说实在是感性经验,并不意味着实在是主观的,因为感性经验的概念是先于主体与客体的区别的。"(同上,参看《真理与实在》论文集第315页及韦伯与培黎著《哲学史》英文本第545页)这就使得他自己陷于马赫主义的泥坑。他与从自然科学出发的马赫不同,他所强调的"感性经验"和"绝对经验"乃是一种神秘的主观情意生活和文化生活的经验或体验,实际上是一种"神秘境界"。他说,"我们必须相信,实在满足我们整个存在。我们主要的欲求——对于真理和生命,对于美和善的欲求——必须完全得到满足。这种最高的满足必定是某种的经验,并且是完整的个体经验。宇宙中的每一个成分:感觉、情感、思想和意志,必定包含在一个无所不包的感性经验之内。"(第159页)他的"宇宙"中的成分,原来只是"感觉、感情、思想、意志"等主观的东西!什么是主观唯心主义的宇宙观,这里找到一个显著的例子。他这里所讲的"最高满足"、"完整的个体经验"和"无所不包的感性经验",就是东西方一切神秘主义者所感到陶醉的"精神体验"、"禅悦境界"。

　　布拉德雷认为事物与事物间的关系根本上是内在关系,即两物发生关系后彼此互相影响,互起变化。他提出内在关系说,目的在反对基于形而上学观点的多元论和机械论,本来多少有一些注重有机统一的辩证法因素。他的内在关系说也曾引起持多元论的詹姆士及力持外在关系说的罗素、穆尔等新实在论哲学家的热烈辩争。然而由于布拉德雷完全从唯心主义和神秘主义出发来谈内在关系，而不懂得唯物的辩证观点，不是从事物的内在矛盾和内在的矛盾统一和联系来谈内在关系，就使得他的内在关系说陷于严重的神秘主义，如说"一切关系必定以统一或全体为背景，脱离全体即失其存在"，好像唯恐各殖民地脱离大英帝国的全体而瓦解似的，他不愿意承认内在关系或内在联系与内在矛盾不可分。他又指出外在关系说的缺点首先在于不能说明"感觉或感情中无关系的复多体之直接的统一这种显明的事实"。换言之，他认为神秘经验、感觉或感情中模糊混沌的直接的统一，就是所谓"内在关系"。他进一步认为我们的经验首先是"低于关系的"（below relation）或"非关系的"（non-relational），其次是在关系之中，最后才达到"超关系"（supra-relational）的境界，这就是绝对经验。他认为在关系之中的经验是不稳定的，只是现象，而不是实在，只能说是真而不实的。所以照他这种神秘主义观点看来，在感觉、感情中，在绝对经验中都是没有关系的，亦即没有矛盾的，只有在现象世界中才有关系，才有相互影响和作用，而这种关系是不稳定的，亟须加以超出避免，以达到超关系的绝对经验和神秘境界的。这种神秘的无矛盾的内在关系说，不唯与辩证唯物主义所讲的内在联系无丝毫共同之点，就是与黑格尔在唯心主义观点下所提出的内在联系说，也有一定的距离。诚如列宁所指示：对立的统一是辩证法的核心。我们在这里可以看出，像布拉德雷这样，脱离对立的统一而谈内在关系，必定陷于神秘主义，反之，像他的反对者那样脱离对立的统一而谈外在关系，必陷于形而上学、多元论、机械主义。

布拉德雷《现象与实在》一书中还提出真理与实在皆有等级的说法以偷换真理与实在的发展观点。他不是从客观实在自身发展的规律出发，也不是从人类反映客观实在的认识过程，由低级到高级、由不完备到完备的发展出发，而是空洞抽象地提出"全面性和不矛盾性"或"无所不包性与自身一致性"作为评判真理和实在的等级的标准。他说："有两个现象在这里，那个较广阔或较谐和的现象就是较真实的现象。因为它比较接近单一的、无所不包的个体性［即绝对］。换句话说，为了补救它的缺陷，我们只须对它作一些较小的改造。真理和事实于转变成绝对时，如果需要比较少一些重新调整和补充，就是较实的事实，较真的真理。这就是我们所谓实在和真理的等级的意思。"（《现象与实在》第364页）

在《现象与实在》一书的末尾，他又归结到黑格尔，并且明白说出评判实在等级的标准原来只是"精神性"。他写道："于是我们可以顺便用坚持'实在是精神性的'这个原则来结束这一著作。有一句黑格尔说过的伟大的话，这句话太为人们所熟知了，而这句话经过一番解释，我并不愿意赞同。但是我将要用与黑格尔的指示没有什么差异的几句话，也许更确定地表达黑格尔的主要指示的几句话来结束这书：在精神之外没有、也不可能有任何实在，任何东西具有精神性愈多，那么它就愈是真正地实在的。"（第552页）这表明作为新黑格尔主义者的布拉德雷，只知道抓住黑格尔的唯心主义的结论，而丢掉了他的唯心辩证法和发展观点。

四、《〈真理与实在〉论文集》，这本论文集出版于1914年，共480页，收集了布拉德雷自1907年以来五六年内大部分已经发表过的有关认识论与本体论的文章，但多少用一种系统著作的形式排列，全书共分十六章，书首有导言，书末有结语。较重要的几章还附有多篇附录、补注，而这些长篇附录和补注也大都是已经发表过的论文。

这一厚册关于《真理与实在》的论文集，可以说是布拉德雷的中心著作《现象与实在》一书的发挥、补充和辩护。从这书可以看得出围绕着《现象与实在》一书所展开的批评、反对和辩难的情况。书中和美国实用主义者詹姆士辩论的文字最多。第四章论真理与实践，以及第五章论真理与模写，和第五章的三篇长附录："论实用主义意义的含混"、"论詹姆士教授著〈真理的意义〉一书"、"论詹姆士教授的'彻底的经验主义'"，都是直接与詹姆士论战的文字。第十章"对与罗素先生的学说有关联的一些问题的讨论"以及第九章的第二和第三补注，都是直接与罗素论战的文字。此外，书中批评和辩难所涉及的当时资产阶级哲学家，有美国新黑格尔主义鲁易士和实用主义者杜威，英国的持多元论的人格唯心主义哲学家华尔德和心理学家斯陶特等。

书中与认识论密切结合讨论逻辑问题，足以发挥、补充《逻辑原理》一书，对读《逻辑原理》有参考价值的，有下列诸章：第三章论漂浮的观念与想象的观念，第五章论真理与模写，第七章论真理与贯通，第八章论贯通与矛盾，第九章论现象、错误与矛盾，第十章至十三章都涉及逻辑问题，而第十二章论记忆与推论、第十三章论记忆与判断尤直接有关。简单讲来，书中涉及逻辑与认识论的篇章，中心思想在于树立唯心主义的"贯通说"，而坚决地与唯物主义认识论的模写说作斗争。对他早年在《逻辑原理》有接近"模写说"

的论调在这书中都予以"纠正"。

书中讨论真理与实在问题的篇章,主要趋势在于神秘主义成分愈来愈重,愈来愈趋向于主观唯心主义,愈来愈接近马赫主义,而且最有趣的,亦可说是自然而必然的趋势就是布拉德雷以攻击实用主义的武士的身份出台,而到后来,竟公开表示与詹姆士携手言和。

他对实用主义的批评,不惟是唯心主义内部争吵,而且也表示两者愈争吵愈接近。布拉德雷批评实用主义主要强调两点:第一,他反复指出实用主义并不"新颖",没有什么"创见",更够不上什么"哲学上的革命"。意思是说,实用主义中某些主要的论点,"古已有之",他并不反对。他欣赏詹姆士的"意识之流"和先于主客的"纯粹经验说",詹姆士赞赏布拉德雷的"直接经验说",说这是一反康德以来唯心主义的传统的"创见"。布拉德雷坚决声明他的"低于关系"和"超出关系"的直接经验是出于黑格尔,而詹姆士之说也没有超出黑格尔。并且称"黑格尔早就是最优秀的实用主义者"。(见该书第69页)这就是发展黑格尔哲学中之主观唯心主义和神秘主义成分来和詹姆士携手。第二,他着重批评实用主义意思的含混或歧义。他的意思是说,实用主义有些说法不彻底,有些名词概念分析欠清楚,若对概念分析清楚了,按照某种较"深刻精确"的解释,他对实用主义也未始不能赞同。他只是惋惜詹姆士著书,"写得太匆忙、发表得太快",因而许多概念分析得不够清楚。他首先肯定詹姆士"对生活上最高的问题引起了讨论,刺激起兴趣,对哲学带来好处"。并且承认"詹姆士教授对心理学的贡献是无可怀疑的"。(该书第148—149页)

在本书第241页的一条重要的小注里，他明白说：他最初以为詹姆士所宣扬的观点与他自己的观点极端相反。后来才发现詹姆士所坚持的正是他自己曾经尽力辩护以反对詹姆士的观点。最初他以为詹姆士认外在关系是绝对的，现在才使得他感到，詹姆士之相信外在关系是相对的并不比他自己为少。布拉德雷又举出，詹姆士虽自称为多元论者，但在他看来，他实际上是一个一元论者，或者至多是一个二元论者。至于詹姆士所持的实用主义的意志自由说，与他本人自1876年以来所宣扬的意志自由说之间的差别在哪里，他自己也不能找到。他说类似这种意见相同之处还可以举许多例。于是他归结说："詹姆士教授和我自己之间的事情，在我看来，所需要的是解释，远较多于争论。也许我们的差异总的讲来与我们契合的幅度比较起来要小些。"（第241页）

布拉德雷与詹姆士愈争论愈接近，这说明唯心主义内部的争吵，终归是一丘之貉。另一方面也说明布拉德雷本人愈到晚年愈趋向主观唯心主义，愈接近马赫主义，并且神秘主义成分愈浓。列宁早已揭露过，"马赫主义事实上正在为那些广泛流行的反动资产阶级哲学流派所利用"，并指出实用主义就是这样一个例子。列宁又指出，"从唯物主义的观点看来，马赫主义和实用主义之间的差别，就像经验批判主义和经验一元论之间的差别一样，是微不足道的和极不重要的。"（《列宁全集》，第十四卷，第361页）由此可以看到，布拉德雷与正在利用马赫主义、同马赫主义的差别微不足道的实用主义愈靠愈拢，即是愈来愈接近马赫主义；作为新黑格尔学派的布拉德雷也是事实上正在利用马赫主义的一个反动资产阶级哲学流派。布拉德雷所提出先于主客差别、低于关系的直接经验和超出关系的绝对经验即是马赫派的经验一元论的思想,与詹姆士的"纯粹经验"说或所谓"彻底经验主义"和罗素所提出的"中立一元论"(即提出一个非心非物的、先于心物区别的中立的感性经验作为第一性的东西),都同是马赫主义的货色,同是主观唯心主义。

最后,必须指出,《真理与实在》一书,比《现象与实在》一书讨论问题较为集中,如对理论与实践问题、直接经验问题、内外在关系问题以及反对模写说、主张贯通说都有比较集中的讨论和比较细致透彻的分析,在引起唯心论内部辩论,曾起过一定作用,因此从唯物主义观点去批判它,也特别便利。批判布拉德雷对批判黑格尔、新黑格尔主义以及主观唯心主义都可以有帮助。

五、《论文集》,分上下两册,共708页,1935年出版。从1774年到1924年布拉德雷逝世时止五十年内发表及未发表过的论文差不多全部都搜集在这部《论文集》里面。这两册主要是关于伦理学和心理学方面的论文。论文集中头两篇是布拉德雷在十九世纪七十年代期间发表过的早已绝版的小册子。一篇题目叫《批判的历史的前提》,可以说是历史哲学的导论,是1874年初出版的。另一篇题目为《西吉维克先生的快乐主义》,批评功利主义伦理学家西吉维克的名著《伦理学的诸方法》一书,初出版于1877年,可以说是发挥并补充他在1876年出版的《伦理学研究》书中对功利主义的批判。此外书中有六篇涉及伦理学问题并结合着从心理学去讨论的文字。有《自我牺牲是否不可理解的?》、《有无纯粹的恶意?》、《同情与兴趣》、《人能否明知故犯?》、《惩罚杂谈》、《个人的和国家的自我牺牲的界限》。其次有二十篇左右涉及心理学问题的论文,论《主动的注意力》的论文就有三篇。有一篇关于《联想与思维》

的论文,有一篇论记忆的论文,有三篇文章讨论詹姆士关于简单相似的学说,有四篇文章涉及梦、灵魂、心灵状态诸题目。有一篇论苦乐、欲望及意愿,一篇涉及意力,一篇讨论意志的分裂,三篇专论意志的定义。有两篇是从前没有发表过的文章:《论文学中对于两性问题的处理》和《论关系》,后者是他临死那一年没有写完的残篇。最后还有六篇比较短的《对于批评的答复和声明》。书末编者附有布拉德雷生平和全部著作、小册子、论文的详尽目录,依年代排列。

以上简略地介绍布拉德雷的诸种著作,只是提供一些批判研究这位新黑格尔主义者的资料,并且希望对于批评和了解他的《逻辑原理》一书可以多少有一些帮助。

* * *

关于布拉德雷《逻辑原理》一书的内容,为方便计,拟分下列四点加以简略的评述:

(一)论思想律

(二)论观念

(三)论判断

(四)论推论

(一)论思想律

布拉德雷《逻辑原理》一书内容的安排,显然有畸重畸轻的缺点。全部著作共分三部:第一部论判断,第二部论推理,第三部还是论推理。书中以论判断部分价值较大、影响较大、对读者启发较多，这是资产阶级逻辑学家所公认的，但篇幅尚不到全书三分之一。而且他把论思想律一章放在第一部论判断中来讨论，而且把这章放在论选言判断之后、论判断的量之前，实在看不出有什么道理。

本书没有专章讨论概念，或思想的性质，只是在第一章论判断的一般性质时，有几节讨论观念。兹为方便起见，把"论思想律"及"论观念"两题从属于判断的章节中，挑出来分别论列。

布拉德雷根据同中有异、异中有同的"具体同一"的原理来讨论同一律。他认为"毫无差别的同一是没有的"。这种看法本来是含有辩证法因素的。但是他立刻就对同一律加以形而上学的歪曲。他认为同一律所肯定的为真理脱离时空条件的永恒性。说什么：同一律肯定"真理在一切时间都是真的，一旦是真的就永远是真的"。（参看第五章第五节）

在讨论矛盾律时，布拉德雷有意识地很费力气地想用对立统一的辩证法原理来处理矛盾律，尽量避免被迫"就矛盾的原理和辩证法之中选择其一"。他所达到的，也就是辩证法[事物的本性中存在着矛盾]与矛盾律可以并行不悖。他说，"假定我们在事物的联续性中似乎看到矛盾归于统一，A 同时是 B 而又非-B，这种情形仍可与矛盾律的原理相调和"。又说，"如果我们能够这样来理解所谓对立物的同一……那么矛盾律便可以通行有效而不至于受影响了"。（参看第五章第五节）他所了解的"对立物统一"是没有矛盾斗争的。他所了解的辩证法与矛盾律的关系只是并存平列，而没有高级初级的分辨的。

关于排中律，布拉德雷指出，它是选言结构的一个事例。（第五章第十八节）但是它又超出了选言结构，因为它具备一种自己决定的原理为选言结构之所无。(第五章,第二十一节)他支持排中律,认为一个命题必定要有意义,如果一个命题真的具有明确的意义,那么它必定不是真的就是错的。(第二十四节)但是他总又想在承认排中律的基础上,保持某种意义的唯心辩证法。他说,有时一个人提问题,强迫你答复是或否。但不必匆忙回答,可能他的问题含有歧义,因此可能问题中正反两面都是对的或者都是错的。(第二十二节)后来在小注中,他又企图从辩证法观点指出排中律的"相对性"。他说:"就我所理解,辩证法所要否认的也不过是绝对、完全、终极、固定的不相容的东西的真实性。"(第五章,第九条小注)又说:"如果我们采取一种观点,认为真理不一定完全真实,错误也非单纯的虚妄——这便是我著的《真理与实在论文集》及《现象与实在》中所持的见解——那我们就必得承认排中律尽管是必要的和重要的,但绝非绝对的真实。"(第五章,第十二条小注)他这里所说的"真理不一定完全真实,错误也非单纯的虚妄",实际上就是我们在前面谈到他的《现象与实在》一书时所已经批评过的东西,即企图用真理的等级说以偷换真理发展的辩证观点。他这种关于真理不一定完全真实,错误不是单纯的虚妄的说法,不唯不是辩证法的真理观,而且还包含一些诡辩意味。

最后他谈"双重否定"是从"双重否定即是肯定"出发,指出否定中有其肯定的基础。从否定有肯定作为基础出发,他得出"实在是可知的"可知论的结论。(第五章,第三十节)这是好的。但是他讨论双重否定时,却没有与辩证法的否定之否定原理联系起来。

布拉德雷讨论思想律尽管形而上学的缺陷很大,然而他确是企图用辩证法来研讨思想律,这在当时英美逻辑史上可能还算是一件新事情，值得我们重视。

(二) 论观念

布拉德雷在他的《逻辑原理》中，不谈概念，只是在第一章论判断的一般性质时，首先短简地谈了一谈观念。这意味着他不理解逻辑上所谓一般与个别相结合的具体概念。他所了解的"观念"一方面是个别的客观的心理事实，他认为"一个观念在我们头脑里，作为我们的心理状态，便是一个确定不移的事实，恰和外界任何别的东西一样"。(第一章，第三节)这样在他看来，观念本身就是事实，甚至是"顽强的事实"(stubborn fact)，因而它本身就是第一性的事实或现实，而不是客观事实或现实的反映。这样就阉割了反映论。观念本身是给予的、个别的东西，因而就无普遍性，而且与普遍概念不相结合，这样就排斥掉具体的普遍或概念。

另一方面，布拉德雷认为逻辑意义的"观念"乃是"符号"或"记号"，有普遍性，但"没有个体性和自我存在"，只代表某种意义。布拉德雷所了解的逻辑上的观念之形而上学性和非真实性充分表现在如下的一段话里："但是一个[逻辑上的]观念，当它代表某种意义而为我们所利用的时候，便既不是自哪一方面所给予，也不是当下呈现，而是我们所选择采用。它不能如此存在着。它不可能是在时间和空间里有其一定地位的事件。它不能是我们头脑里的事实，也不能是我们头脑外的事实。就观念本身来说，它只是一个无有着落的形容词、暂失依附的寄生物、漂泊的精灵在寻找归宿、离开具体的抽象、仅乎是一种可能性而单就自身来说不是任何东西。"

(第一章，第八节)照布拉德雷看来，这种作为符号的观念就是人们作逻辑思维或逻辑判断所必须依据和运用的东西，"我们非到能使用符号的时候，也就不能有所谓判断"。(第二节)然而在逻辑上占这样重要位置的观念，却是这样抽象、空虚、缺乏真实性的形而上学的东西。

对于布拉德雷所了解的逻辑观念之形而上学和唯心主义的实质，可以作如下的分析批评：

1. 就布拉德雷认为人的观念[或表象]不是现实事物和自然过程的复写，不是它们的模写，而是记号、符号而言，他的说法接近于列宁曾经给予致命打击的符号论或象形文字论，布拉德雷关于观念符号的说法纯粹是形而上学的，反对反映论的唯心主义思想，这种思想同时也直接导向不可知论。

2. 就"观念"之不是在时空中的存在，亦不是头脑之内或头脑之外的主观或客观的事实，而是一种有意义的共相而言，则布拉德雷所说的"观念"，颇接近后来英美新实在论者所谓"潜存"的共相。这也表明何以有一些新实在论者很喜欢布拉德雷。不过必须指出，布拉德雷这里所谓观念或新实在论者所谓共相与柏拉图所谓理念却有很大的差别。柏拉图认他的理念为实在而不只是潜在，是事物的模型，而不只是表述事物的形容词或符号。这类所谓"潜存的"抽象观念、符号或共相之唯心主义实质在于它们不是客观现实事物的特质和运动规律之反映和模写，而只是主体用来描写事物或表述对象的抽象符号；它们既不是客观地存在于事物中，也不能主观地能动地反作用事物、改变事物。布拉德雷关于观念的学说，由于脱离了反映论，缺乏客观现实的基础，同时也就是脱离了个别的一般，脱离了具体的抽象，因而就成为像他所说那样"无有着落的形容词、暂失依附的寄生物、漂泊的精灵、离开具体的抽象"。

此外还须揭露布拉德雷关于观念的学说之神秘主义的实质。当他把观念与存在严格地割裂开时说："事实总是个别的，而观念则是普遍性；一个事实总是一个实在的东西，而一个观念则只能当作形容词来用；事实是自己存在的，而观念却属于符号性质。……其实观念的本质，我们愈深入研究，便愈显得与实在相背离。"（第二章，第三节）在这里他并不是在辨别观念之主观性、抽象性，和实在之具体性、客观性；他乃是从神秘主义出发强调观念与实在间的鸿沟，指出观念不能反映实在，要把握实在必须超出观念。他认为实在只能是感性经验。直接的感性经验是低于观念或关系的实在，绝对经验便是超出观念、超出理智和真理、超出关系的绝对实在。这种思想与柏格森之提倡直觉、反对理智和科学同样是反动的神秘主义的老一套。（请参看上面评介《现象与实在》部分）

（三）论判断

知道布拉德雷所谓观念，有助于批评讨论他关于判断的理论。判断论应视为他的逻辑的中心部分，我们上面所讨论的两个题目：论思想律和论观念在他原书中都是结合着判断论来讨论的。

要了解布拉德雷的判断论，首先要了解他所谓"判断的主体是实在"这一根本性原理的意义。他把文法上的"主词"与逻辑上的"主体"区别开（主词和主体英文原文皆作 subject）。而这里所谓"逻辑的"实际不只是形式逻辑的，而且包含有认识论和本体论上的主体的意思。他认为文法上的主词是一个抽象的共相，而逻辑上的主体乃是"真实的主体，是究竟的实在"，亦即具体的共相。他说："判断就是对于某种事实或实在有所说明。"注意表面上这话有点反映论味道。又说："真正的判断乃是说明 S—P 为一种实在事物 X 强加于我们心智之上。而这个实在不管它是什么东西便是判断的主词。"（均见第二章第一节）注意这里所讲的实在事物 X，表面上有点康德所谓物自体的味道。他又说："每一个判断最后都确认主体是同一之中的差异，同时又是差异之中的同一——这个主体同时是究极的而又是特殊的实在。"（第一章第二十八条小注）这表明他所谓"实在"的确接近黑格尔所谓具体的普遍。但黑格尔所谓具体的普遍、异中之同或同中之异是具有自身辩证发展过程的概念或理念，但布拉德雷所谓具体共相是指超出关系、超出观念的感性经验。他这里所谓"特殊的实在"是指个别的感性经验，所谓"究极的实在"是指绝对的感性经验。他已经从黑格尔的客观唯心主义倒退为主观唯心主义和神秘主义了。因此他为了行文方便被迫而不得不说出几句表面上貌似反映论和承认客观实在事物的话，但他曾一再纠正说："我想我已经充分警告了我的读者，这种把实在认作常识中的'实在世界'，把真理认作对这种实在世界的模写的观点是不为我所接受的。"（第三部分第二编，第四章，第一条附注）总之布拉德雷"判断的主体是实在"这句话尽管相当重要，但必须指出其实质上既无反映论唯物论的味道，也与黑格尔的客观唯心论有区别，而乃是主观唯心主义和神秘主义思想。

　　明白主体或实在的意思，就易于懂得布拉德雷下面的话了："每一个判断都有一个主词[或主体]，理想的内容即指着它而陈述"

(第一章,第十二节)和"判断不是观念的综合,而是理想的内容指谓着实在"。(第二章第十五节)"理想的内容"本书中文译者有时又译作"观念的内容",英文作 ideal content。前一句话,意思是说,每一个判断都以实在为主体或主词,我们判断时所用来作为符号的观念[即理想的内容]就指谓着、陈述着、或描述着这个实在。譬如,"这花是红的"这一判断,客观外在的整个的花,严格照布拉德雷讲来,应说关于花的整个经验,就是主体,或他所谓"特殊的实在",而花、是、红乃是一系列的观念、符号,感性经验的花是存在的,而这些观念则是抽象的、有普遍性的、理想的东西,它们不是存在于时空的事实。在判断时,我们就运用这些观念或符号来规定、指谓或描述花这个实在,而花这个实在就是这个判断的主体,而规定、描述这个主体的这些观念就是理想内容,因此他说这些观念不是实体性的东西而是形容词(adjectives)。这些观念、形容词或理想内容是用来规定或描述(qualify)实在的。这就是他所谓判断是用理想的内容来指谓或规定、描述实在。

判断照他这样讲来,既然是理想的内容与实在的结合,当然"判断就不是观念的综合"了。单就逻辑理论而言,布拉德雷认为判断不是联念心理学所谓"观念与观念的联合或综合",而是思维、观念与具体的实在的结合,这于反对逻辑上的心理主义,反对把英国传统的联念论应用在逻辑学方面,并企图使判断、逻辑认识指向具体,是有其合理因素的。但是因为布拉德雷是把认识论和逻辑联系起来讲的(在某一意义下,这是对的),而他的认识论是反反映论的,他所谓实在乃是精神性的感性经验,而非离主观独立存在的客观现实世界,这就把他表面近似合理的判断论也玷污了。此外还须补充几句，说判断是逻辑的认识活动、不是单纯心理上的观念联系是可以的，但不能因此便否认观念与观念、概念与概念之间有内在联系和发展过程，正如观念或概念所反映的客观现实有内在联系和发展过程一样。

以上指出布拉德雷如何从认识论来规定判断的性质，在这个基础上他又进一步来谈判断的各种形式，于是他就得出下列的一些看法：

一、一切判断都是直言判断。 这因为一切判断都对实在有所肯定，都以实在为主体，根据理想内容或观念对于实在有所描述、陈述。了解他上面对实在与判断的看法，这条意思很清楚。

二、一切判断都是假言判断。 这是因为布拉德雷认为没有一个判断对于真实存在所有各个成分能够描述完全。每一判断虽对实在有所描述，但只能描述其某一侧面、某一成分，而有所省略遗漏甚或割裂。因此使得每一个判断都成为假言的。因此他说：科学里面的一切普遍定律，都应该以"如果"开始，而接着并加上一个"那么"。（第二章，第五七节）他并且说，凡是全称命题，如凡动物皆有死，实际上不是指一切动物或全体动物，而只是指"任何动物"，因此就包含着"如果"。

三、一切判断都是单一判断。 因为每一判断所综合的基本性质是有一个实体性的实在作为基础的。

四、一切判断都是普遍判断。 因为每一判断所作的综合都是超出了当前特殊的现象而有效。

五、一切判断都是抽象的。 这与上面第二点"一切判断都是假言判断"密切联系着。他认为凡抽象判断都是假言的。因为判断有割裂性，脱离具体内容的关联，对于对象的复杂环境，有所挂漏。

六、一切判断都是具体的。 这与上面第一点"一切判断都是直言判断"密切联系着。他认为凡是具体判断都是直言的。每一判断既是以实在为主体，都指谓丰富的感性呈现，对具体实在有所肯定，故是具体的。

七、否定的判断具有肯定的性质。 当他说，"一切判断都是假言的"、"一切判断都是抽象的"时，已经包含有肯定的判断具有否定的性质的道理。《逻辑原理》第一部第三章专讨论否定判断，强调其具有肯定性质。他说：在思想发展过程里，否定较高、较后于单纯的肯定。否定判断只否定对于事实的某一观念、某一信念，并不否定真正的主体或事实本身，故有其肯定的基础。这就是说，在一切否定判断里，究极的主体仍是实在。每一否定必有一基础或根据，而这个根据却是肯定的。譬如说，甲不是乙，因为甲的本性是那样，如果甲是乙，甲就会停止是它自己。我们不能有所肯定而事实上又不否定任何东西，我们也不能否定一个东西，而不有所肯定。没有肯定的知识作为基础，我们是不能否定任何东西的。双重否定的特点即在于显出了否定判断的肯定基础。（参看第一部第三章）

八、选言判断具有直言的性质。 布拉德雷有一专章讨论选言判断，特别强调选言判断具有直言性质。例如或者甲是乙，或者丙是丁。或者给我自由，或者给我死。他指出选言判断是两个假言判断在直言基础上的联合，而不是单纯的两个假言判断的联合。选言判断假定我们掌握了全范围，在其中排除其一部分，就可以决定其余的部分。布拉德雷特别强调"或者"（or）一词之排他性，实即强调其直言或肯定的一面。

关于布拉德雷的判断论我们就讨论到这里。中间许多涉及专门逻辑本身的问题，希望逻辑学家去进行分析批判。他对于判断的种种说法包含着一些辩证法因素，看来是可以肯定的。他指出各种形式的判断的划分并不是绝对的，其间并没有绝对的鸿沟。他指出判断尽管有假言、直言等等区别，但在较广的意义下，可以说一切判断既是直言的，又是假言的；一切判断既是个体的又是普遍的，一切判断既是抽象的，又是具体的，似亦有助于克服关于判断形式问题上的一些片面性的看法。不过，布拉德雷在各种判断形式之间看不出发展的关系。而且他讨论假言判断和抽象判断，太强调判断之割裂（mutilate）实在，省略遗漏，见部分不见全体方面，亦即偏重形而上学的、抽象理智的判断，而对于能抓住主流、掌握本质的判断缺乏认识，遂谓真理不能全面反映实在，而诉诸神秘主义的直觉和直接经验，其路向几乎同直觉主义者柏格森之反对理智、宣扬直觉合流，这是我们所要坚决反对的。

（四）论推论

《逻辑原理》中关于讨论推论的篇幅特别长，但我们只能作最短简的评述。第二、第三两部都讨论推论，第二部首先一般地讨论推论的性质，主要是破有关推论的旧说。第二部第一编特别注重破除对三段论式的许多"迷信"。第二编对于英国传统流行的从联念心理学和经验主义出发的各种逻辑理论，他都有比较有分量的批判。第二部第二编第一章是对联念论的长篇攻击。以下各章，以不能从特殊推特殊为根据，来批判约翰·密尔的归纳逻辑，认为从感性的特殊知觉出发不能推论出普遍的真理来。最后他批评了杰文斯的等式逻辑。

第三部主要是提出了他对于推论的正面主张。第三部第一编多涉及推论的各种形式和特点之较详的讨论,第三部第二编则多涉及推论的一般理论问题,如形式的与实质的推理、原因与因为、推论的效准等问题。这一编与认识论的联系较多。

最重要的是书末所附论文十二篇。这十二篇论文全是于1922年(距第一版出书将近四十年)准备出版第二版时增补进去的。这当然代表他晚年较成熟的逻辑见解,但必须警惕:他到晚年愈来愈走向神秘主义的趋势。第一第二篇书末论文总结他对于推论和判断的见解,特别重要。此外另一些书末论文还涉及绝对真理与相对真理、论涵蕴、论可能与必然、理论活动与实践活动诸范畴,都是批评、了解他的逻辑思想和认识论的重要资料。

关于布拉德雷的推论学说,现仅就其与认识论有密切联系的几点提出来说一说。首先关于由判断过渡到推论,他认为说明一个判断的原因,证明一个判断为必然真理,就使得判断发展为推论。所以他说"推论是通过中介和自身中介的判断"。(第二卷,第622页)其次布拉德雷提出了一个被认为新颖,而为另一个新黑格尔主义的逻辑学家鲍桑葵所大加发挥的说法,即"判断本身即包含推论"。不包含推论的判断在他看来只是单纯的抽象,不是事实。每一个判断实质上都包含一个"因为",虽然形式上未表明出来。因此判断是一个潜在的和尚未展开的推论,而推论也就是判断之实现与发展。

在这两种比较可以接受的说法之外,他还提出第三"推论是一个被认作实在的对象之理想的自我发展"(第二卷,第598页)的说法。前面谈判断时,他认为判断的主体是实在。现在谈推论时,他认为推论是被认作实在的对象之理想的[即在观念中的]自我发展过程。这就是说,推论对对象或实在有所肯定,在推论中,这对象只是在观念中得到自我发展。这个好像表面有辩证法意味的看法,由于不从反映论出发,由于"实在"是指一个神秘的整全的感性经验,使他走上反科学的、不可知论的、主观唯心主义道路。

所以第四他就提出一个反科学、反逻辑的原则说:"每个推论都有缺陷,"(第611页)"每个推论都是可以错误的。"(第619页)他的主要理由是说凡是推论都是抽象的,因而是有缺点的,是可以有错误的。换言之,他的意思是说,客观实在是全体,是实质性的,而推论是抽象的、割裂全体的、是观念性的。这就是说,实在与观念、思维、推论之间有一条不可逾越的鸿沟,思维、判断、推论不能反映实在。就他认为实在非判断、推论所能反映、把握而言,他已堕入不可知论。就他认为判断、推论必以实在为对象,必对实在有所肯定,但支离破碎,只能得到现象,惟有感性经验才可与实在合而为一言,他始终是神秘主义者。当他谈到推论的效准时,他竭力降低理智和科学知识的地位,否定判断、推论有反映、模写实在的效准,简直是与柏格森一鼻孔出气。他说:"判断和推论的这种支离破碎的性质注定它不能模写存在。推论的过程绝不能是真的,并且推论的结果绝不能表示事实。"(英文本584页)又说:"我们努力想要直接达到事实,但是徒劳;我们所获得的,永远是由于割裂事物而剩下给我们的人为的抽象和片段。从两方面看来这种成果都不能达到真理:它省略许多应当模写的细节,并且它依靠许多不存在的[由主观假定的]细节。"(同上)他不知道,我们判断、推论主要要求通过具体事实(细节)来反映事物的本质、规律,而不是脱离本质或割裂本质与现象去烦琐地、机械地反映所有一切细节。当我们在实践中反映客观事物时,我们的认识活动也有其主观能动的一面,我们也需要范畴、原则以及别的理智工具的帮助,以便利认识和反映,而这些理智的工具并不是像布拉德雷所说的主观的"虚构"(fictions),而仍然是基于在实践过程中的不断的反映和认识的发展。简单说来,布拉德雷是反映论的死敌,他认为实在是神秘的感性经验,而神秘的感性经验是无法模写的。布拉德雷的逻辑学和认识论最后一句话是神秘主义、反唯物主义的认识论。

结　　语

我们知道,在十九世纪末二十世纪初英帝国主义称霸世界的年代中,英国哲学上最盛行的学派是新黑格尔主义。而布拉德雷是英美新黑格尔主义的头子,他的"声望"最高,他的影响最大。所以必须着重地予以批判。当此英帝国主义日趋衰落、反殖民主义革命愈益上升的时期,我们介绍布拉德雷的著作,以备深入批判,这于摧毁从哲学上为英帝国主义服务的思想体系,于参加世界各殖民地人民反殖民主义、反帝国主义的运动是有其政治意义的。

单从哲学和逻辑范围来讲,我们介绍和批评布拉德雷的这册逻辑著作也有多种的意义:第一,我们可以从布拉德雷的著作中看出,黑格尔的唯心主义体系,他的哲学之保守、神秘、形而上学的一面如何在新黑格尔学派中得到发展,他的客观唯心主义如何过渡到新黑格尔学派的主观唯心主义。这于批判主观唯心主义和客观唯心主义，都可有帮助。第二，布拉德雷输入德国古典唯心主义哲学（尽管是从右边去继承）以及德国陆宰、西格瓦特和冯特的逻辑学说以反对英国的传统逻辑思想，这种以唯心主义反对唯心主义的情况，对于唯物主义者来说，亦有其值得注意之处。第三，布拉德雷能以清晰的方式讨论逻辑上各种重要问题，他于提出问题、启发批评的思想，对于研讨逻辑问题，也有一定的帮助；由他的唯心的错误的思想也可以引起唯物主义者批评斗争的兴趣。

本书献给我的朋友
E—R—

第 二 版 序

这本旧作再版问世，引起我很复杂的心情。我很高兴，经过四十年的岁月，本书还能保持其生命力，仍有重印的价值。另一方面，我又很抱憾，在这一段时间中，逻辑思想不断地进步，而我自己除了某些部分，已经赶不上去。我所致力的研究主要都越出逻辑本身范围以外。而现在要想补救我的缺点，以及努力掌握各种新出的最低限度不能不认为具有创见的逻辑论著，在我已不免为时太晚。

所以我不能够改写我的著作，以便对现代逻辑提供适当的说明。另一方面，仅仅把它重印一次，或照我的想法，听其湮没，也都为各方面所不愿。因此，我决定在这本书重版的同时，加上一些附注和补录，借以更正和弥补原有一部分的缺点。不过我也知道得很清楚，虽然有了这些增补的资料，这本书大体上还是很不完全的。

我这样做法，对于读者，也许不无裨益。他如果愿意的话，现在便可以检查本书1883年版看哪些地方老早就应该加以订正。它的方法和内容方面的许多错误——这些错误使我回忆起我的青春时代——或者反而会给读者带来好处。假如读者能因这些错误或缺点，引起自己进一步研究逻辑问题的兴趣，那么他们对于这些缺点错误就不只是能加以曲宥了。

我不认为在这本书里或其他地方有什么独创的见解。这本书里没有一个结论不是有所渊源，如果我的记忆更管用的话，我定能指明它的出处。其实，只要一个人曾经稍微研究过伟大哲学家的思想，察觉到自己和他们之间的距离，我就很难了解，苟非出于必不得已，他如何还能跟他的同辈争长较短。就我自己来说，如果我能够多多吸取别人的智慧，那也就可补偿创见之不足了。

本书为1883年版的再版，更改的地方不多，只限于很少的标点、错字，以及一两句很明显的文法错误的校正。新加入的注解都作为增改附注，附录于各章之后，书末的几篇论文以前都没有发表过。最后索引也是新增的，对于读者可能很有用处，虽然这个工作不是出于我自己之手。

我所遗憾的是，鲍桑葵博士《含蕴与直线推理》(*Implication and Linear Inference*)一书，我收到时已经太迟，未及加以利用。但是最后我还是不能不表示我对鲍桑葵博士深切的感谢，因为从这本书1883年初版以来我从他受到的教益，以及这次再版得力于他许多极有价值的逻辑著作的地方，都是很多的。

第 一 版 序

本书目的不在于提供一本系统严密的逻辑论著。我不能自认为已具有必要的知识，而且我承认我也不能确定逻辑的起点和终点究竟在什么地方。我采用了"逻辑原理"这一名称，因为我以为我所做的这些研究主要都是属于逻辑的，而且至少对逻辑来说，都必得是最根本的。

我的成功的机会不一定很多，经验证明，大多数逻辑的著作对于这个学科所可增益的都很少。但是有一种想法对我却也许有利。目前在英国和德国，这一学科都在动荡中。今日的逻辑已经非复从前的状况，将来也不会停留在现在的地位。当一个人的工作与潮流动向一致的时候，他所做的很小的努力，也许就可以获得一定的进展。

我一般不提那些对我有帮助的著作。不过在现代著作家中，当以陆宰和在他之后的西格瓦特对我的影响最大。冯特的书如果我能早一点看到，一定可以有很大的用处；同样的话也可适用于白格曼（Bergmann）的作品。我从施泰因塔尔（Steinthal）和拉扎勒斯（Lazarus）也受到了不少的启发。在英国著作家中，我得益最多的是已故杰文斯（Jevons）教授。这里我也要一提贝尔福（Balfour）先生精辟的论著，惜乎我看到原著时，本书已经完成。我很乐于详细列举凡是对我有帮助的学者,借以表示衷心的感谢,但是现在也已不可能做到了。我已经记不清所有引用的材料的原来出处,甚至不能说明究竟有多少成分是引用别人的了。我没有说我有了什么创见,不过当我运用别人劳动成果的时候,在某些方面,我总是先已加上一番有意识的提炼。

我本想避免各种争辩。但是,尽管我不愿标新立异,显然这本书争论的气息好像还是太浓了。我的印象是,单告诉人家什么似乎是实在的,那还是不够。如果一个真理不为人们所需要,读者就不会为它出力工作,也不会多费苦心进行学习。而当他能有一似乎很容易的解答的时候,他便可以不需要这个真理。哲学在现时跟任何时候一样,正遭逢着许多因袭的成见。只要我的争辩能够使得一些自我满足的读者感到不安,那么我的劳力也就没有白费了。

我恐怕,为了免除更坏的误解,关于所谓"黑格尔主义"我还得要解释几句。我确乎认为黑格尔是一个大哲学家,但是我决不能自称为黑格尔学派中人,这部分因为我不能说我已经充分掌握了他的体系,部分也因为我并不同意他的主要原理,或至少那个原理的一部分。我无意要掩饰我从他的著作中所获得的许多启发,但是我受他的影响究竟到了什么程度,我想还是让别人来评定好。至于我们一般评论中所说的"黑格尔学派",据我所知那在任何其他的地方都是找不到的。

对我能够引起兴趣的却是很不相同的东西。我们所需要的不是体系制造,不是本国的体系,也不是舶来的体系。体系不过是写哲学著作的人离不开的法宝,但决不是哲学本身生命的泉源。我们现在所需要的就是给英国的哲学扫清道路,使它如果能够上长的话，不至于为成见所窒息。可是要想清除道路就非进行批判不可，或者，换句话说，就是要以怀疑的精神把各种第一原理做一个彻底的探讨。这个探讨绝不能成为圆满，如果我们忽视了国外各种见解，这些见解似乎跟我们自己的看法大不相同，而提出这些见解的人们尽管所见各别，有一点却完全一致，即对于有关问题专心注意，而这一点往往是我们所没有做到的。这里，我以为，正好存在着一个合理的目标和原则，深信朝着这个方向去做是不必有所踌躇瞻顾的。

临了，我可以预测这本书也许会引起两种批评。有些读者可能惋惜形而上学方面说得太多，有些读者又会指摘谈得太少。对于前者，我可以说明我已尽可能快地停止在能够结束的地方。对于后者，我只有回答，我的形而上学实在是很有限的。这当然不是说，像许多更有才能的著作家一样，我可以在我自己的短处上证实人类理性必然的缺点。这只是表明在一切问题上，假如你逼我太甚，现在我就只能陷于怀疑和困惑。由于这个原故，至少是爱好形而上学的人，对我的责备大概不会过于苛刻。然而归根到底，上述两种人的意见也许都是对的。假如我能看得更远些，我将受到更少的麻烦。但即使那样，是否对各方面就可以比较满意，也仍然是一个疑问。

目　　录

第一部　判断

第一章　判断的一般性质

什么是判断。判断包涵着观念，而观念即标记（第一至三节）。什么是标记（第四至六节）。"观念"的双重意义（第六至八节）。判断所包含的观念即意义（第九节）。判断的定义（第十节）。谬误的揭发（第十一至十二节）。

错误见解的批评。判断非"联想"（第十三至十四节）；亦非实际影响（第十五节）；亦非单纯观念联结，也非观念的相等（第十六节）。上述各种错误所含的真理（第十七节）。

判断的发展。它是晚近的产品（第十八节），因最初心智并无真正的观念（第十九至二十节）。判断起源所需的条件（第二十一至二十二节）。如果联想论是真实的，它就不能够出现（第二十三节）；但自最初起，普遍性即在心灵中发生作用（第二十四至二十六节）。 …………………………………… 3—46

增补附注 ……………………………………………………………… 47—50

第二章　直言和假言判断的形式

判断与事实相关（第一节）。初步难点的答复（第二节）。一切判断皆为假言的，为什么？（第三节）判断如只有观念，则皆为假言（第四至六节）。全称与两种单称判断皆如此（第七至八节）。

但判断并非限于观念。它指谓着现在的实在（第九节）。另一方面它又非指谓现在的实在（第十节）。说明及论证（第十一至十四节）。

直言判断的探究。I.感觉的分析判断及其种类(第十五至十六节)。个体名称的迷信(第十七至十八节)。II.感觉的综合判断何以能指谓现在的实在(第十九节)？但不能指谓单纯观念(第二十至二十一节)。它们真正的主词是独特的。"这个的状态"及这个。"这个"的观念之应用(第二十一至二十七节)。综合判断何以能符合这个给予的实在(第二十八节)？ 因为实在并非仅乎现象(第二十九至三十节)。这些判断以内容的连续性为根据(第三十一节)，而这又建立于观念的同一性之上(第三十二至三十三节)。过去和将来并非现象(第三十四节)。

总结(第三十五节)。记忆和预告非单纯幻想(第三十六至三十七节)。个体观念，是什么(第三十八至三十九节)。非现象的单称判断(第四十至四十一节)。存在判断(第四十二节)。到抽象全称判断的转变(第四十三节)。

这都是假言的(第四十四节)。集合判断其实是单称的(第四十五节)。假言不能变为直言(第四十六至四十七节)。假定是什么(第四十八节)。假言判断所含的真正断语(第四十九至五十二节)。它们都是普遍性(第五十三至五十五节)。结果(第五十六节)。 ································· 51—111

第二章（续）

有了假言判断，我们便似已离开了实在世界，而达到科学世界(第五十七节)。关于感觉的单称判断之反对的推定(第五十八节)。它是靠不住的(第五十九至六十节)，因为它割裂事实(第六十一至六十七节)。它是有条件的(第六十八至七十节)，和假定的(第七十一节)；而且是虚伪的(第七十二至七十三节)。它是不纯粹不完全的假言(第七十四至七十八节)。结论(第七十九至八十节)。剩下的一种判断(第八十一节)。 ·············· 112—132

增补附注 ··132—139

第三章 否定判断

否定须依靠实在(第一节)，但比较肯定更属于想象的(第二至三节)。否定非肯定的否认(第四节)，亦非肯定之一种(第五节)，更非系词的影响(第六节)。它具有未说明的正面的基础(第六至七节)。

反对和剥夺。这里这些区别并不重要(第八节)，但需要说明(第九至十一节)。

否定判断的种类。否定的存在判断(第十二节)。

逻辑的否定是主观的,并非真实的决定性(第十三至十四节)。它并非确认矛盾的存在(第十五节)。矛盾的观念是什么(第十六节)。确述的反对物是不明显的(第十七节)。反对的方面非二元(第十八节)。否认的暧昧性。它依靠着隐晦的判断语(第十九至二十节)。 ………………………………… 140—153

增补附注 ……………………………………………………… 154—156

第四章 选言判断

选言判断非假言的集合(第一至二节)。它的基础总是直言的(第三至六节)。选言肢严格的排他性。对这一点错误的见解(第七至十二节)。选言结构的先决条件(第十三节)。总结(第十四节)。 ……………… 157—168

增补附注 ……………………………………………………… 168—172

第五章 同一律,矛盾律,排中律和双重否定的原理

同一决非重复(第一至三节)。同一律的意义(第四至九节)。矛盾律并不能说明什么(第十节)。它的意义(第十一至十四节)。进一步的批评与解释(第十五至十六节)。排中律为选言结构特殊的一例(第十六至十九节),它怎样超越了选言判断(第二十至二十一节)。对排中律不正确的指摘(第二十二节),错误见解的批判(第二十三至二十七节)。双重否定及其误解(第二十八节)。真确的说明(第二十九至三十一节)。否定的误用(附注)。 ………… 173—199

增补附注 ……………………………………………………… 200—204

第六章 判断的数量

外延与内涵(第一至二节)。关于"内包"的错误(第三至五节)。内涵与外延反比例关系之不足信(第六至十节)。

每一判断都具有两方面,既可加以外延的解释,也可从内涵方面来理会(第十一至十二节)。外延的根据及其误解(第十三至二十一节)。内涵的说明及谬论的驳斥(第二十二至二十九节)。

普遍性,特殊性,及单一的意义;究竟是不是实在(第三十至三十六节)。全称,特称和单称判断的解释(第三十七至四十三节)。 ……………… 205—235

第七章　判断的模态

模态所影响非判断的形式而是判断的内容(第一至三节)。逻辑的模态是什么(第四至五节)。实然判断(第六节)。必然判断就是假言判断(第七至十一节),盖然判断亦即假言判断(第十二节)。可能性的种类(第十三至十五节)。模态在事实上并不存在(第十六节)。必然性是不存在的(第十七节),可能性也是不存在的(第十八至十九节)。但必然性必有其真实基础(第二十节),可能性的真实基础(第二十一至二十二节)。

进一步的说明。潜在非实在(第二十三节)。条件本身不成为事实(第二十四节)。恒久可能性的含糊(第二十五节)。盖然判断与特称判断的同一(第二十六节)。不可能性的解释(第二十七节)。可能性与单纯非不可能性之区别(第二十八至三十一节)。

盖然性。它的原理属于逻辑范围(第三十二节)。不是客观的也不是主观的(第三十三节)。建立于全面选言结构的基础上(第三十四至三十六节),它的每一个选言肢都是同样的可信(第三十七至三十八节)。机会之分数的表现(第三十九至四十一节)。归纳的盖然性并不含有新的原理(第四十二至四十三节)。

谬论的驳斥。盖然性的客观性和主观性(第四十四至四十五节)。它的本质并不暗含一个系列(第四十六至五十节);也不是未来的知识(第五十一节)。"长远的进程"的虚构(第五十二至五十四节),及其依据的真理(第五十五至五十七节)。几个迷信的说明(第五十八至五十九节)。由判断过渡到推理(第六十至六十三节)。⋯⋯⋯⋯ 240—289

增补附注 ⋯⋯⋯⋯⋯⋯⋯⋯⋯⋯⋯⋯⋯⋯⋯⋯⋯⋯ 289—296

第二部第一篇　推理的一般本性

第一章　推论的几个特点

推理的三种特征及其解释(第一至三节)。几个实例(第四节)。⋯⋯ 303—305

第二章 几种错误的见解

大前提乃是一种迷信(第一节)。三段论式并非唯一的推论型式(第二节)。普通三段论式外延关系的批判(第三至第五节)。属性的属性原理(第六节)。三段论式可能的变革(第七至八节)。"与同物相关联者彼此亦相关联"原理的批判(第九至十节)。 ································· 306—315

增补附注 ·· 315—316

第三章 推理的一般观念

推理为随伴着综合作用的知觉(第一节)。证明为逻辑准备中的辨认,那就是一种观念的结构(第二至四节)。举例(第五节)。应该抛弃的迷信(第六节)。 ·· 317—322

增补附注 ·· 323—324

第四章 推论的原理

这些都是相互关联特殊的原理(第一至二节)。综合的实例(第三节)。它们是什么意味的原理(第四节)?并非个别推理的规范与标准(第五至六节),亦非推论的技术(第七节)。是非鉴别术的例证(第八至九节)。三段论式的缺点(第十节)。 ·· 325—336

增补附注 ·· 337—339

第五章 否定的推论

它的一般本性(第一节)及其特殊原理(第二节)。你能不能从两个否定前提进行论辩?能够如此,但是不能从两个单纯的否认(第三至七节)。当一个前提是否定的时候,结论是否能成为肯定?是的,但是有一个特殊的条件(第八至九节)。 ·· 340—351

增补附注 ·· 351—353

第六章 推理的两个条件

已获的结果(第一节)。一切推论都需要一个同一点(第二节)。单是仿佛类似是不够的(第三节)。不可区别物同一性原理的说明(第四至九节)。
至少必有一前提为普遍性(第十至十三节)。·················· 354—369
增补附注 ··· 369—370

第二部第二篇　推理(续)

第一章　观念的联合或联想论

心理联合的事实是真确的,但以"联想律"解释再现的那种理论却是虚妄的(第一至七节)。反对论点的主要根据(第八节)。这个事实真正的说明(第九至十二节)。

错误见解的驳斥,没有接近的联想(第十三至十七节),加上相似性仍然无济于事(第十八节)。剩下来只有相似性(第十九节),这也不过是虚幻(第二十至二十二节),而且为事实所不需要(第二十三至二十五节)。真实的解释(第二十六至二十七节)。误会的排除(第二十八至三十一节)。沃尔夫和马斯的说明(第三十二节)。一种反对意见及其答复(第三十三节)。现实的结论(第三十四至三十六节)。

附注：不可分的联想与观念的化合。······················ 373—428
增补附注 ··· 428—430

第二章　由特殊到特殊的推论

这个讨论前面得到的结果(第一至二节)。假想的论据(第三节)其实只是不当推断(第四至五节)。推理不自特殊事物本身出发(第六至九节),真正的出发点是普遍性(第十至十一节)。此外别无其他推理方法(第十二至十三节)。我对斯宾塞推理理论省略的理由(第十四节)。··········· 431—438
增补附注 ··438

第三章　归纳的论证法

问题的限制(第一至二节)。全归纳法(第三节)。密尔归纳的规则及其证明力(第四至五节)。但是(I)这些都不能从事实出发(第六至九节),(II)它们所得到的结论不一定比前提更有概括性(第十节),(Ⅲ)如非限制于当前的实例,在逻辑上都有缺陷(第十一至十四节)。结论(第十五至十六节)。
………………………………………………………………… 439—455
增补附注 …………………………………………………… 455—456

第四章 杰文斯的等式逻辑

探讨的范围和段落(第一至二节)。A.命题不是等式,也非断言单纯的同一性(第三至七节)。B.推理并非相似性的代入,而是差异的综合(第八至十三节)。C.间接方法(第十四节)不能还原为代入法(第十五至十八节)。逻辑机及其优点和缺点(第十九至二十二节)。结论(第二十三节)。……… 457—477
增补附注 …………………………………………………… 478—479

第一部

判　断

第一章 判断的一般性质

第一节。不可能在我们研究逻辑之前，先知道我们的研究应该从什么地方开始。即使等到研究完了之后，也许还不能确定。公认的次序是没有的，所以现在从判断说起，用不着什么解释。假如有人怪我们这是从半路上插入，那么，我们希望这样做至少可以接触到问题的核心。[①]

这一章所要讨论的是关于一般判断的问题，分为三个段落，（1）说明判断这个名词用起来应有的意义，（2）对一些错误的见解提出批评，（3）最后谈一下判断的作用的发展过程。

I. 在这样性质的一本书里，我们的安排次序只好是任意决定的。我们现在所要说明的一般理论，都要靠着以下各章的证明。假如它对于有关问题的主要现象都能说得通，而其他每一种见解都和这些现象某些地方发生冲突，那它就可以成为正确的主张。不过根据这个理由，我们也只能暂时认为是这样。

判断对心理学和形而上学都成为很重要的问题。一方面，判断与别的心理现象关系密切，在我们精神生活的发展上，一开始就纠缠在一起，而人类本性意志和理智作用两下又互相牵连；另一方面，又有主观和客观的区别，以及心理活动存在的问题。所有这些入后随时都会说到的。不过我们的目的却要尽可能避免这些问题。我们主要的不是追问判断跟其他心理状态的关系，以及归根到底我们对判断应作何说明。我们只希望在我们所能做的范围以内，把它当作一定的心智作用来看，找出它所具备的一般特性，然后再来确定我们应以怎样的意义使用这一名词。

第二节。现在我们先从上述次一问题开始讨论。严格说来，凡不存在是非真伪的知识的地方，就无所谓判断；而是非真伪既然建立于我们的观念对实在的关系之上，所以一说到判断就不能没有观念。直到这里也许都是很明白的。但我所要说的一点，却不是那样明显。非但我们不使用观念就不能够判断，而且严格地讲，如果不把它当作观念来用，也还是不能判断[②]。我们必得要已经知道它们并非实在的东西，而是单纯观念，只是本身以外某一事物的标记。观念非到成为符号不能成其为观念，而我们非到能使用符号的时候，也就不能有所谓判断。

第三节。我们时常说这句说，"这不是真的，只是观念而已"。我们回答，一个观念在我们的头脑里面，作为我的心理状态，便是一个确定不移的事实，恰和外界任何别的东西一样。这个回答大概跟前面的话同样为大家所熟悉，可是正因为太熟悉了，它的真义反被忽视。无论如何，在英国，我们习惯于采取心理学的态度，实在太久了。[③]我们假定观念为一种现象，与感觉及情绪等量齐观，视作当然。一面把这些现象看作心理的事实，我们又竭力要找出观念和感觉之间的分别（成绩如何，暂且不管）。但我们聚精会神这样做的时候，却忘记了逻辑使用观念的方法。我们一直没有看到，在判断中，任何事实从来不是它自己所指谓的东西，或表示它本身的面目；我们一直没有学习到，凡是有是非真伪的地方，我们所使用的都

第一章　判断的一般性质

只是这个事实的意指,而不是它的存在。我们决不是确述我们头脑里面的事实,而是这个事实所表示的另外的东西。一个观念,如果看成一个心理的实在,如果就其本身认作一个真实现象,那就不可能有是非真伪之分。我们在判断中使用它的时候,它必得撇开其自己而指向他物。它既然不是属于某种存在的观念,故无论自己怎样千真万确,它的内容仍然只是"仅乎观念"。它和我们所指谓的实在比起来,整个的不过是无。

第四节。从逻辑的观点来看,观念就是符号,除了作为符号而外,没有任何别的用处。④ 说起来也许平淡无奇,但首先还须解释一下符号是什么。

无论什么东西,都可分为两方面,(i)存在和(ii)内容。换句话说,就是我们可以察觉有了那个东西,又知道它是什么东西。但是一个符号除了这两方面而外,还有第三方面,即它的指谓,或意思。⑤ 头两个方面不需要多讲,因为我们对于这里面所牵涉的形而上学的问题,并无多大兴趣。我们完全同意,既然有了一件事实,它就必得有其本身的存在。只要它是现实的,它就一定具备某种特性,与其他事物有所不同或有所区别。而这个使它所以成为那样的质素,我们便称之为内容。我们可以拿任何一个普通的知觉来做证例,它所包含的各种各样性质和关系,便构成它的内容,即知觉之所以为知觉;认识了这个内容,同时也就认识了那个存在。每一种事实都具有存在和内容两方面,以下可以不必再说。

但是有一类事实还具备着额外的第三方面,涵有一种意义,无论怎样一种事实,只要和某一意义联系起来加以使用,我们都可利用一种记号去了解。这个意义可以是原来内容⑥的一部分,也可以是后来发现的,或者是它的引申。不过这都没有关系。任何一件东西能够代表别的事物,这时它就是一个标记。这种东西除了自己的存在和内容而外,还有其第三方面——意指。例如,每一种花都是存在的,都有其自己的性质,然而并非每一种花都另有它的意义。有些花根本不表示什么,有些花代表一个名种,有些花可以象征希望和爱情。但不管怎样,花的本身决不能就是它所指谓的东西。

一个符号就是一个事实,代表别的东西;因此,我们可以说,一个事实成为符号,既有损失,也有收获;既被降低,也被升高。它作为符号之用,就舍弃了它的具体个性和本身存在。我们选择的是这玫瑰花,或者是"毋忘我",而不是别的花,这都无关宏旨。我们把它赠给爱人,或从朋友手上接过来,就为了它的意义,而这个意义在花已凋残许久之后,还可以证明是真实或虚假。一个字或者一句话说了就完了,但是这个特殊的声音振荡,对我们的心灵来讲,实在不算什么。它的存在退居于言语和含意背后,便不存在了。白纸和黑字都是独特的事实,具有确定的性质,和世界上一切其他的东西都不相像。但读起来,我们所领会的却不是白纸黑字,而是其所表达的东西;我们只注意这一点,而对于纸墨本身的存在则毫不关心。一个事实成了符号之后,便不再是事实。它已经不是为了它的本身而存在,它的具体个性即消逝于它的普遍意义之中。它已经不再是一个实体,而成为附加于他物的形容词了。可是,从另一方面来看,这个变化也不能完全算为损失。正因为它本来的性质消融在更广大的意义里,所以它才能超越其自身,与他物相关联,成为他物的表征,从而开辟一个新的天地,获得前所未有的功能。片纸只字往往引起人们无穷的忧喜,大仁大智者一言可以使全世界人得

第一章 判断的一般性质

到启发和鼓舞,这都是意义的效力。

现在总起来说一句,标记就是有了意义的任何一种事实,所谓意义就是这一事实(原有或获得的)内容的一部分,由我们的心灵作用把它分割开来,使之固定化,并脱离标记的存在而加以考察。*

第五节。这里我们要插上几句话,假如读者不需要,越过不看也不要紧。在这本书里面,我对"符号"和"标记"这两个名词是混用的,不作任何区分,虽则两下是有差别的,而且这个差别在别的地方也许很重要。符号当然也就是标记,但它却具有跟普通标记很不相同的性质。和符号比起来,一个标记或记号总是随意而定的。标记当然也非完全没有意义,因为那样它就一件东西也不能够代表了。不过它所代表的东西可以和它毫无内在的关联,而是任意牵合在一起,完全是偶然性的。即使标记出乎自然具有一种意义,它的内容可使我们直接想到用它来表示的东西,可是,如果就狭义来说,一个自然的标记也不一定就是符号。我们可以把这个名词只限于用来指称第二次的标记。譬如狮子象征勇敢,狐狸象征狡猾,这都是符号,但我们不能说狐狸的观念便直接代表狡猾。我们使用这个观念首先是指叫作狐狸的动物,然后再用这个意义作为标记来代表狐狸的一种性质。正如狐狸的意象或表象,我们可以抽取其内容的一部分来另指其他的对象,同样,这个意义又被分割,它的内容的

---

* 这里如果加上,"离开其本身而指向另一实在的对象",那就不对,因为我们光是思想而不作判断,或只是否认,上面的说法便不适用。有了一个观念,和下一个判断认为它是可能的,也不相同。我们可以把希腊神话里的喷火兽当成实在来着想,但不一定断定它是可能的。非到我们已经明白所有意义必得是描述性的,每一观念都不能引起超于它本身以外的真实对象的思想。⑦(本书脚注除标明译注外,其余皆为原注——编者)

一部分由心智的作用而固定化，再被用来指谓第二种对象——即无论在什么地方发现的一般性格。不管我们是从意象开始，还是从感官知觉开始，这都没有什么差异，因为知觉本身能为我们利用之前，必须经过观念化成为想象，即就其内容的一部分为我们所确认。至于这种象征的符号作用之为无意识的，或出于反省的，其中的差别根本不牵涉主要的原则。

为了免除误会，所以有上面一段解释，不过我已声明标记和符号这两个名词是随便用的，这些话也就跟我们的论点并无何种关系了。

第六节。我们可以说，归根结蒂，没有一个标记不是观念，但这里我们却要记住，至少在逻辑上，一些观念都是符号。我们所认识的每一件事物，都作为一个心理事实而存在，具有各种特殊的性质和关系。作为我的内心的一个事件，它有着独特的性格。它是一个坚实的个别物，独一无二，不但和所有别的东西不同，就连它自身在连续的瞬间也不是一样。当其受制于存在和内容这两方面的时候，它就必然要表现这种特点。但只要它保持这种特点，也可说正因为如此，它在逻辑上便根本不是观念。定须等到它开始为了它的意义而存在的时候，才头一次变成了观念。而它的意义或指谓，我们可以重复一句，正是它的内容的一部分，我们用起来完全不管其余的成分以及它的存在。我有了一匹马的"观念"，这是我心底里的一个事实，它的存在和一大堆感觉、情绪和知觉相关联，这个集合体构成我的一瞬间的心理状态。它还有其自己的许多特色，也许很不容易把握，但我们必得假定它是存在的。无疑它是独特的，没有别的东西和它相像，甚至跟它本身也不是同一的，而是流转不

第一章 判断的一般性质

息、刻刻变化的东西。但在逻辑上，在是非真伪的问题上，情形就不是那样了。这里"观念"已成为一个普遍性，其他一切因素都须从属于它的意义。我们认作马的那些属性的结合，便是独特的马的意象内容的一部分，而这个从心理事件抽取出来的片面不全的一部分，却正是我们在逻辑上所要知道或注意的全部资料。我们利用这一部分，就把其余的部分当作秕糠渣滓，对我们无关紧要，跟前一部分也毫不相干。这个"观念"如果本来是心理状态，在逻辑上便是一个符号。但是这样说也许更易明白：观念即是意义，而完全排除存在和不重要的内容。作为意象的观念，就是作为意义的观念的标记。[⑧]

第七节。观念具有两重性，它是符号又是其所代表的东西，是意象又是它的意义，我们大家当然已经明白了。这个区别很明显，我为什么说上许多话呢？就因为我们在思维中很多地方习惯加以忽视。也许有人说，"人们怎么会这样糊涂，明明每一观念都是个别物，思想起来却要把它看作普遍性，明明现实观念是在不断地变化，而说起来偏要认为它老是那样，事实上我们不是看得见没有同一，只有杂多和近似么？"我们却要回答，说这样话的人难道以为我们对于他所提出的情形还不知道么？当我谈到在变化中始终如一的观念的时候，我所说的实在不是那变幻无常的心理的事实，而是由心智的作用凝固了的内容的一部分，这在任何意味上都决不是存于时间之内的一个事件。我所说的是意义，而不是一系列符号，或者打一个比方，是黄金，而不是一连串转瞬即逝的音符。我们相信有普遍的观念，并非就是认为抽象的东西是存在的，也不是把它看成我们头脑里面的事实。内心的事件都是独一的，特殊的，但它应用的意义却和它的存在分开，也脱离了流转变化的内容的其余成分。它失掉了跟特殊符号的关系，光是成了一个形容词，可凭以指谓某一对象，而它的本身对于这个对象之为何物则毫不关心。

"观念"一词的暧昧性可以这样说明。正题，一方面没有一个观念可能是它所指谓的东西。反题，另一方面任何一个观念，除了正是它所指谓的东西而外，不能是别的东西。从正题来讲，观念是一个心理形象；从反题来讲，观念又是一个逻辑的意指。前者是标记的整体，而后者则是其所象征之物。以下所用观念这一名词，主要都指意义而言。*

第八节。从逻辑的角度来看，观念和感觉在心理学上的区别是无关紧要的，重要的却是观念和事实的区别。意象或心理学上的观念，对逻辑来讲，除了是一个感觉的实在而外，别无其他意蕴。它和各种单纯感觉是在同一水平面上。两下都是事实，都没有形成一种意义。彼此都没有从割裂的表象分开，都还没有固定为一种关联。任一方都没有脱离其在心理事件变幻之流中的地位，都没有超越它的时间以及与这个当前呈现的集合体的关系。这时它们一个也没有转化成为形容词，都没有和自己的存在分开，指向其他的事物，寄生于另一世界，不随时间而改变。它们两方的生命这时还是

---

* 关于普遍观念，心理学上有不少困难，这个观念愈抽象，则我们所感到的困难亦愈多。特殊意象的或感觉的环境的存在与总和，引起许多问题。不过这些问题这里用不着讨论，因为都和逻辑无甚重要关系。我同意巴克莱认为心理事实总含有一些不相干的感觉的底子，虽然会很难意识到。但是我必得重复一句，这不是重要的问题。如果为了辩护普遍性的实在，而要来证明这些东西都是存于某一瞬间的心理事件，那就是原则性的错误。因为即令逻辑上所用的普遍性确乎是存于我的内心的事实，我也决不能把它当作事实来用。无论如何，你必得要进行抽象，离开它的存在和外在关系，至于这个抽象可以做到怎样的程度，当然不是什么重要的问题。

第一章 判断的一般性质

跟周围的一切缠结混和在一起,与它们的特殊感觉背景合而为一,只要有一点割裂,马上可使它们的特色完全破坏。它们持续期间是飘忽无常、转瞬即逝的,它们所表现似有实无的特质是整个虚幻的,它们像是实在,其实都是迷惑欺骗的,然而在某种意味、某种方式上,它们确乎是有。它们是存在着,不是一种思想,而是一种与料。*但是一个观念,当它代表某种意义而为我们所利用的时候,便既不是自哪一方面所给予,也不是当下呈现,而是我们所选择采用。它不能如此存在着。它不可能是在时间和空间里有其一定地位的事件。它不能是我们头脑里面的事实,也不能是我们头脑外面的事实。就观念的本身来说,它只是一个无有着落的形容词、暂失依附的寄生物、游离无定在寻找归宿的精灵、离开具体的抽象、仅乎是一种可能性而自体不是任何东西,亦即是无。

第九节。这是事实的幻影和幽灵,说起来好像有些怪诞,但当我们说没有观念就没有判断的时候,所谓观念正是这样的东西;所以在深入讨论以前,我们先要简单说明,在判断中我们所使用的决不是心理事实,而仅限于意义。但是这个全部的真理还须从整个下文里面去探索。

(1)第一,非常明显,我们在判断中用作宾词的观念,决非我们本然的心理状态。"鲸鱼是哺乳动物"这一判断,决不是用哺乳动物的意象来描述实在的鲸鱼。因为那个意象只是属于我的,是我的历史中的一个事件,除非我是约拿**,就决不能跑进真实的鲸鱼里

---

* 这句话在第二章中另有补正。⑨
** 希伯来预言者,曾因违抗上帝,乘船逃遁,上帝施以巨风,吹入海中,为巨鱼所吞,困于鱼腹中三昼夜,见《旧约·约拿书》。——译者

面去。这一点不必多说，因为道理是很明显的。假如有人问我，你有没有海蛇的观念？我可以回答，有的。假如再问，你相信有一条海蛇么？我懂得这里面的分别。这一问并不是关于我的心理事实。没有一个人想要知道那是不是存在于我的头脑之外；更少有人想要知道它是否真的存在于我的头脑里面。因为后者是假定了的，我们不可能怀疑。总之，如果说判断里面的观念就是我自己本来的心理状态，那就荒谬到家了。

(2) 但是，第二，观念虽非我所私有的心理事件，是否可能还是一种意象，仍然和这个意象的整个内容有关系呢？我们有了一个心理事实，哺乳动物的观念。首先我们承认，我们在判断中所使用的观念，不是作为它存在于我的内心原来那样而使用的。还有没有另外的可能性呢？也许观念的应用可以脱离它的存在，和我的心理现象各种关系分开而成为抽象，却仍可不折不扣地保持自己固有的内容。我们知道我的头脑里面的"哺乳动物"不光是哺乳动物，而且混合着为哺乳动物所没有的各种特色和性质；所有这些可随这个意象每一次的出现而不同*。试问，判断中所用是否就是这整个的意象呢？是否这就是所谓意义呢？我们的回答必得是否定的。

我们有红色的观念、臭气的观念、马的观念和死的观念；我们想起它们来都是相当清楚的，确有一种鲜红之色、某种难闻之味、一匹马的心影、一些死亡的景象，灼然呈现于当前。假如有人问我们，玫瑰花是红色的吗？煤气有臭味吗？那白的动物是一匹马吗？

---

* 我可以指出，即使就这个意味来说，观念也还是抽象的结果。它如果具有个别性的话，也是出于思想的作用。它本来是显现于互相关联的现象集合体之中的与料，成为个别的意象，就说明了这个事实已被割裂（参看第二章）。

第一章 判断的一般性质

某人真的死了吗？我们回答，是的，我们的观念都是真的，都是指实在的东西。但是这个红色的观念可能原来由于看见一个龙虾而起，臭味的观念也许属于蓖麻子油的气味，想象的马也许曾经是一匹黑马，死的意识可能是来自萎谢的花。但这些观念都不对，都不是我们在判断中所使用的。我们真正使用的乃是它们的内容的一部分，为我们的心智所固定化，而成为一般的意义。

也许我们需要（根据不同的著作者不同的说法），判断的宾词应该是确定的，但这在实际上就不一定能够办到。我可以断定某种浆果是有毒的，然而我可不知道它是怎样有毒，而且"有毒"一词也明明含有不属于这个毒物的特点。我也许确实认为 AB 是坏的，可是不知道他的缺点之所在，甚至还有一些想象不能加于这个人。我也能肯定一本书的装订是皮面或者是布面，虽然我不能断定是怎样的一种皮或布。详细具体的情形我还没有知道，或者已经忘记干净。但是提起这个普遍的意义，我却是绝对无疑，这就是我们使用的判断的宾词。

这里面的分别很明显，因为极关重要，所以不能不仔细剖析。我们的整个判断理论都将证明这一点，但是这里让我再举几个很平常的例子说一说。当我否认铁是黄色时，我是不是说它不像黄金那样黄，或者不像黄宝石那样黄，还是说它不是任何一种黄色呢？又譬如说，"那是一个男人或女人或小孩子，"这是否可以回答，"还有别的可能，也许是一个印第安人，或是一个女孩子"呢？如果我问，他病了吗？这是不是自然要人回答，"哦，不是，他染了霍乱症"呢？有句口头话，"假如他离开了我，我就没有办法了"，这句话的效果，是不是有了"放心吧，某人是坐了马车弃你而去的"这样的答复，就可以免除说话人的烦恼呢？

用在判断里面的观念乃是普遍性的意义，决不是偶然的想象，更不可能是全部心理事件。

第十节。现在我们已知应该怎样理解逻辑的观念，可以预计这个结果，不辞武断之嫌，概括一说判断跟观念的关系。我们必须尽可能避免可能碰到的心理学和形而上学的困难。

判断本身是一种行为，它把一个观念的内容（知其为如此）归于超出这个行为以外的一个实在的事物。⑩这句话看来似乎艰深，其实亦不难了解。

所谓观念的内容就是逻辑观念，也就是刚才所说明的意义。它是认作这样，我们明知凭它的本身，它并非一个事实而只是一种漂泊的形容词⑪。当作出一个断言时，我们移转这个虚词，把它和一个实词或实在的东西结合起来。同时我们晓得这样成立的关系非由这个行为所造成，也不是只在这个行为以内有效或者凭这个行为做根据，而是独立于并超乎这个行为以外的真实。*

再用海蛇的例子来说，我们有了海蛇的观念，光是这个不能算作判断。让我们开始探问，是不是有海蛇？说"有海蛇存在"这句话是真的实在，还只是一个观念。我们从这里出发，进一步可以断定"海蛇是存在的"。我们作出这个判断，究竟还做了些什么呢？回答是，我们用了海蛇这一形容词来修饰现实的世界，而且在这样做的时候认识到，与我们的判断行为分开，这个世界是如此被修饰着。说一个判断是实在的，我们的意思就是，它所提示的不止是一

---

* 这里说的只是肯定判断，否定判断比较复杂，现在还不能谈到。

第一章 判断的一般性质

个观念,而是一个事实或表露于事实之中。我们当然不是认为当作实在事物的形容词来用,这个观念仍然是一个不定态的普遍性。假如海蛇是存在的,它就必得是一个确定的个体;如果我们知道了整个的实情,也许可以明确描述它是怎样生活的。又如我在昏暮中看见一个东西就说,那是一个四足兽,我也是用一个普遍性来修饰呈现于知觉之中的实在,但实际四足兽除了四只足和一个头而外,当然还有许多别的特点。不过我说这个普遍性的时候,也并没有排斥未知的特殊性。部分的无知不一定使我的知识成为虚妄,除非我犯了错误,断定这个知识是无条件绝对的。⑫

"三角形三角之和是不是等于两直角?"⑬"我怀疑这句话,"最后,"我肯定它是如此。"在这几个例子里,都是同样观念的内容;所提出的观念便是三角形三角之和跟两直角之间的关系。这个肯定或判断就在于说明,这一观念不仅是观念,而是现实事物的性质。判断的活动将飘浮的形容词附着于世界的本性,同时告诉我们它早已就在那儿。以上入后也许更容易明白,至于所牵涉的形而上学的问题,我们不必加以讨论。

第十一节。我们这样说明了判断,有两点马上就可引起注意。读者当已察觉我们是说:一个判断只确述一个观念或理想内容,而没有提到主词和系词。另一面,还有一种议论甚为流行,认为我们总是有两个观念,其中之一就是主词。这两点我都不能赞同。这个问题留待第二章再细说,但这里还要顺便谈一谈。

(1)说每一判断都有两个观念,是不实在的。相反,我们可以说一切判断都只有一个观念。⑭我们不妨任择一个想象内容,一个错综复杂的性质和关系的总体,加以区别分割,然后把这样得来的结果称为个别的观念以及彼此之间的关系。这是没有什么值得反对的。我们反对的是否认呈现于我们心智之前作为一整体的观念;这便牵连着严重原则性的错误。观念彼此之间的关系自身还是属于观念的。这都不是内心事实的心理关系。它们并不存在于符号之间,而是寄托于符号所代表的东西里面。它们是意义的一部分,不是存在的一部分。它们所附着的整体是理想的,所以是一个观念。

举一个简单的例子,我们有一只狼的观念,我们可称之为一个观念。我们再想象狼吃小羊,这就有了两个观念,或者三个乃至更多也行。但这是不是表明给予的景象就不是一个整体了呢?根本不是。因为各种区别以及我们所惯作的属性的组合,都存在于整体之中。假如从这个角度来看,否定互相融合的每一个观念的单一性,势必承认狼的自身也非一。它乃是许多性质的综合,结果我们就会发现没有一个观念在其自身以内不能再加以区别。那么,我们只有选择下面两句话当中的一句,或者说,没有单一的观念,除非属于极简单的性质,以至没有任何可以辨别的特色,这等于说没有观念;或者说,我们的心智从整体上加以把握的任何一种内容,不管大小,也不管简单复杂如何,都是一个观念,所有它的变化万千的关系,都涵融于统一之中。*

欲免错误,我们必须记住,任何意义的内容里面的关系,无论

---

  * 心理学上关于我们同时能有多少观念的争论,先要我们知道一个观念是什么,然后才能解决。假如一个观念必须排斥所有内在的复杂性,试问还有什么剩余?但假如它容许杂多,又怎样是一个观念?如果一个观念一方面我们可以认为杂多,而另一方面又因我们把它当作是一,于是称为单一观念,那么很明显,这个问题就变样了。⑬

如何复杂，总不是心理存在之间的关系。有了狼和小羊。这个狼吃小羊么？是的，狼吃小羊。这里表明或肯定了狼和小羊之间的一种关系，但这种关系实在不是（假如我可以用这个字眼的话）我的头脑里面发生的事件之间的实际联系。它所意谓的并非意象心理的结合。恰如狼的观念不是整个狼的意象，小羊的观念不是想象的小羊，同样，它们综合在一起的观念，也不是恰如我的幻想里面存在的关系。在象征我的意义的特殊的景象中，许多细节消逝于普遍的观念之内，我们没有想到，也不去探求，更不曾说出。

重述一遍，心意的虚象是一种记号，而意义则只是整体的一部分，和其余的部分以及它的存在分开。在这个理想的内容中，有着各种性质和关系的组合，正好与名词、动词和前置词相对应。不过这些不同的成分，纵使你辨别得很精确，一离开整个的内容，便会完全失效。这就是那一个全整的观念，它包含着你要在它里面造作的一切观念；因为凡是通过心智固定下来而成为一，无论简单或复杂，总只是一个观念。假如是这样，那么，认为判断代表两个观念的结合，这一古老的迷信就必须抛弃了。

第十二节。现在我们讨论（2）这个误解的另一方面，就是说判断里面一个观念是主词，而判断即把一个别的观念归于这一观念。下一章中将有彻底的论列，这里我们可先指出两点。(a)在"狼吃小羊"这个句子里，不管我是肯定、否定、怀疑或者询问，关系都是一样。⑯因此，判断的差别或特质似乎不能求之于离开一切判断而存在的东西。这个特质显然要在所以使一个断言了的内容不同于仅乎提示的内容的差别中去寻。这样，说一切判断都以一个观念作为确述的主词，这种理论就没有扣住问题的关键，可能是文不对题了。但是(b)这个见解(我们将在下面看到)实系错误。"B 随 A 后"、"A 和 B 并存"、"A 和 B 是相等的"、"A 在 B 之南"——在这些例子里，只是无视那些能持这种见解的事实。这里要单挑 A 或 B 做主语，而把剩下的当作谓语，实在很不自然。而在直接肯定或否定一个存在的地方，例如说"灵魂是存在的"，或"海蛇是有的"，或"这里一无所有"，这个理论便要碰到更大的困难。

这里暂时不用多谈，只须说明，每一个判断确有一个主词，理想的内容即指着它而陈述。但是这个主词当然不能属于那内容或包括在内容之内，[17] 因为要是那样，它就变成归于其自身的观念了。我们将要见到所谓主词，归根结蒂，决非观念而始终是实在；要想了解这一点，我们必须继续前进，因为本章第一段已经结束。现在我们要从判断的一般理念转入某些错误见解的批评，不过这种批评也远非全面，有些地方还有待于以下各章的讨论，才能充分明白。

II. 第十三节。谬误的判断理论很自然地可分为两类，第一类害在主词、宾词和系词的迷信，第二类具有其他的缺点。我们先从第二类说起。

（1）判断不是一个观念跟一个感觉的联合，也不是一个观念或多数观念的活跃力量。在现阶段，我们还不需要把这些理论作详细的探讨。它们所说的观念都是心理的事件，而照我们所已知，判断则只和意义有关，涉及的是理想的内容，而这个内容实系普遍性，决非心理的事实。如果我们所有的全是现象的关系，只是一个心理意象，以其本来的状况附加于一个感觉之上，联结起来，这时，我们仍然不能作出肯定和否定，不能有是非真伪之别。我们有的还只是实在，它是有，但不能代表任何事物，它是存在，但不可能成为真实。

第一章 判断的一般性质

"联想论"的究竟，下面还要细讲（参看本书第二部第二篇第一章），我们现在可以不提这一派人关于普遍性的空疏妄诞之谈，先把我们探讨的结果提出来一说。假设有一个观念，作为一个特殊的意象，以某种方式和一个感觉联结在一起。例如，我有了几个着色点的感觉；这些感觉"唤起了"运动、硬度、重量等等意象，意象为感觉所吸引，互相凝结在一起。说到这里都很好，但是马上就可提出一些困难。一个橘子给我们一些视觉的感觉，我们再把刚才说过的那些意象附加于这些感觉上面。但是这些意象当中，每一个都是一固定的特殊性，为各种关系所约制，使它和一切其他的东西有所不同。如果你只是把这一堆事实联结起来，试问谁会认为它们是一个事实？可是如果你混和揉合它们的内容，忽视其存在，只采取每一个性质的一部分，而把那一部分转移于对象之上，那么，这样一种制造手续你可以任意叫它一个什么名称，但断乎不是联合（参看本书第二部）。

即使我们假定这些观念和感觉不知怎样果然联合起来了，可是，是不是就有了判断，有了是非真伪之辨呢？现在在我的感觉或幻想之前，是有了一个橘子。它存在于我的心目中，但到此就完了。譬如说，"恺撒将要忿怒"。恺撒这个知觉加上一个形容语，就变成了"恺撒忿怒"。但这个意象仍然不过是如此，它并不能代表什么，也不能意谓什么。

我们可以先设想这个"观念"保持其自身，那么无疑，作为一个事实，它和感觉的事实当然存在于一种心理的关系之内。这两个现象并立着，恰如头痛和三段论式可以同在一样；不过这种心理的联结离开一个断言实在很遥远。这里没有肯定，因而又有什么可以肯定的呢？难道我们是要确认这两个事实之间的关系吗？须知那种关系已经被给予，无论你肯定它或否定它，都毫无意思。* 是不是一定要把一个事实做成另一个事实的谓语呢？那就好像很难理解了。简单说一句，如果感觉和观念都是事实，那么，我们不但找不出什么断语，而且也看不出有什么可以断言的东西了。

我们第二步（离开联想论本题）可以假设"观念"的本来面目归于消失，只剩下一部分残缺的内容融合于感觉之中。在这种情形下，混和的结果所产生的整体，以单一的表象呈现于我的心灵之前。但是什么地方可以找到断语、是非真伪之辨呢？我们不好说它就在于这个单纯表象本身里面。假如一定要把它找出来的话，那我们就只有从这个表象跟其他事物的关系中去寻求。而那个关系正是判断之所提示。但是照我们现在所讨论的看法来说，这个其他事物和提示都是没有的。我们先前有的是一个未被修饰的感觉，现在有的则是一个修饰了的感觉。

唯一的出路只有假定，第一，"观念"维持其自身，同时又和它的内容相区别；第二，再假定两者都跟感觉不同。这样一来，我们便有了两个事实，即是一个感觉和一个意象，此外还有一个跟意象分开的内容。到了这个时候才有可能作出判断，然而这个地步是怎样达到的却为联想论所不能解释。过此而往更非它所能说明。你把内容从意象移转到感觉上来，使后者受到修饰而称为主词，可是，这两者确实都很难理解。我们还要加上一句，每一个判断都不可能以一个感觉或几个感觉做主词（参看第二章）。归根到底，我意识到

---

* 我们可以说，照这个见解，否定一句虚妄的话，这个否定事实上也必得是虚妄的。

我的判断活动所联结的东西乃是离开它而联结起来的,这一事实便与我们所考虑的心理学的问题全不相符。[18] 总而言之,把一个意象的内容融合到一个被修饰的表象里面去,不过是走向判断的一步,而这一步却已远远超出了联合的范围。心理现象的联结集合不仅决非判断,而且也不能成为判断最初的基础和起点。*

第十四节。也许有人说,原来的定义是一个"活泼的观念联结着一个现在的印象",是否活泼一词不起作用呢?我们回答,丝毫作用没有;即使你的假设是真确的,它也不能够造成任何差别,何况它根本就是不实在的。活泼的性质决不能解决我们提出来的疑难。不管你把它想成怎样生动活泼,它总不过是一个表象,而非判断。观念所具有的活泼性、生动性,不但不是判断,而且也不一定成为判断的必要条件。说一个被断定为实在的观念比一个不被认为是实在的观念,必然更强而有力,这种理论是禁不住真实现象的考验的。你可以继续加强一个观念的力量,直到它变为感觉,却仍然不能就是判断。对于这一点我不想多说,因为事实胜于雄辩,现在只举一个例证。许多人有时会想起曾经和自己一起生活的死者的影象。这种意象通常是很暗淡的,有时却很有力而逼真,好像就在室内某一地方一样,可以使人不安。在变态情形下便成为所谓幻觉,能够活灵活现地呈现在我们的眼前,和真确的知觉一样。但在一个受过教育的人,就会知道这是幻影,把它看作和平常比较暗淡

---

* 时常有人指出,根据休谟的信仰论、信仰和实在、真理和虚妄之间不可能有何区别,为什么我们要强作分别确实有一点不可思议。J.S.密尔在这一方面更公开承认传统思想的破产。但是他好像认为在这一重要关键上虽说不过去,却并不能动摇他的学派的主旨,顶多只把这个破绽看作一个稀奇的事实。他当然不可能看出这里失败的真正原因。下面我们还要说到培恩(Bain)教授的见解。

的意象一样，都不是外面的实在，而只是我们自己内心的东西。如果这里并没有什么活泼的观念联结着当下的印象，试问，还有何处可以找到呢？

第十五节。我们对于这个久已死亡却继续作怪的理论，已经予以驳斥，现在可以轻松地转到另一种错误，就是把判断和实际信仰混为一谈。我不能够细究哪一种心理活动可以符合培恩教授的理论到什么程度，也不能详论心理活动的性质是不是即由生理学上的肌肉亢奋而来；不过我必得指出（无疑由于我不懂这门科学），培恩教授的生理学在这个地方是很暧昧难明令人吃惊的。所以我很怀疑，即使我们接受他的见解，是不是意象和意义之间的混淆就可以减少一些。[19]

我们必须记着，当我们问"判断是否总是实际的"时候，这个意思并非就是问判断是否与意志有关。假如是这样的话，那么，我们可以说心理现象的一切来源，都可列入意志的项目之内。其实这个问题的意思是，判断的要点不在于提供真和伪的辨别——这两种状态不能改变其所代表的任何东西——而在于使现实存在发生改变。简单说一句，当一个观念被断定为实在的时候，这是不是意谓着它可以造成某些别的现象的变动，而肯定与否定本身不过就是这种运动？这个理论认为一个观念或多数观念一经确认为实在，便和仅乎提示或想到的同样观念根本不同，从而断定判断的特质就是观念在我们行为上所产生的效果，除此而外，别无其他特质。

这里有一个逻辑的错误，在我们着手讨论之前先须指出，因为正是这一错误使得培恩教授迷失了方向。假定一个已经确认的观念可以引起行动，而一个未被相信的观念则对我们的行动不能有何

第一章 判断的一般性质

影响。从这两个前提是不是便能得出结论，说，所以判断就是影响呢？换句话说，如果 A 变成 B，我们经常得到一个差别 q，而且 q 只有在 A 之后才会发现，这是不是就可断言这里面的变化是由 q 构成呢？是不是还很有可能认为 q 随伴着 p 而至，因此 p 才是真正使 A 变为 B 的原因呢？这个错误在逻辑上很关重要，必须注意。我们所要探讨的论调不是说实际的影响引起我们的判断，或由我们的判断结果产生实际影响，而是说判断就是影响，不能是任何别的东西。

我们反对这个虚妄的特质，可以分为四点简略说明，(a)这种特质可能为判断的事实所没有，(b)而在其他的事实中反可以出现，(c)判断的事实还含有其他的特点，为真正的特质之所在，是虚妄的特质中所找不出来的，(d)虚伪的特质也有一种正面的性格，却与判断的事实不相容。

(a)如果我们用一个抽象的例子来检证这种理论，譬如说，三角形三角之和等于两直角，那它马上就站不住脚。这里面观念就不可能总有什么实际的影响。也许有人说，"这里的观念是可以发挥作用的，你一定将要按照它行事"。这句话在"经验论"一派人也许不成问题；但是一个笨拙的"超越论者"（transcendentalist），就没有这样说的权利。他至少不容许把倾向和可能性或一个单纯的观念就当作事实。也还止不住要追问，那儿是不是有影响或作用？假如说那儿没有，那么，培恩教授的理论便要跟着烟消云散，或者他就不能不改变他的定义，只能说一个观念加上潜在的效力、或然的趋势，就变成了判断。[20]如果这都不是观念，那么，我们要问到底是什么；如果只是伴着最初的观念而来的附加的观念，那么，我们的回答很明显。第一，这些观念不一定是有的；第二，即使有了这些观念加上去也不一定发生实际的影响。

(b)另一方面,虽然我从不认为观念是实在的,可是有时也可对我发生影响。和观念联系一起的感觉和情绪,往往可以阻止或促起我们的意志,虽然这个观念我们不认为实在,甚至还看成虚妄。我不一定相信一个蜥蜴会咬人,或者一个雄蜂会螫人,然而我却畏缩不敢去碰。我不相信有鬼,却可能要避开一个墓地。一个幻觉,假如已知其为幻觉,对于意志的影响当然不会那么厉害,或者影响不同,但尽管我们不信,它总会起一点作用。* 如果要说,当你认为它是一个幻象的时候,你就完全加以无视,而这种无视也就是一个判断,那便未免太牵强了。

问题是很清楚的,我无须乎多说,现在只要提醒读者,确有这种观念可以影响我们的行动,而并不显得是真实的。我指的是实际的观念,曾经满足了的欲望的表象,而这个欲望现在正感到不满足。确实,这些是可以促起我们积极的行动的;同样地确实,它们也没有断定为实在[21],因为如果当作实在,那就没有理由能够引起我们的行动了**。

(c)但是我们可以假定一切判断确实都能引起行为。这是不是就可证明判断不是别的,只是这种运动呢?完全不是。当一个提出来的观念被断定为实在的时候,我们能够察觉我们的内心状况,很清晰的有一种作用(虽然难以言语形容)出现,却并不倾向于(除非是偶然)要在外界或我们本身之内造成某种改变。如果这个真实的

---

* 也许可以说,当它起作用的时候,否定暂时停止,但是我认为这样说是没有根据的,无论如何,这一点可以确定,没有正面的判断,这个观念仍能发生作用。

** 参阅拙著《伦理学论集》(*Ethical Studies*)第七篇。

特质信而可征，那么，问题也就解决了。[22] 其实，撇开直接观察，我们也可间接加以论证。肯定和否定，以及是非真伪之别，都是实在的现象，具有一种特色，根本不能扯到观念对意志的影响上面去。如果说，"明天将要下雨"这一判断等于"今天要买一把雨伞"；或者"快点穿上你的长靴"才是"昨天下了大雨"这个断语的真意，岂非可笑！假如一个小孩子看见一种浆果，同时如我们所说，作出了判断，"它曾经使我生病"，要是这个判断的行为在于今天真的不想或者回避吃浆果，而不会有别的情形，那就好像很奇怪了。

（d）这里不仅有一些明确的特征，为单纯实际态度之所不具，而且我们还可以找出一种性质，为真正的判断所没有。我们提出一句话的真实性并非一个程度问题，把一个观念归于实在的这个判断活动，或则认为真实，或则不认为真实。它不能够有或多或少程度之分（参看第七章）。严格说来，一半真理就不是真理，说一件事"多少是实在的"，便是说"它的实在性有了限制"，或者"它在某种程度内是真确的，但整体上则非真确"。可是观念的实际影响或作用却必有程度的不同，而这种性质正是在判断方面找不到的。

根据以上理由，其中每一个都可单独成立，显而易见，培恩教授的理论是失败了。而他的错误原因之一就在于忽视了下面说到的几个重要的区别。判断本来是逻辑的东西，唯其如此，所以没有程度之差；观念的内容对实在的关系，必得是有，即在那儿，或者没有，即不在那儿。而信仰则原是心理学的东西，无论属于理论或实际，都以不同的程度而存在。（a）理智的信仰或确认乃是和特殊判断行为相适应的一般内心状态。相信 A 就是 B，这可以意味着无论什么时候，只要提出 A—B，我马上就会加以肯定；或者更进一步,这个观念充溢于我的心灵中,成了一个固定的习惯和指导原理,支配着我的思维,注满了我的幻想,以至 A—B 这个断语时常出现,回旋振荡于脑际,一触即发。如果这种思想情况或默契发生的次数不太多,影响比较少,那我就可以说是对于 A—B 相信的程度不深。假如有人提到 A—B,有时我还会怀疑,这个信心当然更少;如果我这样肯定的机会还要少,甚至踌躇不决,很不放心,不能坚持这个态度,那我的确信就少到极点了。另一方面,假如我对 A—B 只是由别人的说服,而察见到肯定和否定两方面都有一点理由,有了自己的想法,却是打不定主意,不敢加以确认,这就是我根本没有信心。(b)但在实际的信仰中,除了上述理智信念的程度差别而外,还另有一种可多可少的成分。它的理智的内容所具的真实性,不仅可以不同程度呈现于我的心目中,而且还能或多或少影响我的意志。一方面它可以引起一个强烈而固定或很有力的欲望,而另一方面又能引起比较微弱的转瞬即逝的冲动。除了或多或少的存在,它还有或多或少运动的力量。我以为如果这些地方不辨别清楚,就很不容易避免混乱。而培恩教授所犯主要逻辑的错误,就是从这样一个(虚妄的)前提出发,即"信仰必得引起行动",得出一个更荒唐的结论,认为"信仰就是这种引力"。*

---

* 培恩教授在其所著《情绪》一书第三版(1875)中,明显地考虑了这一问题,但我实在看不出他是否放弃了他的主张,假如放弃了,也不明白他的新见解究竟怎么样。我完全不懂他最近的理论,所以我所说的话只能适用于他以前的思想。本书写成以后,我已见到苏莱(Sully)先生对于培恩教授理论(《感觉与直观》,第二版,1880)的批判。但是我发现他所讨论的乃是培恩教授著作第三版(1875),这本书曾经提到他自己的批评的较早版本,表示最大的敬意,但语气又好像它没有存在过,或者无论如何与问题无关似的。在我自己,必须说明,因为以上所述理由,我只限于讨论培恩教授以前的理论。[②]

第一章 判断的一般性质

第十六节。(2)第一类的谬论已经说完,我们现在可以谈到另一类的错误见解。这一类见解的共同病根,就在于愚妄地认为我们的判断有两个观念。我们在第十一节已经接触过这种谬见,在下一章里面还要讲到它,所以这里只要简略地谈几句就够了。一般说来,传统的主词、宾词和系词都不过是迷信罢了。[24]在判断里面所肯定的观念的材料,无疑具有内在的关系,而且在大多数场合(并非一切场合),这个材料是可以当作主语和属性排列起来的。[25]但是这里的内容,我们也已知道,在确认之中和在确认之外,都是一样。[26]如果你不作判断,而是疑问,所问的东西仍和所断定的东西完全相同。由此可见这个内在的关系自身不可能就是判断;至多只能成为判断的一种条件。如此,我们就可以说,假如系词是把两个观念联接在一起,这个联接便存在于判断之外;另一方面,假如它是判断的标记,那就不是联接。假如说它既是结联又是判断,那么,无论如何,判断便不能止于是结联。这个一般性的错误这里不再多说,我们现在可来研究一下由它而产生的几个不正确的观点。

(a)判断不是包括于某一种类之中,或排斥于某一种类之外。认为我说"A 等于 B",或"B 在 C 右边",或"今天是星期一前一天"的时候,我的心里便有一个种类,好像一堆聚集物或其图像,包含着许多"等于 B",或"在 C 之右",或"星期一前一天"等等东西,这种想法是不符合事实的。这和说我在承认"这是我们的儿子约翰",或"那是我最好的一件上衣",或"9=7+2"的时候,我是想到了许多"我们的儿子们约翰",或"我最好的上衣",或"等于 7+2 之数"的种类,同样的荒唐无稽。这个见解假如撇开了暗含的先入之见,就其本身作为事实的解释,本不值得多所论列。不过以下(第六章)我们还要讨论到它,所以暂且说到这里为止。

(b)判断不是包括于主词之内,或排除于主词之外。这里所谓主词不是指整个理想内容所归属的终极的主体,而是存于那个内容中的主体,换句话说,就是文法的主词。在"A 是和 B 同时","C 在 D 之东","E 等于 F"这些判断里面,如果只把 A,C,和 E 当作唯一的主词,而认为其余都是说明性质,实在很不自然。我们要是把原来的位置倒转过来,同样可以说得通,如果这两种方式都不用,改变一个说法,"A 和 B 同时存在","C 和 D 一个在东,一个在西","E 和 F 是相等的",也许更为适合。想象的复合体,无论肯定或否定,毫无疑义,在大多数情形下可以嵌入一个主词带着几个形容属性的排列格式,但是有些场合,而且这些场合还不在少数,判断的内容表现为两个或者更多的主词,相互之间存在着形容的关系。我不否认你可以生搬硬套把后一种形式变为前一种形式,不过既承认硬搬,当然就是另一个问题了。其实一个人不需要多大技巧,就能把每一个主词及其属性说成几个独立性质(主词)之间的关系,甚至可以把那种关系作为主词,而使所有其余的东西都成为属性用作宾词。譬如"A 是和 B 同时",我们很容易把"在 AB 的场合存在"说成是"同时"的属性,恰和说"与 B 同时"是 A 的属性同样的方便。最后我们可以发现像这一类的存在判断,很难从我们现在考察的观点来解释。至于一部分否定判断,如"这儿什么也没有",那就更加说不过去了。不过这几点必须到下面才好详细说明(参看第二章和第三章)。

(c)判断并非确认主词与宾词同一或相等。这一谬论乃是以上错误的自然结果。你先假定了判断里面存有两个观念之间的关系,然后又假定这两个观念必须视作延伸的东西。这两种假定都是不对的,假如我们考虑结果,不问其是否有用,但问其是否实在,我想我们就不难揭开它的真相。如果说"你站在我前面",或"A 在 C 北面",或"B 跟着 D 后面",我所真正指谓的就是一个相等或同一的关系,这实在难以置信,牵强附会太厉害了,是没有一个人肯去理睬的。*

各名词的等式,如果你用作一种假设,借以进行研究,在一定限度内,也许有一点用处(参看本书第二部第二篇第四章),可是你要把它当作一个真理,便不值一驳。现在仔细论述如下。

(1)所谓相等,当然就是量的同一,此外不能有别的意思。[㉗]而在这一点上,我们首先就须指出,这一名词是被任意滥用了。用等号 = 来表示性质上的相同,或个别物的同一(这里姑不论两者有无差别),本来就失之粗糙。也许不会产生什么损害,但实际上我们随便混用也应该有一个限制。让我们先来一探所谓相等的本意,它就是表示数量方面的同一。假如是这样,假如主词和宾词列为等式,假如"黑人是人"改写为"一切黑人 = 有些人",便和 2=12-10 完全一样——假如我们所说的和所指的就是在这两个名词之中,如果作数的比较,双方毫无差别,那么,这就不必讨论。但至少有些判断不能够表示这种量的关系,而且确实就在能够表示这种关系时,也只有很少的一部分实地如此。这里证例是不必要的,但我们还是举个例来说,"希望是没有了",这个意思难道就是说,"在希望和一部分没有了的东西之中,有一个完全相同的总数"?又例如

---

* 参看杰文斯《科学原理》第一章第十二节。

说，"判断不是等式"，你可以认为这就表示我确信两方面如果各以2除之，答数必定不是一样么？

这里的等号＝似乎不是意味着相等，它不是表示主词所包含的单元和宾词的单元在数值上同一，而好像是指明主词和宾词全然相同。它所确认的同一不止限于量的方面，而似乎是绝对的。在"一切黑人＝有些人"里面的"＝"，实在表示排除了一切量的和质的差别。

（2）这个同一（a）并非类似；它不是指局部的质的同一的关系，确定的或是不确定的。"铁＝有些金属"决不能是说"有些金属好像铁"。如果这样解释，不单为事实所不许，而且这个理论也就无法维持。假如出现了"好像"和"类似"这些字眼，那就可证明这里恰和＝的情形一样，抱着这种见解的人已忘记了自己说的话，也不明白是在做什么了。因为如果 A 类似 B，你便可以用它们来互相代替，这当然是不对头的（参考本书第二部）。

（b）这个同一也不能是局部确定的，只是在某一点或某几点上质的相同。要是照这样来解释，你就非等到相同点弄清楚了之后，不能前进一步。而且即使弄清楚了，等式理论也还是说不通。

（c）除非我们假定两边只有名称的不同，而这个名称的不同为判断所必要——这一观点我们在第六章将要谈到——我们必得认为等号＝的意思就是整个的相同，排除一切的差别。但这样一来，等式理论马上就须修改，否则无论如何说不过去。譬如"黑人＝有些人"，这句话是不对的，因为"有些人"显然并非就是"＝黑人"。如果说黑人等于一定数量的人类，那也是不正确的。所谓一定数量乃是一个普遍的形容词，它可以适用于黑种人，也可适用于其他种人。假如"是"或"="表示"完全相同",那么,说"A 是⅓ B"就和刚才所说"有些 B 是 A"同样错误。"有些 B"不但可指是 A 的 B,也可指其他非 A 的 B。所谓"⅓ B"正是这样,我们可以用它来指称⅔ B 非 A 的部分,也可用来指称⅓与 A 同一的部分。可见把宾词作量的规定是一种不彻底的主义,如果"="就是等于的意思,它就不合事实,如果"="便表示平常的"是",它就显得很可笑,如果"="的意思是"完全相同",那简直是欺人之谈了。

若要彻底,我们只把宾词作量的规定是不够的,还必须确切列举其特点。黑种人之为人当然不是任何一种或每一组别的人,只构成一定的数目。他们乃是指那些是黑种人的人,而这才是真正的宾词。应该改成,黑种人 = 黑种人-人,铁 = 铁-金属。这样,宾词就真正和主词相像,可以彼此交替了。这实在是一个大胆的想法,它的结果也值得注意;但是如果我们所探察的不是实用效力而是真理,它的大胆就尚嫌不够,还需要再多一点勇气来解除最后一个矛盾。

认为 A 确实和 AB 相同,而 AB 完全与 A 合一,这不能不说是一个相当惊人的结论。如果 A=A,我们是不是能够在任一边加上B,而使这个等式保持原状呢?只要 B 不就是零,大概每一个人都会想到它一定要造成某种差别。不过如果 B 可以产生差异,我们就无法相信 A=AB 和 AB=A 了。假如"铁-金属"和"铁"是一样的东西,我们又何必把两边写成不同的字样使人迷惑呢?假如两边确有差别,偏要写上一个等号 = 来否定它,岂非故意骗人吗?但是假如实在没有差别,你又把"铁"和"金属"对立起来,明明承认有差别,那当然还是错误。

要点在于，假如 A 是 AB，那么代表 AB 的 A 就不是 A，而是 AB。这个断言的两方面正好是一样，也必须要这样表达出来，黑种人-人是黑种人-人，铁-金属是铁-金属。* 这里是一个两难的论点。B 或者是 A 的附加物，或者不是。如果它不成为附加物，加上去就是枉然；它在任何一方都毫无意义，可以随便加入哪一方面，在两方面都是同样的妄诞，倒不如拿掉好，干脆就是 A=A。但是如果 B 是一个附加物，那么 A=AB 就不可能是真实的。必须在两方面都加上 B，AB=AB 才对。简单说一句，B 在两边必须同时加入，或者同时去掉。

这样，我们该能够自圆其说了，也许读者还要问，这个结果是否仍有什么错处呢？我不想表现顽固，宁愿这样回答，你以为这就是真确了吗？我可以同意你的答复。如果你说同一的命题全是错的，我也不想反驳你（参看本书第五章一节），因为我深信一个判断不认有一点差别，便是空话。但是如果你说它是对的，我就要回问一句。说一个断语是真实的，这个断语是不是一定要有所确认？上面的命题在你看所确认的究竟是什么呢？是说没有差别的地方就没有差别，只要 AB 是 AB，就仍然是 AB 吗？你当然不是这样想法。是不是暗中确认了 AB 的存在呢？不过假如是这样，我们何必不老实说"AB 存在"，而要把 AB 重叠起来，岂非毫无意义吗？我们知道它存在，并非因为我们重叠它，而是，照我所想，正因为我们已知它的存在。

---

* 参考陆宰，《逻辑》，德文原著，第 80—82 页。

这样说来，我们在 AB=AB 这一等式里作出了什么确认呢？我们必得承认，似乎什么也没有断定。这个判断经过层层剖析，终于没有了。我们探讨我们的前提的结果，发现它没有告诉我们什么。取消了主词和宾词的差别，我们也就取消了整个判断。*

第十七节。以上各种理论的主要错误已经说明。现在我们可以改换一个比较愉快的课题，谈一谈它们当中每一个所把握的真实的成分。(1)我们在第十三节中开始批评的各种见解，都摆脱了主词宾词和系词的错误。它们都见到了判断里面观念的数目并非主要问题，关键不在于观念，而在于观念之外的某种东西。更详细地说，认为一切判断都含有意志的作用，也并非完全错误。诚然，在发展的初期，理智本来是很实际的东西，很难说它有独立的作用。还有在自我意识的演进过程中，观念和实在的对立也确实以意志的体验为基础，不过达到怎样的程度这不便细说。这些地方都有相当的真理，我们可以列为培恩教授理论的优点，虽然很多部分也许反为他所抛弃。至于说判断为观念和感觉的联合是这两个因素合并一起的结果，也非全然没有根据。因为（我们在下章将要详细讨论）一切判断的主词归根结蒂都是呈现于知觉之中的实在，而判断和推

---

* 一种理论原则上错了，枝节就不值得多说。参阅本书第五章。把宾词作量的规定，次要的毛病之一就是要使你有话说不出，阻止你说明你所确实知道的东西。它叫你除非能同时证明 B 有多少是 A，就断不可以说"A 是 B"。但是即使承认"B 有多少"是你所要肯定的实情，假如你能够做到的话；在大多数场合，你也不能够肯定。你知道 A 具有 B 性质，然而 B 所包含 A 的分量和非 A 的分量之间的对比如何，却不一定知道。这样，你就必得或则避免作量的规定，或则默然而止，不说出你所知道的真情。不过这实在不值得仔细批评。

理发展的最低阶段,也的确就是观念的成分与感觉表象复归于原状,实际真相二者是不可分地形成一个整体。

(2)我们从第二类错误的见解也可得出重要的结果。第一,说我们所确认的内容总是复杂,这是对的。它不能太简单,而必得总是含有几个成分或不同方面的关系。因此,无论如何,凡是一个判断,一定有多数观念。特别是(a)虽则认宾词为包括主词的种类是错误,说普遍性代表一堆聚集物更不足信,然而宾词必得是普遍性却完全实在。因为每一观念决无例外都是普遍的。其次(b)虽然断语并非把宾词归属于判断的主词,虽然以文法主词为宾词所说明之实在是不对的,可是每一判断确实非有一个主词不可。观念的内容,脱离实际的形容词必得和一个实词相结合,才能重新成为现实。还有(c)等式或名词同一的理论,本身也抓住了一点真理。然而这一点真理却被倒转过来,没有充分发露,不过毕竟是一个涵意深沉的原理。

一被倒转过来,它就成了谬误,以至于不得不认为判断的目的便是把主词与宾词在外延上视为同一,而不管它们的意义有何差别。如果要加以矫正亦不难,只须明了判断的目的是在主词的同一范围以内,肯定不同属性的综合。无论什么时候我们写下"="这个符号,必得有一些差别,否则我们就会无从分辨我们所处理的两边的名词(参看本书第五章)。而且当我们把判断列为一个等式的时候,我们所要说明的也正是这个差别。在"S=P"等式中,我们的意思实在不是说 S 和 P 是同一的。我们的意思乃是说它们有差别,而不同的属性 S 和 P 便统一于一个主体之中;S—P 是一个事实,或者说主词 S 不光是 S,而且是 S—P。为什么等式的理论还有一点效力，并非毫无意义，这个理由就在于它实地是说明差别的一种间接方法。"主词是同一"便暗含着，也许命意就是表示，属性的不同。这个问题下面还须细说，现在我们先来简略地谈谈每一判断必须以同一为基础。

这是怎样可能的呢？说 A 是"在 B 之前"，或"在 C 左边"，或"等于 D"。这个判断确认了两个对象的相等、次序或位置，并没有说双方就是一样。这里必须解释一下。我们也已知道，一切判断都是把一个观念的内容归之于实在，所以这个实在才是作为宾词之用的内容的主词。譬如"A 在 B 先"，这里面 A-B 整个的关系是宾词，我们说它是真实的时候，就是用它来做现实世界的形容词。它是存于 A-B 之外的某种东西的属性。不过假如是这样，则 A-B 作为形容词之所归属的实在，就是 A-B 的主词，成为综合各种差别之同一的基础了。

它是同一的，并非因为它是单纯的同一，而因为它是特异之中的同一。在这个判断里面，除了名词的不同而外，还有 A 与 B 在时间里先后的对立。A-B 之所说明的主词，正因为是所有这些差别的主词，所以本身不变，而殊异即在其中。在这个意味里，每一个判断之所肯定的都是持续于差异之中的同一，或所有差别即存在于单一的主体。详细讨论这一微妙的问题乃属于形而上学之事。研究形而上学的人必须探明，归根到底，是不是每一种可能的关系既要存在于某一种东西之内，同时又必存在于两个以上的事物之间，这两方面的要求调停起来也许是很困难的。不过我们的探讨现在已经达到了限界。判断中所暗含的真正的主词，[28]我们在下一章还将碰到，那时我们希望，也许可以把现在仍有些不甚明了的地方说得更清楚。

III. 第十八节。我们已经对判断作了一个初步的说明,也分析了一些错误的见解。现在我们讲到第三个问题,就是要研究一下判断作用发展的过程。上面也已说过,在心理进化史上,并非一切阶段都有判断出现。它实在是我们心智比较晚近才获得的成就,标志着一个向上演进的新时期。如果我们一定以此为人和动物智力的分界线,也许是错误;不过这一点牵涉到神学和反神学的成见,说来很麻烦(参考本书第三部第一篇第七章)。最好是把心智看作一个单独的现象,通过各种不同的阶段不断的发展,至于划分这个演进过程为许多阶段的界线,是否就和各种动物类别实际范围完全一致,抑或互相交错不能截然分开,大可不加讨论。这样,我们就可以确定,在一定的阶段,判断是不存在的,一直到较晚的阶段才发现它的作用;我们也不必探问这个转变起于何处,而只须指出这些阶段不同的对比,便可自感满足。果其如此,这一段插话便使我们回想起前面已有的关于判断的说明,从而得到启发。那就是,凡不知道有是非真伪之别的地方,便不可能有判断;而不知道有所谓观念的地方,心灵之中除事实而外别无其他存在,也就不可能知道是非真伪的区别。[29]

第十九节。我的意思并不是说较低阶段,或任何型式的精神生活,只能够接受简单的感觉。如果灵魂止于消极容纳一定的结果,不能有所增益,也不能加以观念化;那么,在一切现实心灵中却可以更进一步,我们所掌握的总能多于感官的与料。[30]我们所得的印象可以说都经过一种观念结构的补充修正,这个理想结构便是过去经验的产品。所以在某种意味上,低级动物也能判断和推理,如

第一章　判断的一般性质

其不然，它们就决不能够调节自己的行为来适应环境。不过严格说来，它们是既不能推理，也不能判断的，因为它们不懂得观念和所知实在之间的分别。

知道本来的事物与其在知觉之中的表现，不是同样的东西，我们深信，这乃是晚近才有的一种后思。晓得观念和印象两下有一些区别，也同样是一种后思，虽然不是同样晚近之事。对于原始的心灵，一件东西或则是存在，或则不存在，或则是一个事实，或则是无。至于一个事实能够存在，而只是一种现象，可以符合，并且附属于一种超乎它自身以外的东西；再讲到它不过是一种幻象，能够存在而又是靠不住的，因为它的内容只能当作一种形容词，既不属于它的本身，也不属于任何其他的实体——所有这些区别在理智发展初期都是不可能有的。对于早期的心灵，一个不存在的东西是不可理解的，在它即使是一个错误也并非虚幻。对于这种心灵，观念不可能成为符号。所有观念都是事实，因为它们是。

第二十节。各种当前的表象，感官的与料，都被接纳而进入一个为过去经验所组成的世界，这个过去经验现在变成了想象暗示的形式。在最低阶段的心灵，对于所与的材料和所造成的结构，也会有明显的区别，恰和最高级的心灵所能有的一样。但是心灵中有这个差别是一回事，而知觉这个差别却是另一回事；对初期的理智来讲，感觉和观念这种对立大概是不存在的。一个表象 AB，由一个感觉 d，而产生一种行为 $\delta\varepsilon$，或者由一种想象的转移 $b\text{-}d$，而改变为 ABD；或者由一个行为 $a\text{-}g$，也可变成 AC，假如 g 可以排除 B，而补充一个 C。不过所有这些以及其他可能的情节，全部的过程都是潜在的。它的结果只被认作一个给予的事实，和其他的感觉事实不分上下。

只要能把起初知觉的对象与最后构成的对象比较一下，马上就有根据可以怀疑这个事实是自然成就，还是为心灵所造作。尤其如果为知觉之所排斥的观念受到注意；如果被抛弃了的提示，前后抵触的附加，错谬的解释，和失败的行动，能够呈现于心灵之前，那么当下就可以发生一种反省，促进后来缓渐发展的结果；虚幻的感觉就会唤醒观念和实在、真与伪的明显的对比。然而所有这些却是不可能的。因为早期的心灵的主要特征，就在于完全绝对的实际性。[31]一切事实对于灵魂，除了可以引起直接的行为而外，没有别的效果。过去和将来只是现在的修饰和变形，此外便是不知道的。除了给予的东西就不会引起实际的兴趣，而不合这个兴趣的就成为不存在。因此，它的本来面貌无法保存。这个对象在其和现在欲望的关系中，随过去成功或失败的经验而变化无穷。它可以收缩，也可以扩张，完全视当时的情形而定，但始终止于是一个给予的对象。它所同化的观念固然成了表象的一部分，可是它所摈斥的观念便完全变成乌有。

在稍后阶段的心灵，譬如略有智力的野蛮人，有一种理论认为他们的世界有如梦境一般，可以使我们想象到光是一个观念，存在而又非实在，要想切实把握是怎样的不容易。如果我们循发展的梯阶下寻，不必太远，只须以犬为例，便会为它完全缺乏冥想好奇的智力而吃惊。它可以看到一个现象不是想象的东西，然而这个东西马上就变为无有。一个观念在我们可以说是一个对象的影像，对于野蛮人便是另一种对象，而对犬来说就是那件东西或根本不成为任何物。犬实在还没有走上反省的程途，或许这个程途还没有十分确定的结果。当它的心和我们一样,碰到了挫折与阻抑,给它的头脑提出力所不胜的问题的时候,它既不能把它的希望寄托于另一世界,也不能像念符咒似地重温它的希望,更不会梦想到它的信仰就是:许多现象对于感到这些现象的灵魂可以完全成为乌有。我不知道犬的心灵解决实际问题究竟满意于哪一种公式,但它的逻辑体系,如果有的话,一定非常简单;前提大概就是,我确信,而结论便是,"凡是有的东西就有嗅味,而没有嗅味的东西就是无有"。

第二十一节。要想逐步了解观念以其本身成为知识的对象,以及判断随真伪之别而俱来的过程,是很困难的。除开这一困难而外,还有一个事实的问题,随时可以发生。就是对于任一发展阶段,我们总可以问,是否已经有了判断存在?如果我们把真伪之别和语言的获得联系起来,这也许是对的,然而一提到语言究竟从何时开始,却又难以置答。何况在语言出现之前的阶段,便存在着心理现象,明确显示感觉和观念有了充分的区别。

事前所做将来应变的准备,不一定可以作为切实的证据。很明显,在许多场合,如果我们认为已经有了与现在对立的未来的知识,便是谬误。确实,至少一个伴随着感知或为感知之所改变的表象,实际上是跟一个最清晰的观念同样有效的。但是某些动物还有更强烈的表征。当一种巧妙的装置,适合于未知的事件,被用来追击捕获物的时候,[32]我们不能不得出一个结论,认为现实存在的情况与其所预期的情况之间的差别,必已显露于心灵之前。而在愿望没有得到满足的时候,则渗透于灵魂之中的决不只是对当前事物的一种反感或情感。期待的意象与现在的知觉相对立,往来浮现于注意之中,加之以痛苦的感触,我们可以设想,定然会使这个对比更加尖锐，直到最后两下的差别完全发现。这里我们还可以举出这个变化现于外表的迹象，可能是很清楚的。凡是对于饲养家畜有相当经验的人，不会不察觉到，它们经常不断而且日益加甚地表现着一种定须如此或祈使的神态。它们似乎至少也已知道它们所要求的是什么，指望得到帮助，不如意的时候还有些惊讶。虽则光是迫切的情感，没有观念，也未尝不可以说明它们的状态，但这样解释有时总不免有些勉强。

苟其如此，那么，判断当然就是先于语言而出现，决不能为人类所特有了。恰如语言已经发展之后，我们往往省而不用；恰如我们最低乃至可能最高的思维都不需言语而在内心进行，同样，我们也可以设想，在语言尚未发展之前，判断的特质便早已存在。

我们并不关心在这一点上所能引起的争论。我们只要晓得判断究竟是什么意思，至于它第一次在什么地方出现，什么动物首先掌握了它，这跟我们的目的实在没有多大关系。这一问题本来不容易解决，现在我只顺便提出一段反省的资料。尽管我们可以证明在某一动物的心灵里面，一个意象和一个感觉表象同时并存，这个意象一部分与表象相同，一部分又和它冲突，终于导致对呈现于当前的东西采取一定的行动，但这还是不够。所有这些都可以存在，而判断的特质却仍然可以不存在；这个意象也许始终不能被发现只是一种假象，全然是不真实的，或者不及感觉那样真实。因为意象如果看作与知觉相关联，二者就可以当作一个连续变化的事实；猎获物可以视为想象中追逐捕获之物，现实对象好像就成了期待着的东西。只是在遇到失败使这个成为不可能的地方，才会缺乏这个最后在理智上把意象和对象合而为一的一步。离开这一逻辑的程序，我们的心灵中便光是两个实在相对并立，两方面的对立是可以察觉得到的。这便展开了一场竞争，也许跟上一个排除，却没有轻重主次之分，任何一个事实都不能降低到假象的地位，明认其仅存在于我们的头脑之中。在这种情形下，判断显然还没有产生。

第二十二节。如果在别的地方讨论这些属于心理学的难题也许很有趣味，不过这里我们转回到比较确实的问题实在更为有益。什么是比较确实的呢？第一，就是虚伪观念的保留使现实的对比显露出来，终于引导到关于现象和真理以及虚伪的知识的形成。第二，就是语言虽非这个对比的起源，至少也使这个对比更加明确而尖锐。当群居的动物说出他们的观念的时候，所说的词句在某种程度上确比思想更为固定，可以维持其自身而与其所表示的事实对立。而且不同的个人所说的思想，有时可以互相冲突。它们既然各不相同，所以也就不可能和事实一致。等到语言有了撒谎和欺骗的情形，纵使是一个傻瓜，也必逐渐懂得语词和观念可以是存在和真实，也可以是虚妄、不真实而完全与事实不符。只要看到这一点，自可以明白语词和思想不像别的东西。它们不单是存在，而且还能意谓某种事物，正是这个意谓，也唯有这个意谓可真可假。这时它们已被看成为一种符号，严格讲来，就是这种洞察才能构成判断。

再说一遍，早期阶段，意象并非符号或观念。它本身就是一个事实，否则各种事实就会把它排斥掉。呈现于我们知觉之中的实在，结合想象意念于其本身，或全然摈斥之于实在世界之外。但是判断的作用虽明认观念为假象，同时却把它用作说明的谓语。判断归之于观念，或归之于实在，从而肯定其为真实，或宣示它只是一个观念，其所提示的意义为事实所排斥。这个成为事实的观念内容,和除其本身而外便为乌有的观念内容,便是显露于判断之中的真理和虚伪。

第二十三节。我们以上的目的并非要做心理变迁史的研究,只是指出几个显然不同的阶段和作用。最后,我们还须注意避免陷入一个很关紧要的错误。如上所述,能够判断的心灵和不能辨别真理的心灵,这两个阶段之间,似乎存在着一道难以越过的鸿沟,我们的说明好像把事实完全割裂无法合拢了。如果照这样趋于极端的想法,在自然的情况下,就不会有进展的可能,而判断的能力也只好说是从天而降。也许有人说,既然划下这么一条界线,一边是明白的符号,全部属于普遍性;另一边是心智,整个为个别的印象和意象所构成,由机械的引力的定律集合在一起。这种截然分明的界线等于一刀两断,高级的阶段也就不能存在,像你所描述的那样,或至少不能由低级演进而来了。

以下我还要批判"观念联合"或联想论整个的体系,现在我只预先指出这点。[33]我同意,如果低级的心灵真的像英国大多数心理学家所说,那么无论如何就不可能过渡到在判断里面利用观念的阶段。这个必致之果我要特别加以强调。其实,所谓各别特殊的意象可以互相唤起,彼此结合,这种流行的"联想论"并不符合心灵发展的任何一个阶段(参阅本书第二部第二篇第一章)。它只能存在于我们心理学的范围以内。从最初起始,精神生活便不断地利用着普遍性。正因为经验的结果以观念的和普遍的形式固定下来,所以各种动物才能维持朴素的生存,假如不说进步的话。

第二十四节。在英国,我恐怕,相信"经验哲学"的传统的成见,差不多使一切诉诸事实的要求成为徒然。但我还是要说明一下事实，纵使仍为徒然。认为特殊意象可以结合一起，是不实在的。要讲低级动物就不能使用普遍观念，也是不实在的。不能使用的只是特殊观念，至于联合，除非在这个过程中被剥夺了特殊性，任何东西都无从联合。下面将要详细讨论后一段话，这里先来谈谈，以为原始心灵最初装备只有单纯个别观念，也是一个错误的见解。

首先，非常明显，低级动物似乎没有关于个体的观念。知道一个事物，把它看作世界上独一的事物，而与一切其他的事物不同，这实在不是一个简单的造诣。我们只要把其中所涵蕴的区别加以思索，就可看出它必得在心智发展很晚的阶段才能出现。再从事实来说，我们发现许多智力较高的动物也显然尚未达到这个水平，至少我们没有理由可以设想它们已经有了这种知识。它们的理智经验过程，很清楚地只是一种不确定的普遍性、模糊感知的型式，这些普遍的型式都由过去知觉产生，而又限制修饰着现在的知觉。很小的儿童看见男人就会喊"爸爸"，如果我们认为他们知道他们的爸爸是一个特殊的个人，等到看见别人，才把原有的分别弄糊涂了，这样的解释似乎很不自然。

不过这并不是问题的关键所在。把个人当作个别的人来认识，无疑是晚近才有的成就。草昧初开幼稚的理智只能执着一种型式，凡不合于这个型式的便加以排斥，如果认为它能够把这个型式当作一个独特的个别的东西，实在很难说得过去。真正的问题乃是在初期的知识中，意象的用法究竟如何。它们是作为普遍性来使用的，还是作为特殊事物来使用的呢？

第二十五节。争论的双方都承认，作为心理的存在，观念也是个别物，恰和其他一切现象一样。争点只限于我们对它是怎样的用法。我始终以为只要它还是个别物,便都是单纯的事实,根本不成为观念;而在能够用来扩大或修饰经验的地方,它便不是以特殊的形式而被利用。譬如,A-B 呈现于知觉之中,也许有人说,这里面有过去知觉 B-C 的结果显露为特殊意象 b-c,这些意象唤起之后,便和表象合而为一。这实在是大错。不能说 b 和 c 的特殊性所包括的一切表征、关系和差别,都出现于合成结果 A-B-C 之中,或者以任何方式被使用来造成这个结果。意象 c 除了它之所以为 c 的内容之外,还有为一切心理现象所同具的不定细节,但是这都不是使用的东西,真正用于 A-B-C 之中的乃是普遍性的 c,但现在的知觉 A-B 则按照其自身而使 c 重新特殊化。果其如此,那么,实际发生的也只能说是普遍性的观念之间的联结。我们已经掌握着的虽然带着无意识的形式,但讲清楚了确实就是符号的意义。

这个情形须到下面才好详细解释(参阅本书第二部第二篇第一章),可是因为这个问题很重要,所以再插入一个例证。譬如我今天走到这样一个地方,我的狗昨天曾在这儿追逐一只猫,或跟一只别的狗咬架,这时正如我们所说,当下的知觉"唤起"了原有的观念,于是这只狗便很紧张地向前走去。我们假定这只狗的经验所牵涉的是一只白猫,或者是一只带着黄铜颈圈的黑狼犬。今天"唤起"了的意象也许不十分明确,但仍然具备一些真实的成分,我们不妨假定它足以使昨天的经验再现。今天在这儿碰到的是一只黑猫,但这对普通的狗就不会有什么分别。在狗所起的意象中,白色也许是不相干的。[34]再设想今天在这儿看到的也是另外一只狗,只要这只狗不是怎样显著的不同,在一只普通的狗,马上便会冲上前去咬它,它的智力愈低,它的行动一定愈猛烈。这时在它的心灵中发生作用

第一章 判断的一般性质

的，实在不是整个的意象，而是其所包括的内容的一部分。它也许会撇开一只小狗，或一只白狗，或一只毛色柔润的狗，但是高大、黑色和粗莽这一类型的观念，却一定要发生作用。毫无疑义，我们也可以说，这些观念也是特殊的，它们都不同于现在的知觉，不能辨别其中的差异乃是动物自己的过失。但是我要指出，为什么它不能加以区别呢？难道像猎犬那样智力发达的动物，居然看不出白猫和黑猫的不同，或者一只纽芬兰犬和一只牧羊犬的分别吗？也许有人说，"假如它注意到了，它是能够知道这个差异的，但是这里两方面虽然出现，*它却没有注意到这些。"不过如果是这样，我就必得反问，如果这个差别没有用到，不发生作用，这是不是正好证明发生作用的乃是一部分内容，也就是差别之中不变的成分，而后来便成了普遍的意义呢？

再打一个比方，如果一个动物有一天在厨房里被火烧痛了一次，第二天看见擦亮火柴也许赶快避开。这两件事当然大有差别，不同的成分远超过于相同的成分，你是不是要说如果火柴不先唤起厨房里火的意象，然后再和它混合起来，就不能发生作用？还是要说在心灵中由第一次经验把两个因素结合在一起，这两个因素当中没有一个是特殊的呢？假如你只有采取第二说，那么，从最初起就

---

* 这个假定是不对的，下面将要说明。第一，认为心灵由 A、B 而达到 C，必须通过一个特殊意象 b，这是不足信的。第二，即使特殊的 b 显现了，我们也没有理由设想它一定具备原来的知觉 B 所有的性质。假定我们前天看到的是一只白猫，今天又看见了，如果它的意象是白的，那么，这个白色是未必用到的；既然白色并非注意的对象，这个意象就没有任何理由一定是白的，而不是别的颜色了。随便什么时候，过去经验所留下的一般化了的结果，总是残缺不全的。

是使用了普遍性，而事实和观念、存在和意义之间的区别，在低级的理智中早就无意识地活动了。

第二十六节。这个问题暂且谈到这里为止。其次，我们还要说明传统流行的"联想律"虚构的本质。这里目的只在顺便说明一点，即观念在判断中当作符号来用，虽不见于心灵初期阶段，却是心理发展过程的自然结果。从理智发生一开始起，能够起作用的就只是类型，而并非意象。具体的事件从来不曾，而且不可能保存于灵魂之中。它所遗留下来的不过是它的内容里面某些因素的结合。如果你高兴，也可以称之为我们幻想力的无能，或称之为理智的真髓观念化的作用，但这一事实总是不变的，就是无论在哪一阶段，任何事实要想全部保留下来，毫无残缺，一点也不损动其所以成为特殊的质素，这是不可能的。愈到我们机能发育的初期，愈到动物本性的底层，则经验的蕴藏亦愈益具有类型性，愈益缺乏个别性，愈来愈不甚清楚、愈来愈加模糊而成为普遍广泛的符号性质。它之所以成为符号性质，并不在于一开始就明知其意义不同于事实。它之所以是普遍性的，也不在于已经有了分析，把有关系的和不相干的质素分开，找出了更单纯的成分，因而得到一种比纯然感觉的提示更广的综合。这里真正的意思乃在于特殊的东西并非用作特殊的东西，而是离开了存在取其涵义，一贯地超越给予的材料，使随时随地得到的经验，可以施于任何时候、任何地方而有效，这实在是生命发展历程中，由最低阶段到最高阶段，一切理智所表现的共同特征。

增补附注

① 关于逻辑次序问题,参考编后论文第一篇。

②"如果不把它当作观念来用,也还是不能够判断。"这样说法需要改正。参阅拙著《现象与实在》,索引,又《真理与实在论集》第32—33页及索引。并参阅本书有关观念索引。

③ "在英国"。本书初版于1883年。

④ "符号"。这样说是错的或至少是不精确的。一个"标记"或"符号"暗含有承认其个别存在的意思,但"观念"却没有这个承认的含意。参阅《论集》第29页及有关观念索引。

⑤ "那个","什么","指谓"及"意思"(参阅第六章第二节),所有这些分辨都暗含着判断,虽然可以是不明显的。无论什么地方你只要有这样的分辨,你就超越了现象而有了一个观念——虽然不一定是明显的观念(参看附注②)。而且这些分辨当中的每一种,如果你能够使它成为完全,便可暗示并转化为所有其余的东西。

⑥ "原来内容"。这个区别(参考第四节末"原来或获得的内容"等语)即指第五节所说的差异而言。不过这一点实在无关宏旨,而第五节也本可从略。

⑦ 这里的脚注完全不对,因为没有一个观念不是这样"指谓"的。参看《论集》第三章及索引。文中"分割"等语也不正确。任何观念不能先于或离开它们的使用而存在,而这个使用起初也是不知不觉的。参阅附注②。

⑧ 这里我们仍须记住,我们并不是说(1)一个观念可以脱离使用而存在那儿,或(2)使用它的时候,我们必得察觉它是一个心理事件。其次,(3)我在这里以及别的地方所说的话,好像每一个观念都具备一个所谓"意象"似的,也是错误。究竟在何种程度内和什么意味中,心理的存在总可加以观察检证,这一点实在不易解答,也许我注意得还很不够。但是我仍须假定,每一观念都具有心理事件的某一面貌,因而也就有了作为一个特殊存在的性质。第七节脚注*"感觉的"应该是"心理的"。第九节下半对于意象需要的分量,不免太夸大了。另一方面可参看第二章第三十六、三十七节。

⑨　我加上这个脚注原来用意，大概是要提醒读者，"直言的"东西其实也许实在是"假言的"。

⑩　"判断本身"等语。(1)这个定义里面的"行为"一词，在心理学和形而上学上成为一个重要的问题(参看《现象与实在》及《论集》，索引)，但(照我的看法)这个问题在逻辑上却是不必要的。(2)"知其为如此"是不对的(参看附注②)。我在反省中应该承认的东西，事实上我可以忽视。参看第十及十三节。(3)"超出这个行为以外"，及以下"独立于这个行为以外"等语，在逻辑上是不错的，但在形而上学，这里面引起的问题就不能轻视(参看《论集》，索引，有关"行为"部分)。关于这个行为的认识(再回到它)，原文是错了。一个知觉到的对象为观念所改变，这个改变也被忽视，只是看作对象的发展，——虽然并非单纯知觉到的对象——这实在是真正判断的发端。不过，认为什么地方我们心目中只要有了一个对象，什么地方就有判断存在，这样说还是可通的。

⑪　"漂泊的形容词"应该是"解开的形容词"。下面一行"关系"应为"结合"。

⑫　"部分的无知——绝对的"等语含义及其重要性，我希望，在本书以及在我的其他著作中，已经说得相当明白。

⑬　(1)"三角之和"等语。这里牵连着"漂浮的观念"错误的见解。参阅《论集》，索引。(2)"同样观念的内容"。不确。参考同上。并参阅鲍桑葵，《知识与实在》，第114—115，119页，又《逻辑》，第一卷，第33页。

⑭　这句话(参阅下章第八及十五节)需要更正。诚然，观念的意义只是一；但同样的真实，主词乃是一特殊的主体，就此特殊的意味，它必得存在于意义之中(参阅鲍桑葵同上资料)。这个实在作为判断主词的双重性质，当时我还没有充分见到。参阅第十二节下段，第三章第一，二节，第六章第十二节及索引。

⑮　参考《心学》杂志新编，第41期20页以下。

⑯　"这个关系都是一样"。参阅附注⑬。

⑰　"主词不能属于那内容"。这句话也需要更正。这里并不只是"是"与"不是"的问题。参阅编后论文第二篇及索引，《论集》、《现象与实在》，索引。

⑱　"归根到底"等语。参看附注⑩。

⑲　培恩的意志论，参阅《心学》杂志旧编第49期27页以下。实用主义者之忽视培恩是很不公正的，也许他们不能从他大胆的错误学到什么东西，是

第一章　判断的一般性质

他们一个很大损失。参阅《论集》第70—71页。读者可以看到，我在1883年就已在面对这个问题：什么是实用？参阅第七章第七节及编后论文第十二篇。

⑳　参考《论集》（同上）。

㉑　"也没有肯定为实在"。这里应该加上"在我们的现存世界中"，否则这句话就不确。参看《论集》第三章，特别是第35页，及本书编后论文第十二篇。

㉒　关于"同意"的感觉性质如何，参看《论集》第377页附注及《心学》杂志新编第46期第13页以下。

㉓　培恩教授是否（参阅苏莱教授原书第79页附注）真已修改了他的见解，这里没有探讨的必要。我自己感到困难的，就是不能理解他所谓"理智"和"知识"在没有信仰时显然可以自存，究竟是什么意思。他（和密尔一样）在这个地方也碰到了一个难题，根据他们陈陈相因的前提，差不多是无法解决，因为它已经根本歪曲了。参考《论集》第376—377页、培恩对理智的看法并见本书第五章第二十三节及第六章第三十二节。

㉔　"系词"。鲍桑葵博士（《知识与实在》第167页以下）在这一点上很正确地指出，系词之所以必要，就在能够明示分析和综合的作用，以及对于实在相应的确认，这都是一切判断都有的。

㉕　"并非一切场合"应为"虽然不是一切场合，除非在最后"。参考以下第十六、十七节，又附注㉘。

㉖　"确认之中和确认之外都是一样"。参看附注⑬。

㉗　"相等"。读者可参看鲍桑葵博士的说明（《知识与实在》第104页以下），不过我并不完全赞同他的意见。

㉘　一切判断最后无不可以分解为主词与属性，这个意思就是每一个判断最后都是确认主体同一之中的差异，同时又是差异之中的同一——这个主体同时是究极的而又是特殊的实在。这个理论极关重要，参考本书索引。

㉙　读者不可忘记，这里我们所下判断的定义多少总是以意为断的。参阅附注⑩。

㉚　读者也许认为第十九及二十节，对于直接跟随感觉而来的运动和行为，考虑得不够。但对这里的目的，这一点大体并无重要关系。

㉛　"绝对的实际性"。参阅本书第三部第一篇第七章。关于"早期的心灵"的特性，参阅《论集》第356—357，376页。其余关于"这条狗"的话自不

免有所夸大。

㉜ "追击捕获物",当然还有别的地方也是如此。至于"祈使的神态",虽然我仍然认为这是很值得提出的,但解释事实时必须加以审慎。

㉝ "联想论"等语,参阅本书第二部第二篇第一章。所谓"英国大多数心理学家"当然指1883年而言。

㉞ 这里关于特殊细节分量,也许有一些夸大的地方,不过在原则上,我以为是说得过去的。

第二章　直言和假言判断的形式

第一节。在前一章里，我们试图约略地说明判断的主要特征。本章将进一步深入地发挥我们的结论。探讨的问题，一部分大概为参加过赫尔巴特（Herbart）所引起轰动一时的争论的人所熟悉。本章的篇幅之长和论点之难，虽不一定保证能成功，但我要预先声明，以这个主题在现代逻辑中的重要性而论，这两点都是理有固然的。

我们很自然地假定，判断就是对于某种事实或实在有所说明。假如我们肯定或否定了的不是关于实在事实，而是关于别的东西，那我们的判断便好像是无谓的空谈了。我们不仅必须有所说明，而且所说的还必须关于某种真确的事物。要知道，一个判断必得是对的或者不对，这个对与不对不能只存于它的本身以内。它们的涵意势必指谓着本身以外的某种东西。而这个为我们判断所关或所属的东西，如果不是事实，还能是别的什么呢？

客观性或必然联系的意识，我们时常把它看作判断的根本，归根到底，也是要指谓着实在才有其意义。一个真理之成为必然，就是在某种状态下不得不如此（参看第七章）。而其所以不得不然，当然不能没有迫使它不得不然之故。操有这个力量的，便是判断的说明所关的实在。我们确实可以不承认 S—P 的提示本身一定和事实相合，这并不是我们的判断。[①] 真正的判断乃是说明，S—P 为一种实在事物 x 强加于我们的心智之上。而这个实在，不管它是什么东西，便是判断的主词。客观性正是这样。[②] 如果 S—P 的联系在我的判断之外还有其存在，它当然不能没有一个立足之地，或存在于虚无之中。它必得对于某种东西有效，而这个某种东西就非是实在的不可。毫无疑义，恰和先前一样，S—P 可以不是直接与这个事实相符；不过那本来不是我们所确说的。真正的判断乃是肯定 S—P 与 x 有联带关系。这仍然是关于事实的断言。

我们都有一个自然的想法，认为真理之为真，必对实在为真。只须略加省察，马上就可得到这个结果，本章讨论亦即以此为标的。但是我们要达到这个目标，还须经过一番辛苦钻研，与各种困惑相搏斗，有些地方也许终不免于幻灭与动摇。

第二节。我们可以先来解决比较不太困难的问题。有人说，像"四角的圆是不可能"这样的判断，决不能确认四角圆的存在（赫尔巴特《文集》第一卷第 93 页）。但这一反对意见是无关宏旨的，除非你能断定每一判断都是肯定文法主词的实在。[*]而这一点很清楚并非总是我们所要说的意思。至于"没有鬼"或"这种思想是虚幻"一类的判断，自可予以同样的解释。能够表现实在的决非每一个命题原来的形式或偶然的配合。相反，在每一个命题里面，分析其含意，都可发现一种实在，关于这个实在我们另外有所肯定或否定。"空间的本性排斥方和圆的结合"，"这个世界不容许有鬼存在"，"我有了一个观念，但它所指的实在跟它的意义不相符合"，这几句

---

* 于贝韦格（Ueberweg）似乎犯有这个错误，见氏所著《逻辑》德文原著第六十八节。

第二章　直言和假言判断的形式

译文便可提出来作为对第一种方式的责难的初步回答。如果赫尔巴特继续反击我们，举出"荷马诗中神明的震怒是可怕的"（同上第99页）一类的话做武器，我们也不会被他难倒。在荷马诗中确乎是如此；的确，一首诗，任何幻想，所有梦境和错觉，尤其是我们的词语同我们的名称，都是一定种类的事实。像这些不同品类的存在[③]，其中的区别很明显，是不应该相混的，所以陷于似是而非的错误的是在坚持这种异议的人一方。*

其次，如果我们讨论时只顾研究系词，这种方式也很易使人迷惑，结果一定会不知不觉地重复同样的误解。无论什么地方我们使用宾词有所说明，总必有关存在于判断之外的某种东西，这种东西（无论其属何种类）是实在的，或在我们的头脑里边，或在我们的头脑外边。由此我们必得承认"是"这一字除表示"存在"而外，不能有别的意思。**

第三节。但是我们就会知道，赫尔巴特并非这样容易对付的。他不像普通人那样首先毫无批判地摭拾以判断为有关事物的常识的理论，等到发现事物并非词语的时候便不知所措，或者看见语言

---

* 我承认这里是有困难的，不过暂时我们可以不必注意。当没有一个人读荷马诗的时候，我们可以用上述神明的震怒为宾词来说明什么主体？虽则一个名词的意义是一个事实，十分确真而且不可否认，但这个固定的联系究竟是在什么地方呢？如果说它是在字典里面，则当没有人翻阅字典，或没有人使用这个字的时候，又在何处呢？其实，这些问题不仅适用于神话，也可适用于事实，不仅适用于名词，也可适用于事物。数学的真理至少在数学范围内是真实的。但数学知识毕竟寄托在什么地方？我们都知道砒霜有毒，但如果砒霜还没有发生作用，世界上没有一个人想到砒霜的时候，它也就无毒可言了。这个问题后面还要讨论。

** 读者可参阅雅丹（Jordan），《密尔思想中系词的暧昧性》，Gymn. Prog. Stuttgart, 1870；布伦塔诺（Brentano），《心理学》第二卷第七章。另一方面参看德罗施（Drobisch），《逻辑》第五十五至五十六节；西格瓦特（Sigwart），《逻辑》第一卷第94页。

学上关于系词本质假想的说明,便俯首屈服。当他否认判断为表述事实的时候,他是很知道他所站的立场的。这并不是只关文法主词的困惑,而是牵涉到整个真理和观念的本质的难题。我们把判断加以反省,开始的时候当然自以为很懂得了。我们的信念就是它是和事实有关系的,同时我们又见到它和观念相关联。在这个阶段,问题似乎很简单。我们的心灵中有了一个连接或观念的综合,这个连接表明外界事实也有一个相似的连接。真理和事实就这样并列一起给了我们,也可以说同一样东西分成两个不同的部分,或两个互异的方面。

但是进一步省察就会打破我们的信念。我们发觉判断是观念的结合,而真理必存于判断之中,不会在别的地方。那么,观念和实在事物的关系究竟如何呢?它们似乎是相同的,却又显然不是一样,它们的差别很大几乎无法合拢。事实总是个别的,而观念则是普遍的;一个事实总是一个实在的东西,而一个观念则只能当作形容词来用;事实是自己存在的,而观念却属于符号性质。如此,观念不能像事实那样连接起来,岂不是极其明白的吗?其实,观念的本质,我们愈深入研究,便愈显得与实在相背离。因此,我们避免不了作出这样一个结论,就是,任何东西只要是真实的,就不是事实,如果是事实,那就决不能成为真实。同样的结果也可用不同的方式来说。直言判断便是作出一个实在的断言,肯定或者否定某种事实。但没有一个判断真能做到这一步,归根到底一切判断都不过是假设的。它们的真实性只是建立于一个假定之上。我说 S—P,这个意思并不是说 S,也不是说 P,也不是说二者的综合是实在的。我所说的根本不是任何事实上的结合。S—P 的真理所意谓的就是,

第二章 直言和假言判断的形式

如果我假定了 S，在这种情形下，我就必得断定 S—P。由此而论，一切判断都是假言判断。*

这便是赫尔巴特极力主张的结论，从上面的前提说起来，我也认为理所必然。但是他的前提确实是不妥当的。在上一章中，我们也已知道，判断并非观念的组合。不过现在我们再回头来仔细推究一下这个错误见解的结果，还是不无裨益。如果判断真的是观念的结合，那就不可能有直言判断，只要认清这一点，便是对逻辑的理解迈进了一大步。以下几节就在于把这一结论阐释明白。

第四节。实在和真理的对照和比较，毫无疑义牵涉到究极的原理。一追问到什么是事实，马上便会引起形而上学的争议，无法立即得到要领。我们现在的目的是，对于这个问题的答复不必离开常识的水平太远。④能够代表通常见解，而又可以为大多数人所同意的，则有些近乎下面这样一种说明。

所谓实在就是在表象或直观知识中所知的对象，也就是我们在感觉和知觉中所遇到的东西。它呈现于空间和时间里所发生的事件系列之中，同时又可以和我们的意志相对抗；一个实在的东西就能发生一种强制的力量，或表现一种必然的性质。简单说一句，就是它能发挥一种作用，并保持其自身的存在。后一特征是和前面几个特征互相关联的。任何作用或活动不能为我们所认识，除非它能够使空间或时间或时空二者的系列发生改变，从而表现其自身；⑤同样，任何东西大概也不能为我们所发现，除非它显露一种作用或活

---

* 赫尔巴特《文集》第一卷第 92 页。他在这里指的是沃尔夫（Wolff），后者有见于此比他早。参看费希特（Fichte），《文集》第一卷第 69、93 页。

动。但是最简单而能总括其他可能的解释的说明,就是:实在即自己存在。也可以换一个说法:实在就是个别物。

对这些观念做有系统的考察,乃是形而上学的事情。我们只好自行满足于对它们表示信任,不过这里可以指出一个寻常的误解。人们时常以为"实在就是个别物"便意谓着实在的东西总是抽象地简单,或只是个别的,这是错误。内在的差异并不排斥个别性,而一个事物的自己存在更不是凭着摈斥他物的关系。形而上学可以证明,在这个意味中,个别物就远非自己存在。个别物决不只有其特殊性,从它本身内部差异对比来看,确实还是普遍性(参看第六章)。这也并非诡论。我们不是习惯于说,而且很相信,实在的东西在时间上是存在于连续的瞬间,在空间里是可以变换场所的吗?像这样的实在明明是显露而且持续于殊异之中的同一,当然是一个实在的普遍性。*

第五节。我们可以说,这便是构成实在的一些点。但真理却并不包括任何一点在内。它之所以为真理,乃是存在于观念的世界之中。而观念,我们也已知道,不过是符号。它们都是一般的,属于形容词性质的,决不是实体和个别物。它们的本质存于它们的意义之中,而超乎它们的存在之外。观念虽也是事实,但这个事实的存在却被无视,而它的内容亦支离破碎。它只是从实在隔离开的实际内容的一部分,用来指谓其他的事物。因此,也就没有一个观念能

---

* 下面的看法也许值得考虑。假如空间和时间是延续的,同时假定一切现象都必占有一定的时间或空间——这两个命题都不难成立——那我们马上就能得出这个结论:没有单纯特殊的东西存在。每一个现象都不止存在于一个时间或一个空间之内,它的本身对那个差异而言,自必是一个普遍性。

第二章 直言和假言判断的形式

够成为实在。

如果判断是两个观念的综合，那么真理就成了不实在的东西的联结。我说，金子是黄的，这时确乎有一种事实呈现于我的心灵之前。但普遍性的金子和普遍性的黄色都非实在的东西，而另一方面，我所真实持有的黄色和金子的意象[6]，虽然作为心理的事实都有其实在的存在，不幸我所要说的又不是关于这等事实。我们已经明了（第一章）我的意思决不是说，我的心灵中这个金子的意象跟另一个黄色的意象，在心理上合而为一。我的意思是，和我的心理事实不相干，一般的金子具备某一种颜色。我剥除了这两个心理事实某些部分以后，再把剩下来的形容词性质的东西联结在一起，于是便称之为真理的综合。

但实在当然不可能是形容词的结合，也不能这样表现出来。它的本质是实体而且是个别物。但我们是不是利用形容词加以造作，或靠着把普遍性放在一起，就可以把握本然存在和个别的特性呢？假如不能，那么事实就决非直接给予于任何真理之中。如此，它当然不能用直言的形式来表述。可是形容词非有实体依靠不可，故终须暗涵着实体的存在。这就是说真理必得间接指谓着事实。形容词先要假定一种实在，才能有所寄托，在这个意味里面，一切判断都须以假设为根据。既然判断都是假言的，这已经招认了它直接处理的都是不实在的东西。

第六节。其实，只要经过很平常的考虑，大概就可以得到同样的结果。常识以为存于外界的事实，转化为我们内部的真理，有如投射于镜中之影，事物的本身纤毫毕肖，这种看法，稍微推究一下，马上便会动摇，露出破绽。否定判断所确述的，究竟是什么事实？

是不是我所想出来的否定，在客观世界里面，都有一个两相符合的实在的对象？难道任何逻辑的否定作为否定，都有一个与之相当的事实吗？再拿假言判断来说，假如有了某种事物，那么就会有某种别的事物随之而至，如果这句话不对，是不是这两个事物便都不存在？看起来这句话好像不管有事实或没有事实，都是同样的真确，果其如此，它能表明的到底是什么一种事实呢？选言判断更加使我们困惑。"A 是 b 或者是 c"或是对的，或是不对，但在这个世界上如何能有一个事实真的"是 b 或是 c"，这样模棱两可的东西岂非古怪透顶？我们实在找不出密切相关的选言肢来，能够配合得上这个"或"字。

假如有人认为这样提出问题过于专门或故意作难，那我们就用很简单明了的话来讲。我们平常随便谈到的所谓过去与将来，是不是有其真实的存在？试以一个很寻常的直言肯定判断为例，"动物是会死的"。初看起来，这似乎很接近于实在；事实的联结好像跟观念的联结很相仿。但是我们现在已有的经验便可使我们警醒，如果观念只是形容词，真实的情形就不可能如此。假使有人不信，我们便不妨继续研究一下。这里的"动物"似乎总必符合一个事实，因为一切存在的动物当然是实在的。但是，说"动物是会死的"，我们的意思究竟是仅指现在活着的动物而言？还是说连今后出生的动物在内，也一定会死的呢？若要彻底，当然要包举所有实在的东西，然后所谓事实才合于实在事物本身，可是一讲到将来的个别物，就有困难了。其实，撇开这一点不谈，我们一般心目中所想到的，也不是一个完全的集合体。我们所真正意谓的乃是，"不管怎样只要是动物就会死"，但这就等于说，假如有一个什么东西是动物，那么，它就会死。这种断言确实只是一个假设，决不是关于事实的说明。

在全称判断中，我们有时以为这种判断所表示的形容词的综合，确有其真实的存在。实则这等判断的真相并非如此。那不过是我们自己的臆测，一部分由于这种场合的本性而起，一部分也由于我们不良的逻辑传统所使然。我们在判断里面联接一起的形容词，大多数可以看作存在事物的形容词，这一事实便诱导我们自然而然地指望一切场合总是如此。其次，还有一个经常暧昧的根源，就是判断主词里面所用"一切"或"所有"字样。我们把普遍性写作这样的形式，"一切动物"，遂认为这就代表每一个实在的动物，或存在着的动物真正的总和。但这种全称判断充其量也不过是表明"AB和 C 各自都是会死的"。我们要说的意思当然不是这样。我们说"一切动物"的时候，即使想到一个集合体，也决不会把它想象为完全无缺；我们所要说的也不过是"此外，任何可以成为动物的东西都必会死"。总之，我们下一个全称判断决不是指全体。我们的意思只是说"任何"、"不管什么"或"无论何时"。而这些字眼实在都涵着"如果"的基调。

这个道理从日常简单的观察中，最容易体会。假如判断所表述的确为真实的存在，那么，如果存在没有了，判断便应该不对。然而事实并不如此。我们不能认为一旦所有动物的生命完全停止，死亡一词作为谓语便成为不确，一直要等到再有动物生存的时候，才会重新恢复它的真实性。这样说也许有点离奇，不过别的证例还很多，简直不能有怀疑的余地。譬如，某一个地方因特殊关系，树立一个布告牌，"此处禁止通行，违者必究"，这往往就是一个预告，也是一种规约。但是它的意义实在不像天气预告,纵使没有一个人闯入这个地区,这句话还是真实的。"一切三角形内角之和等于两直角",虽在没有任何三角形的时候,我们也不能说这一判断不真确。如果说这些例子仍然奇怪,那我们就再拿千边或千角的几何图形来讲。是不是我们对于千边形所能下的断语,因为一时没有人想到千边形,于是就成为不实在?我们当然很难这样说,但试问什么地方可以找到有千边形存在呢?毫无疑义,一定还有不少科学的命题,其所结合的观念并非随时可凭真实的存在加以证明。但我们是不是可以坚持,凡是这等命题以及定理的科学既无存在可言,这些判断事实上就成为虚伪和不真实呢?

由上可知,全称判断总是假定的。它所说明的只是"给予了某一事物,则将有另一事物",此外,再也没有别的含义了。任何真理都不是表述事实。

第七节。这个结果说起来是很别扭的。因为,如果真理不过如此,那么,一切真理似乎便都比谎话好不了多少。我们无论如何不能这样轻易放弃直言判断,因为假如直言判断没有了,一切也都完了。让我们来研究一下这个问题:到底有没有直言判断?看来直言判断好像是可以找到的。全称判断之所以为假言判断,乃由于它所说明的不是个别实词,而是形容词的联结。可是单称判断情形便不相同。在这里面,你所直言肯定的主词乃是个别物,或多数个别物的集合,你所说的真理当然是表示事实。这里并非只是形容词,也没有假定。

这等判断可分为三大类[7],其中的分别入后很关重要。(1)第一类的判断表述我现在知觉或感觉到的东西,或这些东西的一部分，例如，"我的牙痛"，"有狼"，"那个树枝断了"。在这些判断中，我们只分析给予的材料，可以称之为感觉的分析判断。*(2)其次为感觉的综合判断，其所说明的是时间或空间里的某种事实，或此时此地为我所不能直接感知的一定事物的性质。譬如，"这条路通往伦敦"，"昨天下雨"，"明天月圆"，这都是综合判断，因为它们都把给予的东西扩延为一观念的结构，而且我们即将看到，都涵有一种推理的作用。第三类(3)与前两类大有不同，它所牵涉的实在不是时间里面感觉的事实。"上帝就是圣灵"，"灵魂是一个实体"。这一类的判断有效与否，我们高兴怎样想就怎样想，在形而上学上就可以承认它们，也可以不承认它们。可是它们在逻辑里面却必得有一个地位。

第八节。不过如果判断只是两个观念的联结。我们便仍然不能逃出前面的难关。这一点我们必须认识清楚，观念是普遍性，所以不管我们所要说的或模糊意谓着的是什么，我们真正表述或能够确切断言的，就没有一个个别物。试以感觉的分析判断来说，给予我们的事实是个别的，十分独特的；但我们所用的名词却都是概括的，说出来的真理同样可以适用于许多其他场合。在"我的牙痛"这一判断中，我和牙痛都只是概括。真确的牙痛不能是别的牙痛，而真确的我也只是感受着现在牙痛的自我。但我所说的真理则现在以及将来，都可适用于不断改变的"我"的牙痛。而且"我的牙痛"这句话也可用来表示别人的牙痛，恰如对我自己的牙痛同样的

---

* 这里分析的和综合的判断切不可与康德的分析与综合判断相混。以下我们将要见到，每一个判断都既是分析的，同时又是综合的。就超越所与材料的意味来说，如果不是一切感觉的判断，至少其中大多数，都是综合的。

有效，甚至还会有人这样回答我们，"恐怕不一样，但我的牙也痛得厉害"。即使把原来语句加上"这个"、"此地"、"现在"等等字样，也是没有用的。因为这都是普遍性。它们尽是符号，每一个的意义可以推广包容数不清的事例。

所以判断是可以施于一定种类任何事物而皆准的，唯其如此，它就断不能符合于实在；因为实在的东西总是独特的，只可以是一个事实，而决不是一个种类。"那树枝是断了"，但其他断了的树枝还很多，而我们并没有说出究竟是哪一个树枝。"这条路通往伦敦"，可以指数以百计的大路而言。"明天将见月圆"，并没有告诉我们哪一个明天。今后永远可以说，过了今天的后一天将要看到月圆。因此，在所有的场合，我们都不能够表达真确的事实，所能说出来的只是另外的事情。能够合于一切的事件，就不能够表示此时此地的个别事物。这种断言永远只能局限于形容词的性质，决不能够触及实体。形容词失所依附，即飘浮于空际，其与实在的联系不外乎假想，也就无从加以确定。判断如不超过观念的范围，它们的指谓事实便仅仅是一种涵蕴。它先行假定于断言之外，这个断言如果不是我们附以一个隐蔽的条件，就不成其为严格的真实。以它的真相而论，它作为一个单称命题是失败了，而你要把它当作一个严格的普遍性，也是虚伪的（参看以下第六十二节）。[8]

第九节。但我们在上章已经知道，判断并非限于观念范围之内，无论如何，它决不是观念的综合。认为判断必须有两个观念，这不过是幻念，如果我们要等到有两个观念才能作出判断，的确我们就会根本不能作出一个判断。至于必须有系词，更完全是迷信。判断可以不要系词而存在，一个观念便可成为判断。

第二章 直言和假言判断的形式

在最简单的判断中,一个观念就指谓着知觉里面所给予的东西,并与之合一而成为它的多数形容词当中的一个。这里也根本不需要有一个观念做主词,即使在一个观念显现为主词的时候,我们也必须把事实跟文法的表示分别开来。[9] 真正的主词乃是当下的实在,这才是领有观念内容的实体。以下我们将要见到,当"这个"、"此地"和"现在"等词语,好像成为主词的时候,其实真正主词乃是呈现于知觉之中的现实事物,所有这些字眼都不过是把我们的注意引导到这个真的主词上面去。但这都要到下面再说;我们已经知道,而且还要进一步了解,一切判断都是把想象的观念的内容作为属性,来说明显示于表象之中的实在。

我们一定要从这一观点重新开始讨论。站在这个立场,我们必须再来检查一下我们已经说过的各种判断,探明它们的意义以及效力究竟如何。我们研究直言判断有些困难也许可以消除了,但前面一定还要碰到别的困难不可轻视。如果最后我们能够得到一切真理终于符合实在的结果,我们也决不能打算让这种见解停留在空疏浅薄的承诺之上。

第十节。我们第一步当然要作出一个界说。我们所用的语词简直注定了要含糊不清。试问我们是不是可以认为那个究极的主词,即显露于知觉之中的实在,就跟瞬息即逝的现象成为同一的东西呢?不久我们就可以知道这是不可能的,像这样的看法决不能说明事实的真相。现在我们便来对这个错误作一个初步的分析。

呈现于时间序列中的主体,也就是我们把观念作为宾词而归属之的主词,它的本身当然非实在不可。假如是实在的,它就断不能是单纯的描写性,而必得是自存的个体或个别物。但完全特殊的征候、转瞬即变的现象，不可能是个别物，从而我们在判断中所用的主词，也不是个别物。

第十一节。我们很自然地以为实在的东西，至少在我认识它的范围以内，必得是就在眼前。除非我直接和它发生交涉，我就决不能对它确信无疑。归根结蒂，只有我所感觉到的东西才能是实在的，而任何一种东西如果不和我接触，我就决不能感觉得到。可是除了当下呈现之物，又没有别的东西可以和我直接遭遇。⑩它只能出现于此时此地，否则就是完全乌有。

"当下呈现就是实在"，这似乎是不可置疑的。但我们是不是可以说，瞬息变化的现象因此就是实在了呢？这样说是不对的。如果我们认为实在的东西只限于单纯的"此时"、"此地"（就其使之成为特殊的意味），那我们便要发现许多问题无法解决。因为这样，除了全称判断的真实性就要根本动摇之外，凡是超于唯一瞬间以外的每一个命题也都要受到整个消灭的威胁。假如实在的东西只是俄顷之间的现象，综合判断马上便须完全抛弃。而所有过去和将来的时间，以及我所不能直接看见的空间，就都不能再用"现在"和"这里"一类的形容词来加以说明。所有这样的判断都将成为虚幻，因为它们都是把存在的性质归属于显然不存在的事物，或者把实在当作一系列全然不实在的事物当中的一个成分。

也许我们以为这个结论是可以避免的，或者感到我们的前提无论如何是很确实的，不能遽然舍弃。"真正的实在只限于这里或现在"，不过假定这是真确的，我们是不是确实明白了我们所谓"现在"和"这里"究竟是什么意思呢？须知时间和空间都像是连续的元素；这里的空间为许多别的这里所围绕；而现在时间之流则不断地永远消逝成为过去。

我们可以避免这一困难,把我们所谓现在的时间孤立起来,使它固定化而看为现有的瞬间,没有过去,没有将来,也没有变迁在它的本身以内。但这样我们还是陷入一个绝望的二难的窘境。我们所假定的现在的一瞬间,或则没有绵延,在这种情形下它便根本不成其为时间;或者,假如它仍有绵延,它就还是时间的一部分,而它的本身也就还是有变迁。

如果实在的东西显露于其中的现在,全然是不连续的,我们首先便可指出,像这样排他孤立的现象,纵使表面看来如此,实际上也不是自存的,从而也决非实在。不过撇开这一点不谈,再回到我们的二难推论,此时此地都须有其延续性,因为空间和时间任何部分都不能成为最后不可分的元素。我们可以发现每一个这里乃由许多这里而构成,每一个现在又可分解为许多现在。原子式不可分的现在,决不能显现为任何部分的时间。假如真是这样,它也就无法表露其自身。另一方面,如果我们说,这种现象仍有延续性,那么,恰和一切真实的时间一样,它的本身当然也是连续的,从而决不能表现为我们独一的现在。* 由上所述,显而易见,瞬息即变的现象是不能供给我们所要找寻的判断的主词的。

---

* 详细讨论这些问题乃是形而上学的事情。假如时间由不连续的部分组成,我们就很难解释延续的事实,除非假定各部分之间又有时间。而这就要导致无法维持的结论。但变易的事实证明时间是绵续的。就我们所能知,每一部分的时间之内,变易率或事件的数目可以增加至无限多;这就是说每一部分时间之内可以发生不止一个事件。如果各部分互不相连,那么,不仅运动可以表明一个物体同一时间之内可在几个不同的位置(这是事实),而且通过所有这些地位也没有连贯的时间,完全成为同时(这是谬误)。这个问题详细说起来是很有趣味的,不过不属于逻辑的讨论范围。

第十二节。我们往往假定现在为时间里面静止不可分的一部分，此时和此地都坚定不移，好比原子一般，这实是错误。就这两个字的一种意味来说，所谓现在并不是时间。它的本身不是时间过程的一部分，而是我们在变化之流中所采取的一点。也可以说是我们所划的横断此变化之流的直线，以便在我们的心灵中把连续的事实相互之间的关系固定下来。在这个意味中，"现在"便表示"联立"或"同时并列"；它所指的不是存在，而是时间序列中单纯的位置。实在之成为现在，决非就是给予于唯一原子式的瞬间以内。

可是当我们把现在和实在等同起来的时候，我们的用意便有不同。这里所谓实在就是我所直接接触到的东西，任何一部分时间的内容，或在这个不断的变化的长流中的任何一个区间，假如为我所直接遭遇，对我它就是现在。凡是给予于知觉里面的东西，即使握在我的手中还是起着变化，只要我知觉到它，这就成了此时此地的事物。在这个知觉的范围之内，我所特别注意的任何方面或部分，也便是特别现在，其为此时此地之物，比较这一内容的其余部分更有不同的意味。我所面对的实在直接呈现于延续的间隔之中，而所谓现在即填满此间隔之物；一切相续的事件任何部分，不管怎样大小，无一不可以设想其显露为现在。

以上所说"现在"的涵意互相关联而又各有细微之别，我可以概括地重述一下。(1)两个事件同时给予在我的系列之中，在时间里面彼此相对都成为现在。(2)由于实在的东西在时间的序列中出现，我们要把它看作既是现在又是存在于那个系列以内，于是遂造成不可分割的现在瞬间的虚构。(3)如果实在不能存在于时间之内，而只能显露于其中，那么其所在的系列与我接触的部分当然便是我的现在。(4)由此我们可以推想,所谓现在实际就是时间的否定,决不能够适当给予在这个系列之内。能够成为现在的,确实不是时间,而只是内容。

第十三节。不过这些微妙复杂的问题,我们不必讨论。我们只能满足于知道这一点,实在(我们说)显露于知觉之中,并非显露于唯一的瞬间之内。这里假如我们停下来稍作反省,便可发现我们的迷信是怎样的根深蒂固。我们要追求实在的时候,总是马上就在空间和时间里面找到它。我们看到摆在面前的是一道绵延不绝变化的元素,一面开始凝神观察并加以区别,于是此元素便成了一系列的事件。接着我们愚罔地欺骗自己,妄谈实在的事件形成一条链索真的存在着,好像这个链索就在我们旁边移动似的,或者我们自己顺着链索移动,又好像每遇到一个环节,整个的机构便归于停止,而我们遂利用"这里"和"现在"欢迎一个新的环节到来。可是我们始终不相信,所有不在此时此地的其余的环节都同样存在;苟其如此,我们对于这个链索自很难有什么把握。而存于此时此地的环节,如果我们一定要称之为环节的话,也决不是坚定的实质。我们只要一加细察,就可看出它的自身也是前后相续不断地流动,它的各部分都可再分解为许多部分,既是现在,而又包涵着无穷的现在。

说一个比方,我们好像自以为是坐在一艘船上,随着时间的流逝而直下,两岸都排列着人家,每一家门口都有一个号数。我们离船上岸,敲一下19号的门牌,再回到船上来,突然我们又发现自己面对着20号,再上去敲一下门转回来,立刻我们又到了21号。但是在这些时候,岸上过去的和将来的密排的人家,实在连成一片,在我们的后面和前面一直伸延到看不见的处所。

如果我们必须要构成一种意象的话,也许照下面那样不至于错得太厉害。让我们想象夜幕笼罩着海水,我们在黑暗中俯瞰水面。海水无边无际,潮流不断地涌来漂浮的东西。正在我们的眼底,水面上现出一道明亮的光环,不断地放大或缩小它的面积,照出潮水漂过去的东西。这个光环就是我们的此时、我们的现在。

我们还可以更进一步指出来,我们所看见的还不止这一照亮的光环和其余水面上整个的黑暗。还有一道比较黯淡的光,在水流的上游和下游,照着我们的现在前面和后面淌来和淌去的东西。这个黯淡的光便由现在而产生。在我们头脑的后面好像有某种物体,可以反射照亮了的现在的光线,而把它们投入朦胧的过去和将来。在这个反射之外,完全是黑暗;在它的范围以内,光度逐渐增强,一直连到正在我们眼底的最亮的光环。

假如我们是聪明的,在这个意象中就可注意到两点。第一,很可能现在的光便是从我们后面照射而来,而反射这个光线的也可就是发光的本体。这一点我们不能断言,但我们所能知道的是,我们的现在有如光源,它发出来的光照射着过去和将来。只有通过它,我们才能认识存在的水流漂浮着东西,没有它的反射,过去和将来都将完全消逝。还有一点不可忽视。现在的光亮和显示过去及将来的微明之光,其中是有一些差别的。但不管这个差别如何,我们却把河水同漂浮在上面的东西看作一个整体。我们克服了这个差别。我们所以能做到这一步,就由于我们看出了这个因素过去、现在和将来里面的连续性。不同的照亮的地方彼此之间有漂浮的东西好作连接点,换句话说,即内容是同一的,所以河水及其负载对我们成为整个的一条,我们也就忘记了所看见的东西大部分都不是自存而是假借，都属于形容词的性质。以下我们便将说明，此时此地以外的时间和空间其为存在，严格地说，决没有像现在那样实际存在的意味。它们并非直接给予，而是由现在推引得来的。而它们之所以能够这样推求而得，就是因为光线所照亮了的此时此地，不过是实在发露的现象，但实在则永远超越现象，我们立足于实在之上永远超过现象的界限。

第十四节。不过所有这些言之还嫌过早。现在我们所要认清的就是，实在之所显示于其中的此时此地，决非局限于仅仅各自分离和静止不动的瞬间之内。它们是和我们直接发生关系的连续不绝的内容的任何一部分。只要稍加注意就可发现，不单它们的边缘随时可以转化为另一地方和另一时候，而且即在它们作为最初给予的限度以内，它们的本身也是变动不居的。这里的内部又包涵着这里和那里；而在时间变化不息的过程中，尽管你缩小你的观察范围，把它集中在最小的焦点，你仍然不会找到静止不动的东西。现象永远是一个流转变化、倏忽即逝的过程，我们所谓现在便是这个过程的一刹那，它的长度是不可捉摸的。

以上所述，入后便可明白，并非多绕圈子，而且不久我们还要回到这个问题，不过现在我们必须从一个更好的角度，把前面谈到的各种形式的判断，再来详细考察一下（第七节）。

第十五节。判断不是观念的综合，而是想象的、观念的内容指谓着实在。我们必须根据这个基础来解明我们已经发现的各种判断，让我们从第七节的单称判断开始，先来谈谈第一类所谓感觉的分析判断。

I. 这种判断的本质只能把握现在，不能超乎给予的表象以外。

它可以既没有文法的主词，也没有系词，又可以两者俱全，或只缺其一。

A. 在系词和主词两缺的判断中，一个观念可以指(a)整个感觉的实在，或(b)这个实在的一部分。⑪

(a)譬如，我们突然听到有人大叫一声"狼"，或"火"，或"雨"的时候，不可能说我们听到的不是一种断言。我们不能不承认发出这种叫声的人肯定了一个事实，喊出了一个信号，并用它来表明了实在。也许一个尊重实际的人会嘲笑你那样辨析入微，并告诉你：叫喊"狼"的时候，我不可能因为不用主词或系词就是撒谎，相反，如果我要说出一个完全的句子，"这是一只狼"，倒真的撒谎了。我们必得指出，这样说也是很容易驳倒的。在"狼"或"雨"一个字里面，暗中就以没有说出来的当前环境做主词，而"狼"和"雨"的想象的内容，正是用来说明而归原于这个环境。这里的主词就是外在的现实。恰如有时我们遇到外面的窘状与内心的愁苦交织一起，彼此相顾而喊一声"可怜"或"糟糕"，这时主词也是当下给予整个的实在。

有人说像这样简单的词字，其实都是惊叹词，决不能算作谓语。如果它们真的是惊叹词的话，那我们就必得承认它们不会有是非真假的涵义。不过真正的感叹词一点别的意味没有，实在不如一部分人所想象之多。一个习用的感叹词很快就可取得一种意义，成为一定观念的符号，这样就可指某种内容而有表述是非真假的作用。

不过无论如何，这是一个无可置疑的事实。你可以只说一个字，它就可给你自己，而且你知道也可同样给别人，提供一个关于事实的说明。这时，除非你在骗人，就必得是作出判断。而这个判断除整个感觉的呈现而外,实在不可能有别的主词。

(b)不过上面只是一个极端的例证,在绝大多数情况下,只有现在的一断片成为真正的主词。我们用我们的观念来修饰当下给予的东西的某一方面。但是纵连这里也不一定要有主词或系词出现。一个共同的默契,或用手一指,便足以限制我们的意谓而使之完全明确。远远看见一只狼,我只消说出一个宾词"睡着"或"跑了",或者对着西下的夕阳,我也只要说一声"下去"或"不见了",马上每一个人都可懂得我所下的判断和所肯定的是什么。无疑我们也可以认为这里的主词是省略了的,但这确实不外乎语言学上的一种成见。真正的主词决不是观念,不管是省略掉的也好,表明出来的也好,它只能是直接感觉的表象。[*]

其次,我们还可以认为,我们所谓宾词实际乃是一个没有表示出来的存在判断的主词。不过这一根本谬见很易拆穿,我们可留至讨论这一类的判断时再说(第四十二节)。

B. 现在我们讲到有主词出现的分析判断。这里宾词的观念内容,指谓着代表主词的另一观念。不过这种场合和前面一样,最后的主词仍然不是观念,而是表象中的实在。这个实在才是两个观念的内容及其关系所归属的东西。观念的成分都是作为宾词,用来说明(a)当前发露的实在的整体,或(b)其一部分。

(a)像这等判断,如"现在是时候了","这里是如此的寂寞",或"此时正是昏暮",都有一个观念代表上节没有说明的意谓。不过实际前后的主词还是一样。不错,这里多了一个观念介乎实在和

---

[*] 详见第三章第二节。

宾词之间，占着直接主词的地位。但是稍微思索一下就可明白我们的断语仍以当前呈现之物为主词。直接的主词只是一种指示的符号，含义可以很单纯，也可以很复杂，还是指整个给予的实在。

（b）如果这一呈现的事实不是整个感觉的环境，而只是它的一部分，那我们便又进了一步。在"那里有一只狼"，"这是一只鸟"，或"这里有火"这些判断里，所有"那里"、"这个"以及"这里"确实都是观念，而且毫无疑义代表着判断的主词：* 但是我们一加探索就会发现，它还是对于实在的指谓，不过现在不是无定限的，也非包括整体，而只是区别和指示的记号。如果这些观念真的是判断的主词，那么，我们不说话用手一指也是主词了。

第十六节。如果我们再进一步，作出像这样的判断，如"这只鸟是黄的"，"那块石头落下"，"这片树叶枯了"，仍然没有什么真正的改变。这里代表文法主词的观念，诚然已不止是一个不确定的指谓，也不止是一个指示的标记。它不仅区别一部分环境，而且说出它的特性来。但是，如果前面我们心目中所指的主词不是观念，而是当前呈现的事实，那么，现在也还是这样。我们用宾词来肯定的东西，并非"这只鸟"所标明的单纯的观念。形容词"黄色"所真正依附而归属的东西，乃是"这只鸟"之所区分修饰的事实。真确的主词乃是如所知觉的东西，它的内容通过我们的分析分为"这只鸟"和"黄色"两部分，而我们便是把这两部分观念的成分作为统一体来说明这个主词。

---

* 说"那里"或"这里"是主词，也许有一点古怪，不过如果全文的意思明白了，我也就用不着辩解。关于"这个"、"现在"和"这里"这些观念的性质，以下要说的还很多。

第二章 直言和假言判断的形式

同样解释可以适用于一切种类的分析判断。让我们再举一个比较复杂的判断，"挤乳女工现在挤着乳的那只牝牛，立在那边的山楂树右方"。在这个判断里面，我们有的不是一件东西而是几件东西，而关于它们的关系的表述也不止一个。但在这里，是当下呈现的环境的一部分，才是这一整个复合体间接表述的确实的主词和真正的实体。如果你否认这句话，那么，请你告诉我什么地方可以划一条线，或者在判断的梯阶上找出一点，来表明观念开始代替了感觉的事实而成为真正的主词。假如你要把所有断语限制在单纯观念的范围中，就上面的例子来讲，你可以抽出一只牝牛、一棵山楂树和一个挤乳女工三个观念的元素，然后再照你所欢喜的式样，把它们合并在一起。等到它们合并好了，你可以站在事实的面前，问一问你自己，那个事实是不是也加入你的判断而成为判断的一部分。如果你面对事实，仔细地想一想，你就会发觉，假如你只是固持着单纯观念，那么你的断语里所要丧失的将正是你所意指的东西。在第二十节中，我们还要回到这一问题，现在我们可先来讨论一个流行的错误。

第十七节。现在大家有一个很奇特而又广泛的错觉，就是关于固有名词的看法。[12] 我们发现很多人以为固有名词没有涵蕴，换一个更普通的术语来说，就是没有内涵。说得更明白一点，就是它可以代表某种东西而不意谓任何东西。

如果照这样说，那就很难理解像"约翰是睡着了"这样的判断究竟是什么意思。有的思想家确实不怕所说的话会引起怎样的结论，可以告诉我们，这里约翰一名乃是命题的主语。对于这些人，我实在无意挑衅。他们高兴怎样说就怎样说，我都不会阻止。但是如果我们愿意接受一个不太勇敢的解答，假定约翰这个人是判断的主词，那么，如果我们用这个名字而完全不意谓任何东西或事物，我们真看不出这个名字到底有什么用处了。为什么我们不干脆省掉它，而只用手指着这个人，说一声"睡着了"，岂非更简单明了么？

"但是它总代表这个人，"也许有人回答，"所以即使这个人在当面的时候，它也可作为一种标记，把他区别出来，比用手一指清楚得多"。不过，正是这一点使我困惑不解。如果用一个名字，无论何时总有一个观念，它就必得意谓着某种东西，或者用你所欢喜的话来说，就是一定有"涵蕴"。另一方面，如果它并不伴有观念，那就好像成了一种感叹词。假如你说它跟"这个"和"这里"一样，也不过是用手一指的想象的代替物，那么，马上它就断然具有一种意义，不过，不幸那个意义只是模糊含混的普遍性。因为任何东西、每一件东西，都可以是"这个"和"这里"。如果你固执着说它是特别指着约翰，等于约翰的副本，我便不能不怀疑你是不是明白你自己说的是什么了。

"标记"一词本来有两个意思，很容易混淆。它指可以作为区别手段的东西，也可以指已经成了这种手段的东西。我猜想，其实我也只能做到猜想，这里的标记不是前一种意思，而我们的人也并不因为我们发觉他有了作为标记的约翰一名而就显得与别人不同。不过假如我们采取后一种意思，那么，一个名字就是一个符号，所以也就是一个标记，标记和符号在这里完全成为同一。

但既然是一个符号，就不能一点意义也没有。一个符号起初定下来的时候，都是任意的标记，逐渐地变成符号，这个使它紧密地跟其所表示的东西联系在一起的过程，就必得使它和其所代表的东西的某些性质及特点成为不可分。如果它不能在某种程度内意谓这个东西，它也就决不能代表这个东西。假如你已经知道一个固有名词的所指，谁还能说它不含有任何观念，或所有想到的观念都出于偶然的聚集？试问如果把这些观念逐一排除干净，光是一个名字和这个事物之间，还有什么联系？实际上，这时一切都将完全消逝。

这一问题非常简单，我不知怎样解释才更好。一个符号的意义当然不一定是固定的。但它所代表的东西是十足不变的吗？如果"内涵"是不固定的，是否"外延"就不会改变呢？但是后者如果是固定的地方，前者（在一定限度内）亦必是固定不变的。你也许对于"威廉"涵义毫无观念，不过如果是这样，你也就决难知道它代表的是什么东西。所以，整个问题都起于一个单纯的错误和误解。

第十八节。"但是无论如何，姓名或名字总是个体的符号，而意义则是种属的和普遍性的。所以，既然是名字，就决不能具有它作为符号而表示的内容。"我有意把反面的意见这样说出来，它正好暗示为我们所希望达到的一个结论。一个人名乃是个体的名称，个体在变化不息的殊相中始终不变，从而关于这样个体的判断也不能是完全分析的。它已超越了与料而成为综合的，有了它，我们已经转入第二大类的单称判断。

固有名词具有一种意义，经常超出当下瞬间的表象之外。这种名称也不一定代表通过一连串不断改变的知觉而本身始终不变的对象。它们所指的独特的东西可以只发现一次，形成封闭于唯一表象以内的一个事件。但是，假如这当中不暗含有一个对照的系列，可以与之分开，这一对象也就不会成为独特的东西。单凭感觉的分析，实在找不出所以使之独特的那种限定的关系。

再讲到可以持续和可以再现的对象,这等对象的固有名称所指的东西,当然在更高的意味上超过了与料。这种名称的意义是普遍的,它的应用便暗含有一种真实的普遍状态,一种同一,超过了特殊的瞬间。因为一个人苟非被认为与别人有所区别,他就不会有自己的名称,而他的被认识便在于通过各种情况的变迁,始终维持同一。任何东西如果不具备一种或几种属性,使我们能够随时看出其为同一,我们对它便无从认识。我们用为宾词当作性质的个体现象虽变动不居,而个体本身则始终如一。这便暗含着它具有实在的同一。它的固有名称乃是一个普遍性的符号,代表一个观念的内容,这个内容确乎是在这个实在世界之内。

这个假说以及使用固有名称的实际,也许都不容易解释。但这里我们须要认清的是,固有名称的实际确乎超越当前呈现的实在。"约翰是睡着了",在这个判断中,最后的主词不可能就是恰如现在所给予的实在;因为"约翰"必然暗含着连续的存在,这是单靠分析决不能知道的。于此,我们便过渡到了综合判断。

第十九节。II. 在这第二类的单称判断中(本章第七节),我们时常作出一种断言,说的是显现于不同空间或时间里面的事物,为我们所不能知觉,我们用作宾词来说明一个表象的,往往都不是分析这个表象的内容而得的东西。譬如我说,"墙那边是一所花园",这就是综合判断,因为它超出了知觉之外。又如"昨天是星期日","威廉征服了英国","下月是六月",在这等判断中,很明显我并不是仅仅分析给予的东西。凡是综合判断都包括一种推理的成分在内,[13]因为它有一个观念的内容与当下给予的感觉的性质连结在一起。换句话说,就是我们总有一种结构,直接建立在观念之上,而

第二章 直言和假言判断的形式

只是间接以知觉为基础(参看本书第二部)。

既然如此,似乎我们现在就很难说得下去了。如果主词就是显露于知觉之中的实在,那么,属于过去和将来的事件,或超乎表象以外的空间的世界,乃至并非给予于感觉之中的各种性质,如何能够用来指谓我们的对象而看成它的形容词呢?我们也已约略说过了解决这一问题的方法,现在我们所要说明的是下面几点。综合判断的终极主词仍然是实在。它并不是跟瞬间的现象同样的东西,可是综合判断又非有当下给予的成分和它结合起来不可。过去和将来事件的观念,须从现在知觉的基础上投射出来。只有在这一点上,它们才能接触到它们所要符合的实在。

也许有人反驳,"但过去和将来也确乎是实在的东西啊。"这句话可能是对的,不过我们的问题是,假定我的内心有几个观念综合在一起,我是怎么样并且在什么地方能够得到一个实在,而把这些观念归属于它呢?[14] 如果我不凭借着表象,又怎样能下一个判断呢?尽管过去和将来照你所高兴的那样完全实在,但是,如果我不直接面对与料,间接对着过去和将来,我有什么法子可以把握过去和将来,用我的观念指谓着它们呢?我知道,我们也未尝不可以说过去实在的东西会直接呈现于眼前,对于(就我整个所知)将来,对于我所接触不到的一切空间,以及一切为我所知觉不到的性质,也都可以这样说。如此一来,毫无疑问,我们当然可以不感困难,照这样,任何问题确实也都容易解决,如果不是一切问题都被取消了的话。

第二十节。但是我所预期的读者以及直观的智力不能似此轻易满足的人,一定会感到困难,也许又回到已被抛弃的异端之见,而认为这种综合判断的主词不可能就是实在。它必得是一个观念，而真理则存于观念的结合中。这样的看法是很有诱惑性的，所以，虽然有重复之嫌，我们最好还是来研究一下它将把我们引导到什么地方去。

当我们说"上星期二曾经下雨"的时候，我们的意思指的是这个上星期二，并非任何别的星期二；但是如果我们固执着观念，那就无法说出我们的意思。不管你对于观念怎样办法，不管你把它们怎样造作，在这个世界上，你总不能从观念得出非普遍性的断语。即使我们用的是时间里面的事件，即所谓特殊物的观念，还是不能逃避这个结果。你所要描述的事件是一见即逝的东西，但是你关于它的说明所用的话却可以适用于无限多的事件，或是幻想的，或是实在的。假如你定要紧抱着观念，一切对于现在的指谓，譬如说，"这一天的前一日是星期二"，都将成为废话。因为前面我们也已知道（第八节），在分析判断中我们是同样的束手无策。实在的东西决不能通过观念而接近。愈想把握特殊，成为具体，结果只有愈益变成抽象，愈益是不确定的。所有"这个"、"现在"以及"我的"，都是普遍性。尽管你一再重述"不是这个而是这个"，终归无用，再也不能使你的话语切合你的真意。假如判断只是观念的结合，那就没有一个关于个别物的判断。

第二十一节。把空间和时间当作"个别化原理"，认为时间或空间的排他性就可使任何内容变成独一无二的东西，这种错误的思想我们必须加以破除。人们往往以为我们说到"事件"时，就会脚踏实地，把握了个别物，离开了普遍形容词虚无飘渺的境界，这是幻妄。因为这里一定要发生这样的问题：我们所真正指谓的究竟是什么空间和时间，怎样才能把它表达出来，不至于说成和别的东西差不多？诚然，时间的序列或空间的复合体，这种观念在一种意味上，本来涵有独特的性质，因为各部分都是相互排斥的。可是假如这个序列不是看作一个连续的整体，从而它的各部分之间的关系在全序列的统一之中成为固定，它们就决不能互相排斥。离开了这个统一，它的重复出现的任一点便无法与其第一次给予之点相区别。而在另一方面，我们又很可以疑问，这样的统一本身，在多大程度上是单纯排他性的否定。

但是我们可以不管这个疑问，显而易见，在一定的系列之内，相互排斥并不带有绝对独特的性质。在一个系列的观念中，实在找不出一点东西暗示不可以有任意多的系列，内在地跟第一个系列无法区别开来。只要你不想超出观念的范围以外，你将有什么方法能够决定各别系列的特性，加以说明，而使每一个可能的系列在你的描述之中表现其独有的特色呢？单靠说"这个"是没有用的，因为"这个"的排他性只限于这个区域以内，尽管说"我的"也是枉然，因为只有在我的成分之内，你的和我的才发生冲突。出乎这个范围以外，它们便毫无差别，而"我的"一词也就不能分别彼此的界限而失其作用。如果我们专注意这个系列本身[15]，而不看外面，只限于考察它的特性，那么它所包括的东西全部都可以视为一种公共财产，为无数主体所享有，并且存在于它们各自的世界之中，也可以说是它们共有的领域，但一个也不能独占。只显露于空间和时间里面的性质，是不能使任一事物获得与众不同的特色的。

第二十二节。要在观念的综合中找寻判断，再一次使我们陷入没有出路之境。现在我们只有怀着微弱的希望，回到前面说过的那种理论，承认判断就是用一个观念的内容来指谓呈现于时间和空间里面的实在，这个实在直接和我们遭遇于表象之中，却决不能限制于顷刻即逝的事例之内。给予的东西之成为独特，并不在于它作为时间里的事件或空间里的现象的性质。它之所以为独特，不是因为具有一定的特点，而是因为它便是给予的东西。正由于我们的系列指谓着实在，指谓着直接显露于这一接触点以内，或间接显露于跟这一点相连的成分之中的实在，所以这些系列才具有排他性。我们也可以这样说，只有"这个"才是实在，观念足以表明"这个的状态"，却决不能给予"这个"。这句话也许很费解，但这里面的困难我们却必须有足够的勇气和耐心来解决。

第二十三节。每一个给予我们的东西或与料，一切心理的事件，无论其为感觉、意象、反省、感受、观念、或情绪——所有能够成为现在的各种可能的现象——都既是"这个"，而又有"这个的状态"。但是它的独特性和个别性的烙印，却只能由前者，不能由后者而来。假如我们把存在和内容⑯分为两方面（第一章第四节），把任一事物的有了或存在着的那种情况放在一边，而把它是什么样相放在另一边，那么"这个的状态"便纳入内容里面，而"这个"则不能纳入里面去。它只不过是一种记号，用来表示我和实在直接的关系，我在感觉表象中和实在世界直接的接触。这里，我不打算追问"这个"跟存在的关系如何，它可以在怎样的程度内把握真确的事实，还是只与单纯的现象相关联；它究竟是存在，抑或只对我而存在。撇开这些不说，至少有一点可以确定，就是，独特性只能在我和实在的接触中发现，其他任何地方都是找不到的。伴随着表象而来的所谓"这个"，其所具有的特殊性决不是与料的性质。

第二章 直言和假言判断的形式

可是另一方面,"这个的状态"却属于内容,为空间或时间里面每一个现象的一般的特征。假如我们愿意,我们可以把"这个的状态"称为特殊性。凡是对我们给予的东西,其为给予首先总是嵌入于空间或时间许多其他的现象之中,即包围浸沉在数不清的错综复杂的关系里面。在它的内部性质中,又可区别为许多方面,这个进程可以没有止境。而它所包含的各别成分的内在关系在空间和时间里面,又可再照这样划分以至于无穷。这个明细的图案似乎是不可避免的;我们对它的知觉好像始终如其本来,决没有造作,也不想要改变它。"这个的状态"真相不外乎如此。*

但是空间或时间里面这样的特殊性,这样一种排他的、唯一无二的性质,只能成为一般的特征。它归入内容之内,而不能给予存在。它可以标明品类,却失掉了事物的本身。从这个抽象出来,它完全是想象的、观念的,而离开了这个,我们知道,观念是决不能够达到独特性的。不管一个事件具有怎样多的"这个的状态",也不能排除其他类似系列中的同一事件的存在。这种排斥性完全只是在描述中才有,而只属于描述的东西当然只能是这样,而不能是

---

* 也许有人认为这个特征的察觉需要时间,假定观察必须经过一定的时间,其结果就我们所知,当然不能不有所改变。不过这种困难在一切观察中都可以发生。我们到处首先总假定各种东西都是不变的,除非我们能够辨别它们的不同。其次,我们总假定自己的能力可以把我们自身的改变跟客观对象的改变区别开来。我们总假定对于同一对象观察愈久则观察到的愈多,除非我们有理由设想我们的思想开小差离开了那个对象,或者对象本身发生了变化。这里我并不是要探问这些假定是不是可靠。但是我可以顺便指出,关于在内省中我们所考察的到底是现在,还是仅乎过去的心境,这一疑问应该改变一下它的方式。如果它在别的地方不发生同样的问题,在这里也不应该把这两下当作互相排斥的。因为外界现象的观察可以碰到同样的困难。假如内心事实不可以同时是现在而又是过去,则外界事实亦必同样有所限制。这两种观察根本没有什么不同。外界的事实并非绝对固定,内心的事实也不是绝对流动。⑰

这个。

凡是我们分析与料而用"这个"一词为主体的时候，每一个这样的判断里面，真正的主词决不是观念。我们用了"这个"，确乎使用一个观念，那个观念便是而且必得是普遍性；但是我们的真意所指而不能说出来的，却正是有关于给予了的对象独特的东西。

第二十四节。这里我们遇到了一个很难处理的问题。读者也许承认我们"这个的状态"的说明。他可以同意我们使用这个名词的意思，只指空间或时间里的相对性，换言之就是个别化的性质，我们根本没有越出内容一步。他也可以赞成这个结论，我们最后所得只是一个普遍的观念。但是他却可以有不同的看法，认为我们用了"这个"，便是添出了另一个观念。我们有了一个与当前呈现的实在直接接触的观念；"这个"所代表的实即这一观念，它的用处就是修饰我们的分析判断主词的观念。

我们回答：如果是这样，那么对任何事实的指谓都必然永远脱出判断之外。我们又将漂浮于空虚之中，永远只有在假想和臆说中兜圈子了。但是问题还不止于此，从这里面更可以得到一个很微妙而又很有趣的推断。"这个"的观念跟大多数观念不同，实在不能用来作判断里面的符号。

首先须肯定，我们是有这样的观念。[⑱]确实，假如我们不是真的有了并且使用这个观念，我们也就无从否认有了这个观念。除了系列之中相互排斥性的观念而外，就是除了"这个的状态"，还有我对实在的直接感觉关系的观念，苟其如此，我们就是有了"这个"。我们可以从不能成为不在的直接的表象里面，抽出一个当下呈现的观念；而这个当下呈现虽不能归入内容里面去，我们虽不能把它称作现象的性质,可是它在内容的变化当中却被认为始终如一,从而可以和内容分开而与之不同。这样一来,"这个"又在观念上固定化,而变成和其他普遍性一样的普遍性了。

第二十五节。但是尽管在表面上一样,它还是跟平常的观念很不相同。我们可以回忆一下,观念是作为符号来使用的(第一章)。譬如我有一个"马"的观念,这个观念便包涵着(1)我的头脑里面一个意象的存在,(2)它的整个内容,和(3)它的意义。换句话说,就是我们总可以把它分为三个部分,(1)它的现有,(2)它是什么,和(3)它所表示的是什么。前两个属于它作为一个事实的面貌。第三个是普遍性,与事实无关,乃是离开它的存在而着想的,在现实判断中都指其他的事物而言。

"这个"的观念并不如此。它是当下呈现的实在很显著的一面,我们在唤起这个观念的时候,总是接受当下给予的任何知觉或感觉,只注意它所包含的呈现于当前这一特点,以此为我们名词的意指。我们只在想象中体会到它,根本不管在我们面前的现实内容是怎样。

这样一种东西不过是跟原来依附的东西割裂开来的形容词,我们要把它归属于另一主体,以便构成一个判断,其结果将如何呢?我们只有陷于这个地步:这样造成的任何判断必得是虚伪的。别的事实一经出现,实地不能不使给予的材料发生改变。它可以把我们原来的与料降低为一个较大的表象里面成分之一,或完全排除其存在。给予的材料既归消灭,则我们的观念当然亦随之而逝去。这时我们也就不可能用观念来做说明,因为我们已经没有了那个观念,或者即使仍有观念,支持着它的实质也和我们所要指谓的另一事实格格不入。

第二十六节。现在把上面所说的重复一下,当下呈现的实在总是独一无二的。我们加以区别,可以使那个独特性固定化,而变为一个观念。由此我们又企图把它造成另外事物的观念。但是要想这个观念符合另外的事物,此另外的事物必须表现为独一无二的东西。这样一来,我们便有了两个独特的表象,或者其中必有一个归于消灭。假如第一个消灭了,则观念也就随之而俱去。假如后一个没有了,则观念便将失其所指谓的事实。这两个结果都无判断可言。这一观念,我们知道,除了对它自己的实在而外,用于任何别的事物都不相符合。它是一个符号,在我们判断的时候,只能表示它的自身。在最孤单的情况下,不感到孤单,而欣赏寂寞之中最高的喜悦,这句话颇有诗意,但照字面的意思来讲,却正好说明我们在这里所发现的矛盾。

在判断里面,在事实和"这个"的观念之间,不可能有实际上的差别。这个的观念必将成为误用,除非其所标志的东西确乎当下呈现。不过在这种场合,我们就是当着一个符号所代表的事实面前,又来使用这个符号。我们所以能够使用这一观念,就在于认识当前的事实即是"这个"的事实,但这种用法决不能超出给予的材料之外。这就是指主词而肯定一个宾词,没有这个宾词,主词也将同时消失。这个意思不外乎在此事实之内作出区别,但分别开来的侧面并不能和给予的材料分开,故给予的材料包括它的侧面仍然继续是主词。因此,加上这个观念并不能使主词有所增益。要想从另一事实的内容挪用这一观念,即使可能做到,也是不需要的,而且是白费气力的。

第二章 直言和假言判断的形式

但这却是不可能做到的。我们已经说过，这就是要同时有两个独特的事实。所谓"这个"恰似一个表象排他性的焦点，照亮了它的内容，我们用这个观念指的正是那个特别的内容。如果把这个观念当作一种意指，在别的地方也可符合实在，那就等于把别的不同的内容拉到我们的焦点里面来。但这两个东西都必得是独特的，而又是同一的，这个两难的论点结果如何，我们也无需再来多说了。

第二十七节。如果"这个"的用法还可以有不同的意思，如果它并非标志呈现于此焦点里面的全部感觉材料，而只是代表我所特别注意的一点，结果还是一样。如果我以 A 为我的目标而排斥所有别的东西，则此特殊关系苟用于他物，势必成为虚伪。如果它适用于 A，当然不可能又适用于 B。

也许有人说，"我可以凝神注意这两个东西。A 和 B 都是当前给予的'这个'所包括的成分，所以我可以用'这个'来同时说明两个。我可以转移这一观念，它既然符合其中的一个，用为宾词自然也能符合另一个。无论如何，'这个'的观念总可以这样象征地运用"。这里越说越复杂，很容易使人忽略了主题，我的答复只须指出其中混乱的所在。如果你把 A 和 B 同时并举，就不能够再把它们分开来单独处理。这是非常明显的。另一方面，如果你分开来把每一个本身看作"这个"里面单独的成分，那就决不能又用"这个"做宾词来兼指两个。双方都属于"这个"，但一个也不是它们所属的东西。它们都可以呈现于眼前，却是没有一个凭着它的自身可以成为独特的表象。它们不能共有"这个"，而"这个"却能兼容它们。它将成为它们共同的实质，而它自己独一无二的本性，却不能为其中任何一个所分享。

这个问题本来不易说明，要想进一步弄清我看不易。如果根据以上所述，读者已经领会了一些，那么要把"这个"当作符号用于判断里面不仅不可能，而且即使做到，也是完全徒劳无益的。*

第二十八节。以上我们避免了观念和单纯普遍性的困难，就靠着显现于知觉中的实在。这样，我们的断言才能获得独特的性质，否则它就决不能与事实相符。因此，分析判断对我们来说，也许似乎巩固下来了。但是现在我们回到第十九节的问题，提起综合的判断，讲到不属于直接表象范围以内的空间和时间，我们的地位乍看起来好像一点也没有改善。看来我们一方面虽有所得，却完全失之于另一方面。我们一切空间和时间的系列，现在都必须指向与实在接触的一个独特之点。必须有这个接点，然后它们的内容才能打上事实的烙印。但要想建立这种关系似乎是不可能的。

这些综合判断的内容，我们知道，都是普遍性。它可以符合于数不清的其他的系列。这样好比一个没有实质的锚链，单靠它的本身，是不能在任一点上和地面接触的。而另一方面，所给予的实在的根源，也似乎没有办法可以跟这些漂浮的线索发生任何关联。它们象征的内容不能直接归之于表象，因为它和那个内容格格不入。这样，如果我们不能获得另一个表象，试问我们的普遍性在什么地方可以与事实相结合来达到实在呢？

---

* 不能成为真实符号的，尚不止于"这个"的观念。我还没有问到"这个"在怎样的程度上"对我"有意义，但这里关于"这个"所说的话当然也可适用于"我"和"我的"。不过，这里面的困难问题，现在我们不能加以讨论。应该由形而上学来找出所有内容不能用为其他事物形容词的观念，这好像是它必须做的任务。所谓"本体论的证明"便和这个有关系。关于独特性等观念，可参考以下第三十八、三十九节。⑲

第二十九节。这个困难不易排解,我们必须回顾一下前面讨论所得的一个结果[20]。我们已经知道,呈现于知觉中的实在并非恰如呈现于眼前的实在,两下决不是同一的东西。即使实在的东西必须成为"这个",必须直接与我们遭遇,我们也不能断定我们所采取的"这个"就是整个的实在,或超出"这个"的范围以外便没有了实在的东西。也许我们要直接达到实在是不可能的,除非凭借一个表象的内容,正好比通过一个孔穴才能看到它似的。但是我们所见于它的,只会使我们相信超出这个孔穴,它还有无限的存在。如果我们把"这个"了解为独特的现象,那么,恰和"这个"不是表象的内容任何部分一样,它也不是实在的任何性质;如果认为实在就封闭在那个性质以内,便完全是误会。进一步探讨这一问题乃是形而上学的事,我们只能说到这里为止,满足于一个粗糙的结论。实在就是对我显现的东西。这个现象不是一般的,而是独特的。但实在本身却不是独特的,决不能看为跟它的现象或显现有同样独特的意味。[21]

我们都揣度实在是自存的、本质的、有个性的东西;但当其呈现于表象里面的时候,便根本不是这样。表象里面的内容渗透了相对性,它的本身只是描写性的,它的整个成分当然也是属于形容词性质。每一个部分虽作为事实而被给予,但其为给予却指谓着别的东西而存在。给予的现象在时间中不断地消逝,这件事本身便是它自己存在的否定。其次,如果我们把它看作就是显现着的那样,那么我们可以说,它的界限也是不稳固的,决不能免于非实在的成分的侵入。在空间和时间里面,出乎它的边缘,它唯有靠着外面东西的关系,才能成其为事实。它凭借对它所排斥的东西的关系而生存,这就超越它的界限而与另一因素相连接,也就把那一因素引到自己的境界以内。它的飘摇不定的边界线时而向外伸张,时而向内折陷,实际上早已空有其名。它依赖本身以外的东西,才获得形容词的性质。它的本身之内,也决无稳定性可言。在时间和空间上,找不出任何固定的一点。每一个原子都不过是许多原子的集合体,而这些原子也非实在的东西,只是许多元素的关系,而这些元素又复如此。所以如果问到究极的东西,能够作为个别物而独立的是什么,你只能回答没有,或无。

实在的本身决不能等同于表象中呈现的内容。它永远会超越后者,所留给我们的不过是一个名称,以便到别的地方去追寻它。

第三十节。我们要追寻实在的完全性,同时感觉到这个实在非作为个别物便不能存在,这便使我们不得不首先求之于时间和空间的综合判断。但是在我们这样做之前,我们可以暂且停一下,先谈一谈这个企图的一般本性。如果实在之为实在是自存的,充足圆满的,那么我们不需要有多大理智的努力,就可察觉到这个特征决不能在单纯现象的系列中找到。要在那个系列之中寻求实在是一回事,而要把它作为系列找出来却另是一回事。一个完全的时间或空间系列是不可能存在的。[22] 这正是大家所熟知的幻影,似乎是无限而实系赝品,在一定的目的或一定思想水平上也许是一个有用的虚构,但毕竟是一个幻影,如果不认识清楚,它只会阻碍一切真正哲学思想的进展。它往往发见于"经验"学派,表现于他们的逻辑,表现于他们快乐主义的伦理学中,在这些地方它产生了并且将要继续产生许多妄想。本章终止以前还要说到它,但现在我们必须回到我们要在现象的系列中追求实在的本题,这个追求仍然没有降低到幻影的追寻,不过它的本身确实包含着错觉的根苗。

第二章 直言和假言判断的形式

第三十一节。实在本身既超出表象，要追求它就必得出乎给予的材料范围之外。另一方面，我们又似乎只有在当前现象中才能把握到实在，出了这个范围我们就不可能脚踏实地。这样，一个内容如果不能归属于知觉到的实在，它怎样可以和实在发生关系呢？我们必得回答，这个内容是间接关联的。我们并不是把它归属于仅仅给予的材料，而是把它和呈现的东西联系起来，通过这个联系归属于显现在与料中的实在。虽则我们不是也不能在表象中把它找出来，然而它却是真实的，因为它能用作宾词来说明实在，它也是独特的，因为它已经固定在对直接知觉的关系之中。超乎感觉的空间以外的空间，以及不属于现在的过去和将来的时间，这种观念的想象的世界，只有抓紧当下直接"这个"的性质，才能在现实世界上生根。一句话，内容的连续便可表示元素的同一。

第三十二节。但是这样的连续，以及"这个"作为与料由此而得的伸延，跟每一个其他想象的结构一样，还是要依靠同一性做基础。㉓以下我们将要见到，一切推理都建立在不可分辨之物的同一性上。性质的相同就证明实在的相同（参阅本书第二部第一篇第六章）。这个同一在这里具有双重形式。(1)首先，符号的内容必须具备"这个的状态"。(2)其次，它必得和"这个"共有一点。

现在说明如下，(1)我们所要跟知觉联系起来的观念，必须是属于空间的某种东西或时间里某一事件的观念。它必得具有个别的特性，即无限细节和无穷关系的一般观念。我们由此可以知道：它和与料的内容属于同一品类。双方的描述只有一种，完全相同。两下都具有"这个的状态"，因此他们的本质才可以成为同一。

(2)但是说到这里为止，我们仍旧停留在普遍性的世界中，这些普遍性可能或者可以在某一个地方接触到地面,而与事实相遇,这个事实表现在知觉中,但不一定真的这样。我们希望一方面超出呈现的内容,另一方面又要把这个内容联上一个观念的系列;我们必须找出一个链环,才能把两下结合起来。

要找到这个链环,必须建立两者共同的一点,这一点在两边都是一样,因为它的性质是一样的。"这个"包涵着复杂的细节,一系列的时间或空间(或两者都有),我们可以称之为 c, d, e, f。观念方面所包涵的一系列特殊物为 a, b, c, d。c, d 的同一使知觉 c, d, e, f 延伸,即增加了想象的空间或时间 a, b,这样综合结构的结果所成的整个事实逐渐变为 a, b, c, d, e, f。这一整个系列现在便归原于实在,又因与独特的表象相联结,于是其本身亦成为独特的事件或空间系列,不同于这个世界里的任何其他系列。正由于运用推理,我们就能通过综合判断而超越给予的东西,本书将在第二、三部更清楚地说明推理的本质及其所根据的重要的假定。

第三十三节。精神病理学可以给我们一个很好的例证,我们有时发现一个人的主观或自我好似分裂为二。当他自己的精神一半在场的时候,另一半便不在,两方面自我的记忆各自分开,过去和将来不能接触。对于这种现象有一个解释,似乎理由很充足,也可证明我们的论点。这就因为有了两个现在的我彼此不同,而过去和将来的我又互不相识。正因为这一观念系统与另一系统得不着连接点,或者反而有某几点可以排斥这种联系,[24]以至于这一个不能用来观念地扩展属于另一个的现在。在表象中现在所给予某种型式的病态感知或不健全的知觉,其所结合到自身上的观念是由相同的特征聚集在一起的。这种整个的观念境界,纵然不易言传,也许

第二章 直言和假言判断的形式

可以意会,但不可能和现在知觉成立连续的关系而固定下来。[*]

第三十四节。如果所谓现象是指我们所知觉的东西,或当前给予的事实,那么,超乎我们地平线以外整个的英格兰(不必说到美洲和亚洲),以及一切过去或将来的事件便都不成为现象了。它们都不是知觉的事实。它们都不过作为单纯的观念,作为符号的意义而存在于我们的心灵中。重复一句,既说现象而又称之为过去或将来,这句话根本自相矛盾。现在我们应该考虑,是否要抛弃我们的恶习,不再侈谈"现象的系列",或"知觉的线索",以及其他只有天晓得是什么的类似的名目,好像这些事实都握在我们的手中一样。两种东西只能择取其一。或则一个现象可以是想象的、符号的内容,甚至不必用作宾词直接叙述现在的知觉,或则除了我在此时此地所知觉的东西而外便没有现象。现在若要诉之于事实来反驳"分析"学派和"经验"主义的理论,也许是毫无用处的。我知道有些人崇尚这种空谈,成见极深,既没有正当的理由可以抹煞前者,也不能忠于后者,要说服他们认识错误,也许不可能。任情的争辩和天真的嫉视,为之不太费力,却更能使这些早已轻易无所顾忌的人得到满足。但是为了别的人们,我还要再一次指出,假如一个事实或事件便是感知或知觉到了的东西,那么所谓过去的事实不过是无稽之谈(参阅本书第二部第二篇第一章)。

当然,我知道,我们很容易说过去的事件都真的在那儿,唯其在那儿,所以能够回忆;恰如我们假定将来就在那儿,所以能够预见。不过假定有一系列过去和将来的事实,存在于我们的心灵之

---

[*] 参阅陆宰,《微观世界》,第一卷第371页。

外,这个问题仍然没有解决,它们如何可以加入进来?假如你愿意,你可以说,它们善于变化,活灵活现地跑来跑去,和我们碰在一起打交道。或者一位万能的造物主赋予了我们的心智一种非凡的官能,永远能够做出没有一个人可以了解的事,使一切精神分析家无所施其技,这也就可证明灵魂的不灭。或者你也可发现它"毕竟是不可思议"。终极的事实总是不可思议,假如它们跟它们必得知道是真理的学说相抵触,那我们也无须不高兴。因为不可思议的东西,其行为自然也是不可思议的。

但是一定有许多读者和我们一样,还是要继续相信事实所带给我们的结论。那个结论就是,过去和将来的事件,一切不是知觉到的东西,都只是作为观念的结构对我们存在,通过性质同一性的推定,而与显现于当下知觉中的实在相连结。至于这些东西真实存在,就其本身究竟具有什么性质(假如有的话),乃是形而上学的问题。[25]

第三十五节。可见综合判断不是单纯形容词性质,而是通过显示于独特表象中的实在间接的关联,表现为一系列独特的事件。它们由推理作用而与这个现象的内容联系起来,在此范围内便和知觉直接相联系。但是它们的观念决不能作为形容词而指谓表象本身。它们都归属于实在,而实在的自身则既显示于那儿,又超出了那儿。我们知觉的内容,以及我们想象结构的内容,都是适用于同一实在的形容词。它们都是现象,由不同的途径而来,但两者(除非我们的假定不对)都是有效的,都符合于实在的世界。

第三十六节。过去的记忆和将来的预言,显然都和单纯幻想有所区别。[26]前二者指谓着知觉中显示的实在而与之相关联。我们有了一个判断,或是对的,或是错的,因为它对事实有关系。而幻想

第二章 直言和假言判断的形式

则没有这种指谓。前面我们也已说过(参阅第一章第十四节),单纯的幻想可以比我们断定为真实的东西更加强烈。我们一时的错觉可以非常逼真,比我们记忆的事物具有更多的强制力和特殊细节。但是它却缺乏一个足以跟"这个"联系起来的同一点。没有这样一个链环,它就势必落在整个系列的外面。

诚然,我们通常都把生动的细节和强烈的特殊性当作事实的标记,而要在事件的系列里面找寻它的地位。不过假如找不到这个地位,幻想的事实当然就靠不住了。梦中的景象可以很明确,然而它的内容却断不能和知觉所联系的整个系列的事件打成一片,正因为如此,所以我们即使不能抛开这些观念,至少也不能不给它们打上只是幻象的烙印。

这里,如果我们插入心理学的领域,作一个很短的考察,一定会碰到不少困难,但也可发现很多有趣的问题。我们只要有一回把一个内容归原于实在,一般都倾向于再照这样做。我们总是说,我们知道它曾经在某一时候出现,虽然我们说不出是什么时候。我们甚至可以认为这样的观念比单纯幻想力量更大,细节更丰富。其实这是错误的。这些观念的特征并不在于力量,也不在于细节,而在于一种很模糊的、为我们所把握不到的东西。它可以就是指谓着"这个"的一般观念,为当前给予的"这个"的内容所排斥,而朦胧地超越了它。另一方面,它也可以是一种不知不觉的观念或感受的成分,能够在一种漠然不定的状态中,把幻想和事实合而为一。因为假如说这等和实在联结在一起的链环,定须是很清楚明白的东西,便是不对。一个为我们所不觉得的晦暗的意念,无论怎样注意也未必能把它和模糊的意识整体分开,却可以成为我们区别真理和幻象的基础（第三十三节）。其次，我们还须记住，这个接合点，姑且这样说，也可以就在我们自身之内，而完全不在外界的系列里面。如果一个幻想的虚构最后受到信仰，这并不一定因为它跟外界事实取得了某种直接联系。最后，它也可以实际上就和我们出于自己的惯常的意念成为同一。这正是幻象和真理两相汇合的共同地带，很容易使我们的心智把它们混为一物。不过我们只能说到这里为止。

第三十七节。总而言之，分别真理和单纯幻想的并不是观念的单纯的象征的应用。因为幻想决不限于特殊的意象。正如在知觉中我们很难断言推理最先从什么地方出现，以及分析判断何时变为综合判断，在很多幻想中我们也可以找到推论成分的存在。圆的观念也许我们可以说，其实是诬妄地说，不过是一个意象；但是一提到千边形的观念，马上就会使我们明白有些地方是我们的意象、幻想所不及的。显而易见，抽象关系的观念可以呈现于心灵之前，而无需乎任何判断。这种观念的内容固然完全是象征的，符号的，但同时又是（不含有假言判断时）单纯观念的。它脱离了我们心灵中意象的存在，但并没有依附其他的实在。㉗

第三十八节。现在我们可以谈一谈所谓个别（或者称为特殊，也许更适合）事实的观念，究竟是什么意思。我们已经知道，要想在固有人名中找出这么一种东西是徒劳无益的，因为固有人名都不止代表一个事件。个别性的观念含着两种因素。第一，我们一定要有一个内容为"这个的状态"所修饰，其次，那个内容还要加上一个指谓实在的一般观念。换言之，凡是个别物首先必须表现于一个系列中；这就给了我们第一个因素。但是在这个时候，我们还没有越出单纯"这个的状态"以外；各成分互相排斥只限于系列以内，

第二章 直言和假言判断的形式

而整个的集合体却并非独特的。若要得到一个特别事实的完全观念,我们必得使我们的系列,姑且这样说吧,表现于外面也是排他的,这才能有个别性。但这一点我们是做不到的,除非我们能利用一种观念指谓我们独特的实在,来加以修饰。

如果我们真的把上述系列归原于实在,和实在联系起来,那我们就不仅得到我们所需要的那种观念,而且有了更多的东西。[28]我们同时必已断定,我们的观念事实上是真确的。不过在这个场合,我们不需要走得这么远。我们只需要有一个独特性的观念,而不是要肯定这个观念的实在。

我们已经知道(第二十四节):在"这个"的观念中,我们有了一个跟实在直接接触的观念,这一观念我们必须附加于我们的系列。当我们想到这个系列,把它当作一个整体,同时又认为在表象的某一点上触到了实在的时候,我们便把它作为真正特殊的东西来设想。但是我们必须停止在这里。因为如果我们要进一步断定我们的观念是真实的,我们就必得给它在使知觉得以延长的独特的系列中,找出一个特殊的位置。但我们又已知道,要在判断中使用"这个"的观念作为另一内容的符号,乃是不大可能的。可是只要我们避免下判断,我们就能够把"这个"的特色附加于和真实呈现之物不同的另一种内容上。

这便是我们所谓个别物的观念。不过我们说到个人的时候,意义就不同了。这里我们的观念是特别的,因为它在一个特别的系列中具有一定的界限。但是它也包含一个实在的同一,通过不断的事件始终保持原样。因此,它当然也就不属于单纯综合判断的一类。

第三十九节。独特的性质只不过是"这个"的观念否定的一面。

一个内容之所以为独特的,就在于虽属同一类(这个意思就是从内容的侧面加以考察),它仍然和别的内容不同,成为它自己一类的独一无二的东西。独特的性质暗含有一个系列的观念[29],可以是相对的或是绝对的。它是相对的,如果这个系列所包括的成分虽有排他性,而系列的本身却不是独一的。在我们想象所能构成的任何世界中,一个事物可以成为独特,但它的独特只能限于那个世界之内。另一方面,如果这个系列和直接的表象相联系,那我们就有了绝对的独特性。在这种情形下,这个系列内部的关系便可使其所包括的各成分彼此相对有一定的位置,不在这一系列中出现的就不能成为事实。但是我们必须记住,真正的主词,确定独特的性质而排斥任何其他同类事件的,决非单纯特殊事件本身。真正的主词乃是表现于那个特殊物之中,从而排斥其他特殊物的实在。所以,这里我们有的正是一个否定的存在判断,本书第三章将要详细讨论这种判断的本质。

第四十节。在我们碰到了许多困难之后,其中有些困难我相信已经解决了,现在我们已经说完了第二类的单称判断,必须接着来讲第三类,即不限于时间内的一个或几个事件的断语(第七节)。但是在我们开始探讨之前,我们可以停顿一下,虽然是一个危险的试验,仍然不妨一做,让我们想象眼前摆着一个综合判断。我们可以想象面前展开一系列的图画,类似名艺术家荷加斯所作的浪子漂流记,我们还可以再幻想一些别的事情。这个系列里有一张图画必得就是实在,或在此真实房间里的真确的人,房间四壁挂的是同一系列早一些或迟一些的图画。根据这个人的同一性质,正如他在房间里和图画里那样,我们忽视每张图像里面特别不同的姿态,而把他

第二章 直言和假言判断的形式

的过去和将来组成一整个的系列。这样，我们便超越了这个眼前看得见的房间和当前呈现的景象，而眺望到了这个人的实在的生命伸展于时间里面的全系列了。

但是我们所看到的真实房间里的真人乃是一个血肉之躯，而他的过去和将来，如果我们把实在理解为感觉事实的话，便除了玻璃框和木板、彩色和画布而外，一无所有。一切将来与过去也都是这样。我们记忆和预测的事件固然是我们心灵中现在的事实，但它们决不再是它们所表现的实在，恰和颜色和画布不是跳动的心脏一样。毫无疑义，它们代表的是实在，于是我们便安慰自己，以为如果它们不能算为事实，至少总是真实的。假如所谓真理的意思，就是指表现实在的一种自然而不可避免的方式，那么它们确乎都可以是真实的。可是如果我们对于它们的真实性的理解超过这个限度，如果我们说实在就是恰如其在我们的想象结构中所显现的那样，真的存在着一系列的过去和将来的事实，那么，我恐怕这个真实一加审查就会变为虚伪。假如绳之以知觉的尺度，它便成为虚妄，假如用别的标准来衡量，它就要变得更加虚妄。

第四十一节。一个人的生命决不能完全表现于任何一个景象中，我们的证例含意便比我们所能想到的还要多。人的生命决不止于是一连串事件的相续，而包括有一种同样的东西，始终不变，呈现于所有事件中，却又不是任何事件，也不是每一个事件。这里我们便讲到了第三种单称判断，[30]一种不属于事件的主题。这种判断可分两类，一类所说的个体与一定时间发生关系，另一类则与任何特别时间无关。

III.(1)在一个人或一个国家的历史中，我们都有一个内容与实在相对照而指谓着实在，但是所指的实在只是按照它在系列中某一部分表现的那样，这个部分由一定知觉的关系所决定。(2)第二类应包括关于宇宙、上帝或灵魂的判断，如果我们假定灵魂是永恒的[31]。这里我们的观念与在知觉中发现的实在成为一物，但并不依附于现象系列的任何一部分。当然，我们可以说，这样的判断是虚幻的。但我们已经知道，这个结论，假如是真实的，也只能由形而上学的研究加以证明，不属于我们的范围。无论如何，这种判断是存在的，逻辑除予以承认外，别无其他途径可循。

这个第三种也是最后一种单称判断，与其他各种显然不同。它的特点就在它的终极的主体，并非仅仅显现于"这个"里面，或系列当中任一事件里的实在。不过这个区别在相当程度内是不稳定的。恰如分析判断总是趋向成为综合判断似的，这里也不可能把前一类跟综合判断截然分开。一方面，时间元素的连续性根本排斥单纯系列的特性[32]。在每一个关于事件的判断中，我们都是不知不觉地说明一个同一的存在。另一方面，个体的生命又明明形成一个系列，似乎很自然地属于一个系列的判断。可是由于说到个体的时候，我们总是明白承认有一种实在的东西，通过各种事件始终如一，所以最好还是保留这个区别，不过在原则上必须有伸缩性。上述个人的例子就使我们从分析判断过渡到综合判断，并且达到更远的境地。

第四十二节[33]。我们已经说过所有三种单称判断，而且知道了它们怎样把一个观念归属于当前呈现的实在。我们也已预先提到了存在判断，现在我们可以把它们很快地说明一下。这里我们只限于讨论肯定判断，我们可以立即指出所有这种判断的主词都是最后的实在，或者(a)作为显露于"这个"所决定的系列某一部分的东西，

第二章 直言和假言判断的形式

或者(b)作为支持现象整个系列的底子。当我说"A存在",或"A是实在"的时候,内容A确实是宾词。我们使用它来修饰存在或实在,不是上述头一个意思,便是第二个意思。

对存在命题的研究更能使我们明白,认为判断是由观念构成的看法完全是荒谬的。如果我们只把形容词性质的A的观念再加上另一形容词性质的实在的观念,两个观念都和事实不相干,我们便根本谈不到有所谓判断。不仅如此。实在的观念恰如"这个"的观念一样,也不是一个平常象征的内容,可以不顾其存在而加以利用。㉞我们发现,实在和存在着的东西的观念,乃是我们直接遭遇的那个真确实在和实际存在所包含的成分之一。它不能在判断中从这个实在取下来而移植于另一个实在。我们在这里所遇到的阻难和前面所说的一样(参看第二十五至二十七节)。这个观念除了说明它自己的实在而外,不能作为宾词用于任何别的东西上。因为要得到这个实在的观念,就必须把它和给予的东西区别开来。如果你再把它用作其他任何一个非给予的东西的宾词,你就陷入矛盾,而你的判断也势必随之而消逝。另一方面,如果你用它做宾词来说明现实给予的东西,这种做法又是劳而无功。既然你已经有了一个事实或事物在面前,而你的意念想象的综合也不过是这个给予的实在分析的结果,最后还是归原于作为主体的那个实在,既然如此,又何必用另一个观念来肯定实在呢?显而易见,"实在的"或"真实"只是"实在"的形容词,而我们所知道的实在,除了呈现于表象里面的东西以外便没有别的东西。所以这个观念要是真实的,就必得符合于那个实在。但是,果其如此,我们所有的主词就必得以事实的形式呈于我们之前,如果不是这样,这个观念马上便会成为虚妄。详细论证已见第二十五至二十七节。

这里我们也用不着去考察赫尔巴特所坚持的令人惊异的见解（参看第七十五节）。本章的讨论大概已能使我们见到，终极的主词决不是一个观念，而存在的观念也决不是真正的宾词。主词或主体归根结蒂总是实在，只能为观念的内容的形容词所修饰。

第四十三节。我们不能够说单有一类存在判断，因为到了这时我们已经证明一切单称判断都是存在判断。由这个结论，我们便可超越单称判断而过渡到另一种肯定判断。这种判断所要说的不是一些特殊事实，也不是什么意味单独的个体。它们是全般的，这就是说超乎单一以外。它们都不是"具体的"而是"抽象的"，因为他们摆脱事物的形体而只单独地或总合地确定其性质。在这一点上，我们可以顺便一提，所谓"一般"和"抽象"确实没有什么真正的分别；因为和特别事物比较起来，[35]一般的观念也不过是抽象而已。

第四十四节。现在我们讲到普通类型的全称判断；我们立即可以察觉这种判断有一个特点，就是它们每一个都是有关描写性的东西[36]。它们陈说的只是内容所包括的各成分之间的关联，而并不指出这些成分在这一系列事件中的位置，譬如，"等边三角形必等角"，在这一判断中，我只肯定伴随着某种性质一定会有另一种性质，但并没有说出什么地方和什么时候。又如"哺乳动物是热血动物"，这个判断所告诉我们的，也不是关于这个或那个哺乳动物。它只是宣示我们，找到了一个属性，就会找着另一属性。

一个抽象判断所说明的事实决不是主词或宾词的存在（第六节），只是二者之间的联系。这个联系建立在一个假定之上。抽象的全称判断"A是B",这个意思不过是"给予了A,就会有B",或"假若有A,则有B"。简言之,这样的判断总归是假言的,决不能是直言的。这种判断的前面最好加上"给予"、"假如"、"无论何时"、"何处"、"任一"或"大凡"等字眼,方为妥当。我们定须特别当心,不要为"一切"的字样所迷。

第四十五节。我们使用"一切"或"所有"这两个词,前面已经说过(第六节),很容易使人上当,所以是很危险的。它可以导致一种倾向,把宇宙理解为集合体的意味,[37]引起很多错误的结果。等一等我们还要约略谈一谈传统逻辑最欢喜不过的关于量的问题的怪诞说教。以下我们说到推理的时候,将要见到全称判断的荒谬无稽。现在我们的目的不需要进一步批评人们要以集合的意味来了解"一切"的企图。即使这种用法本身是有理由的,也是不切实际的;因为一个判断假如其所包含的"一切"的意思,真的是多数实例的集合,那仍然属于我们刚才说过的一种。[38]如果"一切"只是指多数个别的事实,那么这个判断便仍然是关于现实特殊的东西,从而显然还是一种单称判断。这样,"一切A是B"便不过是作为缩写的方法,实际就是说这个A是B,那个A是B,另一A是B,如此类推,直到全数说完为止。显而易见,这样的判断当然属于单称判断一类。

不过,假如这种判断也被摈斥而归于以上类型,我们是不是还剩有什么全称判断呢?无可怀疑,我们确实是有一种判断并非表述特殊事例的存在。我们马上就会遇到许多判断,它们只是把描写性的成分联在一起,所说的根本无关于现象的系列。这些抽象的普遍

性总是假言的，决不是直言的。*

第四十六节。在这一点上，我们须要考虑一下反对的意见。也许有人说，"直言和假言的分别确实是很虚幻的。假言判断都可以化为，而且归根到底都是一种直言判断。"如果这句话是有根据的，那就一定要引起我们很大的困难。不过我以为我们无需乎为此担心。

也许有人说，"如果 A 是 B，那就是 C"这句话便等于说"A 的实例凡是 B 的也是 C"，而这当然是直言判断。我回答，如果"A 的实例而是 B"指的就是现有 A B 的实例，没有别样的东西，那么无疑这个判断是直言判断，但因此也就不是抽象普遍的判断。它不过是集合性的，它的真意确实一点也不像我们所说的假言判断。"如果乳油靠近火旁就会融化"这个断语决不止是说现有的一块乳油。只要把它改为这样的形式，"凡是一块乳油，等等，一切这样的事例都是如此"，马上便可看出它不是直言判断。所谓"凡是"、"一切实例"就说明这里是"假定任一实例"。

确实，假如我们专注意一个单纯事实断语和一个关于假设及其力量的断语之间的差别，我们也许会发生困惑，不过我们决不至于因这些基本的错误而迷失方向太远。

第四十七节。这个问题本可说到这里为止，但是现在也许值得再引一个例子来说明要把假言判断变为直言判断的徒劳无益。密

---

* 关于判断及推理外延说的理论以后另行讨论（参阅第六章及第二部第二篇第四章）。这里可以指出，假定"A 是 B"就是说"是 A 的事物即是 B 的事物"，那么如果所指的是现有事物的集合，这个判断就必得是单称判断，如果可能的事物也包括在内，它便成为普遍的和抽象的判断。[⑧]

尔在其所著《逻辑》(第一卷第四章第三节)中曾以一种轻忽高傲的态度来讨论这个问题,认为"假定的命题就是关于命题的命题"。

"我们所说的并非这两个命题中任何一个的真实性,而是由这一个推得另一个的联带性。""如果 A 是 B,则 C 是 D,这句话不过是下一句话的简化,即 C 是 D 这一命题为 A 是 B 这一命题正当的推论。"

这种说法是不是能够跟密尔有关命题涵意的其他见解相配合,大概密尔哲学的专家们能够告诉我们。不过照我们的揣想,他的论旨不外乎如次。(1)如果他的意思真的指"可推知性",那么,问题便毋庸讨论。因为马上这句话便不是关于是什么,而是关于也许是或者可以是什么。这就不是单纯存在的命题,而显然含有一种假设,因而决不能还原为直言的形式。它实际还是,假定你已经有了AB,所以,你可以正当地得出 CD。(2)但是,毫无疑问,这里面当然不止于是字面的诡辩。他是告诉我们这两个命题,其中之一是从另一个得出来的推论。这是不是说(a)我确实肯定了这两个命题,并且我还肯定我真的是从第一个推知第二个呢? 断然不是如此;那么能有什么别的意思呢?(b)能不能说我并没有肯定这两个命题,而只是把它们放在我的心里,从心灵上断定两下的关联呢? 它是可以有这种意谓的。但这样一来,这个过程就变成了作出一个说明而并不信以为真,却又推断它的结果,这在事实上很明显地不过是一个假定。这里所断言的联系决不是实在事物之间的联系,整个的命题仍然是假言的。(3)不过上引原书本节末尾提出一个可怪的证例,可以另有一种解释;"主词和宾词都是命题的名称"。要了解这句话的真意是太困难了,我们也不必作此无望的企图,但是我们不妨把它的论点改作二难推论的形式。或者(a)一个命题就是一堆词字聚集在一起,作为我的头脑里面一个特殊事件,现在跟随着同样的另一堆词字;或者(b)它定会跟踪而至,如果另一个已经出现。后一句自然仍旧是假设的语气。只有前一句包涵着直言的成分,但那决不是一个假言判断(或者任何判断)所能还原变成的东西。说这样话的人荒谬至极,简直不值一驳。

不管著者是否还有什么其他意思,总之我们可以肯定这一点。或者他所认为假言判断可以还原成为直言判断,根本不相等值,或者它在含混语词掩盖的后面暗藏一个假定,作为这个判断的条件。

第四十八节。像这样的全称判断都是假言判断,说到这个结论,我们便又遇到前面说过的困难(第六节)。我们已经知道判断必期于真实,而所谓真实当然要符合事实。可是这里我们所说的判断却似乎不是关于事实。因为一个假言判断只是讨论一个假定。它所断言的不过是存于我的头脑里面观念之间的必然联系,在我的头脑之外是没有的。从这一方面看,它就根本不能成为判断;而在另一方面,它又分明是一个断语,能真也能假。

我们不能停留在这个结论上,可是我们又不能收回我们的前提。现在让我们更进一步来考察这个问题,更仔细地研究一下这些判断包括的成分。首先我们要搞清所谓一个假定,究竟是什么东西。

第一,我们都知道,一个假定总是想象的,甚至明知与事实有出入。在心灵的低级阶段,每一个东西都是事实(参阅第一章),从而假定也就不可能有存在的余地。因为既称假设,自须明知它只是一种想象的内容,而且要虚悬于心目中,不必作出判断。它不是用

第二章 直言和假言判断的形式

作一个形容词来肯定地或否定地指谓实在。换言之,即实在并不因假定的附属或排斥而有所修饰增损。但它虽然不作判断,假定总是有理智的,唯其如此,所以它又排斥欲望和情绪的成分。其次,它也决不止于是单纯的幻想,它有一定注意的方向,而且保持或者应该保持内容的同一(参阅本书第三部第三章第二十三、二十四节)。它确实是所有的这个,然而这个不能代表它的全体。因为想起一个喷火兽和假定有一个喷火兽,并不大相同。

普通假定都指含有特别目的并带有特殊方式的设想。它不仅照顾到一定的意义及其成分的分析。它是指谓着实在的世界,涵有一种想望,要看到将要发生的是什么。我们可以另用一些常用的话来证明,譬如,"为了辩论的缘故,姑且这样说","把它照这样看,你就会见到",这话都和"假定其如此"差不多。简单说来,一个假定就是一个试想或观念的实验。㊵它只是把一个内容附加于实在,以便看出结果如何,同时含有一个默认的保留,即并没有作出实际的判断。假定的东西之所以当作真实的来加以处理,就在于这样才好看出一旦在某种情况下如此修饰,实在将有怎样的行为。

你也许说这不过是把存在的观念附加于一定的思想,同时避免下判断。但是我不认为这种说法可以使人满意。因为这里所用的并非单纯存在的观念。我们所用的乃是实在,这个实在时常和我们的心灵直接接触,在各种不同的判断中,我们已经用一定的内容加以修饰。我们提出另一观念就是加到这个实在上面去,以便发见它会产生什么结果。

第四十九节。在这个限度内既无所谓真,也无所谓伪,因为我们还没有判断。这种作用我们可以说全是"主观的"。它完全是我们自己的活动，全是在我们的头脑里面，超出这个范围便完全不存在。客观实在并没有受到我们所加属性的修饰。但是一到我们作出判断，马上就有真伪之分，而实在也就立即牵涉到问题中来。这时所断言的事实便是结论的联系，"则"与"如果"的联系，亦即我们试验的结果及其条件的联系，这对于实在本身必得是真的或假的，对的或不对。

问题在于如何会有真伪之分。你并没有断言你所假设的想象内容的存在，也没有断言结果的存在。同时你也不能肯定联系的存在，因为当没有事实可以联系的时候，这个联系如何能作为事实而存在呢？"如果你默不作声，人家会把你当作一个哲学家。"但是你没有沉默不言，因此人家不曾认为你是一个哲学家，这两段话任何一个决不是、也不可能是另一个的结果。假如实在必须为这两下的联系所修饰，那它就似乎根本无修饰之可言。这里面所有的条件、结果和关系，都不能归之于实在；可是我们又必得有所指谓和归原，因为我们下了判断。但是这里所归原的东西究竟是什么呢？

第五十节。假如我想出一个虚构的情节，前去访问一个人，向他提出将有怎样行动的问题，而他就回答我"我一定照这样去做，而不采取别的做法"，我离开他的时候也许获得了一些事实的知识。但这个事实的确不是虚构出来的立场，不是假想的行为途径，也不是这两者之间幻想的关系。这个事实乃是这个人的意向的性质[①]。它以某种方式回答了一个试探。但这个测验不过是虚构，他的回答也非事实，而这个人也决没有从这两者中任何一个受到什么修饰。在这个实验中不过揭露了他的潜在的性格。

一切假言判断都是如此。我们所肯定的事实，用作实在的形容词,也是真与伪的基础,却并不明白显露于判断之中。这个想象的实验条件和结果,我们都没有承认其为真实。我们所肯定的仅是联系的根据;不是实在的现实存在的行为,而是它的潜在倾向的性质,这一性质在实验中显现出来[42],但并不依赖那个实验而始存在。"如果你没有打破我们的晴雨表,它现在就会给我们以预告。"在这种判断中,我们只是断言有怎样的形势,怎样的一般自然规律,存在于现实之中,如果我们假定了某种条件出现,就会产生某种结果。可是这些条件及其结果我们并未加以确述,也没有暗示它们是实在的。它们本身以及它们的联系都是不可能的。我们对于摆在面前的现实世界所肯定的,不过是气压的增减及其效果的规律罢了。而那个规律当然也还可以再行分解(第五十二节)。

第五十一节。一切判断的真理似乎无一出于我们的造作。[43]我们也许不需要判断,但是假如我们有所断定,我们便失去一切的自由。在我们对实在的关系中,我们总会有一种强制之感(第四节)。直言判断所包含的成分本身,就不能任我们自由选择。不管我们怎样想法或怎样说法,它们都是存在着。但是假言判断却不如此,它的成分就没有这样的强制性。它的第二个成分诚然要以第一个做根据,然而第一个成分却可以随意决定。它是由我选择的。我高兴就可以把它适用于实在,也可以不适用;适用之后也可自由予以撤消。条件没有了,结果也便随之而逝去。纵然有强制性,决不能超过这个联系的范围,也不能达到这个联系本身。假言判断各成分之间的关系并非实在界真确的属性,因为这个关系自身是任意的。它不一定在实验以外也是真实的。实验之前早已存在的事实,在实验之后仍旧是真实,不随实验而有所损益,这种事实决不是它所含的成分，也不是各成分之间的关系，它不过是一种性质。它是符合实在的事件顺序的基础，正是这个基础使我们感到一定的强制性。

第五十二节。实在界的这种性质并非明白呈现于判断之中，对这个判断来说，它只是隐晦的或潜在的。我们仅凭它的效果而察知它的存在，却说不出它是什么东西。除非再下一番研究的功夫，我们也不能够告诉你它是不是跟我们在另一种判断中所肯定的东西一样，那个判断的成分以及成分之间的关系是很不相同的[44]（参考第三章第十九节）。如果追问我们的判断似乎建基于其上的这些性质是完全潜在的呢，还是每一个只对各自特殊的判断为潜在，马上我们就会发现很多困难。诚然，我们一方面也可找到很多这样的判断，它们的基础已成为相对地明显。但是，这只能使我们更加怀疑它们到底是否就此不再是潜在的了。我们真的能够把握一个判断的基础，而将它正确地归之于实在的属性吗？抑或我们剩下来的究极的判断虽然是真确可靠，可是其所包含的成分和关系都谈不到符合实在？还是最后我们必得承认这种性质我们虽知其为我们综合的根据，但在其他方面却完全是不可知的，所以终于是隐晦的呢？这里我们似乎是以另一方式提出说明限度的问题，这当然属于形而上学的范围，我们是不能加以解答的。[45]

第五十三节。我们已经知道，假言判断所表述的只是作为事件顺序的基础的性质。我们也已知道，一切抽象的普遍性都是假设的。这里可以提出一个问题，这两个东西是不是一样？是否一切假言判断也就是普遍的全称判断？

这一点初看起来好像很难相信，因为假言判断所指的实在往往都是个体。为了本节和下一节的目的，让我举几个例子来说明一下;"如果上帝是公正的,恶人必将受到惩罚","假如我牙痛,那就苦了","假若这个房间里有蜡烛,就可以照亮了","如果现在是六点钟,一小时内我们就可以聚餐了","假若这个人服了那一剂药,二十分钟以内就会死"。也许有人深为诧异,如果说这些判断都是全称的,恰和"凡人皆死"一样;但我以为实际上的确是如此。⑯

第一,这些判断没有一个主词是认作真实的。以上我们并不是说真有一个公正的上帝存在,或者我真的牙痛;我只不过假定而已。主词完全是假设的,如果我们稍为深入研究,就可发现主词不外乎是一种观念的内容,我们所表述的除了几个形容词的联接而外没有别的东西。所有"那个"、"这个"、"我"、"现在"等等,都并不真的构成假定的一部分。它们都是实在界的一点,我们便针对这一点而作出我们想象的试验,但它们本身都决不是假定的东西。它们的内容或多或少可以用来帮助假设,并且过渡到主词里面去。但是脱离了它们本身,它们的内容决不可能称为个别物。

第五十四节。其实这都是很明白的,其所以成为问题,乃由于所有这些话语意义都很暧昧,这一点我们必须小心注意。"如果他杀人,他就要受绞刑",这句话也许就是说明杀人和绞刑这两件事情之间一般的关联,此外没有别的意思,这个"他"字在这里实在毫不相干。不过"假如上帝公正,恶人必受惩罚",这可能并非是说惩罚可由任何公正的德性而来,而只能为上帝万能全智的公正品德的结果。可是另一方面,你说"假若这个人服下那药剂,等等",这时你实在没有告诉我这个人死得很快是由于这个药剂可以毒死任何人,抑或只能毒死像他这样的一个人,还是除非在现有特殊条件下像这样一个人也不会毒死。其他证例也会使我们陷于同样的迷惑，搞不清楚。这种假定本来就不甚分明，我们细想一下就可看出，这些判断的主词纵使我们知道得很清楚，笼统说来，无论如何并不展出我们的知识。

第五十五节。正因为如此，正因为描写性的内容没有做到很明确，我们只是不确定地指称这个或那个事例，所以我们坠入错误，以为我们所说的乃是个别的东西。但我们真正的断语，分析起来，实在并不包含"那个"或"现在"或"这个"在内。我们所说的总是一个内容。但是因为我们并不清楚那个内容到底是什么，又因为我们知道它可以在个体之中找到，恰如假定的那样，于是我们就好像打出一个空枪，其中并无子弹，只把个别物当作实在界的一点，而我们的假定便以这点为界限。这样我们才发生了一个错误观念，认为实在自身包括在假定之中。我们也已说过，事实乃是某些内容原来就是或构成我们所表述的描写性条件的一部分。但是由于那个内容没有细加分析，我们遂直接走向个体，指望从个体把它一下把握到。真正的判断实则只和个体的各种性质有关，其所说明的不过是各种性质之间的联系。在每一个场合，严格说来它都是全称的又是假设的。

第五十六节。直到这里，我们已经明了一切抽象判断都是假言判断，在这方面，我们也已证明了假定究竟是什么东西，并揭露了每一个假言判断所暗含的隐晦的肯定。我们也已讨论过单称判断，发现它们是分析的或综合的，乍看起来似乎都是直言判断。它们不仅把表现于不真确的关系中的一个潜在的性质归原于实在，而且利用判断中所显示的实际内容来修饰实在。它们所宣告为存在的并非单纯的联系，而是各别成分本身。

我们还剩下另外一种判断(见第七节)，但是在我们继续讨论之前，最好先来检查一下我们已经得到的结果。也许这个结果还要加以校正，而认为单称判断为直言判断的看法可能也是根本站不住脚的。

第二章 （续）

第五十七节。先来分析一下我们现在的论点。我们开始假定了一个判断如果是真实的，必得符合实在。另一方面，我们又发现每一个抽象全称判断都只是假言判断。我们试图调协互相冲突的见解，指出了假言或带条件的判断以怎样的方式、在怎样的限度内，可以表述事实。但是单称判断另有不同，似乎完全是直言的，并且符合实在；因此我们往往认为它们的地位是在全称判断之上。我们现在必须考察这种见解是不是对的。我们仍须暂缓讨论所有超越时间事件系列以外的个别判断。让我们只限于讨论有关现象系列的判断，探究一下这种判断是不是直言判断？它们是不是比我们已知其为假设的全称判断更高一等，更接近于实在？也许我们还是要做好思想准备，以便接受一个不适意的结论。

我们由单称判断过渡到全称判断，似乎就离开了实在，由近而远。在全称判断中我们所能有的，已经不是与现在知觉的一点相联结的一系列实际现象，而是单纯描写性东西的结合，其存在我们是根本不能加以肯定的。前一场合，我们好像有了固定的事实；后一场合，什么也没有，只是一个潜在的性质，只听到这个名称就会引起我们的厌烦。我们并没有丧失对于实在的把握，却是离开它的距离似乎远得多了。我们只靠了一根空虚的线索，和隔着一道帷幕看不清楚的对象，维持着模糊联系。

但是，如果我们仔细眺望一下我们所达到的新的境界，也许我们的思想就会有不同的色调。这个境界起初可能很奇怪，可是我们离开事实追求幻影的旅程却终于使我们进入了科学的世界。我们大家知道，科学的目的就是要发现定律；而定律实在不是别的，就是假言判断。它只是一种命题，所表述的不过是一些描写性状态的综合。它是全般的又是抽象的。它并没有断言它所结合的各成分的存在。[47]它可以暗含这个意思（参看第六节），但这种含意却不是根本重要的。例如，在数学中，一切说明真实与否的东西便与主词或宾词的存在绝对无关。物理或化学知识之为真实，也决不靠在当下瞬间真有什么元素及其关系存在。假若它果然靠着这个的话，那么所谓定律就可以时真时假了。当一个生理学家告诉我们番木鳖碱对于神经中枢能起一定影响时，他并不需要等待确知什么地方实有这种药剂在发生作用，然后才提出他的定律；如果他明知现在没有这个事情，他也用不着回忆过去的实例。这一点非常明显，无须多说。我们可以肯定的就是，一切普遍定律严格的表现形式都须以"如果"开头，而接上一个"则"字。

第五十八节。从这里我们可以得出一个推断。假如单称判断比较接近事实，假如我们离开单称判断就是从实在面前退却，然而至少在科学方面我们觉得并非如此。还有一个推断可以加强我们的观点。在日常生活中，我们都体验到有一种倾向要从一个单独事件过渡到另一个事例。我们总认为凡在一时一地是真实的东西，在一切时候和一切地方总是真实的。我们往往从一个单独事例作出全般的概括。我们可以惋惜这个倾向只是没有哲学修养的心灵的不可救药的恶习，也可以认为它是一切经验少不得的条件、每一可能的推理必要的前提（参考本书第二部）。不过无论怎样，不管我们承认它也好、惋惜它也好，我们终归察觉到这个过渡并不在于试图由坚强的走向薄弱的，由真实的走向不真实的。然而，无疑它是一个转变，离开了个别物，达到了普遍和假设的境界。

第五十九节。不过这里的问题不能单凭推断来解决。也许在这两方面我们原来都有偏见。可能有人说，单称判断究竟比较可靠，因为这些判断之为直言判断乃是事实。它们毕竟断定了它们的描写性内容实际存在，既然是将一个明白存在的性质附加于实在，当然比任何假言判断来得更加真实，即使它们不是唯一真实的判断。这便是一部分人对单称判断的估价，这种估价在某些地方是有根据的。单称判断确是断言它的内容的存在，也直接肯定了实在。但是我们必得回答，它虽然这样断言和肯定，如果我们撇开一般世俗的看法，更深入地研究一下事情的真相，就可发现这个断言和肯定都是假的，上面的估价完全出于一种误解。其实，所有要抬高单称判断的见解，都是禁不住仔细推敲的。[48]

第六十节。关于综合判断，我们不需花费多少时间来讨论。因为我们超越了现实知觉的与料，就必得作出一种推论，这是没有疑问的。描写性状况的综合之所以能与现在结合起来，便全靠着内容上一点的同一。这个综合的本身不过是普遍性，因而完全是假言的。只有和给予的东西发生了关系，它才能成为直言的，从而整个断语还是建立在分析判断之上。如果分析判断能够保全，才好讨论它的延伸部分；反之，如果分析判断也靠不住，综合判断亦必随之而完结。

第六十一节。我们现在立即考察一下只就当下知觉与料范围以内而作分别的判断。这些判断似乎是直言的,因为它们只满足于分析给予的东西,用来说明实在的没有别的,只是直接呈现于当前的内容。因此,看起来好像,这种判断所含的成分必得是确实存在的。这里明明是把一个观念的内容归原于实在,而这个内容明明是由那个实在本身此时在我的面前表现出来的。我确知归之于实在的没有别的东西。我确知我没有做什么推论,也没有做什么概括。这样,我的断语如何能成为不真实呢?假如是真实的,又如何能不是直言判断呢?

可是,另一方面,我们认为感觉的分析判断都是假的。我们对于一个事物所说的话,如果不真实,其所以不真实之故非只一种。不真实的判断不一定要超过事实。不及事实或不能充分说明事实往往也造成不真实。分析判断之所以是虚伪的,正在于它说出来的事实不够,只说明一部分事实就当作好像全体似的。

第六十二节。在我们面前给予的事实,总是显露于感觉中的许多性质和关系的整个复合体。但我们关于这个给予的事实所能确述的,却只能是一个观念的内容,此外便没有别的东西。显而易见,我们使用的观念不可能完全表现呈露于我们面前的丰富的特殊性。大家知道,任何描摹叙述都不能毫无遗漏地说明某一瞬间直接表象错综复杂的姿态和感觉细节。只要我们下判断,就不能不进行分析,不能不有所区别。我们一定要把呈现于我们面前、在感觉上形成一个整体的东西,加以剖析分割。我们的判断所包含的选择当然不过是任意的,随便决定的。我们说"那里有一条狼",或"这棵树是绿的";这都是很寒伧的抽象语,含意是如此的贫瘠,比我们所看见的狼和树确实差得远；如果和狼或树由之而分开的全部特殊情节、整个内外复杂的背景比较起来，更不知要打多少折扣。假若实在表现为 X=$abcdefgh$，那么我们的判断不过是 X=a，或 X=$a-b$。而 $a-b$ 也还不是本来给予的东西，根本不是真正的表象。它只是包括在事实之中，而我们却把它抽取出来。它原来是属于事实的一个成分，而现在我们承认了它的独立。我们已经做了一番分辨、割裂、截剪、解剖的工夫，我们已经使给予的东西支离破碎。* 我们这样做完全是随意的，我们只是选择了我们所要选择的。但是，既然如此，既然每一个分析判断都不可避免地要窜改事实，那我们又怎能认为它是真实可靠呢？

第六十三节。无疑有人会说，"这都是无用的诡辩。判断并不是照抄整个知觉，它为什么要完全照抄呢？它所说明和重现的东西，无论如何都是确乎存在。事实就是事实，与料就是与料。决不能因为在它们本身之外还有某种东西存在，于是它们就不再是事实和与料。如果因为抽象的狼原来不是单独给予的，于是就硬说'那里有一条狼'是假的，未免太荒谬可笑了。"

我恐怕有些读者会因此以为不必再讨论了。但是对于愿意追究到底的人，我还要指出，有些事物看来似乎奇怪，倒不一定因为它本身妄诞不经，而由于它和人们根深蒂固的成见相冲突。我们现在正是碰到了这样一种成见。

第六十四节。我们有一个很普通而最有危害性的迷信，就是以为分析并非窜改，好像无论何时只要我们一想有所分别，马上我

---

* 参阅陆宰，《逻辑》第二卷第八章。

们的对象就可任意加以分割。当一个事实出现于我们面前明明是一个整体的时候,我们居然认为它的某些部分可以独立存在,不必注意到其余的部分是怎样,这实在是一个大胆的假定。这样天真地相信一切心意的分别有其外在的实在,这样轻率信赖思想和存在粗浅皮相的同一,正不愧为高谈尊重经验的学派的主张。这个错误迷妄的根本原则,休谟大胆倡之于前(参阅本书第二部第二篇第一章第五节),以后即成为经验学派传统衣钵的一部分,直至于今深信不疑,好像已经没有讨论的必要了。现在要来号召忠于事实也许有一点不合时宜,但是真理自在人心。诚然,从任何方面来讲(我不想否认),思想毕竟为万物的尺度,然而至少如果认为我们在事物的整体中所做的分别解剖,都有其对应的因素不依赖其余部分而存在,那就不对了。我们完全没有理由把一个复杂的事实拿来,随便地加以分析,然后把这样抽象得来的结果,简单地用作形容词来说明给予的东西。这些结果实际上是不存在的,而我们说起来却好似它们真像那样存在着,这就是歪曲、伪造事实。"经验"学派非常欢喜把各种现象弄成支离破碎的许多部分,再加合在一起成为一个总和,这样空疏浅薄的整体观,并不是常常可以适用于实际经验中的。如果在生理学要把解剖的结果生吞活剥地拿来解释活的机体是错的,那么在这里就更加错误不知到几多倍。给予在我们面前的整体乃是感觉和知觉连续的复合体;如果说起这个整体来,好像任何一个成分就是那样,可以离开其余的部分而存在,这样的说法便成问题了。我们也许察觉到这个假定并不是充分自明的,所以可能否认它也并没有什么显然背谬的地方。*

---

* 关于分析及抽象的一般效果,参考本书第三部㊾。

第六十五节。这里我要举出两个错误的证例来说明一下，这些错误都由现在考察的谬见而产生。我们一问到"心的构成是怎样"的时候，总是把我们所看到的整个状态，分解为若干单位的感知。但是这些单位只靠它们各自的本身，分明不足以代表全部"构成"，于是我们又不得不承认各种关系的存在。可是这并不能使我们迟疑。我们按照我们的理念向前推进，所得的结果当然是不会错的，最后我们说，哦，是的，我们现在有了一些更多的单元，与其他单元不大相同，问题就止于此而尽于此了。不过设有一个富于怀疑精神的读者，其心灵受了另一种教育的熏陶，听到一句话一定要追究它的意蕴到底，马上就会感到困惑。假如这些单元还是要在一起存在，彼此之间就必得具有一种关系；假如这些关系也是单元，则这第二类单元对第一类单元之间亦必存有一种关系。譬如 A 和 B 为感知，它们的关系 C 为另一种感知，这样你就必得或则假定各成分相互之间可以不必发生任何关系而存在，或则 C 和 AB 之间又必有一种新的关系。假定这新关系为 D，则 D 和 C-AB 之间又不能不成立一种关系，以此类推，可至无穷。如果关系就是存在于事实之间的事实，那么关系和其他事实之间存在着的又是什么呢？其实，一方面所有的单元，另一方面，一切单元之间存在的关系，都不是真确的。[50]这都不过是心灵的虚构，在一个实在之中妄作的分别，只因一般人的迷惘才误以为独立的事实。如果我们相信一位著名教授的说明，*这种愚不可及的火热信念，一度曾为神学的特权和骄傲，现在除了神圣的试验室的门墙之内，任何地方都不能找到。这个乐

---

* 参阅赫胥黎著《论休谟》第 52、69 页。

观的结论，恐怕是靠不住的。

第六十六节。请原谅我再用一个实例来证明虔心虔意尊重科学方法的人，其思想和正宗基督教教义如出一辙。[51]在宗教意识中，上帝和人作为给予的东西本来是两个互相联系的成分。但是我们对经验作反省的时候，却加以分别，恰如上面所说的那样，把分析的结果造成固定的单元。我们使上帝和人变成两个单元，各据一方，互相对立，以至于他们两下的关系始终成为一个谜。这个关系自然必得是另一单元，而我们便将继续发现又须再有一种别的东西来做这个新的结果和我们原有单元之间的媒介和居间人。这个程序是无穷的，我们已经走上了多神论的道路，至于走了多远当然不是原则问题。

第六十七节。我们现在转回来讨论分析判断。当我说"那里有一条狼"的时候，实在的事实乃是一个特别的狼，不同于任何其他的狼，它和当前特殊环境以及我的精神状况密切关联，此时的我在感情思想方面有一种特殊的色调。又譬如我说，"我的牙痛"，这个事实也是某颗牙齿有种特殊的疼痛，和我在那一瞬间的所有知觉感情是结合一起的。问题在于，我把这个整体的一断片纳入我的判断之中，是否就此有了权利可以用它来说明实在，并断言"它作为断片就是感觉的事实"呢？这里我并不是说分析判断毫无真实的意味。我只是说如果你认为，分析判断便是肯定它的内容的存在无异一个给予的事实，那么你所说的话就缺乏根据。我只要提出一个问题，你有什么理由可以从当下呈现的整体中选择你所欢喜的一部分，而将抽取出来的一断片视为实际的性质？它确实不是单独存在的，你怎么知道把它单独放在一处，它还能够成为这个实在的一种性质？感觉的现象就是当下呈现的情况，也就是当下呈现的全部，任何东西如果不足以尽其本身的全体，或少于其整个的本身，当然是另外一种东西。这里恰如许多别的地方一样，一部分的真理徒成完全的虚伪，其所以成为虚伪就因为它被用来修饰全体。

第六十八节。分析判断单靠它的本身决不能成为真实。它是不能独立的。它虽然确定一个特殊的表象，却总须假定一个另外的内容，而这个另外的内容则经常越出其所肯定的范围之外。它所说的即使是对的，也是因为别的东西而对。它所说的事实，只有在对其余部分整个结构的关系之中，才真的是事实，也只是因为整个结构其余部分才能为真。除非在这个条件之下，它就不是真实的。所以这里我们的判断实际上是有条件的、约制的，如果你把它当作直言判断，它就是不对的。要使这种判断成为直言的，又是真实的，非把有关条件纳入判断中不可。换言之，就是你必须把握给予的东西恰如其真实的状况，不可省略、不容改变、也不能使之破碎支离。但这却是不可能的。

第六十九节。因为一切观念都不足以表现感性知觉，除了这个障碍而外，还有更多的困难。[52]显露于与料中的实在，决不可能局限于与料之中。在它外层的边缘界限以内，它的特性在空间和时间中，都可产生无穷的程序。要想找到单纯的成分，任你怎样搜寻，结果还是会碰到复合和相对的东西。而这个外层边缘本身也是流动不止的。它们在时间和空间中，也永远是过渡到他们自己的范围以外。诚然我们所看到的一线真光只照射在有限的面积之上；然而这里面成分的连续性、结构的全整性，却不允许我们说这个照亮的部分本身就是实在。凡是一种内容总指谓着超乎它自身的东西，这种含蕴简直深伏于其内在的本性中。它很清楚地表明其本身为描写性的东西,和外面存在的成分是相对的;如果我们一定要把它说成好像是完全独立存在似的,那就戕贼了它的根本性质。我们都说空间和时间是个性形成的原理。其实,更适切一点,不如说它们是相对性的原理。它们限制了实在,在同一时候和同一程度之内,又扩展了实在。

我并不是说过去和将来都是现实给予的东西,它们都已进入表象的圆圈之内。我只是说虽然它们不能是给予的东西,然而给予的东西没有它们也不能够成立。如果有了它们才是真实,它就不是给予的东西;如果本来给予的并没有它们,它就永远是不完整的,从而是不真实的。简单说一句,呈现的内容和它自己的表象并不相合,它含有一种矛盾,单是这个原因,马上就可以称之为非实在。但是这里最好还是让它按照自然的程序发展,不妨假设一个不可能的结论,以便揭示它的内在缺点。

第七十节。我们也已知道,你决不能把现在知觉中一部分给予的东西归之于实在。现在我们必得更进一步。即使你能够利用整个现在的内容做说明的宾词,假如你不能同时肯定过去和将来,那也仍旧是枉然。你不能假定(或至少我不知道你有什么权利可以假定)现在可以脱离过去而存在,更不能采取整个绵延的任一段,就把这一部分当作自存的东西,好像和其余部分毫无关系似的。如果你要你的判断同时是真实的又是直言的,你就必得把所需要的条件完全包括在判断之中。而这里所需要的条件便是整个空间和时间的绵延,有了这个然后给予的东西才能成为完整。这一困难是无法排解的。困难不仅在于观念不能摹写感觉的事实,也不仅在于我们的悟性有一定的限度，我们无从把握整个的系列，我们的力量不够了解这样大的对象。人世间没有一个心灵能够想象得出空间和时间完全的系列；因为要想做到这一点，无穷的过程必须达到一个止境，结果变成一个有限的东西。这当然是不可能的。这不单在心理学上难以着想，而且在形而上学上也是讲不通的。

第七十一节。由此可见，一切分析判断都是虚妄的，否则就是有条件的。也许有人说，有条件一词含意根本就不明确。它不一定是假定的意思。一个事物是有条件的，这句话可以是说这个事物根据一个假设，也可以是说它由某一事实而来。这里面的分别恰好一个是"如果"，而另一个是"因为"。[53]当一个断语因另一断语之真实而成为真实的时候，两个断语可以都是直言的。这些话是不错的，我也承认这个区别的重要性，以后还要转回来说到它（第七章第十节）。但在这里，它对于我们的论点实在是不相干的。

上面反对的意见不外乎这样：即使承认在现象的系列中，每一个成分都和其余的成分有关系，并且因为有某种别的东西才能存在，然而不管怎样，我们的判断仍然可以是直言的。这个某种别的东西，虽然我们不能把它包括在判断之中，虽然我们终于不能完全认识它，在思想上加以把握，但它毕竟是事实。既然如此，我们的表述当然是真实的；因为归根到底，它并不是建立于"如果"之上，而是以"因为"为根据，这个因为虽然是不知道的，但无论如何是实在的。所以纵使分析判断是相对的，具有描写的和从属的特性，但确实可以保持其自身，始终是直言判断。

但是即使这样说，也还是不可能成立。这里且不必说那个"因为"从来不能实现，那个事实也决不能罗致于心灵之前，这一困难暂时可以不提。我所要讲的反对理由更彻底,就是在上述场合,没有因为[54],也没有事实。

假设我们紧系在一条链索上,希望知道我们是不是牢固可靠。我们应该怎样办呢?如果光是说"缚住我们的这个环节确实很坚固,它和下一环节结得非常牢,下一环节也很结实,又紧连着第三个环节;此外我们只能看到很短的一段距离,不过在我们所知道的范围内,它是紧紧地连在一起",这是不是有多大用处呢?其实一个有实际经验的人首先就要问,"我们的链索第一个环节到底在什么地方?如果说它很牢固,不是悬挂在空中,那就应该看一看它的连接实际情形如何"。但是这个链索却是这样的情形,它的每一环节,只要我们一找到了,马上便会产生一个新的环节;我们向上追寻无论升高到什么程度,离开那一切赖以维系的最后的环节,还是不能更近一步。现象的系列根本就是相对的,只要它维持其自身不变,它就不可能是绝对的。它的存在必得使其自身指谓着超乎此时此地以外的东西,不如此,它就不能继续存在。一个终极的事实、最后的环节,不仅是一个为我们所不能知道的东西,而且是一个不可能成为实在的东西。我们的链索本性不能够有一个支点,也不可能钉牢在一个终点上面。我们不止于恐怕它悬挂在空中,而且知道它必得是如此。如果究极的终点并无着落,则一切其余的部分都将无所附丽。因此我们有条件的约制的真理只能是假定的。它很明显地依靠着一种不是事实的东西,所以决不是直言的、实在的。它不是独立的,而完全依存于一个假设;甚至比这个还要坏,根本没有附着的地方,整个坠落在一起。

第七十二节。我们当然可以说,这不过是形而上学的说法。总之，与料终归是与料，事实终归是事实。而且我们自己也曾经把个别判断和假言判断区别开来，理由就是前者直接诉诸知觉，它所表述的成分是确实存在的。这种明白显著的区别，不能因为它在更微妙的气氛中会归于消灭，遽然加以抹煞。但是我可不愿意回复这种区别。它在一定思想水平上是有效的；就平常逻辑研究的目的来说，单称判断无论综合的还是分析的，为方便计，都可当作直言判断，在这个意义中就和全称判断相反对。

但是，当我们进而讨论逻辑原理的时候，我们不能不考虑这些不同种类的判断彼此的关系如何，如果我们不提起上述各种问题，那就不对了。这时只知道我们有加以区别的理由是不够的。我们还要追问这个理由是不是真实可靠。它只是一个计算的起点呢？还是一个事实呢？现有的一线光明照射在一个内容上面，是否就可保证，纵使我们对景描摹，也有充分的实在呢？所有表露于当前的现象以及现象的系列，是否即为真确的实在？我们也已知道，对于这个问题，只能有一个否定的答复。感觉中给予的东西，即使我们能够在判断里把握住它，也还是要使我们失望。它不是自存的，所以不是真实的，实在始终超越它的范围之外，这个超越首先表现于无穷的现象过程中，接着在一切方面都表现出来。这个实在[55]（如我们所说）显露于知觉之中，既不是一个现象，也不是一系列的现象。

第七十三节。也许有人说，"这些话都不过是思辨的结果。如果我们满足于把事实看作呈现于我们眼前的那样，如果我们只当它们是我们所感觉到的那样，它们就不至于使我们失望。它们不是凭着这些虚无缥缈的线索悬挂在过去的一端，也不会从内部在许多虚幻的单元间的无穷伸延的关系中渐归渐灭。在我们的感觉中显

第二章 （续）

现的实在，与这些东西毫不相干。它的本身是一个整体，个别而又完全，是绝对的又是直言的。"这里我们无意来驳斥这种看法。我们也不想诘问是否有什么给予的东西，其为给予完全不受理智的影响，是否我们有什么观察到或看见了的结果，确实未先经过我们的干涉。我们不预备在这里提出这样的问题；我们不愿迷恋理智的力量，也不要轻视人们的感觉，这只合一个有资格的形而上学者去做。我们也不打算争论，只有被压抑的感觉自身才会反对感性的真理。正是受了挫折的心灵才开始怀疑被欺骗的头脑。

假如你高兴，你可以说，实在的东西就像我们所感知的那样，是真实的。[56]不过如果真是这样，那么一切判断都将成为虚妄，而你的单称判断也就要随着其他判断而俱逝。就我们现在的目的来讲，我们可以承认你的说明，但你如把它当作一个反对理由，那我们就要用一个反问来回答你，这究竟是什么呢？是谁在这样说呢？哪一个能够自以为没有思辨的影响而专以此来指责别人呢？毋庸置疑，有些人说一句话就根本没有想到他所说的话应有的结论；有些作家连篇累牍写出来的都是肤浅的分析和自以为是的形而上学的空谈；有些思想家自命尊重"经验"，适足以暴露其极端片面理论的偏见，而他所谓忠于感觉事实，也不过表明他没有把这个事实和他所抱定的浅薄思辨的最初结果区别开来的能力罢了。

这个问题属于形而上学讨论范围，不过现在我们可以假定，现象就是我们最后不能不认为那样的东西，我们的思维的最后结果便是真实的，也就是我们所有整个的真理。可以有效适用于实在的，不是思辨的起点，而是思辨的终点；或者我们生成是这样，至少我们的心灵是不能作任何不同的决定的。但我们知道我们关于实在的思想，如果我们停留在分析判断的水平上，便经受不住批评。我们较晚的思辨，我们不得不相信是我们较好的思辨，其结果一定会使我们得到一个信念，就是，至少分析判断是不真实的。如果肯定整个或一部分现象的系列是实在的性质，[57]那就下了一个谬妄的断语。

第七十四节。实在固然给予于感觉，亦呈现于感觉；但是我们已经知道（第十一节），你决不能把这个命题颠倒过来，说凡是当下呈现和给予的东西就像那样是实在的。所谓现在呈现的东西[58]，不只是在空间和时间里面显示于我们面前的现象的断片。它不只是它所表露的那样。现在呈现的东西是我们和实在的接触点；承认感觉知觉的成分为存在的事实并加以把握，当然是接触的一种，但决不是唯一的接触。

假言判断也含有一种意味，暗示实在已经给予；因为我们感觉到它呈现于各个成分的联系中，我们并且以此为基础归之于实在，当作它的性质。归根结蒂，假言判断必须建立在直接的表象上面，虽然我们不是从这个表象取得有关的成分，作为事实而加以接受。只有这些成分的综合体才能适用于实在（第五十节），而我们也只有在知觉到那个综合体的基础的时候，才能与实在发生此时此地的接触。我不想探问这个接触是不是比支持分析判断的接触更为直接。但是，无论如何，我们可以说它更为真实，因为这里面的真理乃是符合终极实在的东西。一个超感觉的终极的性质是没有多少可说的，然而，无论如何，这种断语似乎不是假的[59]。另一方面，感觉的分析判断所包含的直言肯定成分，我们知道，却不是真实的。它所表述的内容，我们明知，决非实在。在这个意味中，一切个别判断都是一点希望也没有。

第七十五节。它要想能有希望，必须放弃虚矫的口实，不再装作高于假言判断一等，承认自己也不过是有条件的判断。它也许不知道这样的地位就全不相同。它还可以说，"确实我并不是直言的。我的内容是有条件的，所以'因为'在我的手中变成了'如果'。但至少我总比抽象的假言判断好得多。因为假言判断里面的成分决没有肯定其具有实在，而我虽以整个系列其余部分为条件，但至少我总肯定了我的内容是事实。在这个限度内，至少我是确认了自己的存在，当然可以站得住脚"。

这种看法是虚妄的，因为假如个别判断就这样变成了假言的，那就无从断言它的内容有任何存在。如果它作出了这种断言，那就是自相矛盾，现在我要说明如下。

直言判断所含内容 $a—b$，乃是直接归原于实在的存在。但抽象的全称判断 $a—b$，并不能把 a 或 b 或二者的联系归之于实在，[60]其所归原的只是一种性质 x。现在问题就是，你能不能保全直言的 $a—b$，如果你把它变为假言判断，使 $a—b$ 仍然肯定其存在，不过附加一个条件，——抑或它必得成为全称判断 $a—b$，从而抹煞其存在？后一场合的意思只是说"有了 a，则有 b"。但在前一场合，便是这样，"给予了某种别的东西，则 $a—b$ 即存在"。这个虚妄的看法要求并不太高，但是我还须说明这仍然是一种自杀的见解。

德罗比希在其所著《逻辑》第五十六节中，追随赫尔巴特（第一卷第106页），把"P 存在"这一判断演绎为"如有某种东西存在于某处，则 P 存在"。我认为这样解释是不对的，因为它暗中假定了某种东西存在，所以实质仍然是直言的。如果我们把这种解释适用于感觉事实,那么实际上就是假定了其他现象完全的系列,这个意思便必得变成"假如每一个别的东西都存在,那么 P 就存在"。但这样一句话分明是自灭,因为"每一个别的东西",上面已经说过(第七十节),决不可能成为一个真实的事实。这样一来,就是使假言的存在[61]断语完全依存于一个不能存在的条件。当然我们不能说一个错误的假设所得的结论一定是错的,但是,如果以一个不可能的前提为存在的唯一条件,这样绕一个圈子,势必连这个存在也一并否定掉了。我们在前面已经知道,单称判断如果看作直言判断,便是虚妄。现在我们又可看出,如果把单称判断当作假言判断,那就与其说是肯定它,不如说是否定它,或至少暗示了否定可能是对的。

第七十六节。单称判断的一线希望就在有自知之明。它必须承认抽象的东西虽然是假设的,却比它自己更为真实。它必须满足于在同一种类的判断中,选择一个最低的位置。它必须不再以自己的成分作为宾词来说明实在,[62]而只限于表述这些成分的关系作为一般描写性的东西或形容词,根本离开特殊的存在。说"这里有一只狼"或"这棵树是绿的",不要以为这就表示"狼"和"绿树"是真确的事实,实际上这里必须肯定的是狼和环境各种成分、"绿色"和"树"的一般的联系。它作出这种肯定必然是一种抽象的意义,决不是指特殊的事实。这样它就可以转变成科学定律的低级基本形式,在完全放弃原来的要求之后,反而可以走上真理的阶梯了。

第七十七节。不过这种判断还是停留在很低的阶段。每一个知觉判断在一定意味上都是全称的,否则它就决不能用作推理的基础。判断的陈述总是超出特殊场合之外,包含着多数形容词的连结,这个连结之为真实与"这个"、"这里"和"现在"并不相干。如果你认为它是把自己的观念的内容归原于这个实在，那么无疑它是单称判断，但是，如果你认为它是在那个观念的内容之内确定一种综合，它就超越了知觉；因为在任何其他地方有了同样的条件，也会有同样的结果。这个综合是真实的，不仅限于此时此地，而是普遍的真实。

然而它的真理毕竟是最基本的，这些形容词的接合沉没于物质之中[63]。它的内容充满了不确定的关系，在我们的断语所采取的初步模糊的形式中，一方面，我们一定会纳入一些与这个综合无关的成分，另一方面，也一定会遗漏一些真正有助于构成其必然性的东西。譬如我们说，"这个物体腐烂了"；但是它之所以腐烂，当然不是因为它是这个物体的缘故。真正的关联还要比这个抽象得多。再一方面，不管它是什么东西，假如没有外来的影响，它也不会腐烂。前一场合我们加入了一个不相干的部分，后一场合我们又遗漏了一个重要因素。前一种情况，我们是说，"实在的情形就是这样，给予了 abc，则 d 将后随"，这里面的联结实际上没有别的，不过是 a—d。后一种情况，我们便是说，"这个联系就是 a—b"，其实这里 a 是不够使 b 成为必然的，真正的综合形式应该是 $a(c)$—b。用科学精确度的标准来衡量，我们的真理的初步形式必定是虚妄的。它们不是说的太少，就是说的太多，或者两个缺点都有；我们要想前进，必须不断地加以纠正，消除不相干的成分，补充必要的细节。*

第七十八节。科学的实务证明了我们长篇分析所得的结果；因为在科学上凡一次是真实的必永远是真实的。科学的目标不在于

---

* 陆宰著《逻辑》第二卷第八章对此点持论精辟，读者可参看。

记录所有知觉随时显示给我们的错综复杂的感性现象，而是要把握内容的关联，能够指出给予了这一个或那一个成分，就一定会发生另一种东西，无论在什么地方都必得如此。它要竭力完满地找出这些抽象的成分，然后再按高下主从的关系加以安排。用我们前面用过的名词来说，它的目的就是要清除"这个的状态"，把给予的东西改造为抽象形容词观念的综合体。科学一开始就是一个理想化、观念化的过程；而实验，黑格尔老早告诉过我们，不过是一种观念化的手段，它把事实提炼为一般的真理。

在日常生活中和在科学中一样，只要有了一个判断，马上就会适用于新的事例。从最初起，它就是一个普遍真理。如果它真正是特殊的，完全局限于它所显现的事例中，那就将跟不存在无异，因为我们没有法子可以利用这种东西。一个单纯个别判断实际上是不存在的，这样的判断即使存在，也是毫无用处的（参阅第六章及本书第二部）。

第七十九节。现在我们可以总结一下以上的辛勤探讨所获的结果。假如我们要考察各种断语最后的真实性，那么，在我们所能知道的范围内，直言判断就其最初粗糙的形式已经完全消逝。单称判断和全称判断、直言判断和假言判断之间的区别，都已被打破了。一切判断都是直言的，因为它们都是肯定实在，确认其中某一性质的存在[64]。同时一切判断又是假言的，因为它们当中没有一个能把它的成分本身归之于实在的存在。一切判断都是个别的，因为综合必须有一个性质作为它的基础，而支持这一性质的实在一定具有实体。可是一切判断又是全称的，因为它们所肯定的综合超乎特殊的现象之外还是有效的。它们每一个都是抽象的，因为它们都不管整个结构，忽略现实环境的感性复合体，而使形容词凝固下来。然而一切判断又都是具体的，因为它们只能符合显现于丰富多彩感性表象中的个别实在，没有一个可以符合任何别的东西。

第八十节。但是如果我们保留一个较低的观点，如果我们同意不必细究判断的真实性，如果我们容许各种断语作为特殊事实保持其所自认为具有的特性，在这种情况下我们的结果便有所不同了。[65] 这样，抽象判断都将成为假言判断，而分析知觉与料的判断则都将成为直言判断。关于超越知觉以外时间或空间的综合判断，便将介于假言判断和直言判断二者之中。这一类判断靠着一个普遍性，因而含有一种推理作用，在这个限度内就必须具有假言的性格。它们又含着一个笨拙的假定，就是在一个知觉和一个观念的各色各样内容中，必须有一个同一性的因素，通过这个同一性才能得到这种判断。可是正由于这个假定的力量，普遍性才和给予的东西互相联系起来，于是"如果"就变成了"因为"，而综合判断也可以称为直言判断。这两种判断大体一方面是关于特殊事实的表述，另一方面又是抽象的或描写性的表述。后者是假言的，而前者是直言的。

第八十一节。直到此时我们还有一种判断略而未谈，这种判断也是关于个体，却并非属于空间或时间里的现象（第四十一节）。是不是在这里面我们终于能够找出一种判断，根本不含有一点假言的意味呢？这些判断当中是不是有一个能够直接说明个别的实在，赋予它一种属性，而这个属性是真正属于它的呢？这里我们能不能找出一种断语，可以表述它的成分真确的存在，而且不是假的呢？像这样的判断，如"自我就是实在"，或"现象不过是灵魂对灵魂的显示"，在这些判断中是不是最后可以发现一种直言的、确定的真理呢?⁶⁶假若真的如此，那就好像有点奇怪了，可是真正古怪的也许竟是我们自己的想法。

但在这里，我们还不能答复这些问题。如果有人问到直言判断的真实性究竟何在，我们只能回答，"或者就在这里，或者一处也没有"。

增补附注

① "S—P"这一形式已被许多人所采用，本书用来只是为了方便，并没有把它看成是重要的用意。第一节三段"不是我们的判断"应作"不一定是"，以下"本来不是"加上"也许"二字可能比较好一点。

② "客观性"意思就是对象本身状态，"主观的"＝不相干的。参看本书索引，并参阅《现象与实在》，237页，《真理与实在论集》，又索引。

③ "不同品类的存在"，参考索引"存在"项目，《论集》第三章，及索引"实在世界"项目。"存在"及"存在着"（例如事实）两词本书用来意义较广。狭义的"存在"只限于我的"实在世界"现实的系列，参阅《现象》，第317页，及《论集》第十六章。

④ 很遗憾的，关于"实在"，本书对于常识的见解（不管它是怎样）以及任何其他见解，都没有系统的说明。参阅第二章第七十二节及第三部第二篇第四章。

⑤ "使空间或时间的系列发生改变"，在什么世界里面？只是在我们自己的所谓"实在世界"里面吗？参阅附注⑦。

⑥ "意象"，参看第一章附注⑧，又以下"不相干"应为"与心理事实无关"。

⑦ "三大类"，这种区分终究还是站不住的。参阅鲍桑葵，《知识与实在》第一章。一切判断没有例外都是假定的。参看编后论文第二篇，《现象》及《论集》两书，又索引。第(2)类下"时间或空间里的某些事实"当然为后面的"不能感知"等字样所修饰。关于第三类，可参阅第四十一节。脚注有关康德判断

⑧ "也是虚伪的"等语，其为虚伪便意味着它的反对方面也是真实的。参看索引"假设"项目，及《论集》第232页。

⑨ 关于"实在的"及"文法的"主词，可参阅索引"主词"项目。我们必须记住任何地方都没有假定这两者是同一的。参考鲍桑葵，《知识与实在》，第163—4, 181页以下。

⑩ 关于"当下呈现"等语，参阅第七十四节，及《现象》，《论集》两书，索引"时间"项目。我认为像罗素所持的那类见解，实际就是(1)否认明白显著的变化的实在，同时也是(2)和现象的事实互相抵触的。

⑪ "整个感觉的实在"，同时也必存有选择，参看索引判断一项，及鲍桑葵，《知识与实在》第164页以下。

⑫ 关于固有名词，参阅鲍桑葵《知识与实在》第73页以下，《逻辑》第一卷47页以下。

⑬ "都包括一种推理的成分"，这里判断本身究竟在怎样的程度上就是一个推论，这当然形成另一个问题。参考《论集》369页，及索引"记忆"项。

⑭ "把这些观念归属于"应为"把这个综合体或这些观念归属于"。

⑮ "这个系列的本身"，即如其本来呈现于当前的状况。

⑯ "内容"或"性质"在这里的意思，便指在我们能够分清而成为一种内容或性质的东西。我们说"这个"不能纳入"什么"里面去，必须加上它也不能纳入"那个"之中。因为后两者每一个都是抽象。其次，凡是一个性质成为独一无二的地方，如果你把它和它的"那个"区别开来，它就不再是独特的了，因为假若是的，那就可以有两个实例了。关于独特性等语，参阅编后论文第四篇、五篇。

⑰ 关于这些重要论点，可参阅"论集"第六章。

⑱ 关于这里所提有关"这样"的观念问题，参阅附注⑯。

⑲ 唯一正面的观念便是实在或直接经验的观念。这个直接性的主要项目包括"现在"、"这里"和"我的"。我们特别注意的为最后一项。

"与当前呈现的实在直接的接触"（第二十四节），如果当作一个定义，我以为就是不对的。"接触"和"表象"这两方面，在我的判断中，并非基本上或普遍属于直接经验。参阅附注⑯所引资料。不过在本书上册里面，我使用"表象"一词,并非总是指一个对象外表或内在的知觉而言。我对这一名词的用法也许是很欠仔细的,读者必须特别加以注意。

⑳ "前面讨论",参阅第十节以下。

㉑ 实在之为独特有(a)消极和(b)积极两义。给予的"这个"其本身也表现为独特的东西。但一加考察,就可看出它只是假象。"这个"通过它的内容,便否定了自己的独特性,而显然含有超越和观念的性质。关于这些问题,参阅编后论文第四、五篇。

㉒ "一个完全的系列"等语是对的,除非从它所实现的有限的目的和观念方面的关系来看,那就不一定对。

㉓ "同一性",参阅第八十节,及本书第三部第一篇第三章第二节。

㉔ "或者反而有某几点"等语,我们必须记住这里所谓"点"可以是这一整体的某种性质。陆宰的参考资料应加上"及《医疗心理学》第487页(1852年出版)"。

㉕ 想来那时我还不知道赫尔巴特派心理学,不过我应该已经注意到下意识知觉的理论,这种知觉存在于意识水平之下,一有机会,马上就可以表露出来。我应该加上,"可是这种'性向'的问题毕竟是解决了(假如可以解决),以下所说还是可靠的。因为归根到底,只有作为一个观念的结构,我才能够得到过去和将来事件的系列"等语。参阅《心学》杂志旧编第47期363页。关于记忆,参阅《论集》,索引。

㉖ 关于幻想,参阅本书第三部第一篇第三章第二十三节,及《论集》索引。

㉗ "单纯观念"的谬说重见于本节,参阅第一章附注⑬。关于"意象",参看同上附注⑧。

㉘ "如果我们真的"等语,我们确乎而且必得"把这个系列归原于实在",虽然并非归之于当前的实在。读者参看编后论文第四、五篇关于独特性及"这个"观念的说明,当能自行矫正这里语句欠妥的地方。

㉙ "暗含有一个系列的观念",这句话是很可疑的。

㉚ 参看以上,附注⑦。

㉛ "如果我们假定灵魂是永恒的",我的意思并不是说"永久不灭"。当时我所说的见解,不过认为灵魂的本质不能与它在时间里面一个或几个瞬间以内的表现视为一物。

第二章 （续）

㉜　"单纯系列的特性"这些词语在这里的用法（我已不能回忆当时的思想）似乎是很随便的。大概我的意思是"各种事件纯然不相连续的状态，它们的存在根本不成为一个整体"。

㉝　第四十二、四十三节。第四十二节所分（a）及（b）两项，显然错误，至少是忽略了超于我的"实在"世界之外的一切事件的世界。参阅附注③。

也许我们可以把"单称"判断分为（1）关于我的"实在"世界，或（2）关于某种"幻想的"事件世界。（3）"一般"判断虽非指谓所有上述世界而系指谓其中某些世界者。（4）排除此种指谓的判断即成为抽象判断。（5）纵使时间和空间感性存在排除净尽，我们是否仍要承认一种抽象世界或区域以某种方式"存在"，这里不预备加以讨论。此外为（6）不属于以上各项之判断。这样的区别纵使言之成理，我自己可并不怎样加以重视。重要的是要记住，每一个判断在不同的方式和不同的程度上，都是假定的和有条件的。

我们用"存在"一词决不能误认它跟"实在"一样，我以为最好把它的用处只限于事件的范围以内。不过这样一来，虽然一切判断都是"实在"，但决非一切判断都是"存在的"了。参阅索引。

㉞　像"这个"和"实在"这一类的观念"象征的"用法是有困难的，详见编后论文第五篇。

㉟　"特别事物"应为"特别或个别事物"。

㊱　"描写性的东西"，应加上"即使表面不是如此的时候"等字样。

㊲　关于集合判断（参考本书第二部第二篇第三章第三节），我的论点是片面的，忽视了这个事实，就是，这种判断肯定了作为全部列举的个体的集聚所表露的内容的连续性。关于集合及种属判断，读者可参阅鲍桑葵博士《逻辑》第一卷 152 页以下和 209 页以下。

㊳　"多数实例的集合"，这个"实"字并非指"当下给予"。

㊴　"将成为普遍的和抽象的"，这句话是错的，参阅第六章第一节。

㊵　"观念的实验"等语，但（a）我们必须记着决无所谓单纯的观念，每一个观念都指向它自己的世界，视为真确实在，从而也当作不仅是在"我的头脑里面"。其次（b）与我的观念相反对的"实在"并不一定意味着属于我的"实在世界"的"事实"。它本身可以是"幻想的"，虽然在这里与我的观念相反，被认为是真实的。

我们可以说是有了一个观念或真理，在其固有的区域内有效，又把它适用于另一实在的区域，以观其结果。这另一实在就其呈现于我们的状况，一定排斥我们的观念，或者容纳它的反对物，所以从一方面来看，结果就是怀疑。但另一方面，它又是一个判断，不过必得从属于一个 x。我们所断言的不是 S—M—P，而是 S(x)—M—P。我们说 M—P 是实在的，但关于 S—M，我们就没有真确把握，更不知道 S 在 S—M 的实在中究竟受到怎样的修饰。

关于"如果"的逻辑含义，读者可参阅编后论文第二篇及鲍桑葵博士《逻辑》，索引"假言"条。我以为我们很容易看出它的心理本性和起源，如果我们想到手段(M)对目的的关系，想到它就是要使某一给予的事实(S)发生一定的改变。我所有的这些手段的观念可以不止一个，但 S 就我所发现却涵有一种成分与之全不相容。然而我还是把这些观念保留下来，因为(a)它们是有关系的，值得注意的，而且(b)它们也是可能的。这就是说，它们包括了 S 的某一些条件，而 S 是有待改变的，我并不知道 S 本身真正存在着相反的条件。但另一方面，我也不知道，更不想假定 S 不包含相反的条件。因此，我只好抑制自己的行动，虽然作出了 S—M—P 的断语，但关于 S—M，则持存疑态度。换言之，就是我认为 S(x)—M—P 是真实的。这里 x 的意思有二：(a)断语中包括有另外的条件，(b)关于这些条件的本性和效果我是多少不知道的。

假定的东西(从另一观点来说)一方面(M—P)也是很确定而现实的。只有对 S 而言，即与 S(作为已知)成立关系的时候，才是可能的。我还可以添一句话，假如 S 本身被认为只是可能的，这里假定的东西便是双倍可能的。不过根本和经常说来，假定的只认作是可能的。

这些话好像和第五十节举例一类明显的事实相冲突(参阅《论集》第37—40页)。也许有人说这里可能性已被排斥掉了。可是相反，我却要请读者想一想确实性和"如果"的意义是不是互相反对。在我看来这一点是很清楚的，所以我认为凡是反对的见解都由于语文或修词的技巧而起。这个意思就是，我实际是肯定或否定某种实在的联系时，在这个限度内便没有"如果"可言。但是因为某种未曾言明的理由，我又希望指出所有的事情可以完全不同。我要提出我的毫无疑义的判断，同时又要表示我的怀疑的看法，于是就在原无差别的混合语句之前，不拘文义地加上"如果"两字。"晴雨计的打坏(第五十节)致使我们得不到天气预报，而这个打坏却不一定非发生不可。""君如蒙神之佑而健康",这句话实具有双重含义,"因为你很健康(你可以不是这样)"。在这一点上,我们还可以注意到,通常驳斥 S—P 的断语,所取方法就是证明它只有在假定的成分为不可能时,才能成为真实。

㊶ "这个事实乃是这个人的意向的性质。"(1)这里诚然如此,但即使在这里,一个脱离一切环境的"意向"也是决不可能的抽象。其次(2),如果"意向"是用来解释"假设的"成分,那么显而易见,"意向"本身意思就含有"如果"为前提,这样的解释不过是绕圈子(参阅《现象》,索引"意向"条)。(3)对于"性质"可以提出的反对意见是,它似乎只是重述(我们早已知道了的)事物是如此;而承认(如果我们加上"暗中"两字)我们不知何以如此(参阅《现象》第 362 页)。

㊷ "这一性质在实验中显现出来",这句话(参阅上文)也许含有太抽象的缺点。

㊸ 这里需要更正的地方很多。(1)就每一个直言判断来说,我的判断确实不是出于勉强。一切判断与推论"任意"的特点详细讨论见编后论文第一、二篇。(2)逻辑的强制性只意味着对象是如此这般,不管我有怎样不同的幻想。假如一个直言判断连这一点也没有说出来,那它就完全不能成其为判断。(3)至于要使"实验"的结果从实在中消逝,这在原则上也是错误的。

㊹ "是很不相同的",这里"很"字是不适当的,参阅第三章第十三节。

㊺ 关于说明的限度,我要在这里指出的就是这一点,除了作出假定的相对的范围之外,一切判断以及一切真理在我看来都含有不可解说的成分。每一个场合都包括一定分量的未知因素(X)。任何特殊场合中的问题,总是有关于这个 X 最后的本性与分量。参阅《现象》第 581 页及索引,又《论集》索引"不可解说条"。

㊻ 第五十三至五十六等节的结论,我认为大体上是对的,但是部分也许还有不正确的地方。即使就指定的个别物来说,我们也很难概括地说它超出了假设的范围。另一方面,我们在假设和判断中,也确实把握不到这个单纯指定的东西。所以判断或多或少违反我们的愿望,必得成为只是抽象和假定的,虽然在形式上两者都不是。参阅《论集》第 38—40 页,索引,及有关"指示"条。

㊼ "它并没有断言……的存在",实际我们可以说它不单已断言其存在,而且必得断言其存在。不过什么存在,以及存在于什么地方,在每一个场合都

成为问题罢了。参阅第二节及第一章第十节。

㊽ 关于一切判断都是假设的这种理论,可参阅《论集》,索引"判断"项目。

㊾ 参阅编后论文第一、九篇,及《论集》第299页以下。

㊿ "其实……都不是真确的,"这是我多年来的主张,参阅《现象》及《论集》,索引。关系只能存在于全体之中,依全体而存在,而全体则不能分解为关系及其各项。所谓"和"、"一起"以及"其中"这些字眼,离开了全体,都将毫无意义。照我所了解,罗素先生的见解完全相反,而鲁一士(Royce)教授则默认了他的见解。不过对我来说,我实在看不出罗素先生曾经认真对待过这一问题。参阅《论集》,索引关于"统一"各项。

㉕ 所谓"正宗基督教教义","正宗"一词应予强调。

㉒ 关于"这个"的实际内容,参阅编后论文第四、五篇及索引。

㉓ 关于假定和有条件的,参阅编后论文第二篇,及《论集》,索引。

㉔ "没有因为",这个因为即属于你所假定和要求的特性。这里的论点我以为是正确的,但是如果照下面的话说,也许比较好一些。即判断之所依据的条件是不知道的,它也可以容许断语反面的东西。因此现有形式的判断同时是真的又是假的。参阅《论集》,索引"有条件的"项。

㉕ "实在",参阅第四节。

㉖ "你可以说"等语,这些话当然是指1883年英国的经验主义者而言,至于现在是否已经过时,读者应自行加以判断。

㉗ "整个或一部分现象的系列",即系列本身。

㉘ "现在呈现的东西",参阅第十一节以下。

㉙ "这种断语似乎不是假的",另一方面,因为它依靠着一个未知的条件,从而它的反对物也是可能的,所以它不具备绝对的真理。在这一点上,在这个限度之内,它正和"感觉的分析判断"一样。可是同时它又更高一级,而且更为真实,因为它的条件未知的成分比较少,而从属于单纯"事实问题"的程度也比较低。

㉚ "不能把……归之于实在,"这句话我们也已看出(附注③)是错误的。但如果"存在"一词指的就是我的事件的"实在世界",这句话还是可以成立。关于"性质",参阅附注㊶。

㉖ 如果"存在"(附注 ③ 及㉝)便指我的"实在世界",那么说某一事物的存在暗含在这样一个世界的存在之中,大体上就是一个无条件的断语。可是另一方面,这个世界本身也非绝对实在真确,所以这个断语同样不过是相对的,从属于一未知的因素。如果你能够说 P 的本身便涵蕴于实在之中,这就可使 P 成为绝对真实。

"错误的假设所得的结论"等语,我以为应该加上"除非这个假设经过抽象认为纯然错误"。

㉒ "它必须不再……说明实在"应改为"它必须不再以它的成分本身状况来说明知觉到的实在"。

㉓ "沉没于物质之中。"关于"事实问题",参阅《论集》第 377—380 页。

㉔ "确认其中某一性质的存在"应为"确认它们的那一内容"。"能把它的成分本身归之于实在的存在",应改为"能把它的内容无条件地归于实在"。

㉕ 第八十节中所作的分别,遗漏了"幻想的"一类,单是这一点(我们已经见到)就可证明这样的划分说不过去。参阅附注㉝。关于"笨拙的假定",参看第三十二节。

㉖ "灵魂对灵魂",参阅附注㉛。下文关于"或者就在这里,或者一处也没有",对这里所引起的问题,我想我们必得这样回答,"归根到底一处也没有"。要想了解这一回答的真意,可参考拙著《现象》及《论集》两书。

第三章[①]　否定判断

第一节。经过上一章的长篇讨论，我们对于判断的一般特性已经知道得很清楚，现在讲到特殊应用，当然可以很快地说完。和其他各种判断一样，否定判断也要靠着显现于知觉中的实在。归根到底，它的本质就在于宣示那个主词[②]摈斥某一观念的、想象的内容。一方面暗示实在以某种方式受到修饰和决定，同时又排斥此一暗示适用于当前的实在，这便是否定判断的真义。

第二节。否定虽不能还原为肯定，也不能由肯定而产生，但如果把这两个种类看作平等无差，那就可能错误。这不单是由于否定先需要有一个正面的根据，我们在下文即将看到（第七节）。它在反省上的水平确有不同。因为有了肯定判断，我们才能把内容直接归原于实在本身。肯定判断所需要的不外乎一个观念或多数观念的综合，并以此作为一种性质来指谓呈现于表象中的事实。可是在否定判断，[③]这个内容对实在的指谓本身，也必得成为一个观念。假定 X 为一事实，$a—b$ 为一观念，你可以马上把 $a—b$ 归属于 X；然而如果光是有 X 和 $a—b$，你便不可能指 X 而否定 $a—b$。因为要想否定，你非先有一个肯定关系的提示不可。X 的观念为 $a—b$ 所修饰，我们可以写成 $x(a—b)$，这便是 X 所排斥的观念的内容，也就是我们在否定判断中所否定的东西。

第三章 否定判断

毫无疑问，我们可以说，肯定判断真正的主词总是观念化的。我们从表象中所显露的整体施行选择，并指谓一个不曾提到的成分（参考本书第三部第一篇第六章第十二节）。当我们指一棵树而适用"绿色"一词的时候，这里的主词可以说也是想象的，观念化的，恰和同一对象排斥"黄色"提示的时候一样。但这样看法实在忽视了一个重要的分别。眼前的这棵树与整个实在成为统一体而呈现，可以立即容纳提示出来的性质。我不一定需要延迟我的判断，以便等待把这个整体作为观念的来加以考察，先探问，这棵树是不是绿色？然后再判断这棵树是绿树。可是在否定判断，当"黄色"被否定了的时候，"黄色"对树的正面的关系就非先于这个关系的排斥而存在不可。这里判断决不能发生于问题之前。我一定要多经过一个反省的阶段，这在肯定判断中有时我是可以避免的。

第三节。如果我们向上追溯，一探这两种判断的起源和初期发展状况，这个区别便十分明显。肯定判断的最初基础就是观念和知觉的联结。但只是一个观念和知觉不联结，远不是否定。我们最初否定的基础不是只有一个无所指谓的观念，也不是它的没有看出来的差异，而是要指述这个观念或把它辨认出来的企图的失败。当下呈现的事实排斥一个用来修饰它的观念，这才形成否定的起点。先须有对于实在的企图，欲加以修饰而不得，然后才能产生否定。在这个企图的意识当中，暗含着有不仅为当时做出的提示，而且有这个提示所针对的主词。所以在反省的阶段上，否定的地位高于单纯肯定。这便意味着，它是更属于观念的、想象的，必须到灵魂发展后期阶段，才能开始存在。[*]

---

[*] 关于这一节，读者可参看西格瓦特《逻辑》第一卷第119页以下，但我并不完全同意他的见解。

第四节。但明白了这一点,切不可又引起另一误解。我们决不能说否定就是否认一个现有的判断。因为我们都知道,判断暗含着信仰;这里并不是说我们所否定的必得是我们先前所信仰的东西。须知信和不信是不相容的,如果照这样解释,那就将使否定判断依存于一个特殊因素,这个因素的存在或消灭同样都会取消否定本身。实际上我们所否认的并非观念对现实事实的指谓与关联。否定所排斥的不过是作为如此修饰的单纯事实的观念;它所排除的只是暗示的综合[④],而不是真正的判断。

第五节。从这一点我们可以再谈到另一个连带的错误。如果说否定中先须有一个肯定判断是不对的,那么,说这里只牵涉到宾词,以及否定本身也是一种肯定,也同样不对。这种见解所包含的真理以后也许要承认,不过照它现在所采取的形式,我们是不能接受的。一个事实排斥附加的某一性质,这种过程有其特殊的表现方式。如果为了使问题简单化,而用"A 是非-B"来代替"A 不是 B",这里面有显然的困难。要想知道 A 可以容纳非-B,我们是不是非先知道 A 排斥 B 不可?假如是这样,那么化否定为肯定实际就是先来一个否认,然后又肯定我们的否定,——这样做当然没有什么不可以,然而实在很难说得上是还原或者简化。

第六节。还有一点必须反对把非-B 用作独立的宾词,但是这一点可以留到下面再说(第十六节),现在我们必须先来清除另外一个误解。有人说否定"只能影响到系词";我们必须首先搞清这句话到底是什么意思。假如它的意思恰如它所说明的,这句话便不能成立,因为系词是可以没有的。例如我正面说"有狼"或"狼",这就没有系词,或者反面说"没有狼"的时候,也不成系词。如果不

第三章 否定判断

是这个意思,而是说否定和肯定两种判断立于同一水平,那么这句话还是需要改正。毫无疑义,这两种不同的判断都是存在的。肯定判断附加一个性质到主词上面去,以使主词得到修饰,而否定判断之修饰主词,则是靠着明白排斥同样的性质。这里我们有了两种明认的关系。但是我们一把它们等量齐观,就要犯错误。这不但是因为作为否定的条件,我们必须先有一个暗示的综合,此外还有一种别的难点,就是,否定的真实性到了最后可以看出,还是存在于某一正面性质的肯定之中;因此承认和否认决不能认为立于同一水平面上。⑤在"A 不是 B"这一否定判断中,真正的事实乃是某一特性 x 属于 A,它和 B 是不相容的。所以否定的基础实际还是肯定一种具有排他性的性质(x),而不只是一种排斥性的断语(非-B)。

第七节。每一个否定都必须有一个基础,而这个基础必须是正面的。与暗示的观念不相容的乃是主词所包含的某种性质 x。A 不是 B,因为 A 的本性是这样,如果是 B,便不再是它的本身。假如它容纳了 B,它的性质便要起变化;正由于有了这个可以为 B 所破坏的性质,A 才能保持其自身,而摈斥其他的提示。换言之,即它的 x 性质和 B 是互相抵触的。我们否定 B 的时候,就已经肯定了 A 所包含的这个抵触的性质预先存在。⑥

可是在否定判断里面,x 并没有讲明。我们不曾说出 A 里面包含有什么东西使 B 不能相容。假如有人问到,我们往往不能指出,也不能认清这个潜在的阻碍;在一定的场合,无论我们做何努力也不能达到这个目的。如果容纳了 B,A 便丧失其本性,我们只晓得这一点,此外别无所知。可见否定判断的基础不仅没有说出,而且不知道。

第八节。"剥夺"和"反对"的区别（西格瓦特，128页以下）并不能改变以上说明的本质。例如在一个剥夺的判断里，我们否认主词具备宾词"红色"的属性，根据就是它没有红色。这个主词所代表的东西可以完全无色，也可以是晦暗。⑦ 但是假如我们否认"红色"，乃是以主词原系绿色为根据，则发生排斥作用的当然是原有的反对的性质，这个判断便是建立于正面反对的基础之上。这种区别在某些地方是很重要的（参阅第六章及第三部第二篇第三章第二十节），但在这里实无关宏旨。前一场合和后一场合相似，都假定了主词具有一定的特性；无论是增加还是减少，同样可以使固有的特性遭到破坏。如果一个物体因无色而认为不是红色，则加上一种颜色，当然就破坏了它现在无色的状态。在这种情况下，一般的都可以说，如果容纳了宾词，主词便不再成为原先的主词。既然如此，归根结蒂我们的否定在两种场合下，都是从一个不同的性质出发的了。

第九章。也许有人说，毫无疑问，主词作为现在它所表露和我们现在所看到的那样，是与主词本身有所不同的。前一主词因为自己的性质而拒斥一种提示，后者的拒斥则可以由于我们的失败。但我还是不能承认这个意见是适当的。这两个场合一样，主词都是当作某种决定了的东西；正是这种决定性（不管其从何而来）使主词赋有一种正面的特性，上述两个场合都以此为否定的基础。没有一个主词可以只因为原来不是什么而摈斥某种提示。正因为"非-这个"必得意谓"其他某物"，所以我们才能利用"不是"为否定的根据。大家都会承认，光是代表没有的没有是不可能做成任何事情、或成为任何东西的理由的。⑧

这种区别并不涉及我们所提出的原则,可是在我看来却会引起非常大的困难。⑨这里主要为了以下各章的便利,可以先把我们的观念解释清楚。(1)第一,在"反对"的场合,主词之所以排斥提供的宾词,就因为它的内容里面有了一个正面的性质,填满了宾词所要占据的空间,从而对这宾词发生排斥作用。比方,一个人有了蓝色眼睛,那么这个蓝色的性质便和褐色的性质不相容。但是(2)讲到剥夺或打消,却有两种可能的情形。一为(a)主词的内容当中应该有一个性质的地方却呈现空白。例如,盲人没有眼睛,这个现实内容里便有一个地方,如果他是有眼睛的,他的眼睛便应该在这里。但就连这个空的地方也不可能完全是空白。你必得看出两个眼窠还是为某些东西占据着,有着平静的眼睑,或者不自然的状况。所以内容本身还是具有一种性质,这个性质和眼睛的存在对比起来也许不算什么,*但它自己确有一个正面的特性,仍然可以排斥视觉的提示。

第十节。但是剥夺还能有另一种基础(b)。主词的内容可以不包含一种空白能因宾词的出现而受到修饰。其对宾词发生排斥作用的并非内容本身所含其他不同的决定性,而是在这个内容本身有关的范围之内一种绝对的空白。这种证例找起来是很困难的。譬如,假使我说,"一块石头既无感觉亦无视觉",我们仍然可以正确地反驳,"诚然,但这是因为它是一块石头,而并非只是因为它不

---

* 我可以指出,对比虽不一定能认为符合对比的事物,但无论如何,它是可以根据一个正面性质而进行的。就连像盲人这样一个名词,如果我们以为盲人的性质仅在于没有视觉,仅在应该有眼的地方他却没有眼,这样看法便是错误的。我们不能怀疑,盲人的心灵还是具有一种正面的性格,假如加上另一种感觉,这个性格就会丧失。

是别的任何东西"。但是在抽象的普遍性中,我们却可以找出一个剥夺的证例。普遍性的观念(参阅西格瓦特,130页),如果保持其充分的抽象性,便会排斥它的特性的一切可能的外延。例如,"三角形"如果只是抽象的意味,就不能是两等边三角形,或不等边三角形,也不能是直角三角形;因为假如它成为其中之一,便要丧失它的不定的性质。我们可以用一个笨拙的归谬法来证明这里面所含的矛盾:两等边三角形一定是一个三角形,但三角形却一定不是两等边三角形,所以……。

如果我们使普遍性脱离这种不自然的抽象性,而把它用作真实存在的一种属性,那它就决不能支持这样一个剥夺判断。一旦归属于实在,我们知道它就必得受到修饰,虽然我们也许说不出它的修饰是怎样。我们只要把三角形用作某一图形的宾词,便再不能否认一切的性质。这样的三角形已经有了一定的状态,虽然我们不能说出它来。此时不过是我们所不知道的三角形,排斥我们所提出的要附加给它的各种宾词。简单说一句,不是观念,而是我们的无知,才能支持我们排斥一切的提示。

第十一节。这样一种判断里,否定的基础既非主词本身的内容,也不是那个内容加上单纯的无有;因为单纯的无有是没有任何意义的。这里真正的主词乃是观念的内容加上我的心理状态。普遍的抽象性表面上虽没有受到修饰,却为我的心理上对各种性质拒斥的作用所决定。对宾词发生排斥作用的正面领域,其实即存在于我的心理状况中。我的无知,或者故意的抽象,都决不只是知识的缺点,而是一种正面的心理状态。正由于我们已把这个状态的关系用作内容来修饰主词,我们的抽象或无知才能成为一个剥夺的主

第三章 否定判断

词。以下我们将要见到,在这种形式中,普遍性如果改称为特别物也许更为适当(第六章第三十五节);因为它已经被决定,而且受到了修饰,不是由于内容的扩展,而只是由于外来的心理的关系[10]。

第十二节。否定判断不同的种类都紧随着肯定的类别而来。直接的主词可以是现在知觉内容的一部分(例如"这石头不是潮的");也可以发现于空间或时间系列的某一部分,而为我们所知觉不到(例如"马赛不是法国首都","昨夜没有结冰")。其次,被否定的东西也可以是一般的联结(例如"金属不一定重于水")。最后一例,实在所排斥的当然是为此假设的基据(第二章第五十节)而没有说明的性质。[11]但在一切否定判断中,终极的主词还是在表象里呈现于我们面前的实在。我们都同样肯定实在具有一种性质,对我们所要赋予的想象的内容发生排斥作用。由此可见,一切判断,无论正面的或反面的,归根结蒂总是存在判断。

在存在判断里,前面我们已经说过(第二章第四十二节),表面的主词并不是真正的主词。试以这样的一个否定为例来说,"喷火兽是不存在的",这里外表上"喷火兽"是主词,但实际它却是宾词。这句话就是否认天地间万物的本性可以容许喷火兽存在。我们否定喷火兽存在作为一种属性的可能,因为假如它是存在的,我们就必须改变我们的世界观。在某些场合,我们的世界观无疑是可以改变的,但是当我们还在坚持它的时候,我们就不能不拒绝它所排斥的一切宾词。属于终极实在的这一正面的性质,可以始终是隐晦的,也可以成为明显,但否定判断的基础无论如何一定总是这种性质,而决不是任何别的东西。

第十三节。说到逻辑的否定决不能像逻辑的肯定一样直接与事实相关联。[12] 我们可以说，正因为如此，严格就其本来的特性而论，它只是单纯"主观的"，离开了我的思维便毫无效力。实在拒拆了我们所提示的改变；但提示决不是有关事实的任何运动，也不是一定主词在事实上维持其自身而反对一个不相干的性质的侵袭与硬套。这一过程只是发生于一种理想实验的非实质领域内。这一实验的步骤，我们决没有断言其存在于我们的头脑以外的世界中。结果是保留下来了，而且符合于实在，但是它的真相如我们所已知，却远非初看起来的那样。

实在固然为否定判断所决定，但这却决不能说是直接的决定。这里我们不能把排斥的作用本身归之于实在，因此根据一个单独的性质可以作出各式各样的排斥。灵魂不是一头象，不是一艘张满帆的船，不是一种颜色，也不是一把火铲；在所有这些否定中，我们都是作出了一个关于灵魂的断语。但是你不能说这里面的主词就是为这些排斥作用的本身所决定，除非你认为在第一个否定之后，其余的否定都必得产生一些新的知识。你可以说"一切否定都是决定"，如果你一定认为在排斥每一个新的谬误提示的时候，灵魂总表露其存在的新的一面，每一次都凭借着一种新的性质，才能实施特殊的排斥作用。但似乎最好还是说逐次增加的排斥并没有添上什么花样。[13] 这些排斥语的发展和应用可以无穷，但这个程序仍然是任意的，到底是不实在的。灵魂的同一性质摈斥了一个宾词，在这里也摈斥一切其余的宾词，而且这个摈斥本身也只是发生在我们的头脑中。

我的意思并不是要否认一个事物可以由排斥其他的事物而受到修饰形容，一件事实的真实特性可以依托于一种所谓否定的关

第三章 否定判断

系。我的意思只是说，否定的判断决不能表明这一点。它只是断言一个宾词是不相容的，但并没有说这个宾词或其不相容的性质是实在的事实。假如你想说明这个，那你就必得超越否定判断的范围。

第十四节。我们断不可随便把有关"辩证法"的见解的问题引入逻辑。[14] 也许一切的东西同时既是而又非，也可以说既非而又是。每一个事物都为全部否定所决定；因为它之所以为它本身就在于为全体之一员，而它对一切其他成员的关系正是一个否定的关系。全部之中每一个成分，它的本身在观念上也是一个整体，而在实际上则是有限的，要表现其本身反而超越其本身，欲着重自己却正好引起别的性格而否定其自身。如果一切事物都包含着与其本身不相容的东西，那么一切事物在一种意味上就必得是它自己的对立物。否定不仅为实在的一面，而且归根结蒂，可以成为我们所欢喜的任何一面。照这种看法，即使连整体是不是正面的，也非常可疑；因为就在正面肯定之中，它已使其本身由否定而消解，产生了反对的极端。我们怀疑"除了按其位置，每一个东西都是无"，这句话是不是可以改为"一切东西在位置上就是自己的反对物，任何事物在位置上都非全般和一切东西"。

既然如此，那就没有一种性质是单纯肯定的了；逻辑的否定在另一种不同的意义中，如我们有时所想象的，成为实在世界的灵魂和肉体。但我们不必再讨论这一见解（参阅第五章），因为我们的结论，无论如何，在我看来大体是可以站得住的。

单纯逻辑的否定[15]，辩证法也完全承认，不一定表示实在的关系。唯其如此，比较妥当似乎还是把它看作只是主观的，定须靠着一个肯定判断才能表明排斥的真正含义，道出这个事实。否定所能告诉我们的不外乎如此：我们提出这个反对物来，它就会被拒斥。至于拒斥它的东西是不是完全独立，或者它本身是否产生了或引起了其所排斥的东西，这都无关轻重。如果再问到第一个拒斥是否只是造作，到后来才有进一步的让渡，那就更不相干。这些问题超出了否定所表示的范围，因为否定的断语仅就其本身来讲，是不出乎我们的心灵之外的。

辩证法的粗浅形式也许是不好说的。然而它对于思维和实在的关系的问题，倒确实做了一个认真处理的尝试。这句话我们对于许多有名的著作家却不能说，因为他们尽管承认逻辑为万物的准绳，却从没有想过这个问题：逻辑所探究的同和异到底是不是真实现象之间的存在的关系？

第十五节。简单说一句，逻辑的否定总是有所抵触、排斥，但并非确述矛盾的存在。说"A 不是 B"不过是等于否认"A 是 B"，或者断言"A 是 B"是不对的。正因为它不能超出这个结果，所以只否认了 B，并不能说明对立物非-B 是真实的。它所表述的事实只是一个反对的不相容的性质的存在，* 或者在直接的，或者在究极的主词中。这就是 A—B 的提示所以有抵触的道理；正因为这里所提示的某种其他的东西是实在的，才使得 A—B 的说明被认为是错的而遭到拒斥。这里面否定所根据的那个正面的基础，其实是毫无矛盾的。它只是不同的、反对的、不相容的。它只是属于另一方面的性质。在逻辑的否定中，否认和事实不可能是同样的东西。

第十六节。矛盾的观念如果作为单纯否定的形式，必须排除于

---

* 关于不相容，参考第五章。

第三章 否定判断

逻辑之外。假如非-A只是A的否定,那它就要变成一个没有性质的断语,没有正面根据的否认。这样一种东西的本质只在于不是别的某种东西、终止于空虚中的关系、投射于虚无中的反映。这当然还是一种空无,决不能成为实在。如果辩证法的意义就是这样(因为必须承认诽谤辩证法的人有很多理由如此想法),[16] 严格说来便一点意义也没有了。任何东西都决不可能只是非-A。在思维上要想认识这个非-A,是不可能的。它比无还要更空洞,因为无的本身并非完全消极。无之为无至少不失为一空虚的思想,至少还表示我的空洞的思维。无的意思不外乎是一种缺陷。既然是缺陷,就不可能没有某种缺陷之物;但非-A却只能算是一种无主的缺陷的本身(第十一节)。

非-A必得不止于是单纯的否定。它必得同时又是肯定的。它只是一个概括的名称,可以加于任何一种性质,这种性质,当你把它作为A的宾词,或者使它和A成为联合宾词时[17],它就可以使A丧失存在。这个矛盾的观念便是普遍性的抵触或反对的观念。就这个形式来说,它在逻辑里面必得有它的地位。这也是任何假设的差别物的通名;但我们千万不可把它想象成为差别物的集合体。

第十七节。否认或反对并不等于承认相反的一面;但归根结蒂它决不能有其他的根据。[18] 然而否定所肯定的反对物却总不是明显的。在"A不是B"这一否定判断中,相异的基础完全没有说出来。这里对立的根本可以是这样的断语A—C或A—D,其中C和D都是B的反对物。但它也许不是二者中的任何一种。我们也可以拒绝A—B,完全不凭A作根据,而是因为A本身为实在所排斥。这个终极的实在可以就是主词,具有某种性质与A—B不相合。这样,矛盾便起于一种无定的反对物的基础之上。它没有告诉我们主词的什么性质排除了宾词，因而使我们怀疑到主词本身是否也被排斥掉了。一定有某种东西拒斥相关的提示，我们所知道的不过是这一点。苏格拉底没有病，因为他是健康的，也可以因为现在并无苏格拉底这个人。

第十八节。承认和否认之间决无折中之点，所以矛盾总是二元的，两面对立的。只能有一个非-B。但反对的东西却可以无限多。与 A 不合或不相容的性质，它的数目不能以任何一般定律加以规定。我们当然可以给反对的东西下一个界说，在某种意味上限制这个名词的用处，但对逻辑的目的来说，这种习用的限制实在毫无裨益。在逻辑上，所谓反对的就是不相合的，如果要照陈腐之见，把这两下强做分别，这样做对任何方面都没有好处。这种术语的区别既不能认为必要，倒不如抛弃掉好。

第十九节。抵触或矛盾也是一个"主观的"过程，建立于一个没有说出来的不相同的性质之上。它不能有"客观的"实在；由于它的基础是无定的，所以它永远是暧昧的。在"A 不是 B"中，你确实知道你所否定的是什么，但你并不曾说出你所肯定的是什么。你所肯定的东西可以是属于万物的本性的一种特征，根本与 A 不能相容，或者更与 B 也不相容。它也可以就是 A 本身所具的一般特性，使 B 成为不可能，或者它还可以就是另一种特殊的宾词 C。说"一个圆的正方形是三角"，或"幸福有无穷的数量"，这样的话马上就会被否认。我们知道圆的正方或无穷的数量，都是违反事物的本性的。但如果说"美德是四边形"，或"美德只是自图私利"，我们也要否认，因为美德并不存在于空间之内，而且具有一种性质根本和自私自利反对。

又如说"乌托邦的国王死于星期二",这句话也一定引起反对。可是这个否认却必得还是模糊的。否认所凭的基础可能是没有这样一个国度,或者乌托邦并无国王,或者这个国王还活着,或者虽然这个国王死了,但他死的日子是星期一,而非星期二。矛盾决不能免于这种可疑的特性。它就是排斥一个观念,在这个排斥的后面暗含着其所根据的实在事实的一面,然而是隐晦的。

第二十节。本章结论,可以提出一个很有用的规则。我想我们当中很多人都知道,一个人如果作出肯定,就不能不同时否定某种东西。在一个错综复杂的宇宙中,你所确述的宾词一定会摈斥某一其他的性质,这个其他性质实际就是被你所否定。但是还有一个陷阱虽然不那么明显,却同样真确,可是我想有些人从未意识到。我们的许多清醒的思想家、审慎的不可知论者、各不相同的现象界的崇拜者——我很惊异他们当中是否有人想到他们使用"只有"这一很简单副词的时候已经在图谋妥协。他们何以会幻想到现象后面还有一些别的东西,并怀疑眼前所见的正遮掩了背后隐藏的东西呢?但是我们对于否定的研究却暴露了这个秘密,即世界上没有一件东西可以被否认,除非有正面的知识作根据。现在要把这种富有含义的观念介绍给一般纯朴的心灵,我不知道这是不是对的;但我必得以上面所说的规则作为本章的结语。我们既有所否定,就不能不同时有所肯定;无论何时我们作出一个否定,最重要的就是对于我们的否定所依据的正面基础,必须尽可能求得一个明确的观念。

增补附注

① 这一章含有一些严重的错误。我后来大体上已经接受了鲍桑葵博士关于否定的见解。参阅他的《知识与实在》及《逻辑》。我在编后论文第六篇也简略地讨论了这一整个问题。

② "那个主词"即与选择的决定性相合一，参阅第一章第十一至十二节。

③ 离开一切"指谓"的抽象观念是说不过去的，参看第一章第十节。一个观念总得有某一区域，它在其中是实在的。只有当知觉的世界被认为是唯一实在对象的时候，其他的世界才成为单纯的"主观"（第十三节）。

至于肯定和否定是不是对等的，我们可以说，归根到底它们是如此，因为观念作为观念之有意识的利用，便暗含着积极和消极两方面。但否定可以说是属于更"反省的"性质，因为我们一定在晚近才会意识着它。我们先须保持一个被排斥的观念，然后才能知道它是被排斥的。肯定的起源，我们可以说，乃是我们面前的一个对象，在想象中受到这样改变，以至引起一种行动。而否定的起源则是对象里面某种想象的变更受到排斥，这个排斥并没有为心灵所保留，虽然行动即由此而阻止。所谓行动（我应该补充说明）不一定指"实际的"行动。换言之，我们并非先有一个分明的提示，而后有意识地加以应用。辨认一物的企图起初对于我们，也许不成为一个企图，而仅作为实在的排斥，这里并没有真确的形容修饰。只有在我们保持这个提示，同时又把它排斥于我们知觉和选择的对象之外，这时我们才开始有否定，和这两个字所表示的真义相符。

④ "提示的综合"（此处和下文）需要与上条意义同样的校正。

⑤ a 之排斥 b，正因为它是 a，这是确实的。这一定有一个基础和一个所以然，而你到底不能把这个所以然说明白，也是确实的。但同样的话也可适用于 b，因为它不同于 a，所以是 a 的反面。另一方面，这个双方面的否定起初总是暗含的，并不显露出来。你是从正面开始（如我们在前面所已知），有了一个指定的对象（Ro）在想象上更受到修饰。只是后来通过反省，我们才知道并非这样一个对象 Ro(ab)，我们所达到的世界处处都为不同的特征所修饰，互相关联，同时又互相反对，这个对象我们可以写成为 $\overset{R}{\underset{a-b}{\wedge}}$。

第三章　否定判断

⑥　这里以及其他地方,本来都误用"不相等"一词,现在一律改为"相抵触"或"不相同"。我已不能说明这个误用的原因,更遗憾的是这个误用时常发生,直到现在才完全更正。

⑦　"无色,也可以是晦暗",如果"晦暗"的意思是"看不清楚"——我以为不是如此——那在这里便是一个错误。参阅鲍桑葵《知识与实在》第247页。

⑧　关于不相容性问题,读者可参阅《现象与实在》,附录,注A,及鲍桑葵《逻辑》。

⑨　这些区别就是(1)由一个特殊不相容性质而发生的排斥作用;(2)一个主词所涵的某一空间本应找到某一性质,而此性质却从这一空间被排斥掉找不到;(3)从一个假定为虚无的空间所发生的排斥,这个根据就是没有,也就是我们的失败不能在这里找到预期的性质。如果你抛弃这里所作的假定,看出所谓虚无的空间毫无意义,或因为某种已知的理由而加以拒绝,则上述排斥便可成为合理。不过,同时它就不再建立于失败或缺陷以及单纯剥夺之上了。另一方面,我们反对剥夺的判断是终极的,也就因为它假定了一种虚无的空间作为宇宙的本性,这个假定只是以无知作根据的。可是,凡是你确乎知道这个宇宙在某些方面具有决定性的处所,如果你不能找到某种特殊的修饰(a),这就成为否定的基础,其程度恰与你能认为你的知识是完全的成正比。参阅第七章附注,第十三及二十八节,编后论文第七篇,及《现象与实在》和《论集》,索引"剥夺"条。

⑩　"外来的心理的关系"应为"在一个单纯外来心理的基础上,一种区别变为一种隔绝因而造成一种排斥"。

⑪　"没有说明的性质",参阅第二章第五十节。

⑫　"事实"在这里应为"知觉的事实"。而否定是"主观的"意思就是单纯否定、单纯排斥,只是一种抽象,其本身确实全然是无。参阅第十五至十九节。否则否定就不是"主观的",虽然它比肯定更加属于"反省的"(第二节)。

⑬　"逐次增加的排斥并没有添上什么花样",抽象的否定并不说到"所以然",在这个范围内,自可以认为一样。但超过这一点便是不对的(第一章第五十二节)。参阅编后论文第六篇。

⑭　"辩证法的见解"。但此点姑且不谈,在逻辑上我们仍然可以,而且必得坚持实在为各自分离成分的总体、殊异的正面的统一,这些殊异每一个都是

特殊的一，和所有其余的成分不同。在我们的理性世界中，我们定须就整体中来看每一个成分，要见到它是为这个整体里的各种关系所修饰限制，而且这种修饰还是内在的。所谓"内在的"意思，就是这个成分本身，而不止是一些别的东西，受到修饰约制。所以每一个事物都暗含着肯定的关系，也含着否定的关系。可是另一方面，我们也决不能说任何事物除了其所暗含的成分之外，便没有别的东西——纵使这个别的东西是什么我们终于说不出来。同与异的问题，我也以为到底是无法解决的（参阅《论集》，240，264页）。如从单纯理性方面来看，我们整个的世界都不是最后实在的。

⑮ "单纯逻辑的否定"，这里单纯两字必须着重。

⑯ 说他们有"很多理由"如此想法，不如说他们有"一些理由"。

⑰ "或成为联合宾词时"，意即不是任何东西，而只是一个联合宾词。参阅《现象与实在》，附录，注 A。

⑱ 主要之点在于否定的意思就是由于实在而排斥于实在之外。但单纯否定只限于抽象的排斥，作为抽象的东西，实际上就是无。实在之所以能够排斥，就因为它为不相容的性质所修饰，这个修饰可以有多种不同的意味，而所有不同的意味在抽象的否定都是一概抹煞的。参阅第十三节。

第四章 选言判断[①]

第一节。选言判断，我们可以说，大多数逻辑学家都从没有认真讨论过。它往往被看作假言判断的简单的适用，受到一种附属物的待遇。值得惊异，许多受人尊敬的论著对于"如果"和"或者—或者"的意义，竟没有作出一点求其了解的企图。

对待选言结构最普通的方法，就是把它当作多数假言的结合。这种看法本身便不免使人有肤浅之感，甚至大家还可以给以不正确的陈述。[②]有人告诉我们，"或者A是B，或者C是D"这个意思就是，如果A不是B则C是D，也可以说，如果C不是D则A是B。但只要稍加思索便可知道，这里面有两个场合被省掉了。我们可以先假定A是B，再假定C是D，在这两种情况下，我们是否就无话可说了呢？其实"或者—或者"这一公式已经明告我们，如果A是B，则C—D必不确，如果C是D，则A—B也不对。我们非把B和非-B，C和非-C都说到了，这个选言判断便是不完全的。

第二节。这个情形也许很复杂，但不管怎样，选言判断决不能真正还原为假言判断。各种选言判断毫无疑问可以用假言的方式来表示；但决不能因此便说它们都是假言判断。《维罗纳二绅士》剧本中人物谈到了一切事情，也谈到了这一点：

斯必德：但老实告诉我，这是不是一对佳偶？

劳恩思：去问我的狗：如果它说，对，那就是佳偶；如果它说，不对，也是佳偶；如果它摇摇尾巴不出声，还是佳偶。

斯必德：那么结论一定是佳偶。

劳恩思：但你不能从我得到一个秘密，除非靠一个比喻（第二幕五场）。

诚然只有通过间接的程序，使秘密成为直言判断，而后假言才能表示选言。

我并非说"或者—或者"纯然是直言的。我的意思只说至少在某种程度上它是直言的，确乎呈述一个事实而不作任何假定。在"A是b或是c"这一判断中，有一部分确实是无条件的。它确认了一个事实，完全没有"假如"的语气。如果有人提出这样的诘难，"但是你不能否认，它可以还原为一些假定的结合"，那么我们也不难回答。多数假言的结合已不止存在于假言本身。它已经存在于我们的心灵之中，这个心灵把多数假言结合起来，便可洞察全部假言所显示的整个领域。如果我们一定要说选言判断可以化为某种性质的成分，而这些成分单凭它们自身，没有特殊方式的联结，又决不能表示原来的判断，这样说毫无意义。③ 选言判断的基础，假言的根据，都是直言的。④

第三节。讲到选言判断的直言的本性，无疑这里面是存在着一些困难的。"A是b或c"，这样说法并不能符合事实的真相。没有一个实在的事实可以是"或者—或者"的。它是两个或者是一个，在这二者之间当然不会有真实的东西。我们的意思不能是说事实上 A 就是 b 或 c。另一方面，我们也决不是表示单纯的无知。假如我们换一句简单的话说，"我不知道 A 是不是 b，也不知道 A 是不是 c"，这也不等于原来的判断。这里我们确乎作出了一个断语，可以说明如下，如果我们的宾词"或者—或者"所属的主词能够证明是不存在的，我们的判断就是假的。可是显而易见，这个主词不仅是存在，而且还具有一定的性质。⑤

在以上的讨论中，我们曾经说过表面主词和终极主词的区别，这里断不可忘记。"A 或者是 b 或者是 c"，不一定就暗含着 A 是一个事实。例如，我可以说，"A 或者存在或者不存在"。这里的主词乃是万物的本性，它可以排斥 A 的内容，也可以被这个内容所修饰。但这一断语仍旧是直言的。本章的以次部分我都用 A 来代表实在的主词，读者必须记住，每一个场合表面的主词都可属于宾词，关于 A 所确述的东西只能符合于终极的主词。

同样的话可以适用于"或者 A 是 B 或者 C 是 D"一类的例子。这里主词既不是 A 或 B，也不是 C 或 D。真正的主词乃是为宾词 A-B 或宾词 C-D 之所修饰的实在。

第四节。"A 是 b 或 c"里所含的断语并非 A 是 b 或 c。我们究竟肯定了什么呢？我们第一说明了 A 是存在。其次还给予了它某种确实的性质⑥。我们给了它什么性质呢？假如它不能够或是 b 或是 c，它能否是介乎二者之间的某种东西呢？当然不能，因为那么一来，它就一样也不是。例如，灰色既不是白色，也不是黑色，它便排斥这两种颜色。A 的宾词虽然非 b 亦非 c，但也决不能是和这二者都互相排斥的性质。它必得是这样一种性质，与二者相共通、能一致，而又尚非二者当中的任一种，可是进一步却能决定为其中的这一个或那一个。

第五节。假如我们把这个基础称作 x，那么"A 是 x"便是一个真实的直言判断。在某些场合我们可以辨别 x，并给它一个名称，但有些场合我们却不提名称，只是暗示的。"男人、女人和儿童"，这里共同的基础便是人类。"白色或黑色"所表明的属性不外于"着色的，及着有排斥其他色彩的颜色"。"在英国或美国"、"死的或活的"所指当然是"某一处所而不是别处"和"有机物"。同样，我们说一个人"好与坏"，这个意思至少是说他是可以加以道德衡量的。这一规则决无例外。纵连存在和非存在也有相当的共同点，无论用作怎样的意义，总暗含着和我的心灵之间具有某种接触。我们也已知道(第三章)没有纯粹的否定。每一个选言判断都须有一个共同性质的断语作为它的基础，各选言肢的肯定必得在这个范围内才行。

第六节。但这里的 x 决不是什么普遍性，偶然成为与 b 和 c 相共通。它还是要特殊化的。它排斥这两个性质当中每一个的反对物，决不能够变成"b 或 c"的否定。我们最后虽肯定它完全的决定性，却不能超出 bc 所包括的境界。然而由于 b 和 c 作为 A 的宾词却是不相容的，它不能同时是两样。这个结论是不会动摇的，它必得是二者之一。为 b 和 c 所共同的宾词，便是"由 bc 所规定的范围之内的一个单独成分"。这个宾词正是我们在选言判断中对于 A 所直言断定的。

在这个限度内它当然是事实而决非假说，但它的本身却根本不是"b 或 c"的断语。选言判断确实不是完全直言的。我们确定了我们的基础为 x 性质，便在这个普遍性之上建立起我们的假言。我们

第四章 选言判断

明知 b 和 c 是有差别的。我们也明知 A 在 b 和 c 的范围内是特殊化的，必得为 b 和 c 二者中之一。它不能是两种，而必得是某一种。[7] 这都是事实。但是为了使选言结构得以完全，我们还得加上一个假设："它如果不是这个，就一定是那个。"如 A 非 b，它就必得是 c；如果它不是 c，那就必得是 b。有了这个假设，"或是一或是"才能成为圆满。选言判断就是几个假言在直言基础上的联合。

第七节。这个问题我们还要进一步讨论，但是现在我们可以停顿一下，先来澄清一个错误的看法。时常有人怀疑选言判断的选言肢是否总是互相排斥的。[8] "A 是 b 或 c"，照他们所说，也可以认为 A 可能同时是二者。它可以是 bc，可以是 b，也可以是 c。毫无疑义，在普通选言的表述中，我们往往让这个意思凭上下文来决定，或者就老实不知道自己的真意所在。不过，这种习惯了的散漫疏忽的语言和思想方式，并不能证明选言肢没有排他性。"A 或是 b 或是 c"确实根本排斥了"A 既是 b 又是 c"。当一个人说某甲是一个愚人或是一个恶徒的时候，他也许不一定要否认某甲兼二者于一身。但是，如果他无意证明某甲兼有两种品质，而完全满足于肯定其为二者之一，或是 b 或是 c，那么这个说话的人就可能没有想到 bc 兼而有之的可能性。他把这一可能性视作不相干的，完全抹煞，说起来好像它不存在似的。所以他所说的实际上也许是对的，虽然形式上他的话完全不对；因为他已经根本排斥了 bc 连在一起的选言肢。[9]

到底散漫疏忽的说法是不一定稳当的。有时我们须把我们的选言判断说得很明确完整也许非常重要，那就必得要搞清我们的意思究竟是"A 或是 b 或是 c"，还是"A 或是 bc 或是 b 或是 c"。形而上学里面有一个最普通的错误，大概就是选言肢安排得不正确。

如果 b 和 c 不相容而我们把 bc 当作一个宾词，或 b 和 c 可以并存而我们却把 bc 置之不顾，那就要导致极谬误的结论。上面所说的一例便可给我们很好的启发。"或者是恶徒或者是愚人"，如果认为这样的选言肢没有排除两个合在一起的可能性，是很难使人相信的。然而这个错误却司空见惯。实则当我们推测一个人行为途径的时候，我们首先提出他是一个愚人或是一个恶徒，然后再辨明他确是一个恶徒，从而断定他的行为定然是损人利己的。可是不幸此人同时又是一个愚人，因此没有一件事可以靠得住。诚然，正确叙述往往是不可能的，但不正确仍然是不正确。如果我们不提到"或两者兼而有之"的选言肢，那么照我们所说的话来讲，我们确乎是把它排斥掉了。

如果我们用意是说"A 或是 b 或是 c 或者也可以是 bc"，这个判断过程也很简单。A 是存在的，又进而被决定。它的决定限于 bc 的范围之内。所有与 b 和 c 以及 bc 不相容的性质，都为 A 所摈斥。bc 的范围内包括了 b 和 c 以及 bc，此外任何别的东西都不能容纳。由于这三种性质是不相容的，所以 A 只能是其中之一。直到这里都是事实，接着来的便是假设的成分。如果 A 作为被决定的东西而排斥 b 和 c，它就必得是 bc；如果它排斥 c 和 bc，那就是 b；如果它排斥 b 和 bc，那就是 c。这些各不相同的性质为数多少，和这个过程的本质自无甚关系。

第八节。可是这个不精确的表述，如我们所看到，实在出于一个自然的根由。我们使用"或是"一词时，习惯上都带有一个暗中的含意，可是我们却往往忘记了这个"或是"究竟是单独运用的呢，还是必得为附带的含意所修饰和约制。这里可以举两个简单的例子来说明一下。譬如我们订立这样一个规则,"由于入场券有限,每人只能发给红色券一张或白色券一张",显而易见,这两个选言肢是不相容的。这里所谓一张当然是至多只有一张。但是假如我说,"任何人均不准入内,除非持有一张白色入场券或红色入场券",那就决不能认为我是把持有两种入场券的人除外。这里所谓一张当然是至少一张的意思。在这两种场合,我们很容易发生误会,以为这个"或"字具有不同的力量。

实则两个场合的"或"字都是完全一样的意思,第二个和第一个相同,也表示严格的选言肢。不过后一场合,"或"字不是孤立的,而是伴随着没有说出来的"若无"或"如果缺少前者"的附加语,受到了限制。这个暗中的含意便造成了重要差别。

第九节。这里提出的选言肢实在并非红色和白色的。我不是因有白色券或红色券而能入场。能够入场的条件(照我们所预期)第一是要有"白色"券,其次便是"缺少白的,就要有红的"或"无白色则需红色";这几个条件当然不能认为是互相谐合的。因为假如有了白色券,红色券就不能有弥补白色券缺少的作用,指明为排斥白色券的红色券便不能容认其并存。这里你所要说的真义乃是,假如有了白券,那就没有问题可说;可是如果没有白券,则红券即可代替它的用处。你提出来表示你的意思的两个选言肢,一方面是"要有白券",另一方面是"红券结合着没有白券"。这在实际上已经照顾到一切的可能性。

在逻辑上我们要反对的并不在于这个判断的"或"字也有一部分联合的意味,因为我们已经知道这样看法纯然是错误的。这个选言的分肢之所以有缺点,并非由于它属于联合性,而是由于它不完整。它忽略了红券和白券并存的可能，在形式上还可以认为排斥了这种可能。但这是有理由的，而且理由很明显。你毫无必要单独考察这一可能，因为你总可以把它看成和单纯有了白券的场合一样。如果"白券"实际上意味着"白券伴有或不伴有红券"，而"红券"意味着"无白券则须有红券"，而且两者俱无也有了规定，那么这里的选言肢就已绝对完全无缺。这三个选言肢为(1)白券连有或不连有红券，(2)有红券无白券，(3)两者俱无，彼此都是绝对不相容的。

第十节。我以为上面所说的话，也可作为对杰文斯教授理论的答复(参阅杰文斯《科学原理》第73页)。杰氏提出间接的论证，反对选言肢有排他性。他说假如选言肢是互相排斥的，则像"可锤薄的—密致的—金属"这种名词的否定形式，就不可能是"非可锤薄或非密致或非金属"。这样一来便应该有七种不同的选言肢，显然这是荒谬的。

我首先必须说明，我实在完全看不出荒谬在什么地方。假如你要完全列举所有与"可锤薄的—密致的—金属"这一名词相排斥的场合，那么这种场合的数目如果少于可能的组合应有之数，才真正是荒谬的。但是假如你的意思就是说，如果那个"或"字是排斥性的，你就不能否定所提出的名词，除非你举出所有与之相排斥的场合，这样说法正是犯了我们现在所讲的错误。在"非可锤薄或非密致或非金属"一词中，其中选言分肢都是不相容的，但是所有的可能性却没有完全说出。其实这里面每一个"或"字，你都必得了解为带有"如果没有"的含意。所谓"非可锤薄"决非指单是有了一种不能展延的性质。它并不只是一种可能性，而是自成一类，包含好几种可能性。它的意思便是说没有可锤薄性，不管主词是金属或非金属，是密致或非密致。你可以指摘多数组合被抹煞了，或者认为"非可锤薄"一词很模糊，因为它暗中表示许多的场合。但是这种术语性的指摘实在没有什么重要性可言，并不能证明这个"或"字没有严格的分离作用。

第十一节。我尽管对杰文斯教授怀着很大的敬意，却找不出一个可能的例子可以符合选言肢没有排他性的主张。必得承认，人类的语言在这一点上是很清楚的，"和"字同"或"字的区别没有混淆的余地。再看一看杰文斯所举的其他证例，很明显有的全属于上面说过的不精确的表述方式，有的我们不能不称之为最单纯的混乱。据说像"花圈或花环"，或"不为金钱或钱币所污"（杰文斯《原理》第70页）这些话，就可证实"或"字有时可以是非排斥性的。但这实在是错了。这里的选言肢的严格意味还是不相容的。不过区别不在事物本身，而在名称之间。如果我们认为这两个名词是同义语，则"花圈或花环"便意谓着"你可以随意称之为两个名词当中的任一名称"。这件东西有两个名称，你只能使用其中的一个。很难设想杰文斯教授会要我们同时使用两个名称。这里"钱币"一词虽没有讲明与"金钱"不同，但这句话整个的意思确实是这件东西你可以任意称之为钱币或金钱，没有造成污点。你要同时说出两个名称的用意，是不大会想到的。

我找出了一段想象的对话，可以用来把这一点说得更明白。A：谁是罗马最伟大的诗人？ B：他的姓名是维吉尔。A：怎么，不是维吉琉斯？ B：是的，维吉尔或者维吉琉斯。A：我懂得了，他有两个名称。我想以后就叫他"维吉尔-维吉琉斯"，这才妥当。B：请原谅，那你就必得是错误。你可以任意称他一个名字，但不能同时称他两个名字。

再举许多证例是不需要的。在所有提出来的例句中，我们可以发现，如果不是普通语法欠严密，这个"或"字便一定指不相容的性质，或者存于几个可以交替的名词同时使用之中，或者存于事物的本身当中。

第十二节。单凭说出来的话语，当然不一定可使我们知道我们所遭遇的究属哪一种不相容性。也没有人能够否认选言肢的表达往往很不精确。在所有这些问题中，参考普通语言用法固然是很好的事，但我们必须记住，习惯的说法除了一种我们可以称之为"不意识的逻辑"而外，还潜藏着粗疏弛懈的毛病。假言判断里也有一个类似的暧昧情形，不妨拿来和我们现在所讨论的错误作一个对比。大家都知道这样一个公认的原则，就是你可以从根据推出结论，但反过来却不行。[⑩]这个原则从形而上学的观点来看虽然很成问题，可是在逻辑的目的上仍然充分有效。然而，如果诉之于普通粗疏的言语，那么有时我们也可以证明根据是唯一的根据，从而有了一定的结论也就能够推出根据来。西格瓦特曾经指出我们要注意这一类的情形（《逻辑》第一卷第243页；附录第59页）。"如果你跑得快，就可以赶上他"，这句话时常就是要间接说明，"你将不能赶上他，除非你跑得很快"。但是仅凭这种欠严密的语句，当然不能成为推翻下面理论的充分理由，即除非特别指明，所说的条件决不能作为唯一不可缺少的条件。如果上下文语气显示我们的话语不必加以严格的解释，我们固可随意把"或者——或者"看作相容并存的，而"如果"也就和"不……除非"是一样的意思。但我们还是应该记着，一件东西表面可以很像某物，实际上也许是大不相

第四章 选言判断

同的。

第十三节。现在我们已经说完了这些最易使人迷惑的错误，可以回到原来讨论的本题了。选言判断发展的详细情形，非到研究推理时，很难全面说清楚。但是这里我们可以做一部分思想的准备。

第一，我们将在下章见到，选言结构的分肢并不是以排中律为根据，后者不过是分肢的一例。

我们已经知道，"A 是 b 或 c"的意思就是说，A 是存在的，并且具有一种性质。这个性质只能在 bc 的范围内。它和 bc 相共通，而在二者之中又有其决定性。换言之，就是它排斥一切与 b 和 c 不同的东西。

这在前面也已说过，现在我想指出的是下面一点。我们如何知道且怎样才能知道，一定没有一种东西可以与 bc 不相容而仍能与 A 相容？一切都建立在这个假定之上，但这个假定又有什么根据呢？

暂时我们只能回答，它的基础就建立在我们的无力上面。⑪我们的根据实在没有什么了不起的大道理。我们无能找出一件东西与 b 相反或与 c 相反，而不同时与 A 亦相反，从而大胆地假定了因为我们找不到这种东西，所以就没有这种东西。这个结论由于我们无能为力而来，其本身也许显得很无力，但是我们在以下将要见到，究竟这是不是不能当作一个根据，而且是我们信仰任何事物的唯一根据，实在还是一个很难解决的疑问（参看本书第三部第二篇第三章）。

第十四节。这里可以把本章内容简单重述一下。"A 是 b 或 c"可以有两种表示方法，(1) 如果 A 是 b，则非 c，如果 A 是 c，则非

b；(2) 如果 A 非 b，则是 c，如果 A 非 c，则必为 b。前两个假言的断语都是以这种知识为基石，即 b 和 c 作为 A 的宾词是不相容的，或 Abc 不可能存在。

后一对偶句所根据的假定就是，因为我们不曾找到 A 有一个宾词排斥 b 或 c，所以遂认为没有这样一个宾词。凡是与 b 或 c 相反的，我们发现亦必与 A 相反。因此便剩下这样的结果：在 A 的限界之内，凡非-b 必为 c，凡非-c 必为 b，但 A 必得具有某一种性质。这便是上述后两个假言的基础。

由此可见，选言判断的本质不能光是把它称为几个假言的集合，就可算解释明白。它具有一种独特的性格。它先提出一个宾词，在一定限度内是知道了的，从排斥性方面加以界说，然后再通过假言的排斥，进一步说明，使它成为确定。它的根据就是假定我们已经掌握了全盘的状况，除了不相干的部分，就可决定剩下来的因素。简单说一句，就是假定了一种无所不知或完全的知识。它的断言虽非充分直言的，也不是充分假言的，而是两种成分都有。此外，它还含有推理的过程，这一点以后还须细说。

增补附注

① 关于选言分肢的问题，读者可参看鲍桑葵博士的《逻辑》。我完全同意他的主要观点，但在指出本书几个错误之前，我要加几句说明，也许对于读者是有帮助的。

选言结构的意义就在于一个"或"字，而从心理学上看来，"或"字便表示选择的意思。所以这里谈一谈选择是怎样产生的，可能不无裨益。当我们要求某种东西的时候，如果有多种方法可以实现此目的，而我发现不能同时实施所有这些方法,这时由于这个否定的作用,我的行为遂不能不暂时停顿,这样造成的结果便可以成为选择。在选择的时候,我总是采取一种方法,而抛弃其余的方法。其次,我也可以预见,譬如说,一个可以对我有影响的事件一定会发生,除了遭遇这个事件以外没有第二条路,但是究竟这个事件将要怎样发生以及影响我,其途径却可以有种种不同。再设想我也见到了这些各不相同的情况,虽不可能同时都出现,却是每一个都或多或少地为我的力量所能控制。这里恰和上面所说的一样,把我的行动停顿一下之后,我便决定选择这些情况当中的一种,而排斥其余的情况。显而易见,这样的选择里所包含的"或"字是有排他性的;如果对这个"或"字抱着任何其他的看法,至少在这里是与明白的事实相冲突的。

我们还可以注意到选言肢不一定是二元的。不相容的东西很显然可能不止限于两个。"或"字里面所含的多元性,我以为不止在心理学上和在选择上是如此,就在逻辑的选言肢的"或"字,也同样如此。如果认为选言分肢必得是二元的——就是说可能不相容的东西不能多于两个——这种见解在我看来是根本不符合事实的。

这里确实无疑的是,当你进行选择时或者在其他的场合,你只承认一种可能性,而把所有其余的都认为或至少当作甚至不可能的东西来处理。为了我们的目的,我们可以说是笼统地把它拿来,全部当成一个,而且还可以加上一句,也只有把它看成一个。不过以上所说这种态度(严格说来)实在并不含有数的问题,因为所有排斥掉的东西,我们都只是从一般性质方面加以考察的。

上面所说的是表现于选择之中的"或"字的特性,现在再来简略谈一谈逻辑上选言结构的起源和本质。在选言肢发现之前,我们一定首先已经知道,作为这个或那个认识对象的实在,具备各种不同的性质。我们已经越过,也就是超出了一与多直接统一的阶段。我们已经达到了这样一个水平,明知分辨出来的大多各不相同,可是每一个和所有其余的一样,都以某种方式附属于一个对象。这一对象同时兼有各不相同的性质。因此这些性质好像简单地结合在一起,所以称之为相容的。但是我们进一步又发现,在同一对象或其他对象中,还有许多性质不是这样配合一起,我们便称之为不相容的。这个对象有时可以有某一种性质,有时可以有另一种性质,却决不能同时两者或一切兼有。另一方面(这里为要点之所在),这一对象总算有了这些性质。不过它时而有的是这一种，时而有的是那一种，完全视情形而定。这就是说，它有了这些性质不是单纯的，而是依照其自身的变化、取决于其自身进入哪一种状态，接受哪一种修饰，而排斥所有其他的性质。因为我们发现所有其他不相容的性质也都是这样，足见这个对象可以为它们全部所修饰，不过这个修饰是分着来的。一方面这个对象就是它们全部，但另一方面它每次只是其中之一，每一个都不和别的在一起，随情形不同而各异。

我们可以说选言结构的起源大概不外乎如此，它在我们的思维上是很重要而且少不了的。但是我们还要再进一步，越出它的范围，从一个更高的终极的阶段来加以考察，就是以一种不同的意义，在更高的水平上，回到各种性质联合的方面来。在一个完全圆满的体系中，一切条件都具备充足，实在的宇宙即可同时兼容一切不同的决定性，所有的性质都互相联结，每一个都修饰着其余各个以及全体。这里否定便无从出现，或者只作为正面和补充区别之一侧面。但对我们来说，这个理智的终极的阶段始终只是一个理想，它是不能在细节上和在每一个地方完全达到的。

我还须指出，这个理想也决不能证明，在逻辑上"或"字不管在什么地方能够具有非排斥性的意味。换言之，只要"或"字不再有排他性，马上原来的"或"字以及随伴着它的选言结构也就不再如实存在了。参阅下文第七节。

② "给以不正确的陈述"，我已想不起这句话的来源，不过这也似乎无甚重要。关于归原为两个假言判断的可能性，参阅鲍桑葵《知识与实在》第208页。

③ "这样说毫无意义"，这确实（我一定坚持）是如此。譬如，要把关系的整体甚至一切事实，还原为各种关系和各项，这种企图我们也可举出作为例证。

④ "……基础……都是直言的"，这却应该有一个限制，参阅鲍桑葵《逻辑》（第二版）第一卷第328页。

⑤ 说选言结构假定了它的主词的存在，这当然不确（参阅第五章第二十三节），如果这个意思是指"存在于我的实在世界中"的话。这种主词可以是假设的，或者是"幻想的"。但归根结蒂总有一个究极的实在，在这个实在中一切选言结构都兼容并蓄，也就没有否定可言。

⑥ 这里用"性质"一词是有问题的，参阅第二章第五十节。

⑦ "它不能是两种，而必得是某一种"，如果"某一种"意味着"只一种"，

第四章 选言判断

那就预先提出了选言结构。它的意思应该是"必在二者范围之内而又非兼为二者"。"只一种"所暗含的选言结构，还需要有假言判断才能使之完全而成为明显。我们对于 b 和 c 是不相容的这种知识，也有同样的需要，虽然这个需要不是同样的意味。

⑧ 我现在更加确信，认为"或"字并非总是排他性的，也许除非故意造作，这种见解是站不住脚的。关于这一整个问题以及专门性论难的解答，参看鲍桑葵，《逻辑》(第二版)第一卷第355页以下。这问题可以说已经解决了，但我还要再说几句。

(1) 我以为心理学上所有的证据都是一面倒的。"或"字与选择相对应，而如果我们可以同时得到一切，选择似乎也就毫无意义了。这一点我认为是有坚实的根据的。

(2) 我要提醒读者，"选言肢不当"的错误在我们实际生活中也许是很多的。但如果我们不是本能地把"或"字当作无论何处都具有排他性，试问又如何能有上述的情形呢？这个错误并不在于我们假定了这是实在的，而在于我们经常忘记了我们主词的真实本性。我们可以说(除了例外的场合而外)在日常所做的每一个判断中，真正的主词总是和陈述的有所不同。实际上主词只是为了当下的目的而"默认"的东西，这个限定的目的是不明显的，所以很容易被忽视或遗忘。例如，"A 是 b 或 c"，我们所意谓的 A 其实是由我们的特殊目标和兴趣而受到了修饰限制的 A。只有属于这个修饰了的 A，而且在它的范围之内，我们的"b 或 c"才是有效的。正是在我们忽视或者忘记了这一点、在我们继续把这个 A 当作单纯而无限制，看成"无论怎样"的 A 的时候，这个错误才会有出现的趋势。不过这种趋势连同它的谬误的结果，我以为正好指出我们对于"或"字的排他性是怎样的笃信不疑。

反对"或"字排他性的话，只有在 A 所受到未经说明的修饰被忽视了的时候，才似乎是可信的。我们实际使用"或"字，所谓 A 便指这样一个 A，不单排除了 Abc 的可能性，而且暗中把它作为与我们的目的无干而完全抛开。如果记得这点，所有反对"或"字排他性的话在我看来便不攻自破。

(3) 如果单以"或"字本身而论，这个"或"字实在既是包罗无遗，又是排他性的；如果我们反对这两个特性当中的后一种，那我们也就必得要反对前一种。在我们说出了 A 是 b 或 c 之后，我们所得到的回答可以是"二者之一或兼为二者",但我们并不会感到我们所说的话被推翻了。根据同样的原理,我们也可同意加上一项"或 d",不是作为更正,而是作为补充。可是如果有人由此而认为选言结构我们没有把它当作完全无缺,那又是似是而非,仍然错了。这个"或 d"之所以被接受,正因为而且也比照着 A 并非指"纯粹简单的 A"。事实上,它乃是就我们的目的指这样一种东西,有似于"A,不问在别的地方 A 可另成为怎样"。所以,尽管这里加上"或者是 d",并不表示 A 须由一个更广大的主词加以校正和替换(我们觉得)。可见实际上的选言结构还是真正包罗无遗的,恰如根据同一原理(上面也已说过)它是真正排他性的一样——除非是这样,这个选言结构在两方面便不能以其原来的面貌存在,而实际已为一种较低或较高方式的断言所代替了。

⑨ "他的话完全不对",所以我认为这在形式上可以导致同样谬误的结果,"他或是聪明或是诚实"(J.N. 凯恩斯,《形式逻辑》第 280 页附注)。这句话假如是对的,我以为正好证明我原来的理论,不过这个理论照我想来,在这里和别的地方一样,凯恩斯博士并未了解。

⑩ "一个公认的原则",这个原则到底是不可靠的。参阅鲍桑葵《逻辑》第一卷第六章。我完全同意他的见解;见《现象》,索引"原因"条及编后论文第十篇。此外,这一段话也可表明普通语言的模糊。

⑪ 关于剥夺和无能作为知识的基础,参阅第三章第九节。如果我们的知识体系一旦能够圆满充足,所谓剥夺当然就不能存在了。

第五章　同一律、矛盾律、排中律和双重否定的原理

第一节。我们已经讨论了否定判断和选言判断，现在可以探究一下所谓同一律、矛盾律、排中律的"原理"，并对双重否定再加几句说明。

同一律的陈述往往采取同义反复的形式，如"A 是 A"。如果这个公式就表明判断的两边毫无差异，那我们马上便可把它抛开。因为这就根本不成为判断。诚如黑格尔所说，这完全违反了判断本身的形式，既要说明一件东西，实际上又一点也没有说明。甚至它也没有说明同一性。因为毫无差别的同一是没有的。必须有两个东西才能成为相同，所以至少一定要在同一事物本身里面发生了某种改变的事实，或者从某种提示的差别回到那个事物。否则，光是说"某一个东西本身同一"确实毫无意义。而且即使就"A 是 A"这个判断的表面来说，至少如果没有了这两个不同的 A 所占位置的不同，也是不行的；可见要作出一个真正的判断，非有某种差别包含在我们断言的内容里面不可。

第二节。我们无论何时说起话来，决不愿意同义反复。在日常生活中，没有一个人会这样糊涂，所要下的断语里面找不出一点

差异。固然我们也说，"我就是我自己"，以及"人是人，也是他自己命运的主宰"。但这些话实在并非同义反复。① 它们是用来加重和突出主词的某一属性，以免为其他方面的考虑或倏忽的变化所掩蔽；要想正确了解这一类语句的意思，我们总须加上"无论如何"、"尽管"、或"仍然"等接续词或副词才好。一般人把康德所说的"分析判断"*与同义反复的句子混为一谈，这完全是错误的。前者的宾词乃是 A 的概念内容的一部分，而这个 A 概念便代表主词，作为主词而出现。但是每一种每一个判断的陈述，都含有一种综合。康德的分析判断里所含的综合，便只在同一概念范围内有效；这里面真正的主词并非整个的 A，而是 A 所有的与宾词中所说的属性不同的某些其他属性。譬如说，"一切物体都是外延的"，这句话就是说明在主词"物体"之中，外延性与物体的某些其他属性互相结合起来。即使"外延"和"物体"是同义语，我们也决不是同义反复。因为我们好像反对某种不同的提示，而意在指出不管有怎样的误解或不适当的看法，有外延的东西到底是有外延的东西。其次，我们有时也可以作出一个真正字面性质的断语。我们可以说，尽管字面有所不同，"物体"和"外延"的意思还是一样。但是我们决不会有意要说出一句同义反复的话来。每一个判断本质上都是综合的。

第三节。同一律的原理，如果我们把它当作同义反复的说明，那就是很明显的错误。这里很自然地引起一个问题，就是，在逻辑中如果除掉了这样一个错误的根源，是不是可以更好一点呢？假如同一律的原理不暗含着差别的原理，那么，无论我们以怎样的方式

---

* 这和我所说的"分析判断"意义不同，见第 48 页(指英文版页码，见本书边码)。全书同。——编者)。

加以解说，它决不能成为分析判断的原理，也不能成为任何其他判断的原理。另一方面，假如一个传统的公式能够得到一种意义，可以表示重要的真理，那当然也不无裨益。现在让我们试图以另一种方法解释同一律的原理，以便使它可以真正成为一个公理。

第四节。我们可以认为它的意思就是说，每一个判断都是说明主词和宾词的同一。我们所肯定的一切成分的联结，简言之，一切关系和每一个差异都只在一个事实的整体之内有效。② 一切属性都暗含着一个主词的同一性。在这个意味中，同一律是完全实在的。可是这种意义在逻辑的目的上并不是最重要的。

第五节。还有一个原理最为重要，不管它是真确无疑或者仍有可指摘的地方，至少总是推理的必要条件。这个原理我们除了称之为同一律的原理而外，实在没有别的更好的名称，因为它的本质就在于强调差异之中的同一。这个原理是怎样呢？就是"真理在一切时间都是真实的"，或者这样说，"一旦是真的就永远是真的，一旦是假的就永远是假的。真理不仅离开我而独立，而且不依一切偶然变化为转移。任何空间或时间的改变，任何事件或机缘可能的差异，都不能使真理变为虚伪。假如我所说的话是对的，那就永远总是对的。"

这个原理如此说来是不太清楚的，不过大多数读者也许都能够接受。然而它的意义如果说得越明确，就会越不为人所欢迎。其实，同一律的公理不外乎就是这样：凡在某一机构中是真实的，在其他机构中亦必真实。③ 或者换一句话说，任何真理一经说明是这样，纷纭的事件可以使之成为不真，那就根本不是实在的真理。

第六节。对于大多数读者，毋庸置疑，这个公理可能显得很靠不住。现在我们正可以利用它来测验一下，我们对于以上的讨论（第二章）是不是已经完全领会。假若一切判断归根到底都是假言的，除非它不是直接关于现象——假若每一个判断只是说明若干形容词的结合，不出乎给了 A 则必有 B 随之而来的意味——我们马上就可以看出这在任何情况下总会是真确的。以下我们即将见到每一个推论中都把这个结果当作一个推理的原则，离开这一原则我们的论证便不能前进一步。

第七节。我们知道像"我的牙痛"这样的判断，就其感觉的形式而论，实际上并不真确。这种判断谈不到有直言的真实性，也没有达到假言的水准。要使它们成为真实，我们尚须这样指出牙痛的条件，须使它的联系在现在场合以外的情况中也能有效。须使我们的判断把牙痛当作一种后果，按照一定的规律由一定的根源而产生，要到这个判断有了普遍性，由普遍判断变成了假言判断，这时它才能最后成为真正确实，而它的真理也就成为无条件的和永久的真理了。

我知道这些话说起来显得多么荒谬。即使我们相信这些话，我承认，也不可能不发现它某一方面是很可笑的。可是我并不见怪，因为这不是我们的过失。相反，如果我们看不出普通的见解更加可笑，那就是我们的过失了。我说的是今天"我的牙痛"，到了明天就成过去了。是否我以前的判断便成为假的了呢？通常的看法一定认为这个判断仍然是真实的，因为我确曾有过牙痛，现在它对过去当然还是有效。这样解释的结果不过如此：判断之所以为真，便在于它合乎事实。事过境迁，已无事实可以相符，而判断仍然被认为实在，因为它符合某一不存在的事物。天下还有比这个更矛盾、更

第五章　同一律、矛盾律、排中律和双重否定的原理

荒谬的事吗？如果环境的变化和时日的更移，不能成为新的机构而使这个真理变为虚妄，那么为什么不可以说任何机构的变迁都不能使任何真理变为虚妄呢？如果变化了的情况可使任何真理变为虚妄，那么为什么一切真理不可以成为永恒变幻的长流，随着时间的推移而可真可假呢？

第八节。这一问题可以留到以后再来详细探讨（第二部第一篇），但是这里我们可先来说明一个误解。如果要问，"空间和时间是否不能造成什么差异"，那就完全忽视了同一律的意义。我们可以回问一句，"这个差异是否加入到 A 的内容里去呢？"如果它是加入的，那么 A 显而易见是有了变化，我们当然也就离开了同一律原理的范围了。但是，如果它并不加入，那么 A 的真理就不受空间和时间的影响，我们把它抽象出来加以考察，从而时空的差异很明显地便与 A 的真理无关。我们对于上述诘难所提的答复便是一个二难推论。你或则离开空间和时间而进行抽象，或则不这样做。后一场合，你的主词本身已经不同；前一场合，你已经排除了差异。

不过我们还可以从另一方面受到反击，也许有人说："这样一来还成什么同一律呢？它已经和差异同归于尽了。因为如果不许机构或机缘的差别进入到主词里面去，我们又怎能说某一机构中真实相符的东西在另一机构中也是真实相符呢？这样，它在任何机构中都不是真实相符了。"但是我们回答，所谓同一并非包含在"S—P"这一判断中，因为这一判断没有提起任何差异。[④]这个同一乃是在下面的判断中："S—P 无论何处何时都是真实的。"便是这个"无论何处何时"带来了差异，使 S—P 对比起来成为同一。这里的宾词归于实在之后便属于实在，而不管它纷纭复杂的表现是怎样的不

同。我们没有说它所显现的总是一样，但是它的性质在各种现象之中，却保持着本来的状态。现在我们只能满足于这样的回答。

第九节。我们讨论到推理的时候，对于这个原理的各方面才能有更进一步的认识。这里我们可以把同一律的基础放在前面探讨的结果上，即每一个判断如果确属实在，就一定是陈述那个终极实在的某一性质，决不随事物的变迁而有所改变。这里当然不是要谈论形而上学的问题，否则我们也许还可以一问我们对于实在的看法是不是暗含着同一性。因为任何东西只要是个体，便必得始终如一，那就是通过一切纷歧变化仍能保持其特性。

矛 盾 律

第十节。恰和同一律相同，矛盾律也往往被人误会。归根到底，它还是必得牵涉到形而上学讨论的范围。但是在逻辑的目的，要用一个满意的方式把它表示出来，我以为却是很容易的。

首先我们必须注意到这一点，这个公理并没有从任何方面说明，同时它不能而且也决不是要解释各种对立物的存在。[5] 不同的东西或不相容的事物或对立物——各种矛盾的存在，这一事实乃是矛盾律的基础。它假定了万物的本性就是这样，某些成分排斥另一些成分，而并不提出哪怕最少的理由来说明这个世界为什么是这样的本性，而不是另外的样子。如果我们忘记了这一点，矛盾律便会成为许多幻妄的根源。

第十一节。假若矛盾的原理确乎说明了一个事实，那么它所说的便不外乎相异的东西就是相异的东西；互相排斥的东西，尽管你怎样加以调解，仍然是不相容的。其次，如果我们把它看作一条规则，那么它的意思就是说，"不要把真正互相反对的东西结合在同一思维中。当你给某一主词加上任一性质的时候，切不可认为这个主词没有发生什么改变，照旧处理。如果你加上一个性质，不仅转移了它原来的状况，而且消除了它的全体，那就决不能把它当作依旧存留"。这便是我们所能给予矛盾的公理的全部意义；如果我们记得前面的讨论，我想这个意义马上就可充分明白。对立物总是矛盾的基础，而矛盾就是一切反对的东西一般的观念。例如非-A 就是 A 的任何一种可能的对立物（第三章第十六节）。

第十二节。我们在讨论矛盾律的时候，必须注意避免我们发现曾经掩蔽了同一律本性的同样错误。前面讲到有人告诉我们同一律就是同义反复，而在这里又有人告诉我们矛盾律就是不许提出不同的东西。"A 不是非-A"意思就是说 A 不能成为任何别的东西，只能成为单纯的 A。这当然还是上面一句错误的老话，就是只承认抽象的同一，不能有一点差异。它就是要我们否认以一切不同于 A 的东西作为 A 的性质，不同于 A 便是非-A。但是不同的东西和相反的东西决不能混为一谈。前者并不互相排斥，而只排斥对它们差异的否认。可是和 A 相反的东西却不能和 A 联结在任何可能的主词里面，也决不能和 A 结合于主词和属性的关系中。[⑥] 与 A 不同的东西并不发生排斥作用，除非你要把它和 A 视为同一。它所排斥的一般说来都不是 A，而是对 A 的一种单纯的关系。

我们在前面已经知道，没有任何逻辑原理可以告诉我们什么样的性质才是真正相反的。这个问题应该由形而上学来解决，它必须给不相容的东西作出进一步的说明。即使它不能解决这一问题，也非得承认问题的存在不可。我们可以说，如果一个东西能够和别的东西相伴并存，它们便不会互相排斥，不相容的情形只有在你占据了同一的空间时才会产生；因此我们也可以说解决这个问题的关键还得求之于空间。但是又有许多别的经验，如承认和否认、痛苦和快乐，都是不相容的，像这一类的经验就迫使我们不能不看到我们的说明是不够的。不过在逻辑上我们用不着讨论原理问题，只须根据事实就可以了。某些因素我们发觉是不相容的；凡遇到它们是如此的地方，我们就必须把它们当作如此来处理。

第十三节。这一公理不同的说法虽多，如"A 不是非-A"，"A 不能既是 b 而又非-b"，"A 不能同时是而又不是"，都并不牵涉到真正原则的问题。因为假如 A 是非-A，其所以如此，当然就在于它有了与 A 反对的性质。同样，假如 A 具有一种性质 b，那它当然只能由于一种与 b 相反的性质才能变为非-b。再则，假如 A 是而又不是，那就一定是因为终极的实在有了相反的性质。使它能够接受 A 的那种性格，自必与使它排斥 A 的存在的那种性质互相反对。无论细节怎样变化，我们都可以找出同样的基础，就是相反事物的拒斥。

我们可以给这个原理一个最简单的说明，"同时否定又肯定同一判断是完全不可容许的"。这个意思当然不是说如果心理中忽然发生一个奇迹，我们的心智所作的判断能够同时既肯定而又否定，这两种判断可以同为真实。它的意思乃是，如果你同时既肯定又否定，你所说的话便一定是虚妄。因为否定就是承认与肯定正面反对的东西。[7]一般事物的本性确乎如此（这是一切东西共通的现象），某些成分或则根本不能联合起来，或则不能以特殊的方式相联合；万物所发露的这种本性，逻辑是必须加以尊重的。

第五章　同一律、矛盾律、排中律和双重否定的原理　　**181**

第十四节。假若我们要说明我们的这一公理只是同一律的另一面,那我们就可以这样陈述:"真理是不变的,而相反的断语则可以互相改变,所以不能够成为真实。"其次,如果我们想要顺便一探这个问题形而上学的方面,那我们就可回忆一下凡是实在总是有个性的,而个体必得是和谐的自存的。唯其如此,它才不会破裂消逝,否则,如果它内部的性质互相反对,它就不能够存在了。

第十五节。我所要说的话都已说完,现在可以愉快地做进一步的探讨。虽然我们已经触及了形而上学的问题,但我还是希望尽可能使逻辑避开第一原理的争论。但是,这里不幸的矛盾律却被人们所完全否认,他们的解释[⑧]是从一种万物本性的理论出发。这种理论就是说矛盾律不能成为实在,因为万物的本性中存在着矛盾。事实上互相反对的东西确乎联结在一起,它们都是单纯同一性各别相反的侧面或契机。

无待说明,我的目的不是要在这一节里就能简单地把这种主张解决掉,它代表一种体系,尽管有它的缺点,但在经验中也有相当广阔的根据,决不比可以代替它的任何其他体系为差。这里我有意要对反对上述意味矛盾律的人加以驳斥。[⑨]但是我也清楚地看到,如果我们把非-A认为是纯然否定的东西,便不可能有调解的余地。这样,你便只好就矛盾的原理和辩证法二者之中选择其一。

我首先要说的是,无论什么东西,既然结合在一起,事实上就证明了不是不相容的。如果许多因素可以并存,那就没有问题可言;这里已没有了矛盾,因为没有反对的东西。说到这里,也许可以认为完结了。但这样说并不能免于困难。有人可以继续告诉我,"我们是不是时常发现许多因素,任何人都能看出它们互相否定,有了这一个的时候,就不能有那一个,然而同时我们却能找到很多的概念,其中所含这些反对的因素又明明以某种方式并存?所以你说这时已没有了反对的东西,固然很好,但最好还是检证一下,看一看它们到底是不是具有排斥性。"

很明显,我对于这种诘问不能置之不答。但是我想我也不能这样愚昧地回答,说"你的这些概念都只是属于现象性的。大家都来学习学习凡是知识总是相对的道理,一致抛开所谓'物自体'这种东西吧"。因为我虽然不能预知别人全部反驳的言语,但至少可以推测到一部分。可能有人说,"你说'要抛弃物自体'?实际你根本没有抛弃它。你承认你的知识只是现象性的,而你又要使矛盾律对绝对有效,所以你才能够知道它所排斥的东西不是绝对。这确实是矛盾。接着为了挽救这个阴魂不散的物自体,使它免于矛盾,你竟准备令整个现象世界、一切你所知道或能够知道的东西,完全陷于混乱。只要这个物自体可以得救,你愿意把一切事实都变为无稽之谈。那么你所真正最关心的是什么,也就很明显了。至于'相对性',侵犯了这个原则的正是你自己。你把相对的东西都变成了坚硬固定的反对物,这正是所以使你彷徨歧路的原因"。必须承认,我是不能承受这些责难的,这只能由斯宾塞或其他大名鼎鼎的学者——或任何自己感到能够忍耐以及不了解这些话的人——来负责解释。

如果我一定要参加争议的话,那么,我知道我还有另一件武器可用。我可以回答,"你所说的概念一部分是幻觉。这都是世俗对实在的很粗浅的看法,而实在的本性确非如此所能说明。哲学的任务即在使这些观念归于纯洁,非到它们的矛盾完全清除,可以充分

第五章 同一律、矛盾律、排中律和双重否定的原理

适合现实事实的时候,决不能够罢休"。不过老实说,我提出这句话来也许只是为了争辩,而争辩正是我所要避免的。为了这一目的,我以为也许可以寻求一种妥协的方法。我们是否可以不必怀疑否定的真实性以及对立物的同一,而能以另一种意义来理解前面所说的那种论点,使它不至于和矛盾律发生冲突呢?须知矛盾的原理与同一的原理有所不同。它是一个很古老而最无害的定律,我决不想攻击它,除非我有意引起世俗惊讶以及我的论敌的骇异。不过在形而上学中,要做到这一点,尽可使用其他种种不同的方法。

我的意思是[10],假定我们在事物的连续性中似乎看到矛盾归于统一,A 同时是 b 而又非-b,这种情形仍可与矛盾律的原理相调和。我们说 A 由 b 和非-b 所组成,因为把 A 解剖开来,便得出这两种元素,再把这些元素结合起来,又恢复了原来的 A。但这里有一个问题,当这些因素存在于 A 的内部的时候,作为 A 所包含的成分,是不是可以说它们以 b 和非-b 完全相反的特性而存在呢?我并不是要认为我们所说的反对物的结合是对事实的一种误会,这也许是我们理解事实的唯一的方法。因为假如我自己觉得这是确实的,我知道这也是一种太苦痛而难以容忍的异端之见。不过在对象里面,在整体的内部,实际的情况可能并不是互相反对的东西。我们找到的不过是不同的方面或契机,如果真的分割开来,都会成为不相容的,但联合一起,在整体的性质中,便都被克服而变成一致。如果我们能够这样来理解所谓对立物的同一——不能说我们就不可以这样来理解——那么矛盾律便不至于受到影响了。因为如果对立物合为一体不再作为对立物而存在,那么什么地方还有矛盾呢?

但是我恐怕仍许有人说,否定的斗争便是世界的灵魂和本质之

所在，正由于同一性，所以才有了矛盾。诚然对立是不断发生的，而且总是导向更高的统一，在更高的统一中，对立便归于消解；但否定的过程仍旧存在。这是世界所表现的一方面，没有办法可以取消，而这当然又和单一的对象中不存在反对物的见解不可调协。整体中的每一个成分，如果没有别的成分，在其本身便是不相容的；可是它跟别的成分也是不相容的，它永远产生和它自己不相容的别的成分，或者变成它自己的对立物。

我到底不能十分相信这种思想。如果我们反对矛盾律。就因为它把彼此相反的东西独立和固定起来，成为片面，那么，当我们否认这个定律的时候，是否可能在另一方面也犯了片面的毛病呢？如果否定本身一方面是否定，另一方面又是从它本身回到更高的和谐，换言之，如果各种成分互相反对，同时每一个成分正由于相反的性质，在相反的限度之内，事实上因此便不再成为相反，那么我们否认矛盾律，实在就是由我们自己把这个过程的一方面固定化，把反对物当作单纯的反对物来处理了。矛盾律所谈的矛盾，就是所谓对立物，它总是要一棍子完全打死相反的东西，只留下自己成为胜利者。这种对立物的打击不损毁自己，而它的失败也不一定就是对方的消灭。它只是作为固定的不相容的东西而存在，完全相反，互相排斥，决不包含这个定律所讲到的另一方面。辩证的对立物与此不同，它只是部分相反对的，如果我们掩蔽了另一方面，那便是我们的过失。假如一个反对矛盾律的人向我说，同一因素内存在着两个方面正是矛盾之所在，在和非-b相反的b的里面而有非-b的含意，这就一定使b成为自相矛盾，对于说这样话的人，请容许我指出来，他还没有学好这个问题。存于b之中的非-b是b的反对

第五章 同一律、矛盾律、排中律和双重否定的原理

物,但在同一程度内也就是 b;永远都是这样。我们决不会有单纯片面的对立物。

矛盾律的原理所设想到的只是限于单方面静止不动的对立物。照这个定律所说,这种对立的东西发现是有的,[11] 也没有一个清醒的人能说它们没有。任何人不会认为辩证的对立关系可以在我们所否认的每一个事实的联系中出现。我们不能说除了互相合蕴、互相牵联的对立物而外,就没有彼此不同和相反的东西了。矛盾律所说明的不外乎就是,当发现了这样不相容的东西的时候,我们必不可把它们联结在一起。

它的要求,我们一加考察便可看出,实在是微弱无力而完全与人无忤的,它不会与人争吵,更不会使人受到损失。如果要问到,第一,我们按照黑格尔所提出的方法进行思维的实际能力究竟如何,第二,黑氏所讲的辩证法究竟在怎样的程度上可以在事实中找到,这种争论当然不仅不能依据矛盾律来加以解决,而且全然出乎它的范围之外。矛盾律所从而出发的事实,就是绝对排斥一定因素合并一起,既然完全以这个事实为根据,所以一到这些因素合拢来,它的原理马上就不能够适用。这个定律便建立在万有实在的自己一致性的基础上,但是它却没有权力可以表现这种一致性,除非是在一种相反的差异对照之下。所以如果我们断定万有实在的辩证法结果一定破坏实在的统一,这和矛盾律的原理是毫不相干的。恰和一切其他类似的问题一样,辩证法效验如何乃是一个事实的问题,要想讨论加以解决,也只有凭着它自己的成绩,而决不能以所谓"原理"为标准。因此,我以为这一点可以提出来,就是我们决不能从无批判的见解中,先采取一些成分,作为不相容的反对的东

西，然后因为看到它们联结一起，又扔掉矛盾律和排中律。其实，这两个定律本身并不能与任何人为敌；而且归根到底也许没有一个人会不相信它们，这样，从各方面看来，还是让它们照常存在，听其自然的好。

排 中 律⑫

第十六节。逻辑上每一个可能的判断都必得是真的或假的，⑬这一公理当然有一个原理为根据。但是这个公理本身是否配合这一名称实成疑问，因为它应该属于选言判断一类。我们决不要幻想，以为这一公理可以提供选言结构的原理。实际上它不过是选言结构原理应用的一例。

第十七节。让我们回想一下选言判断的特性，我们当然记得在选言判断中，我们知道了一个实在的东西，还要进一步加以确定。它的性质（1）包括在一定的范围中，（2）这个范围具有多种不同互相抵触的东西，而我们所要决定的实在只能是其中的一种。便是在这个基础上⑭，我们才建立起我们的假设，而"或是——或是"的断语便由此完成。

排中律显示着所有这些特点。我们通过它来表明（1）任何主词A，一经我们提示它对某种性质的关系，立即按照那个宾词，在肯定和否定的范围中受到决定，而拒绝与这两项不相容的任何关系。（2）在这个范围内，主词只作为一个单独的成分而被修饰。确认了这两点之后，我们也达到了"或是——或是"的结构。

第十八节。可见排中律不过是选言结构之一例，我们决不能认

第五章 同一律、矛盾律、排中律和双重否定的原理

为这两种东西平行并立。排中律的二元和矛盾的选言分肢，完全以互相反对的对立物的存在为基础。选言结构则以互相排斥的东西存在为根据，而不问其数的多少，从这个根据又发展成为一种特殊状况的承认和否认，就是由排斥性又演进成为一种对立或矛盾性。一般不同和相反的选言结构是基础，而 b 和非-b 二元的分肢则全部建立在这个基础上。

第十九节。排中律只是选言结构的一种，它的本性可分为以下三方面：(1) 这种排中的选言结构也确认一个共通的性质。在"b 和非-b"里面，对 A 而言的共通性质就是对 b 的一般关系。(2) 这个选言结构指定一个包含着不相容的东西的范围。这里 b 的肯定或否定，便是 A 所嵌入的整个范围。A 不能越出这个范围，以及其中相反的成分完全无缺，这种情形也可以认为是我的软弱无力，所以不能找到其他成分。[15] (3) 这种选言结构只把这个范围以内的某一个成分归之于主词。这一部分的过程这里不需要特别解释。

第二十节。但是我们继续研究，可以发现有一点，排中律的原理又超过了选言判断的限制。它还包括了另一个原则，因为它同时承认了一切可能的存在有一种共同的性质。它说明了每一个实在的东西都具有一种特性，可使它在判断中对照每一个可能的宾词受到规定。那个特性便给每一种对象就每一种指出的关系而提供某种判断的基础。说得更明白一点就是，宇宙中每一个成分都具有一种性质，可以决定它对每一个其他成分的逻辑关系。

第二十一节。这个原理先于现实的选言结构而存在。它预先道出了一个关系的基础，虽然还不知道这种关系是什么。选言结构之所以能够发生，乃由于这个关系包括在一个相异相反的范围中。

由此我们可以看出，一方面排中律超乎选言结构之上，因为它具备一种自己决定的原理，为选言结构之所无。另一方面，在其进一步的发展中，它又不是任何其他的东西，而只能是选言结构之一例，必须等待包含在这个范围里的不同的宾词作为一个事实给予了它，才能正式形成。⑯

第二十二节。排中的选言结构必得靠着这个事实才能完全，就是当任何一个宾词提出来的时候，每一个成分的性质都可成为肯定或否定这个宾词的根据。它迫使我们采取一个，而且只能采取一个，肯定或否定，而不可能有其他的途径。

但是，这里我们一定又可以遇到一般人用来反对矛盾律的老话。有人说，认为 A 必须是 c 或非-c，是不对的。我们时常要说"都是"，有时也许要说"一样也不是"。不过我以为上章最后的讨论大概可以加强我们的地位。我完全承认当人家要我们回答"是或不是"的时候，我们有时必须回答"又是又不是"或者"一样也不是"。但是我认为这总是由于问题说得不清楚，要不然就是从一个错误的选言肢方面发问。⑰"运动是不是连续的？"这个问题，如果你不先说明，我若回答一个"是"字，你是否就认为我否认了它也是有间断的，那我就不能够答复。在这种情形下，我宁可回答"不是"，而不愿回答"是如此"。在连续性和间断性之间可能还有中间的东西，只有连续的和非-连续的之间才决不能有中介物存在。

我敢断言这里反对排中律的人所根据的理由完全是错误的。他们所说的不是固定的相反的东西，而是辩证的对立物，如果单一的对象里面存在的是辩证的对立物，我们就没有法子可以构成一个否定的判断。对立的一面不能用作正面的基础，借以建立另一面的否认。这一面并不能完全消除另一面,既然不能做到这一点,当然没有作为逻辑的反对方面的资格。因为只有能够消灭对方的相反的东西,才可以成为否定判断的基础。如果我们不能通过一种性质而否认另一种性质,那么我们的回答就必得是两种性质同时存在,一个也不能否认。我以为在这一点上是很难获得协调的。如果 b 的否定只是单纯的非-b,如果这就是与 b 一同含蓄在主词 A 里面的另一种东西,那么我认为就没有被排斥的中项了。但是上述反对的意见显然是从辩证的对立物出发,所以显得存在着中项,而与排中律不合。

第二十三节。前面已经说过,排中律乃是选言判断特殊的一例;只要明白了这一点,就可以破除历来关于这一原理所引起的一些谬论。

第一,我们断不要以为它是一种公式,可以用来像魔术一般的从未知的境界中召来知识的因素。如果说排中律能够给我们一种启示,使我们知道任一主词必须具有两个宾词当中的一个,那就是无稽之谈。因为纵使我们没有犯逻辑的错误,真正列举出了矛盾的性质,那也不能成为这个问题实质的正确说明。否定不足以说明矛盾物;而排中律所告诉我们的不外乎是,给予了某种可能的知识因素,对于有关这一因素的任何提示,你的正确的态度不是肯定便是否定,二者必居其一。

在选言判断一章中,我们已经知道,这种判断必得假定它的主词的存在,[18] 然而这主词不一定是文法的主词。讲到排中律的时候,据说它可以保证不是 b 就是非-b,作为 A 的宾词必得是对的,我们很自然地会想起,"这里有什么东西可以保证 A 的存在呢?"这个问题没有得到解答。事物本身或者是 b 或者是非-b。这是毫无疑义的，但这句话的真正主词是什么呢？归根结蒂，这倒未必是什么"物自身"，而是终极的实在，它可以完全拒斥我们提出来的整个的综合。在这个场合，我们马上就可以说事物本身在实在世界中是没有的，虽然作为一种虚幻的东西来看，无疑也各自有其性质。另一方面，如果我们假定事物本身有其存在，那就不是我们的排中律所能证明，而纯然是一种假定，为排中律的基据和它的先决条件了。

第二十四节。但有人说，"在真实与虚假之间，还有第三种可能，就是无意义"[19]（密尔，《逻辑》，第二卷第七章第五节）。对于这句话，我们必得回答，"是的，这是一种无意义的可能性，因此，也就是毫无意义的"。我也承认，如果说一个命题既不一定真实，也不一定虚妄，因为它可以没有意义，如果这样的理论是对的，那么排中律的说明便须加上一个"很大的限制"。可是我以为这个"限制"实际也许比表面上看来要大得多，它的作用也许远远超出我们所指定的狭小范围。但是另一方面，显而易见，一个命题既然毫无意义，当然不成其为命题；其次，同样明显，如果它有一点意思，那就必得是真的，或者是假的。一个宾词，我们既已真的知道"它是不能以任何可以理解的意义归之于主词"，那么，这个事实本身是不是已经构成否定的充分的根据？[20]可是这一般逻辑学家（密尔，同书）同时又把有限可分与无限可分看作矛盾的东西，以至于得出很奇怪的结果。其实照他们所说，即使这两个名词是绝对不相容的，也不能受排中律的支配，除非我们准备给这个公理如下的说明：无论何时，只要各种宾词是不相容的，那么纵然有三个或更多的可能性，这两个矛盾的可能性之中仍旧有一个一定是真实的。不过这样一来，"限制"是加上去了，但其所造成的困难也许比它所能解决的困难更多。

第二十五节。现在如果我们撇开这些基本错误，再来一探排中律所能给我们保证的真确知识的分量，便可看出我们并没有过甚其词。我们必须记住，即使我们的断语的主词可以是事物本身，我们还要随时小心防止一个错误。我们所肯定的可以是关于一个语词的意义，或只是关于我们头脑里面的观念，也可以把这些事实和另外一种事实相混同（第42页）。但是，纵然假定我们能够避免这一错误，当我们一临到否定判断的时候，关于否定的正面的基础，仍旧不断地存在着不可避免的暧昧性。也许我们对于暗中的秘密挖掘得很深，因而可以郑重其事地宣称事物本身不是三角形、也不是玫瑰色、也不是有麻点、也不是消化不良。但这告诉我们的究竟是什么呢？如果我们穷日夜之力，继续不断地否定下去，全是这等无意义的提示，试问我们能够多知道一点什么东西呢？假如否定的基础始终是一样，[21]每一个特别的否认都不可能包含什么特别的断言（第三章第121、124页）。

第二十六节。[22]排中律如果限制在它自己的范围以内，还是严格的真实。但是你却很容易把它说成一种形式，使它表现一种虚伪性，和我们讨论同一律和矛盾律的原理时所看到的相似。我们可以这样加以解释，"每一件东西或则单纯地和其他某种东西相同，或则与它毫无关系"。

这里我再一次提请读者注意成为排中律的根据的正面的原理。我们假定了知识里的每一个成分，都能和每一个其他成分建立某种关系。我们如果愿意的话，还可以给它一个形而上学的说明，不过这样做当然超出了排中律的范围。我们可以说，如果实在是和谐的个别的，它的存在就必得具有多数的成分，而且必得要使它们互相关联起来。所以前面的解释是讲不通的。

第二十七节。现在我们可以来谈一谈杰文斯教授对于这个问题的微妙议论，作为本题的附录，虽然很遗憾我对他的思想并不十分了解。他认为：*说"A=B 或 b"必得是不对的。因为"B 或 b"的否定是Bb，结果，A 的否定 a 本身必得是 Bb。对这一点反对的理由就是 Bb=O。但是由于"每一个名词在思想上都有其否定"，所以 A 的否定不能是 =O，因此"A=B 或 b"这一前提便间接证明了是不对的。于是杰文斯教授更进而得出一个概括的结论，认定一切判断只要是"A=B 或 b"的形式，便一定是错误的，我们应该代之以"A=AB 或 Ab"。

我完全同意上面最后的结果，但是杰文斯教授的论证在我看来是不恰当的，我感到他的结论和他的推理不能配合。先拿后一点来说，"A=AB 或 Ab"，作出这样的判断是对的，但它的否定是什么呢？我以为这个否定就是 AbB，而且我们必得断定 a=AbB。但是非常明显，AbB 这一项当然就是 =O。所以归根结蒂，我们还是剩下了一个结论，可以证明我们的前提是虚伪。

这个结果自然与论证不能调协，但尽管如此，这个结果还是完全确实的。我们不能说"A=B 或 b"，这是对的，我还可以证明为什么这必得是对的。我们不能不承认 A 必得具有一定的性质；但是一个东西如果只是 B 或 b，那就成了随便一种什么东西。Bb 就是无，

---

* 关于杰文斯教授符号的意义，参阅《科学原理》第 74 页。

所以凡是单纯非-Bb的东西便等于任何东西。但是由于 A 乃是一种确定的东西，所以又说"A＝任何东西"当然是不对的。因为"B 或 b"的范围是根本没有限制的。

这一点正好证明我们在第三章第十六节中所说的话。假如你把非-B 了解为 B 的彻底单纯的否定，那它就是无。如果采取这种看法，"A＝非-B"就不可能是正确的。所谓非-B 真正的意思不外乎是可以排斥 B 的一种不确定的一般的性质。只要 A 是一种确定的东西，A 就不能同时又是这样不确定的东西。我以为杰文斯教授的公式中既有 x 出现（《科学原理》第 94—95 页），他大概会同意我的见解的。

不过杰文斯教授认为不对的结论，实际却是很对的，而且是他所认为正确的主张的必然结果。如果把 A 当作真正的主词，[23] 为选言结构的基础，那么马上就必得引出"a＝无"的结论，因为"A 是 B 或非-B"本来假定而且规定了 A 是实在的。假若 a 不是非存在或无，而是别的任何东西，你就无法可以用 A 来做选言结构的基础。这里错了的不是这个结论，也不是它的前提，而是杰文斯教授对于否定的不正确的看法。

我承认我不一定正确理解了杰文斯教授的思想，但是他的论点似乎认为非存在是不可设想的，而每一个东西的否定却是可以设想的，因此，你不可能有一个非存在的否定。我们承认，如果把"存在"一词用于最广泛的可能的意义，这些话是可以说得过去的。一切非实在、不可能以及非存在的东西，只要它们是可以设想的，便都是存在的。但在这个意味中，就连无的本身[24]也是存在的，因此，这个论据还是整个落空。

假如一定要这样说，假如把存在理解为某种实在的意味，这种论证的缺点就更大。我们没有权利可以假定凡是真实的观念，它的对立面本身也必得是真实的。试以实在本身的观念为例来说，我们不能认为思维里面的一切观念都受到它们否定的限制。我很怀疑我们所达到的最高的名词，是不是可以说在思维中有其对立物，虽然我们有时由于错误也许会这样着想。但是如果认为与实在相矛盾的东西也必得是实在，这个逻辑的错误是很明显的，我不相信杰文斯教授会真有这种看法。

这里作为一段的结束，我可以指出一个很有趣的事实，也许是命运的讽刺，就是"经验"派好像也陷入了黑格尔的主要谬误。培恩教授的"相对律"受到了密尔的赞许，至少已经露出一种倾向，朝着那一方面发展。"我们的认识的真相可以看作是两种特性的相互否定。这里面每一个之所以有其正面的存在，正因为有另一个做它的反面"（《情绪论》第 571 页）。我不是要说培恩教授的这些不适当的语句便能表示他的真意，但是这已足够说明他已临近了危险的边缘。如果"经验"派确乎懂得了一些事实，他们就应该知道黑格尔的过失并不在于缺少，而在于有了太多的"相对性"。只要你同意培恩教授所说的话"我们所能知道的不过是各种关系"，只要你认为（如他所指示）这些关系都存于正面和反面、肯定和否定之间，这时你就已接受了正宗黑格尔主义的主要原理了。

双重否定或否定的否定[25]

第二十八节。显而易见，双重否定就是肯定。说"A 不是 B 是不确的"便等于正面的断语"A 是 B"。其所以如此,并不是由于加上去的否定仅否定了原来的判断。假若光是这样,我们就会落得一无所有。因为如果单纯非-A 就是零,那么非-非-A 如其是可能的,当然比零更不如。我们决不能说否定预先假定了一个肯定判断,因而否定被否定了之后,剩下来的还是那个肯定判断。我们在前面也已知道(第三章第四节),这个预想的肯定判断是没有的。

第二十九节。否定的否定之能成为肯定,真正的理由不过是这样。一切否定都含有一种正面基础的确认,而第二个否定的正面基础正是第一个否定所否定了的宾词。我不能说"A 不是 b 是不确的",除非我先已有了"A 是 b"的正面的知识。[26] 而我的无能为力的理由就在于,没有其他的知识可以成为充分基础。

第三十节。这里可以做一个简单的说明。我们现在都已知道,当我断定 A 不是 b 的时候,我是预先假定了 A 的里面含有一种性质与 b 互相排斥。这个性质我们可以 y 来表示。现在我想否定我的判断,当然和上回一样也需要一种性质作为我的第二次否定的根据。我们可以采取一种与 b 不同的性质,并假定这个性质 z 与 y 互相排斥,再来看一看结果如何。现在我们有了 Az 而排斥了与 b 互相排斥的 y。但这是没有什么用处的。我们仍然不能断定 A 是 b,或不是 b,因为 z 的本身在我们所能知道的范围之内,也许还与 b 互相排斥,恰和 y 一样。换言之,我们所得的结果不过是我们自己无能来否定"A 是 b";但我们真正所需要的乃是可以宣示这样的否定为虚妄的客观的基础。

我们无论采取哪一种其他的性质,都会得到同样的结果,除非是 b 本身。要想确定 b 并非不存在,只有证明 b 是存在。因为与 b

互相排斥可能的基础是无定的,你决不能靠着悉数列举 b 的否定就可消除这种基础。这只有在关于 A 的可能性,已由选言判断限定了一个数目的时候,才能够做到。但这里所说的情形并非如此。

例如,我们有了这样一个判断,"终极的实在是不可知的,"我们想要断言这个判断是虚伪的。我们可以揭发这个判断所根据的基础,并且进而证明这个基础不是有效的。毫无疑义,我们的做法可以十分令人钦佩,但结果我们至多也不过能够怀疑原来的判断,否认它的根据的真实性。如果我们想否定原来的判断,那么光是驳斥我们的论敌是不行的。我们必得向我们自己证明实在是可知的。否认 "A 不是 b",这个基础只有到 "A 是 b" 的里面去寻。[27]

第三十一节。现在让我来试图清除一个可能的误解的根源。也许有人说,否定一个判断的否定,在实际上总可用其他的方法做到,而不必凭借判断本身。譬如,"昨天下过雨",这句话就可以因昨天下雪而不对,也可因昨天天晴而不对。这三种情状每一个都可根据另一个而受到否定。所以 "昨天下过雨" 双重否定的结果,可以是 "下过雪",也可以是 "天晴";而我们要回到 "下过雨" 就不是通过双重否定,而要通过三次否定了。

不过这一诘难实系由于误解。诚然在否认 "下过雨" 的时候,我必得暗示并且使用某种不同的性质。再者,诚然我的内心所想以及准备提出的理由,可能就是 "下过雪",也可能就是 "天晴"。但是,如果你要认为我们的否定便真的以这两者当中的任一个为根据,那就是大错。不管你的心里是什么想法,任何逻辑也不能强使你承认你的否定要受 "下雪" 或者 "天晴" 的拘束。我们在否定中所用的并非整个不一致的东西,而是其中适合我们目的的一部分。我们的否定所确述的不过是这么多的性质的存在，恰足以排斥"下过雨"的判断。这个普遍性的"这么多"或者属于"下过雪"，或者属于"天晴"，如果没有"下过雨"的判断，无论怎样你总不能予以消除。换言之，如果你说"没有下过雨"，马上你就得牵连到一个"因为"，但这里牵连到的不过是一种未说明的性质。这个性质的证明无疑最后必得在反对的断语中才可发现，但单是反对或矛盾决不能够肯定这个或任何特殊的对立物。这只能肯定某些相反的东西，你也只有通过"下过雨"的判断才能把它消除。这里我们又碰到了前面（第三章第十九节）所说使否定的运用成为非常不可靠的那个经常的暧昧性。确实，双重否定的问题是很不容易处理的，我也不敢说本书不是正好提供了我所非难的错误的一例。*

---

*　我以为维恩先生（Mr.Venn）确已提供了这样的例子。[②]当我很高兴地能够读到他的"符号逻辑"的时候，自幸先已写成了本篇以及前面各章。我并没有感到我所写成的部分必须做什么改变，但是我却要利用他的主要论旨之一来证明否定的误用。这里加上的讨论只是作为一种附录，因为它并没有使本题前进一步。我只是要为我自己的见解辩护，因为这位素著名声的学者的理论和我恰恰相反。

维恩先生指出肯定的普遍性所含的暧昧性，即对这些普遍性是否肯定它们的文法主词的存在表示怀疑，如果我理解无误的话，接着他便断言，无论如何，否定总是决不含糊的（第141页）。这里且不必管他在其他地方，是否会不得不承认这个假定的反面是对的。总之，他在这里主要的根据就是认为否定只有一个意义。"所以结果不外乎如此，对于这样一个命题所肯定的东西，它只能看为假定的，而对于它所否定的，它就可看为绝对的"（142页）。xy的肯定无论何时总是暧昧的，因为 x 可以不是现实的；但 x 非-y 的否定却是完全明确的。他的理论似乎便建立在这个基础之上。

但本书读者当已知道，否定总是暧昧的。我们可以认为这一点已经确定，我也不必重来讨论与此有关的一般问题。我们首先可以注意到维恩先生的理论表面上就显得很荒谬。他的话实质上就是说，虽然你不知道一句话是什么意思，但你却总可明白否认它是什么意思。他的主张就是，如果你否定一个判断，然后又否定你的否定，这个判断的暧昧性立即可以完全消灭。不过这个过程一般并不是这样顺利。

但是最好先来证明这里面实际的错误。在进行批判之前，我们可以先指出几个基本的事实。你不能从一个可能的断语推论出一个真确的断语,但是你却总可以从可能的否定得出真确的否定。否认可能的 x(你当然决不能把"可能的"看作"仅仅是可能的"),就暗含着否认现实的 x。这是一种很平凡的理论,它的简单的应用就是,假若给予你一个 xy 的关系,你不知道它是可能的还是现实的,但是无论如何,如果你否定了它的可能性,那么毋庸置疑,同时你也就否定了它的现实性。这实在就是(除非我误解了它)维恩先生无意中所依据的整个原则,如果认为这便可以导致什么重大的结果,或者会使我们更好地了解假言判断,那就未免很奇怪了。

我不能十分明白他确切的论点,但我以为他的论点就是这样。肯定的判断既肯定又否定。维恩先生不会说肯定判断所肯定的只是单纯的可能性,但是他确已悄悄地假定了它所否定的是不可能性。(如果他不是作了这个假定,那他就一定犯了一个更简单的错误,下面还要转回来再说)。这就是说,他暗中毫无根据地假定了 x 非-y 便是确认 xy 的不可能性;只是由于否定了这个武断的固定关系,才使正面的 xy 不再是暗昧的。不过假如他真想把肯定判断限制到最低程度,只要它恰足否定对可能性的否定,那实在不如干脆直说"肯定判断所表述的不过是单纯的可能性"好了。这样做反而坦白爽直,容易理解,何必做了不说,尽管绕上两道否定的圈子,遮遮掩掩,令人生厌。再也没有一种行为比这个更武断的了。

我们可以换一个方式来说明这个问题。肯定判断以可能性为最低限,否定判断以不可能性为最高限。现在我们不能确定(我们可以这样来理解维恩先生)肯定的 xy 所表述的是最高限(现实性),还是最低限(可能性),但是它很明白地否定了否定,这是可以确定的。不过假如这个否定就因为任意固定在它的最大程度(不可能)上而成为很明确,那么很明显我们因此在事实上也就是把肯定固定在最低程度上。因为至少如果肯定有否定的作用,而且毫不模糊,其所以如此便因为它的最低限是充分的。这个推论的错误很简单。这个最低限不能成为充分,除非否定是被固定在最高限上。假定非-xy 意谓着"xy 并不存在",那么"x 是可能的"便不再能够否定它:因为 xy 可以不存在却仍然是可能的。其次,如果 xy 意味着"xy 是现实的",那么"xy 是不可能的"(或"如果有 x 则无 y")便不是它的对立面,而远超过了它的否定。简言之,由于非-xy 可以意味事实上的不存在,也可以意味不可能,所以要说这个否定毫无暧昧的地方当然很荒谬。而如果你有意要把否定的含意武断地固定下来,却是对于肯定的方面不同样照办,那又似乎没有道理可言。

结果,如果我们假定了非-xy 的意思真的就是表述非存在,就是否认 xy 的现实性,这个错误便很明显。你先说的是你不知道 xy 是断言存在,还是断言可能性,接着你又说它否定了 xy 的非存在。但是可能性不肯定存在,当然就不能否定非存在,这整个的程序决不能够贯彻下去,除非你很快从这一名词转到另一名词。

这个隐蔽的含糊之点,马上就在直接跟着来的奇怪的推论中产生了结果(第 143

第五章 同一律、矛盾律、排中律和双重否定的原理　　199

页)。假如我没有误解维恩先生,他显然是要从单纯的可能性过渡到正面肯定的存在判断。我承认他的形而上学使我吃惊,尤其钦佩他能有那种勇气装模作样,要弃绝所谓"超越论",而以"完全实事求是的方法"来看各种事物。让我们研究一下这个方法是怎么一回事。我们可以设想四种可能的情形,(1) x 连同 y,(2) x 非-y,(3) y 非-x,(4) 非-x 非-y。我们先有一个假设的断语 xy,这便消毁了(2)。再有一个类似的断语 yx,这就消毁了(3)。所以在第二个断语之后,只剩下了两个可能性,(1)和(4)。

"先前是三种正面的可能性,现在变成了两种;因为这便暗含着每一种东西必得既是 x 又是 y,或则两个都不是。这个程序再进一步,我们就可看出要想毫无疑义地确定四种之内任何一种的存在,三个这样的"[即假定的]"命题是必要的。如果我们细究 xy"[即非-x 非-y],"最后仍可还原为一个存在的断语,因为我们这样已经宣布了 xy 就是一切,即在我们讨论的范围内,每一个东西都既是 x 又是 y"(第143页)。

这些话在我看来,我们可以有两种了解的方法,但是无论照哪一种了解,他的论证都有问题。第一个方法便是把这些可能性当作一个全面选言结构里面的各项。正如维恩先生所说,我们知道"每一个东西都必得是 xy,或 x 非-y,或 y 非-x,或非-x 非-y"(142页)。这个选言结构乃以一个正面肯定的存在判断为基础,说到这里都很正确。但是我们不能不反对的就是,根据维恩先生的理论,我们没有办法可以假定这样一个选言结构。至少我实在不懂为什么"每一个东西都是四种可能性当中的一种"这句话一定可以解作正面的意义。其实假如我们期于毫不含糊,那就应该把它解作否定的意义。而如果你要把它看作否定的,它就根本不能证明这个结论。他的话就是说,凡不是四种可能性当中一种的,便是非存在(或不可能),但并没有说任何东西存在。这里所述的不过是每一种东西的可能性,从这一点无论你怎样论证,顶多也不过证明 xy 是可能的。如果你光是从可能性出发,那么即使你把其他的可能性完全化为乌有,只剩下一种可能性,你也决不能从单纯的可能性过渡到现实的存在。至少我相信"超越论者"将要特别高兴能够知道,维恩先生是以怎样"实事求是的方法"来完成这种业绩的。

由此可见,这个理论不能建立在肯定的存在的选言结构上。而没有这个基础,它就完全说不过去。非-x 非-y 须有一个假言判断才能消毁,在它的垂死挣扎中可以造成 xy 这个"存在的断语"。我并不想疑问这个假言命题究竟是怎样。也许像"如果有任何东西存在,xy 便存在"这样的假言判断可以适合此目的;但是除非它实际上是无条件的、非假设的、暗含着"xy 是现实"的断语本身,它就不能有这作用。这里我们面临着两个途径,必须选择其一,就是,或则完全抛弃否定优于肯定的主张,老实说明从存在的肯定出发;或则通过双重否定来证明 xy 的存在,先假定了所求的结论,再把它抽取出来。

他又说反对判断如"一切 x 是 y"和"没有一个 x 是 y"可以相容(145页),我们很易证明这些妙论也含着同样的暧昧性。但再来详细讨论这个问题是不值得的。如果你要玩弄它们的暧昧性,它们当然是可以相容的;不过那样一来,我实在不明白它们又

补充附注

① 关于名词的观念与其自身的关系，参考《论集》，索引"名词"条。

② "在一个事实的整体之内"，这个"事实"当然要理解为最广义的。

③ 一切真理都须抽象，而只要它是真理，就决不能由外使之不真。在怎样的程度上，抽象的真理可以成为完全真实，我在别的地方已经讨论过了。参阅《现象》及《论集》，索引。

④ "在 S—P 这一判断中"，"在"的后面应加"我们所说的"。"成为同一"之后应加"并作为一个成分加入新的 S—P 里面去"。下一句"属于实在"应加着重点。

⑤ 读者必须记住下面几点。各种差异都是可以相容的，假如你所要求的只在于辨认它们。如果它们只是联接在一起，那也都是可以相容的。无论何处一有了联合，这个联合的整体中便含有一种东西不仅是同一，这里作为单纯同一的整体不能加到每一个变异里面去。可是整体又必须分解开来成为选言肢，才能为我们所理解。选言结构的目的(参阅第四章第一节)就在于发现和说明各别的条件以代替联合的统一。至于为什么某些联合在事实上是可能，而其他的联合就是不可能的，逻辑并不过问。这个具体问题我以为主要属于心理学。以上可参看《现象》附录附注 A，及鲍桑葵《逻辑》第二卷第七章。

如何能叫作反对判断了。这种"很有趣而出人意表的应用"，我实在不能不认为是关于可能性和存在的关系那个出名学说极混乱的实例之一。但是除此而外必得承认，我也不会"以完全实事求是的方法来讨论这一问题"。

至于其他类似的错误，这里似乎已没有提出的必要。不过除了这些而外，他对于假言判断所说的话有不少地方我不能同意，不过在这一点上我的话也已讲得很够，不必多说了。很遗憾的就是在这里以及另外的处所(第七章)，我不得不强调我和维恩先生的分歧。为了补偿这一点，请容许我提出一个建议。假若维恩先生不是那么害怕"形而上学"和"超越论"，假若他不太拘迷"事实"，愿意"完全在科学和逻辑的基础上来讨论问题"，我想他就会更好地解决他所要解决的问题。无论如何，我很怀疑他的科学观念是否扩张太甚，以至有些"事实"的成见全无限制。假如他对于牵强附会能够感到厌恶，对于任意虚构有所顾忌，也许就可不至于陷入一系列严重的逻辑错误。

第五章 同一律、矛盾律、排中律和双重否定的原理

⑥ "和 A 相反的东西……于主词和属性的关系中",此句应为"与 A 不相容的东西,就不能在任何主词里面,与 A 相结合成为一单纯联合宾词,也不能和 A 相联存在于……关系中"。

⑦ "因为否定……反对的东西","承认"后应加"一种"两字。

⑧ 原文"从一种理论出发"即解释的意思,以别于"依据"。

⑨ 这里的要点如下,不相容的东西是存在的,没有人否认这一事实。而只要这些事实存在,矛盾律就是有效的。真正的问题乃是在怎样的限度内,和在如何的条件下,不相容的东西才可以发现,并且认为正当。换言之,矛盾本身的真实性在什么程度内是相对的,或多少属于一种现象?就我所理解,辩证法所要否认的也不过是绝对、完全、终极、固定的不相容的东西的真实性。关于这整个问题,可参阅拙著《现象》,索引,"矛盾"一项。

⑩ "我的意思就是",这里的要点就是,如果 A 当中有了差异,A 便决非单纯赤裸的 A。参阅第十节。

⑪ "静止不动的对立物"……"是有的",这些话是对的,但不过是现象。参看附注⑨。

⑫ 关于排中律的原理,除须参考鲍桑葵《逻辑》外,我还要加上几句话。这个原理预先假定了各自分开不相容的东西的世界,它的真理只是相对的,只限于看作这样一种世界的特性的实在。如果实在的东西不是这样,或者低于或者超过选言结构的水平面,这个原理就不能适用。如果我们采取一种观点,认为真理不一定完全真实,错误也非单纯的虚妄——这便是拙著《论集》及《现象》中所持的"见解"——那我们就必得承认排中律尽管是必要和重要的,但决非绝对的真实。

我否认它可以作为选言结构的原理,意思就是不承认选言判断能够把它当做现成的基础。可是另一方面,我们也可以认为它包含着选言结构的抽象形式。它就是一种包举无遗二元的选言结构,把一切不相容的东西,除了单独一种之外,完全集合在否定的方面,结果没有一种东西不在它的肯定或否定的范围内。这样人为的硬将全体中所有其他的成分变为空白,当然是一个严重的缺点。因为在这样一种单纯抽象的形态中,这些其他的成分都不是正面实在的,从而也就是根本不真实。这样,选言结构虽然详尽全面,但不过是虚构的二元的外貌,决不能使知识进步。须知知识真正的目的,就是要在具体细节中发现它的各别

成分完满的关系。

然而排中律在一种意味上,却较之单纯的选言结构来得更加基本,我们也可以说,多走了一步。它表明了选言结构的世界的现实状况。通过它,我们肯定了实在是"或者—或者"这一公式有效的境界,每一种东西决定了必得纳入这个范围以内,这就是说,每一种东西都不是自相矛盾的,否则便毫无意义。(关于这两个观念之间的关联,参阅编后论文第八篇)。但是恰如上面所说,这里我们所有的也不过是一种相对的真理,如果看作绝对的,那就大错了。

此外还须指出,每一个观念都得归之于实在,从而在某种意味中都是实在的,这一原则和排中律并无特别的联系。同样的话也可适用于如下的系论,即如果把一切可能的东西都排除尽净,只剩下一个,这留下来的一个便成为真确的实在。

⑬ "真的或假的",应参阅以上附注。

⑭ "在这个基础上",参看第四章第六节。

⑮ "我的软弱无力",参考第三章第九节。

⑯ "必须等待……事实……"这样说不如认为排中律不仅假定了宇宙之内任何处所都有一定的联系,而且各种不相容的东西之间也有一种特殊的联系。参阅附注⑫。

⑰ "错误的选言肢",不过假如我们这样说,就必得意谓着我们已经假定了排中律可以在它自己限定的范围之外有效,从而它在任何一处也不能够有效。其次,下一节中"错误"两字我以为不能成立。但是我同意这是很可能而且很容易,一个人对于排中律之正当和必要的应用也会无理加以反对的。

⑱ "它的主词的存在",参阅第四章第三节。

⑲ 密尔误用"对立物"一词,我以为是可以看作一种疏忽而予以原谅的;但他所说的"第三种可能性"理论似乎更坏得多了。他先采取了这样的可能性——关于一定提出的判断——假定它是无意义的,因此不成为现实的判断;然后又把它作为一种可能归入现实判断里面,插入其他两种可能的真与假之间。参看鲍桑葵《逻辑》第一卷352页(第二版)。

也许可以设想,密尔的意思不过是要警醒我们,无意义的观念或判断是没有的,所以决不可拿来应用。但如果真是这样,他提出这个意思的方式,我以为就是大错特错了。他所批评的著者使用的名词乃是"判断"而非"命题",这

第五章 同一律、矛盾律、排中律和双重否定的原理　　　　203

一点我们应该注意。

㉕ "否定的充分的根据"，这里"否定"最好改为"否认其可能性而加以摈斥"。

㉑ "否定的基础始终是一样"，应该加上"或至少是不知道的"。参阅第三章第十三节。

㉒ 这一节和第二十节一样，可参看附注⑫。

㉓ "把A当作真正的主词，""真正"一词应该着重。参看第四章第三节。其次，关于"实在"和"存在"参阅第二章第二节。

㉔ "就连无的本身"，关于"无"，参阅《论集》，索引，及编后论文第七篇。

㉕ "双重否定"，这一段所说的有一个严重错误。这一问题在鲍桑葵《逻辑》中全部都阐释得很清楚，参阅同书第一卷第302—307页和他的《知识与实在》第230页以下。

这里主要一点就是，双重否定只限于在有两个选择可能的地方才有效，否则它便不能有效。在一切否定中，我们总必有这个二元的选择。

我的论点的错误如下。我没有见到（如鲍桑葵博士所证明）一切否定都成立了一个全面的二元选言结构（参阅编后论文第六篇）。我们可以说，判断便把世界分为被选择的和残余的实在，在否定中后者必为被排斥的东西所修饰。这样有了一个"或者—或者"，当我们否定了我们的否定之时，剩下来的当然只有一个肯定。

我的错误已如上述，但除此而外，我的讨论我以为却把握了一个重要的真理。由于一切否定都建立在一个正面的基础上，虽则这个基础并没有表明在否定中，因此我们很容易引起一种错误。我们往往在心里面想到否定的基础时，便把它作为否定的紧要部分。这就是说，我们在"A(x)不是b"里，暗中对x作了说明，把它作为c来处理，视为我们的否定的唯一根据。这样一来，"A(x)不是b"就变成了"A(c)不是b"，而我们也就毫无依据地由被否定了的b的不存在而回到了c的存在。举个例说，我们须要等一等才好出门，因为地还没有干，接着否定了曾经下过雨之后，我可以急忙作出结论说地是干的——忘记了还有雪或露水。这里我已经把"不是雨后"变成了一个"干"字，错误地使单纯否定成为被修饰的东西了。

㉖ "正面的知识"，我们必须加上"直接的或间接的"。"说地不是干的是

不确的"这句话便凭着排斥一切与干的性质不相容的状态,以此为根据,虽然这个状态已经达到。

㉗ "A 是 b",我们应该加上"或在这样的知识中,即凡排斥 b 的东西即不属于 A,而只是(如果能成为一种东西的话)偶然的现象。"

㉘ 我现在很懊悔这段批评未免粗糙。维恩博士也许没有想到他的论著中所含的挑衅和刺激性。至于他是否应该意识到这一点,这里我也不想多说了。

第六章　判断的数量

第一节。如果你考察一个观念，只注意它的内容，①你便得到了它的内涵或含蓄。它的外延可以有两种不同的意义。它便是一个实例或多数实例，理想的或现实的。②它最后指实在，但也可以直接表示（a）任何包含有内涵的其他比较具体的观念，或（b）能用内涵来说明的任何个体。譬如，假若"马"所指的是一匹马所具有的各种属性，这就是采取了它的内涵。假若它指任何其他包括了马的观念，如拉车的马或赛跑的马，这就成了外延。其次，还有一种方法作为外延，就是把它用来指称个别的马。*

第二节。我们现在又碰到了一个已经为我们所熟悉的区别。观念是符号性的，而每一个符号所意谓的东西和它所代表的东西总是可以分开。一个标记可以指谓它本身以外某种东西；其所以能如此，就在于它可以人为地或自然地表达我们由之而辨认一个事物的性质。我们可以说，一个字不能意味其所代表的东西，也不能代表其所意味的东西。因为一个事实所由而被认识的性质，与符号的内容相合，却并非事实的本身。即使以抽象的东西来说，一个性质的实际情形决不止于这个性质本身。观念和实在我们都明知是不同的。

也许这是大家暗中保持的一个理想，总希望各别的字都能意味

---

* 假如用来指可能的马，便是（a）的意味，参看第 171, 179, 186 页。

其所代表的东西，代表其所意味的东西。在形而上学中，我们不能不认真考虑这个理想的要求。不过对于逻辑的目的，最好是不必管它。我们最好假定意义与意义所符合的事实不同。事实乃是一个体或多数个体，③而观念本身则是一普遍性。外延决不能还原为内涵。

第三节。这个差别可以用"外指"和"内包"这两个名词来表示。这两个词字已为英国公众所偏爱，而"内包"一语之无区别的滥用竟成为高人一等之标志。④但是这些用语在逻辑上实在没有什么好处。它们都是不必要的，而且是应该反对的。⑤它们并不比一般所用的名词更好，甚至还有很大的害处。既曰"内包"（connotation），当然就是"含蕴"，但是一个字的意义决不是它本来的含意。如果是个别物的名称，这个意义也许可以说是为名词所含蓄，但是一说到像"红"一类的形容词，或像"红色"这样的抽象名词，很明显此时"内包"的东西就根本不是属性，而是个别的实在。这样歪曲的用法只能引起误会。假如你愿意用一个表示含蕴的字眼来称谓通常直接意义所指的东西，那么由这个不幸的选择而产生的混乱当然是可以预期的了。

第四节。随伴着这个很随便的术语，还有一种迷信，我们也已部分加以驳斥（第二章第十七节）。据说词字可以是"无内包的"。又有人说，它可以表示一个主词，或者只表示一个属性。这两种说法都是不对的。没有一个像"白色"这样的词字只代表抽象的性质。*它直接意谓着这个，但间接还指示一个暗含的个体，白色的实际状

---

* 一切观念都暗含着它们的内容指向实在（第3页），因此也就是指个体。此外我们还可注意到抽象名词内容里面还暗含一个支持的主体。可见它们是双倍的修饰性。⑥

态。至于我们所已驳斥的那种理论,更没有多大道理可讲。一个个体的名称都必须伴有或暗含某些属性,否则名称和那一个体的结合,便是一个心理的不可能。这完全是由于缺乏思考,我们才会认为一个符号可以不合任何意义而仍能代表某种东西。

第五节。其实要证明一个字可以不含有任何意义,也不代表任何东西,是同样的容易。这一点我们不妨来详细研究一下,可能不无益处。我们已经见到一切命题都是"真确的"(第42页)。凡是关于词语的命题,只要你把它写成"S的意义是P",马上便成为明显的真实。但是还有一种判断,主词没有确定的意义,从而也不是一个完全的符号。例如"*magistri* 是 *magister* 的所有格",从这句话看来,我们也可以说有些字就没有外延和内涵。

试观下列三句话,"*Theophilus* 是希腊文","*Theophilus* 是热爱上帝","*Theophilus* 出麻疹"。第三句告诉我们一个人的病症。第二句说明一个名词的意义。第一句说的是这个字为某一符号系统当中的成分之一,但似乎没有给我们讲明它所代表的是什么以及指谓的是什么。假如一个符号总是具有确定含义的东西,那我们也就不能说所有的字都是符号了。我们可以知道一个声音仅是一种符号,此外别无所知。它代表某种事物,但我们不知道是什么;它也指谓着某种东西,我们也不知道是什么。

事情并非到此为止。连这个可以称为外延与内涵的最后残余的东西,也很难保持。我也可以把这个字当作一种普通的噪音。"你碰到那个人的时候,为什么要发出 *Theophilus* 这样一种声音?*Theophilus* 并不是好听的声音。"这里我们便没有含义、没有指谓,而且也不是一个字了。不过即使这样,在一个简陋的形态中,我们还是有了外延和内涵两面。我们可以区别在 Theophilus 里面结合的两种成分。就连在这里，它也仍旧是普遍性，是抽象和概括的结果。我所听到的声音总有各种差别，音调不同、说话的人不同、地点和时间也不同，但仍然是这个声音，这是整个事实的一面。另一面便是这个特殊的语声以及其他可能的特殊的语声。各种成分在这个初期演进阶段还是并存的。我们决不能把它们各自分开，除非出于一个错误。

第六节。让我们永远抛弃"内包"这一名词，不要再上它的当了。现在我们可以再来看一看另一种理论，不像那样迷惑人，却也同样的荒唐。有人说，外延与内涵是互相关联的，所以必得以某种方式联系起来。你所有的其中之一愈少，则另一个必然成反比例地随之而愈多。这些话大家都往往认为很可靠而且很重要。但是老实说，在我看来，这不过是琐屑的无稽之谈而已。⑦

（a）如果我们认为外延所指的便是意义与之符合的实在个体的数目，那么要说外延的增加便是含义的减少，就显得妄诞到很可笑的地步了。逻辑家为实际的三段论所驱使，得出一个结论好比产生了一个"孩子"，但是他的理论并无事实的证明。这个结论由前提的结合而来，无疑可以使他吃惊，也增加了他的经验，但不一定会减少他听到孩子这两个字时所能有的"意义"。他的新生的实例也许可以破坏他所下的"人是会笑的动物"的定义，但是由它而减少的内容含意却可以由其他属性而得到补偿，他也许会说他从来没有想到要说的一句话，所有的孩子都是祸害。

显而易见，新的实例可以发现很重要而一直被忽视的属性，从而使内涵得到增加。在这个意味中来了解，上述理论便是错误。而

第六章 判断的数量

如果你要把"现实的"个体改为"可能的"个体，含义的减少也不能增添数目。如果所谓可能的便指假定存在的而言，那么我们就可以说在事实上复杂的和简单的东西都可以成为可能；而且简单的也可以是不可能的。但是如果你认为可能的就是指我们能够任意设想造作而产生的东西（参阅第 203 页），那么很显然，我们已经撇开了原来讨论的外延的意思。这样一来，外延就已不再存在于个体之中，[⑧] 而成为通过分析可以找出其意义的各种属性的组合了。

第七节。但是（b）纵使我们给予外延这种解释，外延内涵数量按反比例说也是不对的。假如你把各种观念加以比较，便可发现更狭隘的意义不一定便能更广泛地适用。举一个简单的例子，视觉的观念，大家都可承认，它的含义来得比味觉或嗅觉的观念更加具体完全。然而后二者的外延却并不更大。任何处所，如果讲到那种形容词或形容词的集合，互相并列，没有涵属的关系，这种理论马上便说不过去。由于较大程度的空洞性并非更进一步抽象的结果，也就没有理由可以认为内容较少的形容词能够说明更多数目的种类了。

如果不谈标记与标记的组合，而代之以定律或组合的型式，同样的话还是有效。如果这些定律彼此不相隶属，都或属于一个总类，你也就没有法子可以加以比较，而得出较空虚的其范围更广泛、较广泛的其内容更空虚的结论。

第八节。这种理论毫无疑问也涵有一些真理，然而它的真理不过是如下面所说。如果你有了许多描写性的标记或定律，把它们排列成为一个金字塔形；如果你把所有没有下位观念的观念放在底层，作为最下一层的砖石；如果你把每两块这样的砖石所有的差别完全减去，再将剩下来的部分放在这两块砖石的上面，作为砌在上面的第二层；如果你这样一层一层地砌上去，使每一层愈往上去愈窄——如果照此而行，造成一个金字塔，那么，在几何学上确实是越到上层砖石越少，越到下层砖石越多。因为上层都是丢掉了下层的差异而建立起来的，显而易见，这个金字塔越来越窄的时候，上层的每一块砖石都放在更多的砖石上面，也就是可以说明更多的事物。这是不可否认的，但它可以得到什么结果呢？结果不过是，如果你把你的材料排列成一定的几何形式，那便会有一定的几何性质。这是确实的，但在我看来却似乎没有多大意思。

第九节。诚然，我承认，如果 B 一定是 C，那么，假定 A 是 B，那它也就是 C。但是，假如你要将这个作为关于 A 的真理提供给我，我实在不会觉得感谢。在我看来这似乎更像是关于 B 的真理。你所以认为我应该感谢，不过因为你告诉我 A 也是 B，或也许会成为 B。而这却正是问题的要点所在。如果你把观念按照一定的方式加以排列，这些观念当然获得这一排列的性质。谁怀疑这件事呢？其实，第一件可以怀疑的就是有没有可能把一切观念都照这样安排；其次可以怀疑的就是这样安排有没有道理。假如这并不是物质界的自然关系，假如这是勉强的、无理由的，那么你提供给我的真理也许就毫无效益。这样，它便和我们所要解决的现实问题不生关系。

如果你以形容词的观念为限，那么（虽则我并不同意这种看法）我以为你或多或少常有把握可以完成金字塔的排列的；但是我也以为你过高估计了这种排列的价值。如果推理的过程真的不外乎就是把下层的砖石包摄在上层砖石的下面，你的精心结构当然可以发挥作用而有生命力；这个梯形的系统自将如葱茏的绿树，不是假装博学的虚饰，而开放出知识的香花。不过推理实在远非总是包摄的作用，这个迷妄的根苗一经斩断，你的绿树马上便要枯萎，在现实存在的气息之前完全破裂。你的观念排列法所有的重要性，实在都来于一个根本的错误（参阅第二部第一篇第二章）。

第十节。还有一个反对的论点我们不能详细讨论，但是也不能不提到。如果你不以形容词及其组合的观念自限，便会怎样呢？在这种情形下，我们可以采取个体的观念。如果你所有的观念是较小的整体包括于而且从属于较大的整体，是不是还可以说综合的范围愈广，它的内容便随之而愈浅呢？普遍性总是比特殊物更为抽象吗？国家的观念其内容果然不及公民的观念来得丰富吗？我们能够说灵魂的抽象性一定超过任何特殊心理事件的抽象性吗？难道上帝的观念真的不如一个分子的观念圆满充足吗？我们试仔细考察一个综合统一体的观念，实在看不出综合的作用愈高愈广，其所含有的属性就一定会比在它之下的综合为少。假如我们认为综合可以不是由较低的综合抽象而成，而是这些较低的抽象之个别化，那么上面已经证明为废话的那种理论，便又显得是一种正面的错误了。

所以我相信，这一反对的论点力量也是不大的。只有很少的读者不会一眼识破它的愚妄和狂悖。⑨彻底批判这种愚谬的见解乃是形而上学的事。这里，为了逻辑的目的，只须指出这个论点已经不为人所重视，虽然它的本身并没有什么可鄙的地方，也就够了。

撇开上述可能的异议不谈，只限于考察标记及其集合的型式，我们可以作出这样的结语：外延与内涵反比例关系的定律并不是观念本身的定律；而是金字塔式排列的定律；这种排列适用于观念，即使在可能的场合，也无什么重要性可言。我们很可以把它抛入逻辑的垃圾堆里去。

第十一节。我们所要讨论的次一问题还是有关外延和内涵的。[⑩]如果我们离开单纯观念，进一步讨论到判断，我们还是可以问：这些判断所说的是不是关于它们所包括各成分的外延，或内涵，抑或两者都有关呢？我们决不能忽视这个问题，因为它可以引起一些危险的幻觉。我要首先说明每一个命题，不管从外延方面还是从内涵方面来看都可以。然后我再来证明，首先，一切命题都能用外延来解释，其次，从内涵来解释一切命题也是一样。

第十二节。每一个判断都是作出一个双重肯定，或一个肯定的两方面。它确定了不同属性的联系，间接指明一个同一的主词；或直接断言主词的同一，而暗示它的属性的不同。如果你愿意专考察主词（直接或终极的）的同一，你就是从外延方面来看这个判断。如果你着重不同属性或差别的联系，你就是从内涵方面来看这个判断。不能说每一个判断都是自然地可从两方面来加以解释。我们只能说一切判断都能够从这两方面的任一面得到正确的、合理的理解。

譬如"狗是哺乳动物"这一命题，这个意思可以是凡有狗这一物的地方，其物也必是一个哺乳动物；也可以说某种东西有了狗这一属性，同时亦必具有哺乳动物这一属性。每一个判断可以加以任一解释，都是一样。

第十三节。现在我们可以暂时不谈内涵，先来讨论外延的解释。我们发现这里面含有迷惑人的错误。一般的理论都以为外延的看法就是把一种东西括入到某一种类或集团里面去。据说，像"狗是哺乳动物"这样的判断所真正肯定的并非狗的属性，它所断言的不过是叫作狗的这种东西包括在哺乳动物的种类中。这已成了一种流行的理论，但我实在看不出它有什么真实内容，除了错误和混乱而外。

不过，当我们听到一个东西包括在一个种类中的时候，至少这是很形象化的。但是你要企图把握它的时候，马上就会发觉这只是一团迷雾，并非真实。所谓种类，如果要成为真实的，我以为就必得是一个集团或个体的集合，不存在于我的头脑中，则必存在于我的头脑之外，二者必居其一。后一场合不可能是原来的意思。找不到一个现实物质的集体可以与每一个概括的名词相对应。因为每一个单独的标记或符号都应该是这样一个集体的基础，我实在想象不出任何人会相信有这等奇怪的组合，或集群的复合物在事理上真的存在。

第十四节。"种类是心理的，不是事物的集合体，这不过是我们私心自用，把我们自己心灵里面的影像放在一起罢了。"但是，不是为了矜奇炫异，我必得坦白地说，在我的心灵里面我实在找不出有这些种类。所谓种类我想你的意思就是指一组实际存在的影像而言；但是当我面对事实，观察我自己的心灵，在我听到"哺乳动物"或者"三角形"或者"猫"这些名词，我的心灵中究竟有些什么的时候，我实在找不出一个现实的集合体。如果要说"哺乳动物"一词便是一群哺乳动物影像的名称，这些影像便聚集在我的心灵领域里，其中可以分别出这里有一小群狗，那里躺着所有的猫，还有老鼠、兔子以及大象，都标明着各种特殊的纵横交错的记号，如"四足类"、"食肉类"、"胎生类"以及其他天晓得的什么类——这种想法我以为是不大合乎事实的。

第十五节。所有这些集合和群体都是纯粹的神话,根本不是实在。但是,我们不妨假定它们是现实存在。从这些荒唐的神话中,我们无意之中,却可以掌握一种真理。假定"哺乳动物"为许多哺乳动物意象所构成的一个集团,"狗"为狗的意象的心理的群体,而"狗是哺乳动物"这个判断就是把前者包括在后者之中。这究竟能够有什么意思呢?

如果我注视这些哺乳动物,我或者可以认识哪些哺乳动物是狗,或者看不出这一点。(a)假定我可以认识清楚,那么所谓包括的意思当然就是说在我现有的哺乳动物意象中,有一定的数量也是狗,而环绕这些狗的四周或与之混在一起的便是其余非狗的哺乳动物意象。这个判断所表述的便是我的心灵中狗-哺乳动物对属于老鼠、猫、兔子等等各部分哺乳动物相互之间的空间关系。但是像这样的并列杂呈,尽管在我的幻想里面非常真切,却分明不是我们在判断中所要表达的东西。我所要说明的只是关于狗的某种真实的事情,至于我的头脑里面虚构的那种局部关系显然没有一点表示外在存在的意思。

(b)如果我不能辨明哪些哺乳动物是狗,情形自有不同。我观察我的心灵中哺乳动物的集合体,不能把狗和猫分别开来。我说不出哪些意象是狗-意象,但我知道所有的狗都在那里。它们就在哺乳动物的围栏中,而决不能出乎其外。哺乳动物好像遍布于一个心理的牧场,而所有的狗则在栅栏的一边。可是这也并非我所要说明的事情。我的狗意象在环绕着我的哺乳动物围场中的位置,当然不

第六章　判断的数量

是我所要说的"狗是哺乳动物"这句话的真意。

第十六节。这些解释都是虚构——这是一种反对意见。还有一种反对意见——也都是毫无益处的虚构。这些解释不仅缺乏根据，而且没有用处。它们也不曾做到把整个的命题都解作外延的意味。如果所谓外延便指称作哺乳动物的对象而言，那么在这两种场合"哺乳动物"就这个意味便都不是宾词。说"狗为哺乳动物所围绕"，并不等于说"狗是哺乳动物"。一群对象是一回事；而对于这一群对象或客体的空间关系，无论是不确定的还是确定的，很明显当然是另一回事。不仅如此，这个关系还是狗的一种属性。位置的关系决非事物的本身，而是用作宾词来使狗得到修饰。*纵使表面的宾词作为外延来看，这个命题还是有一部分从内涵方面加以理解；因为它确已说明了主词的一种属性。说某种东西包括于某一种类中便毫无意义，如果这个种类只是单纯个体本身，而系词仅举出它们来表述主词的话。但是，如果这个判断所肯定的是对于这些个体当中的一部分，或其所占的地面，或者隔离它们的圈栏的空间关系，那么这个判断所肯定的便确实是一种属性了。

第十七节。如果我们要坚持外延，我们就必得坚持客体，我们也就是要用这些客体来说明主词。在"狗是哺乳动物"这个判断里，我们必得用"一些哺乳动物"来说明狗。这里所肯定的必得是同一的关系。狗和狗-哺乳动物乃是同样的东西。（参阅第一章第十七节）。

---

* 我不是说 A 对 B 的空间关系除了是 A 的一种属性而外便一无所有。但它总是这样一种属性。

假如它们完全相同，那就没有差别了。如此，它们便无从区别开来，而判断的两端势必合而为一。这样一来，判断也就要随之而消灭。因此又必得有某种差别存在才行；我们所要说的意思大概就是：虽则狗和狗-哺乳动物是一样的东西，然而尽管如此——下面说的到底是什么呢？这里正是我们的分歧所在。

我们可以说，尽管如此，它们却有时在哺乳动物的围场内，有时又在外面，这便是它们的差异。是狗的哺乳动物有时可以自己集结在一起，在我们心灵的境界中跑到很远的地方去，而在其他时候，好像为一种神秘的力量所驱使，又可以和所有热血动物成为伴侣。但是这种奇怪的神话实在并不能符合我们的意思。我们的用意决不是要说这些狗能够毫不关心地存在于我的心灵中围栏的这边或那边。

第十八节。"狗-哺乳动物和狗完全是一样的，不过它们的名称却不相同。你有的是一群个体，其本身并无改变。所有说出来的差别只是'哺乳动物'和'狗'这两个名称或符号的差别。这个差别当然也是很真实的，说'狗是哺乳动物'，我们的意思就是断言某些确定不可分的客体有了两个名称。这恰似它们举行两次命名典礼，或者一次起了两个名字，这才是你的心里所要讲的秘密话。"

这种解释有一个好处，就是非常简单。可是对于通达事理的人，也许不免太简单了一点。要相信这种见解，不能"凭着观察"，而需要脱离现实的世界，过渡到信仰的世界。哲学不可能给它证据，很少的学者会承认它。这是唯名论的主张，实在经不住讨论。如果认为我们关于事物的断语所表述的除名称而外没有别的东西，这不过是回到唯名论者的立场，自以为已知宇宙的秘奥，实则一无

第六章 判断的数量

所知。

第十九节。上述前一个解释是说这些个体虽然是一样的，却在哺乳动物围栏的内外，跑进跑出。后一个解释是说它们虽然相同，它们的名称却不同。第一个解释是虚构，第二个解释则抹煞了所要解释的事实。两种解释一个也不能说明判断的的意义，但归根到底都表述了主词的属性。对于一个集群或环绕着它的围栏的位置的改变，就是一种空间属性。有了一个，或两个，或者三个名称，也就是一种属性。这里的主词不是两个不同的名称，而是主词有了这两个名称。这一名称并非就是另一名称，而是与之并存。这个东西既有分别，就决不是另一个东西；不过两者具有一种相同的性质。按照唯名论者的解释，实际的宾词不是当作外延的东西。这种解释不仅是可笑的谬误，而且如果我们承认它为真实，它还是说明了主词的一种属性。

"狗是哺乳动物"这一判断自然而真确的解释乃是，狗和哺乳动物只是不同的属性，这两种不同的属性同时存在于同一种事物之中；或者还是这样说，虽则这些东西确实是相同的，尽管如此，它们却具备两种不同的属性，狗和哺乳动物。不过，如果采取了这个很自然的解释，就必得抛弃主词包括于宾词之内的谬论。

第二十节。如果你把外延理解为不同的意味，结果仍然一样。我们可以认为哺乳动物的种类不仅包括是哺乳动物的那些个体的集合体，而且也包括是哺乳动物的那种东西的各别种类。"狗是一个种类，上述判断便是把狗的种类包括于所有其他种类之中。"这样说究竟是什么意思，的确很成疑问，但是不管它的意思如何，我们并没有把外延作为宾词来加以肯定。如果我在我的心灵中有了一堆已知或未知的种类的聚集物,并且说狗就在这个聚集物之中,那么我确实是断言了狗对于这一堆成分或其所占地面的空间关系。但这种关系当然就是一种属性。其次,如果我的意思是说狗是一个单元,加上别的单元,所得的总和我便称之为"哺乳动物",这样,我还是断言了狗对别的单元的一种关系,这种关系所产生的结果仍然是一种属性。再则,如果我的意思是指狗有了哺乳动物,其他的种类知与不知也有了哺乳动物,或者狗和那些其他种类一样,都有哺乳动物,那么我仍旧说明了狗的一种属性,即有了一种属性,也就是在这一点上狗和其他种类表现了同一性。

这几种解释都是牵强的,不自然的。它们当中没有一个真是我在说"狗是哺乳动物"这句话时心里所要说的意思。我所要确述的决不是小种类包入大种类。即使我所确述的就是包括,我的宾词也是一种属性。哺乳动物外延的全部或一部并非真正的宾词。宾词乃是我对于主词所肯定或否定的东西,而一个事物当然跟它与另一事物之间的关系不能混为一谈。

第二十一节。假如你说,"狗子加上别的客体,构成一个总和,便是我们所知道的哺乳动物",那么帮助造成这样一个总数也就是一种无可否认的属性。假如你说,"狗子和一群其他的东西分有哺乳动物这一共同的性质",这更是一种属性。假如你设想这些狗子和哺乳动物是在两个毗连的圈栏不同的地段上,再假如你拆除你的心灵中把它们分隔开来的栅栏,那么你就不能说"这些狗子是在哺乳动物之中",除非你准备采取袋鼠做模型或其他类似的想象。它们在位置上与其他哺乳动物,或圈围一切哺乳动物于其内的地面或围栏,发生一定的关系。这个位置的关系便是一种表示属性的

第六章 判断的数量

宾词。

你向之乞灵的那种神话并没有支持你的力量，而如果你要投入唯名论的怀抱，那么你所得到的事实的说明也是片面到荒谬的程度，而且名称的不同还是一种属性。

最后，如果你为了免除困难而这样说，"种类不是在我头脑里面或者外面的真正的集合体，而是一个名称，代表着具有一定属性的许多可能的客观对象"，这样一来，回答就很简单了。如果种类不再是一个聚集物或集合体，那就和一种单纯的描写的字眼差不多了。"狗包括在一个可能的组合中，这个组合的成分都是哺乳动物"，"狗是属于哺乳动物的形状"。"狗具有哺乳动物的属性"。这三种断语究竟有什么不同呢？我问你，这里面是不是有差别，假如有，这个差别是什么？把真实的狗包括在仅可能的东西当中，这不会是你心目中的目的。[⑪] 你的意思一定是说，"狗具有这个属性，由此属性而与其他可能的哺乳动物联系起来"。这个句子的后一部分需要解释一下。我们必须这样来理解，"狗不仅是哺乳动物，而且假定有任何一种东西也是哺乳动物，那我们就可推定这个东西和狗之间存在一种关系"。什么关系呢？当然不是并列杂陈，那太荒谬了。这里所指的关系除了共同具有的一种属性以外，不可能有任何其他的基础。包括在可能的哺乳动物的种类中，只意味着具有哺乳动物的属性，再加上与其他任何具有相同描述的事物一种假定的同一关系。我们用作宾词的有两种东西，第一为一种性质，其次就是对于假定为具有同样性质可能的客体的关系。这两个宾词都是属性，后一个也许是多余的增加。如果以为用上"可能的"一词就可帮助我们真有所得，而不至于陷入很坏的形而上学，那就是错误。

最容易堕于这个迷妄的便是那些自以为超乎形而上学以上的人。

现在我们可以作一个简短的总结,把整个判断作外延的理解唯一的办法⑫,就是认为它是表述不同的个体之间同一的关系。两个个体原是一个,虽则它们的属性不同。⑬这仅是不同属性相互关联于同一个体之中这一判断的另一面。把主词看作包括在宾词里面,第一,不过是以虚构代替事实,第二,还是说明一个属性,并没有把整个判断都从外延来理解。但是,如果只有主词作为外延来看,那么很明显,被确述的东西当然是多数属性在一个个体或许多个体之内联结在一起了。

第二十二节⑭。每一个判断都可从外延来看。虽然有些判断可以呈现两个或更多彼此相联的主词,但所有判断都可还原为一个主词之中内容结合的肯定。譬如"A在B右边",这整个的表象便是主词,而A对B的空间关系便是它的一种属性。"恺撒是病了",在这个判断中说明了同一个人是病了又是恺撒。在"狗是哺乳动物"里,便是宣称某种东西同时兼为二者。就这样的外延的意味来说,每一个命题都能作外延的解释。

我们现在要追问的是:是否每一个判断都能从内涵来理解。是否不止宾词,而且就连主词也能还原为单纯内容呢?是不是它们都在于断言多数属性的联结呢?在"恺撒是病了"这一判断中,我们确实有了几个形容词联在一起,但是有人会说,"此外,我们还有一些别的东西,就是这些性质作为宾词所说明的个体,这一个体是有限的、确定的。我们承认在每一个内涵的判断中,你总指终极的实在,这个实在也是一个个体,可是终极的主词并不影响判断。⑮它作为给予的东西是不确定的,只是在判断的范围内成为确定,因而它也不会妨害形容词的联结。然而，如果你有的是一个有限的或限定的主词，那么这个主词便会发生干涉的作用。"恺撒是病了"，如果这里所指的不是一个恺撒，这一判断就不可能是真实的。你不能取消这一个别的人物，而当他留下来的时候，他就要阻止你从内涵来理解这个判断。"

第二十三节。前面我们已经驳斥了这一反对的意见，证明每一个这样的判断实际上都是假言的，都是彻底的普遍性（第二章）。如果把主词当作一个存在的个体或个体的组合，那么无疑判断当然成为直言的、不可能从内涵方面来理解。譬如，"所有这六只羊都患了寄生衰弱病"，"威廉征服英国"，"我正感头痛"，在这三个判断中，如果"这些羊"，或"威廉"，或"我"，都看作时间序列中感觉的个体，这种特性就一定渗入整个的断语，我们也就决不能把它还原为若干形容词假言的综合。但是我们在第二章中的分析却明示我们这个还原是避免不了的。我们探索判断所合的真实性，最后特殊主词还是成为内容的一个未述明的条件。所以这个断语还是假言的。它联结了单纯的形容词，虽然联结起来的都是含糊的、不确定的。判断的真正主词并非这个或那个限定的人或事物，而是终极的实在。表面的主词的一切性质，都转化为各种属性普遍的联结的一个条件。前面经过很仔细的论证才得到这个结果，这里没有重行讨论的必要。它是不是能够成立，便要看我们的第二章为断，只要它能够站得住脚，我们便必得接受每一判断都可从内涵方面来理解的结论。

第二十四节。所以，当表面的主词是一个特殊现象[16]或多数现象集合体的时候，那就不是普通方法所能使之还原。要从内涵方面来理解这种主词，必须适用第二章所讨论的结果。可是在其他场合，补救的方法便比较明显，也更容易实施。"有些侵入者必须追究"，"有些英国公民将受绞刑"，"有些不可能的场合对的变成不对"，这些话我想都应称作特称判断，然而它们当中却没有一个一定指这个或那个现象。这里的"有些"两字的意义可以是"在有些或某种条件下"。它可以描写属性，而并不指个体。

许多地方，"有些"一词很清楚的不是指示这一或那一特别物或特别物的组合。"有些罪恶应该判死刑"，"有些疾病患者必须隔离"，在这些断语里，我们的意思就是，有了我们不曾明述的某种罪名或疾病，则必有另一种事物随之而发生。这里的判断只是把单纯属性和属性联系起来。它并不是断言这个或那个罪名或疾病的存在。它是假言的，很自然地马上就会从内涵方面来理解。[17]

第二十五节。其次，"有些"还可以表示一个未知的数值。"有些英国公民明年将受绞刑"，这里指的可不是某一种类，而是将要遭遇这种命运的英国公民的一个未说明的数量。这个命题所表述的是一特殊事件，所以最后必得按第二章所说的方法予以分析。但是它所预告的事件一部分已经剥除了特殊性。因为构成一个数字，或者合成一个总数，便是一种属性；这就是一个概括的形容词，在这个限度内，主词已经净化了。从内涵方面来看，这个判断的意思不外乎如下，"给予了某些条件，一部分未明述，一部分已说明为英国公民的属性和合成某一数目的属性，那么就将怎样……"。

认为数字[18]一定会带来特殊性而消除内涵，这实在是一个根本的错误。这个谬误暴露了一个很坏的形而上学的根源。其实数量也不过是一种属性。怎么能说加上一个普遍的性质，我们对于判断就必得只从外延方面来加以理解呢？它怎样能够促进这么一种结果呢？你也许可以说，除了实际现象以外，没有别的东西可以计数，但是这种说法也与事实不符。譬如说"如果两个人变成三个人，则四个人便要变成六个人"，我以为这是一个假言判断。不单你可以认为这个判断是联接了几种属性，而且我也看不出你能有其他的解释。[19] 如果硬说这里的主词真是一个幻想的实例，两个就是三个，这个例子是一个特殊的事件，那是毫无用处的。因为它根本不是这么一回事。这是一个假想的条件，如果确系存在，真是古怪极了，但是它并不存在，而且也决不能成为真实的事情。

第二十六节。把定数或定量的主词当作特殊物这一观念，一与事实相对照，马上就会烟消云散。数的特性也不过是一种特性。它只是一个形容词，没有一个形容词或形容词的聚集能够造成超乎抽象的普遍性以外的东西。假定一个现象在事实上或思想上可以分割。它的这种可分性就是一种一般的性质，也可以为其他的现象所具有，这个性质决不能使某一现象与其他的现象有所不同。当作若干单位的集合体，由一定的分量加成一个总数，这决不是任何一种单独的现象所特有的属性，所以无论在哪一种意味中都不可能带来独特的性质。其次，如果把主词看为一个定量与另一数量形成分数关系，根据这些单纯的性质，认为你已经离开了普遍性，达到了存在，[20] 那也是完全荒谬的。"假使一枚硬币抛掷一千次，大概总有一半的次数是铸有人像的一面向上"，这里便纯然是一个内涵的判断，其中所包括的没有别的东西，只是单纯的普遍性，仅乎假设的形容词的联合。当然，假如你说，"这个硬币在一半抛掷的次数中，会以铸有人像的一面向上"，情形便不同了，可是并非数字使它发生变化。这个主词之成为特别物,并非因为它是计数的,而正因为它不是计数,因为它超乎数字之上,出乎其外,而被当作一个特殊的事实。它必得根据第二章所提出的方法才能分解还原。但是一到计数,在其成为数量的限度以内,它便已被约化,已经除属性而外没有任何别的东西了。

第二十七节。现在我们可以谈到另一种迷信。如果所谓内涵指的是一个字的意义,而外延便是这个意义作为宾词所能如实说明的若干现实的对象,那么,外延和内涵便都相对于我们的知识,而自必随我们经验的变更而消长。例如"哺乳动物",这一名词的意义已经起了变化,而且将来还要改变。我们无法给这一名词所能提供的情况下一个限制,因为我们不知道哺乳这件事究竟可以发现含有多少属性。而我们称之为"哺乳动物"的对象的数目当然也决不是固定的。这些考虑似乎太明显了,照理不应该被忽视,然而正因为许多人对这几点熟视无睹,以至造成严重的错误。

某些判断里面,宾词无关于主词的"本质",有人警告我们,这等判断内涵的解释是不可能的。譬如,"所有美国公民都知道他们大总统的姓名",据说,这个判断就只能从外延来理解(参阅维恩《符号逻辑》第 395 页)。[21]这里一组属性与另一组属性不可能连接起来,因为断语所说的联系完全是偶然的。其实,这里的错误是很明白的。假若我认识每一个美国公民,并根据这个认识作出我的断语,那么在这个过程中,我自然知道了我所说的属性存在于每一个美国公民的身上。在我已经注意考察了每一个美国公民以后,知道他的大总统的姓名就成了他的属性的一种,也就是他的意义的一部分;而在我没有这样做之前,我就不能这样说。如果外延增加了,

第六章 判断的数量

意义也必随之而增加。也许有人说，假如一个标志是"美国人"的内涵的一部分，我们就可以用它来表述将来的美国公民，恰和表述现在的美国人一样，这种反对意见也不值得一驳。如果这里主词可以代表"所有将来的美国人"，那么这个属性也就马上成了那些未来的美国人含义的一部分了。反之，如果这个主词只限于现在，那么上述特征便是"现在美国人"含义的一部分，而你也就不能使用它来形容未来的美国人了。

这个判断之成为特殊，决非因为它是"偶然的"，而是因为美国公民都是时间里面的事实。这恰如我们把它改成"美国公民是美国人"，是同样的特殊。当然，如果主词所指的公民不是真人，也不是真实的意象，而只是指可能性，那么这个判断马上便成了假设的，我们不必借助于第二章所讨论的方法就可使之还原了。

第二十八节。认为固有名词没有"内包"，这种看法（第四节）也建立于同样的误解之上。[22] 这里的意义是不确定的，于是便引起根本没有意义存在的思想。但是我们只要简单地一问，"它的外指是固定的吗？"马上便可使我们明白，这里和任何其他地方一样，内涵与外延也是一致起伏的。

这两种东西都相对于我们的知识。而察觉到这一点，便足以致康德所主张的一个有名的区别之死命。判断决不是固定"综合的"或"分析的"，它的特性随各人具有的知识，因不同的时间而变化。假若一个字或词的意义只限于开始的时候所具有的某种属性或一组属性，我们自可将那些表述它的整个内容中某一部分的判断，和那些从外面加入一个因素的判断（第五章第二节）分别开来，而且这个区别还可以永久继续有效。不过在实际上，意义本身会由综合而扩大。今天加入的东西,明天就是暗合的东西。我们甚至还可以说,综合判断一经成立,马上就变为分析判断。康德确实不需要这么一种无谓的区分,这种区分他似乎是因袭而来。他的意思所要探究的真正的问题乃是,每一个判断到底包含着什么一种综合,每一种综合又包含了什么统一的原理?[23]

第二十九节。总结讨论的结果[24]——当一个命题的主词和宾词都作为属性在假言中联系起来的时候,这个命题便是从内涵方面被理解。如果表面的主词不是个体或个体的集合,这个判断就自然导致内涵的解释。无论何处,只要主词是一个或一个以上的现实现象,相关的判断便不能自然地解释为多数属性假设的连接。但是虽则不自然,这个解释仍然是合理的,而且是必要的。如果我们舍弃表面的现象,深入发掘真理,便可知道任何现象判断,苟其主词不能视为一种内容,就一定是一个虚妄的判断(第二章)。

我们必须避免的错误,就是把种类看作多数个体单纯的聚集物那种观念。[25]这样的聚集物在我的头脑里面或者在我的头脑外面,都是空洞的神话,决不是真实存在。如果我们所说的种类指的是可能的*个体的可能聚集物,那就不再是什么集合体。因为可能的东西在与知觉相联系的事件的系列中是没有地位的。可能的东西当然不成为现实的个体,而只是理想。一个可能的马可以任你怎样想象,不过具有这两种性质,第一是一般的独特性,第二是马的自然本性(第七章)。所以如果种类的意思不外乎指一种假设的集合体

---

* 我以为我们的意思并非总是"断定其为可能"或"认为可能",参阅第 4 页脚注。

有关的属性，则包括在某一种类中便等于安上一个形容词作宾词。这就是表述一种属性，通过这个属性说明对于某一其他事例的同一或差异的关系罢了。

第三十节。我们关于判断的数量到现在已经说得很多了，但是还有一个问题尚未充分搞清。所谓"全称"、"特称"和"单称"的区别，都是按数量划分的，这里最好说明这些名词究竟是什么意思。大家知道，普通逻辑都把单称判断和全称判断并列起来，而认为特称判断与此二者相对立。特称判断就是不能明显包举主词全部外延的判断，其他的判断都视为全称，只要它说的是主词全体。这种安排我们不必加以讨论。它对于三段论的专门需要是很合用的，就其本身来说也许并不怎样愚笨。不过我们用不着停下来仔细研究它。我们如能把我们自己的解释讲明白，也就可以满意了。

第三十一节。这个问题不但充满了暧昧性，而且它随时都能越出一定的界限，伸入形而上学的范围。我很担心我不能够很好地论证我所采取的解释。我只能满足于尽力说明这样一种理论，在形而上学方面似乎是真确的，而又与我们现已得到的逻辑的结论互相一致。

要想了解这里足以掩蔽问题真相的困难，最好用命题和反命题的形式加以说明。(1)没有实在的东西是普遍性，(2)凡是实在的东西都是普遍性，(3)没有实在的东西是特殊物，(4)大多数实在的东西是特殊物。我相信所有这些命题都是真实的，并将试图证明它们之间也没有冲突。但首先还是逐一给以论证。

第三十二节。(1)没有实在的东西是普遍性。诚然，它怎能成为普遍性呢？凡是实在的东西都是有实体的，自己存在的，即都是个体。但普遍性只不过是一个形容词。它是一个无所依附的形容语、缥缈的虚影，脱离了它所从来的形体便归乌有，决不能够单独存在。

（2）每一个实在的东西都是普遍性。它怎能不是普遍性呢？因为凡是存在的东西都必是个体，而个体决非原子。它具有内在的错综复杂的内容。它在时间里面不断地改变其现象，这个改变带来了各种各样的属性。然而在多之中却仍然存在着一。这便是差异之中的统一，因此当然是普遍性。

（3）由此可见，没有实在的东西是特殊物。因为既然是特殊物，自非个体，既然不是个体，即非存在。特殊物乃是原子式的东西。它排斥一切差异。它就是它自己，决不能成为它本身以外的东西。这个本身就是单纯的自体，任何其他成分都不能搀入。真正的特殊物从性质方面来说，便是封闭在唯一的性质之中；关系是不能够有的；在时间上不能有延续，在空间上也不能有广厚。它在空间里面的存在不过是几何学的一点，换言之，就是不占有空间。像这样的特殊物当然不能在经验中获得证明。这就是形而上学的观念上之有，一种抽象的普遍性，[26]决不能是实在的东西。

（4）它所以不能是实在的，就因为若非全体，至少大多数实在的东西都必得是特殊物。[27]因为在存在中，凡是实在的个体都是有限的或限定的。至少在某种程度内，它们的界限是确定的。正因为它们可以拒斥别的东西，所以它们才成为它们那样。为其他的东西所排斥而又排斥其他的东西，这就构成它们的本质；但有了这一本质，自然就有了特殊性。

第三十三节。这里显而易见，在以上命题和反命题中所用的字眼意义不同。这个结果我们可以这样说明。抽象的普遍性和抽象的特别物是不存在的。具体的特别物和具体的普遍性则都有其实在，它们只是个体不同的名称。

凡是实在的东西都是个体；这个个体虽然是同一，却具有内在的殊异。所以你可以从两个反对的方向加以考察。如果把它和其他的个体对照来看，它便是特别物。而就其为殊异之中的同一来看，它又是普遍性。这便是我们在它的本身以内所作的两种区别。它具有两种特性、方面、情况或契机。你可以按照你的兴趣由任何一方面，即由当时目的所决定你所要着重或认为重要的方面，来加以考察。譬如一个人在其对其他现象限制和排斥的关系上，就是一个特别的人。但他虽有各不相同的属性，却仍然是同一个人，所以又是普遍性的人。你可以称他为特殊性，也可以称他为普遍性，因为既然是个体，他就兼有这两种特性，你可以任意侧重他的个性的某一方面。个体既是具体的特殊物，又是具体的普遍性，作为对整体不同的观点，二者都是现实存在的名称。

第三十四节。抽象的普遍性和抽象的特别物都是不实在的，因为二者都不是个体的名称。这不过是执着整体的两个方面或特性，把它们变为独立的存在，从而断言其实在。但是整体的某一方面，除了在我们的头脑以内，是不能独立存在的。它不是别的，只是一个形容词，一种内在的区别，而我们却硬要视为实在的事实。我们都能看出，抽象的普遍性就是这样。大家知道，一个人的个性或同一性在心理现象的序列中是找不到的。抽象的特别物亦复如是。假若你把原子看得太认真，否认其外延，马上你就可以发现你所得到的东西不能成为事实。仅在空间里排斥其他的空间，这决不能构成任何实在。在空间中,一个实在的东西必得具有空间的差异,内在于其自身而不能加以排斥。推而及于心理的原子或特殊心理现象,也莫不然。因为这是观察得到的,它们都含有内在的杂多性、时间的延续、性质和程度;否则它们也就不能为我们所观察到。一个原子如果真正是特别物,不是至少在观念上可以分割,决不可能成为事实。这不过是事实的一个方面与其余的方面割裂开来,它的本身离开了使之割裂的行为是没有的。

第三十五节。抽象的特别物和抽象的普遍性都是心灵的虚构,如果认为二者是存于我们头脑之外的东西,那不过是同一错误的不同证例。二者都是一个整体以内的区别,僵化成为各自独立的单位。它们不仅是由同一错误而产生,而且我们甚至还可以说二者是完全同样的错误。抽象的三角形本身,我们也已知道,是排斥一切另外的宾词的(参阅第三章第十节)。其所从来的分别与随伴发生的排斥性,便决定了它成为特别物。而这种特别物本身,既然由心灵的分别而产生,实际当然不过是一个失所依附的形容词,或抽象的普遍性。辩证法告诉我们,这里和在任何其他处所一样,坚持片面的见解,结果由否定的作用可以得出相反的片面性。我们愈益着重普遍性的特性,它便愈益脱离整体。我们越使它依靠排斥性而存在,它在我们手上就越快要变为它的逻辑的对立物。特别物也是这样,它排斥其他的东西,而在其仅仅排斥的范围内,也就变成了其自身对其他特别物否定的关系。它越出其本身而成为一系列的单元,为一种普遍的同一性所渗透,于是它自己便转化为它本身的对立物。这个思辩的运动,就其本来的状况,我用不着表示自己相信,也不想强求读者置信。[28]但是我以为我们可以得到这样的结论,即

第六章 判断的数量

归根到底个体是实在的,抽象的普遍性和抽象的特别物乃是在这个实在中所作的区别,由于一种错误后来才变为畛域和僵化的单元。即使我们不认为它们每一个都是一种契机,通过自己否定,便可肯定另一个,而产生全体,但我们确实可以说每一个都由同一的误解而来,都是同样的幻觉。我们可以鼓起勇气,承认个体就是普遍性和特别物的合一。

第三十六节。我们必须认清下面的区别。我们说的首先是抽象的普遍性和特殊性,而这两种东西都不存在于自然界中。[29] 另一方面便是个体,个体为唯一实在的东西。但在这个个体为有限或限定的时候,便可从两方面来加以考察:它可以是具体的特殊性,也可以是具体的普遍性。它是一个有限的个体,而排斥一切其他的个体——在这个限度之内,它就是一个相对的特别物。可是它又包括一个纷歧复杂的内容,因此它也是一个相对的普遍性。

这里我必须承认,有一点我只好存疑。也许有人认为,假如你这样推究下去,那就会弄得只剩下单一的个体。但是有限的或相对的个体,最后可以证明不是个体;本来个体和无限这两种特性是分不开的。或者,也可以说个体总是有限的,不可能有绝对的个体。显而易见,这些问题形而上学必得加以研究,本章所作的说明亦将免不了有所改正。但是这种改正只能诿诸形而上学,至于逻辑的目的,我们可以保持已经提出的区别。我们有的是(1)实在的东西,想象中可以分为(a)绝对的个体或具体的普遍性,(b)相对的个体或具体的普遍性或具体的特殊性;和(2)不实在的东西,包括(a)抽象的普遍性,及(b)抽象的或绝对的特殊性。

第三十七节。现在我们可以来说明我们所谓全称判断究竟是什么意思。这样一个判断的主词总是普遍性。这里很明显我们也不止于有一种意思。一个全称判断可以是(1)绝对的,(2)也可以是相对的。

(1)前一场合又可分为两种。这种判断可以是(a)抽象的,或者是(b)具体的。如果(a)是抽象的全称判断,它的表面主词当然就是一种属性。这样的表述一定是假言的,[30]因为实际的主词是非-现象的实在。通常像"三角形三角之和等于两直角"这样的判断我们也已知道(第二章)便属于这一类。这种判断之所以是全称判断,有两个理由。它的文法的主词是一个抽象的普遍性;而现实的主词,终极的实在,则是一个具体的普遍性,而且也是绝对的。这便是第一种比较普通的判断,我们可称之为绝对普遍或绝对全称判断。(b)还有一种判断,其所表述的实在我们不认为是有限的,因而也是绝对的普遍或全称判断。这种判断的主词包举一切,没有出乎它范围以外的东西,宾词的说明是直言的、无条件的。我不是说这种判断切合实际,但在逻辑上是可能的,[31]所以必得予以安排。

第三十八节。(2)相对普遍(或全称)判断的主词总是一个有限的个体或多数个体的集合体。其所以是全称的,就因为主词为其内在杂多的同一。譬如"恺撒是病了"这一判断中,决不是说恺撒除病了而外便没有其他事物,他确实是许多属性的共通的纽带,所以他就是普遍性。但这个判断却是相对的,因为恺撒乃是许多人当中的一个;假如你从这一方面来看他,他的本身又是特殊性。

第三十九节。[32]绝对特殊或特称判断是不存在的。这种判断的主词必得完全封闭和限制于宾词之内。这样一个判断,如果真正有了的话,也不成其为判断。因为很明显它对于主词或宾词,除其本身而外，不能有任何其他的说明。"这个就是这个"大概便可认为是这种判断最接近的实例。

相对特殊或特称判断的主词乃是这个或那个单一或集体的东西。它和相对的普遍或全称判断是一样的，不过是就其本性的另一方面来加以考察。相对特称判断的主词排斥一切其他的个体，所以是特殊性；然而它的本身之内包含着杂多和变化，所以它又是普遍性。它具有与宾词不相同的属性，可以加到另一个内容中去。因此它在推理上成为一个中间项，三段论的第三格便是它的表现。

第四十节。在前面我们已经知道(第二章第四十五节)，单称判断和集合判断没有逻辑的差别。[33]如果认为一个个体不是普遍性，加上许多别的个体就可以达到普遍性，这样想法是很可笑的。须知单元的数目是不相干的，因为无论它们加起来怎样多，每一个单元仍旧是单一。而由多数个体组成的这个或那个集体，其为一坚实的特别物，决不亚于这个集体里面的任何一个个体。此外，从这个观点看来，单一的个体本身就是一个单纯的集合体。在逻辑的考察上，二者都是一样。它们都排斥其他的东西，所以都是相对的特别物。它们都是其内在杂多性的共同体，殊异之中的同一，所以又同样是相对的普遍性。

第四十一节。没有一个判断的主词能够封闭在一个单独的宾词的界限以内。假如我们安于世俗的见解，也可承认许多判断的主词只是一个有限的现象或现象的集合，不过就连这些判断还是相对的普遍性。主词乃是用作推理过程里面的中介。它是差异的同一，假若它只是特殊性，便不可能做到这一步。所以每一个判断都是普遍性，而且最后都可以说是绝对的普遍性。因为即使我们置非-现象的有限个体的可能性于不论,我们也已证明(第二章)每一个判断如其成为真实,必得表述绝对的个性,或是假言,或为直言。而前者归根到底仍须还原为后者。有限的主词在我们手上可以变为一堆单纯描写性的条件,由于这些条件不能够是完全的,从而这个表述又丧失其直言的力量。但是一成为假言,它便间接指谓着终极实在的一种潜在的性质[34],于是再成为直言,而无条件地符合于绝对的主词。

第四十二节。可见一切判断都同样是全称判断,或普遍判断,但我们却不能说它们是同等程度的普遍性。如果一个判断的主词是一个全体,包含了另一个判断的主词,前一判断当然比较后一判断更为普遍。其次,如果我们有了两个抽象判断,都是假言的,但是其中之一可以断言一个更为抽象的联系,为另一个判断所不及。这个更纯粹的假言,最能超脱于不相干的条件之外的假言,自必也更为实在。它将在一种更高的意味中指谓着普遍性的主词,所以可以称之为更属于普遍性。但是假若这个联系虽然具体性较少,却并不更为纯粹,那么,我们便决不能说这一判断比另一判断更为普遍,除非我们把普遍一词改为抽象的普遍性。[35]

第四十三节。现在让我重述一下以上所说的区别,我们应该很好地记住。实在的东西总是个体。单纯的普遍性或单纯的特别物都是不实在的抽象。具体的普遍性和具体的特殊性,都是对于个体不同方面的看法。但是我们却不能说一个绝对的个体是真正的特别物,因为那样它对任何外在的东西都不能发生一点关系。

特殊的或特称判断,如果看作直言的,便与相对的普遍性恰是同样的东西。现象的个体或个体的集合,乃是各种纷歧复杂的关系和性质的同一。普遍或全称判断有相对与绝对之分。如果是相对的,那它就和特称判断相同。如果是绝对的,它就可以是假言的,也可以是直言的。前一场合,表面主词乃是一个抽象;后一场合,表面主词必为终极实在。所有特称直言判断都可以还原为抽象的或假言的普遍性,而这些又可再成为直言的普遍性。归根到底,一切真理如果是真正实在的,都必符合于终极的非现象的事实。

增补附注

① "它的内容"即离开其指谓的一种抽象。

② "理想的或现实的",所谓"现实的"我的意思很明显在这里便是指"存在"于我的"实在世界中"而言。但是"理想的"实例虽非在这个意味中的"实在",也必得当作一个个体或特别物。外延总是指谓着意义之所能适用的特殊的客体或多数客体。我们可以察觉到"任何"一词,如果严格用来,总是暗含着多数个体(参阅《论集》第286页)。第一节脚注关于"可能的马"的说明是不对的。它忘记了"幻想的"也是"真实的",而且也能够是个别的东西。参考第二章第四十五节附注。

③ "事实乃是"等语,不过这个"事实"也可以是"幻想的"。

④ "无区别的滥用……高人一等……",这种讨厌的误用恰和"清晰"之代替"明白"或"无疑"一样,现在似乎已经过时了。

⑤ "不必要的,而且是应该反对的",凯恩斯博士《形式逻辑》没有引起我改变我的意见。我认为他说密尔所谓"内包"不过是"因袭的意义"是对的;而且可能还有其他的地方我对于密尔的意见也许没有解释清楚。但是我仍然深信他的翻新是无用而又可以反对的,我以为凯恩斯博士并没有能够说明为什么它不可以静静地埋藏起来。关于固有名词的意义,读者可参看鲍桑葵《逻辑》第一卷第50—51页。

⑥ 这里可以参阅鲍桑葵《逻辑》第一卷第47页。

⑦ "琐屑无稽之谈而已,"参看本书第三部第一篇第六章第二十五节。这种理论除非在一定限度内,是不对的。但另一方面,如果说它在任何地方都毫无价值,那也是错误的。分别归类(第九节)也有它的作用。参阅鲍桑葵《逻辑》第一卷55页以下。

⑧ "已不再存在于个体之中",但须参看附注②。

⑨ "只有很少的读者",这句话也许纵在1883年也不免夸大了。

⑩ 关于这个问题(第十一至二十九节)再参阅编后论文第三篇。

⑪ "把真实的狗包括在…内"等语,应为"把也许是真实的狗子包括在…内"等语。

⑫ "作外延的理解唯一的办法",所谓"作外延"我并不是指"单纯外延",因为这在我的见解是不可能的。

⑬ "两个个体……不同",应该加上"而如果你只有一个个体的场合,你仍旧可以硬把它归入上述一类。因为按照一种特点加以区别,你就能把一个个体变为两个"。

⑭ 第二十二节以下应予改正。在我看来,没有一个判断可以只从内涵方面来理解(参看附注⑩)。因此原文语句倘有似乎暗含此可能的,自需修改。第二十二节第二段"还原为单纯内容"等语颇为含混,很易引起误会。虽则除"内容"之外没有别的东西包括在一个判断中,但是指谓和外延的问题还是存在的(参阅附注①及②)。

⑮ 究竟在什么程度和怎样的意味中,"终极的主词"是或不是参加到判断里面来,这个问题在别的地方也已讨论过(参看第一章第十二节)。诚然判断总要靠着指示,在这个范围内它仍然是有条件的、假言的(参阅索引"指示"项目)。但是由此便断言它仅是多数形容词的连结,那至少是容易引起误会的。在这些话里,我的真正的用意乃是反对有人认为判断的内容全靠着仅凭"指示"而知的个体或特别物,从而杜绝判断内涵的解释。超过了这一点便是言过其实,如果不是陷于错误的话。关于指示,参阅索引相关条,《现象》及《论集》,索引。"终极的主词",参看第一章第十二节。

⑯ "一个特殊现象"应为"一个单纯特殊现象……"。

⑰ "很自然地马上就会从内涵方面来理解",不过尽管着重内涵,仍非单纯从内涵方面理解。"它是假言的"一句在这里也易于引起误解,所谓"存在"

也是如此,这便意谓着"我的现实世界之中的存在"的话。

⑱ "数字",这里又不免说得太过了,我的真正的意思只是要否认单纯"数"的同异是可能的,也就是否认在这个意义中不同和独特的特别物可以加入到判断里面来,从而排除内涵的解释。

⑲ "我也看不出你能有其他的解释"(参阅第二十四节"不可能的场合")。这些话应参照以上附注予以更正。"不是这么一回事"一语也是如此。判断总必有其外延的方面,不过这个方面可以被不适当地强调,或者被误解。

⑳ "达到了存在",这便意味排斥内涵的解释。

㉑ 这里我以为没有必要问到我是否恰当地表达了维恩博士的论点。如果"所有美国公民"指的是"所有现在活着的美国人",那么我可以同意外延的方面自然被重视,不过这句话我以为就显然虚伪了。但是无论如何这个判断总具有内涵的方面。我还认为这里最好避免使用"假言的"和"假言地"这些字眼(指第二十七及二十九节)。参阅附注⑰。

㉒ "固有名词",参阅附注⑤。

㉓ 康德的思想我不能自认为完全了解,但我在第一章第七节脚注中以及这里所作的批评至少一部分是不适当的。康德的解答虽然是不充分的,可是我以为他并没有忽视关于观念所含有的综合的本性,以及在怎样的程度内,凭什么权利,这个有限的综合才能被超越的"真正的问题"。

关于本质的和偶然的区别所具有的真正重要性,参看鲍桑葵《知识与实在》第59页以下。

㉔ 这里的表述不如第十二节来得正确。"现实现象"之后应加"实在的或幻想的"。"虚妄的判断"之后应加"无论如何,纵使在我们指谓着一个或多数特别物,着重于外延的地方,内涵的方面仍然是存在的"。

㉕ 关于种类,参阅《论集》第283页以下。种类是聚集体,但又不止于此。单纯的聚集体无论在这里还是其他地方,都是无稽之谈。

"可能的个体",这样说法在这里至少是易滋误会的。可能的马一经实地想象,便成了真确的个体,虽则除了作为心理的事件而外,并不能进入我的"实在"世界。这里的脚注重复了一个错误,参阅附注②。其次,所谓"可能的马"与马的可能性亦不相同,后者本身不是一个特殊事实,除非又在一个心理事件的意味中。

"同一或差异的关系"等语,应为"同于或异于每一其他实例的关系……"。关于集合判断参阅第二章第四十五节。

㉖ "抽象的普遍性",这样说虽然是对的,但只须说"抽象"就行了。

㉗ "大部分实在"即指宇宙本身而外所有的实在而言。次一句和以下,"存在"并非仅限于"我的实在世界"。参阅第二章附注③。又第三十三节第三句"是不存在的"之前应加"本身"或"恰如其本身"。因为每一种东西只要可以设想,在某种意义上便有其存在。

㉘ "就其本来的状况"应为"照大家往往认为那样"。

㉙ "存在于自然界中"应为"本身真实"。下一节中"及(2)不实在的东西"应加"本身"二字。

㉚ "是假言的",这里[第三十七节(1)又第四十一节]"有条件的"一词也许较好,如果两个词都可用的话。

㉛ "在逻辑上是可能的"不过就连这里这个判断还是要从属于一个条件。参阅《论集》第228页以下及编后论文第二篇。

㉜ 我在第三十九至四十一等节中假定了纯粹外在的关系是不可能的,或至少是没有用处的。

㉝ "没有逻辑的差别"这样说似乎是不必要的,而且是不正确的(参阅第一章第四十五节)。"此外……集合体"一句虽然确实,在这里也似乎多少属于插入语的性质。

㉞ "一种潜在的性质",参阅第一章第五十节。

㉟ 第四十二节全文似乎缺乏明确性,我也不能回忆我写这些话时确切的想法究竟如何。看起来好像是指(1)两个具体的整体,如果其中之一包含着另一个,或(我们应该加上一句)一般说来所包更广,便更为一般。其次(2)为两个抽象判断,其中之一比另一个更高一级,即更概括、更"纯粹",这个意思就是包含着较少的未经分析及可能不相干的条件。前一判断既然包括了更多的基础,当然它的普遍性也更高。还有第(3)种情形可分为二,(a)即第(2)场合应为更一般的判断,实际并不如此,因为虽则属于更概括的范围——在这个意味中也就是更抽象的——却比较另一含有同样或更多的内在的驳杂或不连属性。或者(b)一个判断只在狭隘的,从而是抽象的领域中有效,因此实际包括的基础并不多,甚至反而不如一个"纯粹性"较差、更具体、但是更广泛有效的

判断。

于此,我们必须记着,假如我们的知识完全有系统,这些区别至少一部分便不会有效。但是就事论事,我们纯粹和抽象的知识实质上,虽然不是表面上,乃为很多的东西所决定,这些东西它都不能够说明和理解,从而也决不能真正地包括。所以(比如说)一个数学家的知识,在一种意味上,可以比生物学家的知识更为狭隘,远比不上后者的普遍、一般。以上所述或许可以说明,必要的地方,也就可以更正第四十二节的原文大义。这一问题要在很短的篇幅里说清,也许是太困难了。

第七章　判断的模态[*]

第一节。判断的模态不是一个诱人的题目。由于本书所论是很零碎的性质，我倒很想以此为理由避免讨论它。不过为求明确起见，还是不能不谈到这个问题，但与我们无关的地方便从略。

我们必得从一个错误的见解说起。大家也许认为判断的模态只能影响断语形式的特征，不会牵涉到断语的内容方面。譬如S—P这一内容，当其尚未被断言的时候，我们可以认为判断的模态有一种魔力，能够以几种方式把S—P的内容表述出来，而不至于使它发生变化。我们都是这样设想，例如，S—P的断语可以是简单如实的，可以是盖然的，也可以是必然的，然而S—P却始终如一。换言之，断语的内容虽然不变，而断语的模态则不相同。

第二节。这种理论实出于误解。是与非不能有程度的分别。[①]如果S—P是事实，它就不可能多于事实或驾乎事实之上；如果它还不够成为事实即比事实为少，那就全然是无。这里是一个简单的二难推论：S—P已被断言或未被断言。如果未被断言，它就不成为判断，根本未认为真实；如果已被断言，即已经确认为事实，那就既不能多于事实，也不能少于事实。显而易见，这里只能有一种判

---

[*]　参阅西格瓦特《逻辑》第189页以下。

第七章 判断的模态

断,实然判断。模态所影响的不是肯定本身,而是被肯定的东西。不同的模态所表述的并非单纯的 S—P,而是另一个内容,一种变形的 S—P。换句话说,你并不是讲单纯的观念 S—P 在事实上成立,你首先说了关于 S—P 的某种别的事情,后来真正断言的便是这个新的不同的观念。

第三节。很明显,在这种意味中,模态是没有自然的限制的。我们可以有数不尽的方法,把一个判断改变为另一种新鲜的判断。你尽可就 S—P 这一判断的观念而表示你的心灵对它的任何不同的态度。你可以说"我作出这个判断",或"我想作出它",或"怕作出它",或"不能作出它",或"倾向于作出它",或"不得不作出它"。但所有这些都是关于我的心灵状态简单的直言陈述,只有心理的意义,并无逻辑的关系,我们不必讨论。

第四节。我们对于 S—P 这一判断所能采取的不同的态度,是心理学的问题,不是逻辑的问题。逻辑上的模态必得限于这样的东西,即可以影响 S—P 的观念,可以影响它对实在世界的关系。假如我们说,"我希望 S—P 是事实",这还是一个心理的模态。这里 S—P 的内容并没有首先受到改变,然后再归之于终极的主词。它的本身或任何可以称作它的变形的东西,在这里都没有发生真伪的问题。事实上这个判断只和我的心理态度有关,不牵涉到别的东西。

所以或则逻辑不必去管模态,在这两下之间没有关系,或则模态对 S—P 是非真伪的方面有影响。这个判断的观念的内容,必得被肯定或否定为属于某种实在。但是肯定或否定的指谓本身是很单纯的,不能有什么改变。② 所以能够以某种方式受到改变的必得是内容本身。逻辑的模态所说明的断语,实在不是S—P,而是一种变形的和受到约制的S—P。

第五节。逻辑所要考虑的S—P的模态有三种。每一个模态都是确述某种观念而归之于终极的事实,这个判断的起头是说"这是真确的",但是后面在每一场合都嵌入一个不同的观念。这是真确的,S—P是实然的,或者盖然的,或者必然的。我们宣称为真确的观念,乃是"现实的S—P",或"可能的S—P",或"必然的S—P"。我们只留下这三种模样加以考察,其余的一概撇开不问。我们这样选择好像武断,实则并不武断。这三种模态暗中便含着直言判断和假言判断的区别。盖然判断和必然判断都是假言判断的特殊形态,至于实然判断和直言判断就根本没有任何分别。③

让我们先来探索一下(1)逻辑上对于盖然、必然和真实的宾词所给予的一般意义究竟如何。然后再指出(2)盖然和必然并无真实的存在。但是另一方面我也要说明(3)这几种模态的断语虽然本身并不符合事实,却总必有一个断语做它们的根据,而这个根本的断语则符合或不符合实在,二者必居其一。

第六节。(1) 我们不需要探问(a)实然判断是什么意思。这就是直言的或无条件的判断。"S—P是真实的"这个判断便将S—P直接或间接归之于终极的实在。在这一点上,我们对于第二章已经作过的解释不必有所补充。实然判断确实用不着放在我们的心上。要在直言判断和说明实在的实然判断之间,划出一条界线,把两下区别开来,很显然是不可能的。实然判断就是直言判断,不过与盖然判断和必然判断比照来看罢了。

第七节。而这些都不过是假言判断不同的方面。凡是可能的和必然的东西都含有一种假设。任何一个都没有宣称为真确的事实，二者都是凭着一个条件推论而得，并依存于这一条件。

（b）我们使用所谓必然这一名词一般的意义很易说明。一个东西如果不是单凭或只从它的本身来看，而是由于或因为某种别的东西，这就成了必然。所以必然性便随伴着中介的观念，依赖的含义，就是不能够独立自存有主动的作用。一件东西如果单纯存在，它就不是必然的；如果因为别的东西它才存在或我们说它存在，这时它就是必然的。

"内在的"必然性亦复如是。[④] 在这种场合，成为必然的不是全体。整体里面包含着各种错综复杂的成分，这些成分又分为有约束力的和从属的两种。在一个没有分割的世界中，便不会有必然性。

第八节。如果是在一本形而上学的著作中，"因为"[⑤]一词马上就可直接引起一些根本性的困难，这些困难要到本书末尾我们才会遇到。究竟在我们的头脑之外是不是有什么因为存在呢？是不是真的一件东西可以凭着别的东西，和因为别的东西而存在呢？抑或我们不能不承认每一事实当其确实存在，而且和别的事实联在一起的时候，并非依赖着这些其他事实的形容词，没有真实的纽带把它固着于周围环境，也不受任何外来的影响呢？这里面马上就会引起一个困难，"'一个事实出现又有另一事实出现'，这是确实的；但'一个事实出现故而另一事实出现'，这就必得总是不对的。这样说就是把仅仅想象的联系当作实在的关系"。假如我们避开这难点，那么还有一个诘难继之而至。"你可以说一个实在是另一实在的原因，如果你愿意的话，也可以加上一句，后一个便因为前一个。但是，如果你居然把这句话倒转过来，认为无论何时只要有了一个因为，就有一个原因，那你便犯了一个最坏的错误。原因是实在的，而因为却是理想的；你可以有，而且也往往确乎有了其中之一，但另一个却是不可能的。它们并不一定同时并存；即使同时并存，也不一定符合一致；即使符合一致，也不一定合而为一。它们并非同样的东西，甚至也不是同样的东西两个不同的侧面。它们不过是彼此对应的东西，两个平行的系列并无共同之点，不过在其某几项之间具有一定的关系罢了"（参阅本书第三部）。

第九节。就本书的性质，我们是不能详细探究这里所提出的问题的。我们只有承认这些难点，悄然而退。我们必须承认在逻辑上"因为"不能代表现实事实中真实的联系；[6]我们必得认为必然性并非存在于事物之间的纤索。对逻辑来说，所谓必然的东西不过是一种逻辑后承。必然性在这里就是一种力量，驱使我们从某些前提出发便达到某一种结论。所谓"因为"便表示一种心理试验的观念的过程，它的结果就提供某一种判断。它并不能保证这个判断的真实性，如果你只就它的本身来看的话。它也不能保证这一过程所从而出发和其所运用的材料一定是实在的。一个必然的真理可以是、而且通常确乎就是直言的，但是在它必然的限度之内，它总是假言的。一到它不是假言的，它就不再是单纯必然的了。[7]

第十节。我承认"如果 M 是 P，则 S 是 P"，和"因为 M 是 P，所以 S 是 P"。[8]这两个肯定判断并非一样。差别是很明显的。后一场合前件是一事实，后件也是一事实，二者都是直言的（第二章第七十一节）。前一场合前件可以是假的，后件也许是不可能的。两种场合的必然性完全一样。如果你先采取 M—P，再采取 S—M，然后作出结论，则 S—P 必得是真实的。这便是我们可能找到的全部必然性之所在。要说到 S—M 和 M—P 都是实在的，以及 S—P 是合于事实的陈述，这样的知识实已出乎必然性之外，并不能使必然性有所增加。假言的结果可以由一个暗含的附加的成分而成为直言。但是纵使那时，假言的联系也不一定成为直言的联系。必然的纽带只是一种逻辑的转移，如果说这种逻辑的转移本身在事实上是存在的，这种大胆的假设所引起的困难确实是太多了。在逻辑上我们只能满足于这样的说法，如果前提是直言的，则所得的结果也是直言的。我们不能够言过其实，说这个结果是必然的，除非暂时我们把这个材料作为假设来处理，用意不过是如果给予了 S—M, M—P, 则 S—P 必随之而产生。

第十一节。我们可以提一个双重论据来证明必然性是假言的。我们可以从原理上来说明，也可以依据习惯的用语来说明。从原理出发的论证[9]我们可以重述如下。逻辑的必然乃是一个观念的、理想的过程，你不能够假定观念或者过程是事实。即使观念在事实上是存在的，而且存在于相应的顺序中，你也不能够假定你的过程的存在亦有这种顺序。你的思想的作用所支配的乃是观念，在你能够知道的范围以内，它也只和观念发生交涉。观念可以不止于是一个单纯的观念，但它总必作为一个观念参加到心理的实验中来。而一个单纯的观念实在不外乎就是一个单纯的假设。所以这个结果成为必然，不是直言的东西。这一论证我们可称之为先天的论证。

此外，我们还有一个惯语的论证。一个必然的判断，一句以"必得如此"冠于前面的话，其所表述的东西不单往往不是现实的，而且会成为显然的不可能。譬如，"如果二为三，则四必为六"，这个判断也表明一个定须如此的真理。它的结论是势所必至，这是一个必然的真理，但实际上是不存在的，它不可能发生，因为这里的前件和后件及其现实联系都是不可能的。说必然的模态可以加强我们的断语，是不实在的。在我看来，它反而使语势减弱。如果 S 是 P，那当然就没有疑问可言。但如果 S 必然是 P，那我们就会想到给予了某种其他的东西，我们便可确定 S—P，可是我们的知识并不能超过这一点。必然的模态只给我们留下了怀疑，如果不是这样，便一定暗中肯定了 S—P 的条件。凡是必然的陈述强而有力的地方，它的力量都来自一个隐蔽的实然判断。西格瓦特有一段话说得很清楚，正好引来作为本节的结语。"一般人都以为必然判断所表示的东西高于实然判断。大家深信，如果我们从盖然判断出发上升到必然判断，我们可以不断地增加我们知识的确实性，使我们的断语所具的价值和尊严逐步提高。这种观念必须予以抛弃。一切间接的确实性归根到底必须建立于直接知识之上，每一个证明终极的前提都是不能够证明的。生命习惯的成规，每与我们对必然判断确实性所置的重点，形成滑稽的悬殊。我们说'这件事必得如此'，'某事一定会发生'，这些话都是必然判断，但它们所表示的信赖实属于最低限度"（《逻辑》第一卷第 195 页）。

第十二节。(c) 必然的真理就是由假设的条件[10]结果而得的真理。假如我们像我们时常所做的那样，暗示这些条件是现实的，那么结果就是直言的。必然的虽可以是真实的，但它的必然性却是假言的。现在我们要问，所谓盖然即可能性又是怎样呢？如果 S—P 是可能的，这个意思是不是说假定某种别的东西是事实，则 S—P 也会成为存在的事实呢？简单说一句，可能性或盖然性是不是假言的必然性的另一种形式？

第七章 判断的模态

这句话说起来好像很奇怪，可能性如何属于必然性一类呢？但是如我们所已知，必然的东西也可以成为不可能或不存在的东西，至少这也该是同样的可怪吧，然而实际确乎如此。所以对于这一类问题，我们最初所得的印象也许是没有多大价值的。

所谓可能的东西便是我们所知道或假定为一定条件的结果。在这个范围内，如果前件已经暗示为实在，可能性便与必然性相合一。但是可能性却有一个不同之点，即要使得 S—P 成为可能，必先假定所有使 S—P 成为必然的条件，不过其中只有一部分需要假定为存在。这便暗示一部分前件是存在的，至于其他的部分我们都不知道。S—P 的条件一部分的存在，这就是"可能的"东西不同于"必然的"东西区别之所在。试以下面这样一个判断为例来说，给予了 abcd 则 E 必随之而至。我们可以加上一个判断或假设（第十五节），就是假定 ab 存在，同时 cd 是不是存在则不知道，这样我们所得到的便是一个可能的东西。在这种情形下，E 便成了一个可能性。我们有了一个假定的事实 ab，又有两个想象的条件 c 和 d，假定与 ab 相适合，[11]但并不认为是存在的。这就是一个假言判断，给予了 abcd，我们便会有 E。由此假定 ab 为存在，我们就过渡到"我们可以在事实上有了 E"。换言之，ab 即是可能的 E 所包涵的"真实的可能性"。我们知道它是实在的，或至少是作为所知道的那样，当作实在来处理的（第十五节）。

第十三节。每一个可能的东西都必须是实在可能的。它必得建立于一种实在之上，这个实在一定要假定为存在，并作为所以使 S—P 成为真确事实的总的条件的一部分。脱离现实世界或先于现实世界的可能性，是毫无意义的。

但是事实的基础却可以变化无穷。S—P是可能的,如果所有使之成为必然的具体条件都已完全知道,而这些详细条件又有一部分被认为存在,这时便是最高意义的可能性。[12]这个最高意义可以逐步下降至最低程度,最低的"可能性"所表明的不过是"不知其不可能"。这时我们便是不知道怎样或什么条件才可以产生S—P。我们所能有的事实的基础,不外乎假定这个世界的本性可以容许S—P。[13]因为在我们知识的范围以内,实在并不排斥S—P,于是我们便把实在当作S—P的一个现存的条件,不仅假定了其余的条件也都可以找到,而且认为它们都和实在谐合一致。在这个最低和最朴素的可能性的意义中,我们也称S—P为可能,其实是不对的。比较切合实际不如这样说,我们不知道S—P是不可能的。*

在这两极端之间可以有许多不同的阶段。我们作出关于S—P的假言判断时,可以不知道S—P的各种特殊条件,可以知道其中或多或少的一部分,在毫无所知的地方,对于不知道的因素,也可以找出多少不等的理由来建立一种假设。关于这些条件的部分的存在,我们的知识也可以有各不相同的程度,而我们所作的假定,其基础之变化范围也几乎是无限的。不过,这里仔细讨论这些差异程度并无好处,我们可以只提出几个简单的证例来谈谈。

第十四节。脱离肉体的精神是不是可能的呢?为了辩论,我们姑且采取一个最不利的见解。对于这种精神的存在,我们没有直接的经验,所以问题只在于我们能不能说它是可能的。我们还不知道

---

* 我们的断语根据一个剥夺的判断,参阅第三章第八节及本章第213页。

第七章　判断的模态

任何可以产生这个结果的条件。我们没有理由可以认为这种幻想的条件能和现实事物的本性相适合。[14] 另一方面，我们也不能以为这等观念是不可能的而加以摈斥，因为我们没有根据肯定"它一定和事物的本性相冲突"。我们只能满足于这样的说明，就是，"你所提出的断语不一定是虚妄的，但也没有理由可以认为它是确实的。由于我们的无知，我们不得不承认一种'简单的可能性'，可是找不出一点道理可以把这个观念当作实在。这样单纯朴素的可能性我们也已知道不过是无，都是'无谓的妄想，在有理智的人们的心灵中是没有地位的'"。

以上所述为最低意义的"可能性"之一例。现在让我们向上提高一步。譬如，"有些行星上面可能有人"。这是一个假言判断，就是说在一定条件之下可以出现生命的现象；在某种限度内我们知道这些条件，而在不知道的地方，便以具有合理根据的假定来补充。这些特殊的条件我们知道，在不同的行星上都只部分地存在，而且存在的分量也彼此悬殊。我们关于这一或那一行星可以有人的判断，其可能性的程度便随这个部分存在的分量而各不同。

再来看一看这样的断语，"那个铜币可以把人像的一面朝上"。这里一方面我们知道人像的一面必然向上的特殊条件，另一方面又知道这些条件一部分是真实存在的。这便是可能性的最高形式。

第十五节。我们也已说过可能性可以不建立于事实之上，而建立于假设之上。如果一个铜币有了三面，则或许可能它的人像的一面和文字的一面都不会朝上。这里"可能性"的意义并没有重要的改变。因为真实的基础已假定为存在，而所谓可能的便从属于这个假定。但在这里我们却决不能说 S—P 是可能的，我们并不能确实超过"它许是或像是可能的"。这里所表明的不过是,如果你任意虚构把不实在的东西当作实在,或未知的东西当作已知的东西来处理,它就是可能的。我们一定要把这样假设的可能性和真确的可能性区别开来。因为恰如我们平常更习于默认必然的东西为存在似的,同样我们也通常暗中假定,甚至可以说是有心假定可能性的根据就是真确的事实,而不是单纯假想的东西。⑮

第十六节。现在我们已经探明"可能性"和"必然性"的意义看出了二者都是假言判断不同的形式。这个结论就可使我们预料下一段讨论的结果,以下我们所要探索的便是,逻辑的模态是不是存在于事实中?⑯

(2)我们早已知道假言判断本身在事物的本性上是不存在的。它的主词、宾词以及主宾的联系,都不需要在事实上存在。与事实相符的不过是一种性质,此性质即形成那个联系的基础。这种结合可以是不存在的,甚至于是不可能的。现在我们可就盖然判断和必然判断来证明这个结论。

第十七节。(a)我们已经知道必得怎样的东西并不是必然的,除非假定了某种条件。我们已经知道这个前件以及随之而至的后件,谈不到有所谓存在,也无所谓可能性。⑰在这等场合中,所谓必然性,如果指的就是各成分之间必然的联系,则离开了我们的观念便是不存在的,它并不符合于事实。

其次,纵使前件以及与之相伴的后件都具有真实的存在,而且其所显现的关系也分明与逻辑的必然性相配合,同样的结论还是可以适用。我们已经说过知识的原因和存在的原因二者之间的差别,可以使我们整个的假设发生动摇。即使两下完全相合的时候,

第七章 判断的模态

我们又有何根据可以断定它们为同一？说思想上成为真确的东西，在事实上便一定有效，这已是一件不比寻常的事。但是，如果确认思维和存在为同一实在的两方面，主张每一个逻辑的过程都一定能在事实中找到，一切实在的联系只要能被我们发见就必得是一个逻辑的程序，这当然是一件更不平常的事。这些问题可以留到下一章讨论，现在我们不妨重复一句，如果这样一种理论在形而上学里能够说得过去，在逻辑的论著中便是站不住脚的。它所造成的困难很多，若要加以解决，非把我们现有关于心灵和各种事物的学说来个彻底的革命不可。[18]

在逻辑上说来，所谓必然的一定还是假言的。逻辑的事实只能为是而不能为必是。事实之中真实的联系，好像与我们逻辑的次序相配合，其本身决非必然。只有当我们在观念的实验中追溯真确事实的过程，只有在这个时候，它才对我们成为必然。但是至少在逻辑中，我们决不能假定我们观念的关联便是存在的规矩。纵在前提明知为不真、前件不能认为存在的场合，逻辑的必然性所具理想的拘束力也是同样的坚强，恰和我们从直言的真理出发过渡到直言的结论的时候相似。如果这两种场合都具有逻辑的必然性，那么我们如何能妥当地假定这样的必然性有其客观的存在呢？

第十八节。(b)当我们从必然转移到盖然的时候，我们的结论还是一样。可能的东西只存在于人们的头脑之中，[19]此外，在任何地方都是找不到的。实在的事物决不是可能的或盖然的，除非暂时你把它作为不实在的东西来想。可能的东西一到成为实在，它马上便不再是单纯的可能性了。在形而上学，我不拟否认，可能性也许具备另一意义。但是在逻辑上，任何处所出现了一个事实，便会消灭一个可能性。可能性不仅局限于人类思维的界限以内,而且它的存在还不能超出人类的怀疑和愚昧的境界以外一步。

我们已经明白,说"S—P是可能的",这个意思就是,"S—P在一定的条件下可以相继发生,这些条件至少有些看不出是存在的"。我们探讨到了现在的阶段,马上就可说明这样一种假言判断的效果决不能认为有其真确的存在。它的前件不是事实,中间的联系并非事实,后件也不是事实。或者即使它们是事实,当我们把它们当作可能的东西来处理的时候,它们所包含的"实际"的特性也是不知道的,或根本没有放在我们的心上。如果我们已经认识了其中的实在,我们就不会再作假定;如果我们作出了假定,那我们便应该知道这都是出于造作,作为造作的东西,当然是不存在的。

第十九节。一般语言习惯加强了我们的结论。被控告的人很明显或者是有罪,否则便是无罪(西格瓦特《逻辑》第228页)。但是我们却说,"他对二者都是可能的"。如果你认为这就是说明一个事实,那便荒唐极了。一个事实决不是,而且也不能是二者之中选择其一的交替之物;有罪和无罪两者可能的存在都相对于我们的知识;它只是存在于我们的头脑之中,一出我们的头脑之外便毫无意义可言。一艘船从利物浦开往美洲,我们说"它也许到了纽约,也许已沉海底"。如果你把这句话当作真确的事实,那就不能够是对的。一艘船当然不可能同时在两个地方。它必得确乎是在某一处所,既然确乎在那里,它就不可能又在别的地方,甚至不可能在它所在的地方。可能性不过是一种假定,建立于我们真实的或假想的愚昧无知的基础之上。出乎这个愚昧无知的范围之外,这种假定便一无是处。

第七章 判断的模态

第二十节。[20]我们已经说明,第一,"必然"和"盖然"二者都是假言的。其次,我们也已见到,至少对逻辑来说,它们在事实的世界中是不存在的。现在剩下来的便是要证明这两种东西虽然是"主观的",却必得以关于实在的直言的断语为根据。

(3)我们只须回忆一下第二章阐明的观点,马上就可看出这个结论的真确性。在第二章我们已经知道一切判断归根到底都是直言的。假言的基础必得是事实,没有这个基础,我们的判断就一定是假的、错的。

(a)对于必然判断,我们用不着多费精神来检证这个结果。我们已经说过,"S—P 是一必然真理"的意思就是"S—P 由于某种别的东西而来"。这个某种别的东西不一定是事实,纵使它是事实,我们也不能认为它可以使观念的联系起任何差别。我们不肯说"事实上 S—P 真的是一种必然的效果"。但是这个联系虽然是假言的,另一方面却不能不有一个直言的根据。一切必然性都肯定一个真实的基础,明显的或者暗含的。在这个限度内,它便有其真实的存在,但并非其本身存在,而是间接地、单纯地存在于其基础之中(第二章)。

第二十一节。讲到(b)可能性或盖然判断,我们都会以为它所具有的真确性比不上必然判断,[21]因为它的条件一部分没有明言,但是除非我们暗中承认必然性的前件为一存在的事实,这样的对比是完全虚妄的。在这两种场合,我们都不能够假定前件或者后件是存在的;可是当我们从必然的东西过渡到可能的东西的时候,这两种判断的基础却似乎是同样的实在。

在最单纯的假设的可能性中,我们也总有一个关于真确事实的断语。我们肯定 S—P 随 abcd 而来的必然性，abcd 等条件有一部分是假想的。我们在这个判断里，便是把那样一种联系的基础归之于终极的实在。但是在平常可能性的陈述中，我们却暗示 abcd 一部分的存在，从而又作出了另一种关于事实的说明。还有一种所谓赤裸或朴素的可能性的场合，我们所做的也正是这样，我们首先凭着一个打消或否定判断[22]（第十三节），断定这些条件都与实在相符。接着便把实在（因为它是一致的）当作一个联合的条件，而使这些未明言的条件一部分成为存在。这样，实在带着一种未知的性格，过渡到各种条件里面去，于是遂使前件有了部分的不可知的存在；而同样的实在以另一种身份，又保证了 S—P 假设的效果。因此，结果我们（不管我们对它作何想法）便已作了两个直言的表述。

在"脱离了肉体的精神是可能的"这一断语中，我们的出发点是否定了它是不可能的。这个判断，第一，假定了实在具有一种真确而未知的性质，第二，这个性质如果你把它和其他未言明的条件合在一起，便造成一个假设的前件或理由，由此理由即可得出"脱离肉体的精神"的结论。作为这个第二个判断的根据，我们又要把另一个未知的性格归之于实在，以便为假设的联系的基础。这样一来，我们自然有了两个关于事物本性的断语。

第二十二节。现在让我们再提出一个合理的可能性的实例。如果我们说"A 可能握有制胜的爱斯牌"，我们一定知道了可以产生这个结果的各种条件。我们知道，这副牌怎样的安排，切牌人和发牌人怎样的肌肉调节，必将爱斯给到 A。这一判断的基础就在于机械以及其他的定律，按照这些定律一定会有这个结果。这些定律我们都看作实在的事物所具的性质，这就成了我们的断语之一。其

第七章 判断的模态

次，我们还肯定了一个事件已经出现，即纸牌的处置和安排，事实上便构成我们前件的一部分；换言之，在一定限度内它便使我们假想的条件变为实在。这个前件的真确性并没有达到那种完满特殊的形式，使爱斯真正为 A 所有，但是它却是在那里，具有部分和轮廓的性格，可以使爱斯这张牌属于某一打牌的人。

无论何处，当我们说 S—P 是可能的时候，我们总是表述 S—P 一种真实的可能性。我们必得假定一个确乎有了的事实，虽然这个事实并非 S—P。我们还得假定这个事实在某些条件下可以给予我们 S—P。这就是说，我们直言地确述了一个假言判断的基础；同时又直言地确述了形成前件一部分的一个事实的存在。这两个正面的断语无论何处，纵在关于真确可能性最审慎的陈述中，也都可以找到；至于单纯假设的可能性，则只需包含前一个断语。

以上我们已完成了我们所要做的第三个任务。我们已经证明了必然性和可能性一样，也有一个事实的基础，并且依靠着经验。模态的判断必得对于实在有所确认。但是这个判断本身所表明的真理却不是一个事实。模态不过是一种假设，而假言的联系则只存在于我们的思维之中。

第二十三节。关于这个问题，还有许多值得注意之点。我们时常听到所谓"才能"和"能力"，有时使用这样的字眼，如"潜在的势力"，而很少考察它们实际的意义。"潜在的"就被当作一种真实的东西，好像超乎存在之外而聚集在一个不可知的地方，等到以后可以随时发露于这个现实世界中。这是腐朽的形而上学很可怜的妄想，居然在物理学流行理论中占了很重要的地位。其实，潜在的能力本身当然没有真实的存在。它不过是一个假言判断里面的后件或结果,它的各种条件并非全部都视为真确。比较切实一点是这样说,"虽然能力是没有的,但确乎有一种东西存在,形成能力的真实可能性"。不过就连这句更正了的话还是含有错误的残余。

严格说来,S—P 的真实的可能性本身是不存在的。[23] 它只是指着那么一种实在,如果置入一种观念的结构中,它就可以发展成为 S—P 的效果。它的本身是事实,而作为假言判断的基础的属性也是一个事实,然而包括各种成分的那个判断却不能当作事实。这里我们又遇到了一个二难的论点。离开了这一判断,实在的只是单纯的事实,并无所谓"潜在";而一到这个判断之内,这个实在本身便不再成为实在。它只出现于一个心理的结构中。除非你准备把理想的成分变为自然过程决定的力量,你就不能妥当地相信这种可能性为真实。我以为无论根据哪一种形而上学的理论,最好还是找出其他表现的语句。

第二十四节。但是也许有人说:"条件是确乎真实的。[24] 在生命开始之前,生命的条件便能出现。真实的可能性就是一个条件,作为条件,你不能不承认它是存在的。"这些话也是同样的错误。一个条件正因为是条件所以不能说是存在。条件只是假言判断里的成分之一,离开了那个判断,它就不成其为条件。假如你说,"A 是存在并为 B 的一个真确条件",这样说便是不正确的。你的话有什么真实纽带与之相符呢? B 并非已经存在,如果其他的条件不出现,它就不会存在。可是你却说,"A 是它的条件之一"。正确的说明应该是这样:"A 是这样一种东西,如果脱离了存在,嵌入一个理想的结构,在心理上它便可以产生 B。"超过这以外,一切都毫无把握。

一个条件顾名思义本身当然是不存在的,如果下一个定义说原因是"条件的总和",那就犯了一个严重的形而上学的错误。这就是说,"可以产生实在的实在便由多数单纯观念合在一起而造成"。*但原因必须是事实,它的效果也必须是事实。更恰当一点,我们应该把原因称为各种成分的汇合,这些成分结合起来的时候,便可以开始一种过程,引起我们称作效果的那种变化。这个原因乃是真实的成分现实的结合。每一个成分本身离开了这个结合就不成其为条件。只有你把它在观念上和其他成分联结起来的时候,它才成为一个条件。但是要想这样做,你就必得使它变为一个观念。作为一个条件,在这个限度内它便不能再是一个事实。

我并不是说上面所指出的缺乏精确性的说法总是错误的。所谓"潜在力"、"条件"、"可能性"等,这一类的词语可以没有什么害处,而且还很有用。大家应该能很安心地使用它们。但是我却担心太多的场合并非如此。很多时候,它们往往证明不过是幻想的机构,催眠的用剂,只会使人们的理性昏沉入睡。假如我们一定相信有一种东西既不是存在,也不是非存在,而是介乎二者之间的怪物,那我们就应该拿出勇气来,明白承认这种思想。我们不能用这些字眼企图搪塞,胡里胡涂地避免怀疑。

第二十五节。我们还记得一场论战,它的根源就在于词语的含混。那些为了"感觉的恒久可能性"问题的争论,[25]使自己和别人纠缠不清的人当中,有几个人曾经探索过这些话所含的究竟是什么

---

* 总和一词当然也成问题。这便暗示一种理论认为各种成分可以联结起来,而不管这些成分是否可以假定为实在。但这一点说起来很长,只得从略。关于原因性或因果律,本书第三部第二篇第二章有所论列,读者可以参看。

意思？我们现在已知道，一个真实的可能性，其所意谓的东西就其本身以及从事实上来说，总不是可能性，而必得是一种真确的东西。实际存在着的乃是一个可以检证的事实，对于这个我们在这里又须加上一个恒久或固定的观念。我以为这就表明我们真确的事实和某种别的东西对比起来，至少总具有一种相对延续性并相对地不受变化影响。但是现在我们要问，这个实在，或者可以说，这些实在的东西，不发生变化，凭着一个实在的属性，只要你把它们变为观念，纳入理想的机构中，马上就可以保证产生感觉的结果，这到底是什么东西呢？它们是不是与感觉相区别的真实的东西，如果不是，究竟是什么？我的意思并不是说，提出这个问题就足以使密尔的理论完全破产。我只是要指出，对这个问题的答复，纵使已经答复过了，至少须使这个理论的陈述有所更正，至少关于争论的某几点不能不加以改变。

212　　这个迷人的词语还有一个用法，也含着同样的暧昧性，可以动摇它自己的结论。如果把快乐解作微小和倏忽即逝的意味，而承认它是人生的目的，就会引起许多的困难，那么，如果我们说幸福是人生的目的，而给幸福下一个定义，认为快乐感觉的恒久不变的可能性，这样是不是就可说是避免了所有困难了呢？这里马上便会碰到一个难点，既然以快乐为目的，它当然指的是现实的快乐。但是如果属于现实的快乐，它就不能是仅仅可能的快乐。所以我们只有承认这个目的就是现在真确的快乐，但这种快乐又具有一种性质（其本身也是快乐）可以保证理想的快乐假设的结果，从而这个现在的快乐也就是恒久固定的快乐，如果不是这样，那就是已经放弃了快乐主义，因为这个目的已经变成了非快乐的东西。这里还是可以

第七章 判断的模态

适用前面的一句话,就是,对于这个难点的答复,至少当使这种理论在说明方面不能不有一些更订。㉖

第二十六节。现在我们可以放下理论的批判,谈到西格瓦特所提出的一个正面的主张(《逻辑》第 182、227 页),以上关于可能性的讨论正好作为思想准备。特殊或特称判断,我们也已看出,归根到底实际乃是一种假言判断,它所包含的条件还是不完全的(第二章)。在盖然判断的形式里面,我们又一次仍然遇到了特称判断。这一个只是另一个的变种,一加细察就会原形毕现。特称判断"有些 S 是 P"和盖然判断"S 可能是 P"是同样的东西。特称判断并不包含有"S 确实存在"的表述,㉗在这一点上与盖然判断不相上下。"有些 S 是 P"这个判断所肯定的不过是,S 被给予在观念上和其他条件联结一起,这些条件某一部分假定或想象为真确,则 P 将随之而发生。这也恰是"S 可能是 P"的意义。这两种判断都是不完全的假言判断,二者同样都建立于信以为真或假想为真的事实基础之上(第十五节)。

第二十七节。实在的本身无所谓必然、可能或不可能。这些宾词(在逻辑上我们必得设想)出了我们的思维反省之外,是根本找不到的。㉘如果有一种知识和反省可以完全掌握事实,对于这种知识和反省就没有可能的东西。在这种情形下,实在的事物都将似乎是必然的,而不实在的事物便都将似乎是不可能的。

不可能的东西就是必为不实在的东西。㉙假如我们愿意,也可称之为一种必然性。当我们说 S—P 不能存在的时候,我们的意思不仅是说在想象的实验中 S—P 的提示直接消失。我们在一瞬间是把 S—P 当作真实的。然后根据这个假设,我们又看出了 S—P 所能由之而发生的那些条件，直接或间接都与实在相冲突。实在的事物如果受到改变，在观念的结构中成为 S—P 的条件，便失其本来面目。这样的改变便排除了我们归于实在的一些属性，而这等属性在我们的反省之中，由于摈斥其他的可能性，遂造成了不可能，并且成为必然。

不可能和必然性乃是两个交互关联的观念。它们是联带产生的。实在的东西非到它排斥了不相容的东西，并重新肯定了作为这种排斥根据的属性之后，决不能形成必然。[30]由于这个属性，所以不能成为别的东西，也必得是这个属性，因为没有别的东西。同样，不实在的东西也不能成为不可能，除非我们已经见到它不仅是失败了，而且如果假定它的成功，就会破坏对立物已被排除时所形成或必然形成的局面。

第二十八节。这些观念也使我们想到很多困难。在本书以下一部中，我们还要转回来说到它们当中的一个，这里我们不妨简单地提一提。我们已经看到，不可能的东西总必暗含一个正面的性质，我们知道或者假定为属于实在。假如 X 是不可能的，这便意味而且必得意味着一个真确的 X 一旦出现，就会排除我们认为实在的某种正面的属性。

这便牵涉到我们已经讨论过的一点（第十三及二十一节）。有人把可能性认为任何一种既非实在也非不可能的东西。[31]我们反对这种看法，因为它的结果很模糊，而方法更不可靠。它的方法不可靠，就在于由没有看得见的冲突遽然过渡到可以互相谐合的假定。如果实在的事物恰如我们所知道，可以完全转化为一组条件，其结果产生 X 出来，这时我们就认为 X 是可以相容的。其次，如果把 X

当作实在的一种属性,这样的提示不能引起肯定的答复,也不能引起否定的答复,如此,在我们所知道的范围以内,X 就是非不相容的。我们所反对的那种理论正是直接从非不相容过渡到可以相容。上述两种场合其中之一,X 是可能的,因为它所从来的条件有一部分确由实在所提供而得。但是另一场合,我们便谈不到所谓实在,除非我们作出一个大胆的假定。

第二十九节。我们对实在提出了所拟想的 X,这个实在只是消极的顺从,X 并没有被排斥。这里有一个剥夺的或打消的判断,我们要想充分了解,必须把它还原为一个平常否定判断,揭示它的主词里面含有一个正面的性质可以发生拒斥的作用。在这里,这个正面的性质是什么呢?这就是在心理上呈现着具有如此如此属性的实在,或这种实在的心理的显露。对于这些显现的属性只要有一点增损,便是对于我们心目中的实在的篡改,而当前的实在就是以现实的姿态和我们心灵中的实在相对照。换言之,我们说 X 不为实在所排斥这句话的基础,就是假定了我们所谓实在与当下呈现的实在没有一点不同。

可是说"凡是我认为真实的东西都符合实在"是一回事,而说"凡是我不能认为真实的东西也为实在所没有"却是另一回事。这两下的区别是很大的。前一场合,我们假定了不管还可以有什么别的东西,至少这一点是真实的。后一场合,我们已是说我们心里面的东西和实在相平行。不过假如我们坚持这个主张,那就应该更进一步。凡是不为实在所排斥的东西,就不是可能的,而是现实和必然的(第 118—119 页)。假如我们骇怕这样说,那么我们又怎能说 X 是可能的呢?

第三十节。这里的错误是很明显的。一个剥夺或打消的判断（如我们在第三章中所已知）决不能对一个主词为真实，如果那个主词只限于宾词范围以外的某种东西。这样，它就要变成显然落空而毫无意义。你不能够说明没有或缺乏，如果你不是说明了这个没有或缺乏的东西显示其所不在的正面的空间（第三章）。我们可以发见这句话也能适用于终极实在。当我们指终极实在而说"它没有排斥 X"的时候，如果仅乎这样单纯的打消，遗下的空间不为一个正面的属性所占领，那么我们所说的那句话便没有多大意思。我们应该这样说才对，就是，其中存有一种性质，可以保证没有排斥 X 的事情。但是这个性质很明显当然不外乎 X 的显现或相容一致。我们应该以这个显现或相容一致为根据，才能断言 X 的可能性。否则我们便一定陷入循环论。

我们可以举一个例子，假定我说两等边三角形可以有三个不等的角，其所以可能，便因为它并非不可能。在我想象所知的范围之内，一般的三角形不能告诉我两等边三角形的本性是什么，㉜只是凭着一般三角形并不拒斥我的观念这一剥夺或打消的判断，我才称之为可能的。这是不是荒谬呢？这是荒谬，因为一个打消的判断，在其主词对提示的关系完全不确定的时候，是没有任何意义的。主词定须为一个性质或环境之所决定，而这个性质或环境我们又有理由认为可以接受或拒绝 X，必得在这种情况之下，剥夺的判断才能有其意义。如果我们光是抱着一般或普遍性，我们就不能够说明没有或缺乏，因为我们所称为虚无的空间是不存在的。

第三十一节。如果我们的剥夺判断也有一种意义的话，那就是一个虚妄的意义（第三章）。它便建立于一种混乱之上，把普遍性及其心理的存在并为一谈。我们采取了这个观念，原来是作为一个心理事实存在于我们的心灵之中，接着便把它如此得来的决定性和它的逻辑的性质相混同。我们说，这里是一个事实，我们不能发现它摈斥 X。不过这里的回答也很简单。首先，我们来了一个归谬法。因为实在总有一种性质，根据这个性质它就必得接受或者拒绝每一个可能的提示（第五章）；又因为这里的实在按照假定不曾拒绝，所以它必得接受。X 不是可能的，它是现实的，而且是必然的。其次，我们再直接否定这个前提。在你的心理实验中，你并没有获得实在，而你也应该知道你没有获得它。假如你想决定你的空洞的一般，期于得到关于 X 的一种回答，你和这个普遍性的心理背景确实一点关系也没有。心理的环境对于 X 来说，决非必须是充实或者虚无的空间。它是不相干的，必得完全抛弃。你要填满你的观念，必得加上它的内容才行。当这个内容达到这样的程度，在你说"仍然没有拒斥 X"的时候，你的意思便指 X 的某些条件已经呈现——当你意味着某些性质足以影响 X 的前景，某种属性一旦成为完满便可以容纳或拒绝 X，这种性质或属性，一部分已经实现，而这一部分是相适合的，那时我承认你就可以在你的剥夺判断上面建立起可能性来。[33]我所要指摘的就是，你这样办是很无谓的。你的手上原已有了一个正面的基础，它就是你的判断的直接基础，而你却故意曲折其词，实际上绕了一个很大的圈子（第五章第二十八节）。

我们决不能相信一个剥夺的或打消的判断，除非我们已经看出它的否定的形式。而我们也决不能相信一个否定判断，除非我们已经看出它的肯定的基础。我们不应该把我们的软弱无力当作真理的尺度，在我们这样做之前，至少我们必得试图发现与那个失败相适应的正面的东西。遵守这些规则才能使我们免于错误，而这一类的错误有时是很危险的。

必然性和不可能性这两种东西对于我们心理无能的关系构成一个问题，讨论起来就会超出这本书的范围。我们在本书最后一部还要加以补充说明。本章剩下来的就是要指出，所谓模态不过是由判断到推论的一种过渡。但是在我们阐明这个转变之前，我们必得很快地谈一谈判断的模态一个最重要的应用，至少必须说明它和我们一般见解的关系。

第三十二节。如果我们承认逻辑可以提供一个发现真理的方法，那么逻辑学家提起盖然性[34]的理论便不能不感到惭愧惶惑。这个新的理论已获得充分的效果，相形之下，古老而居于特权地位的逻辑显示着毫无生气。假如我们对于逻辑的地位有一个正确的了解，固可使这种对比成为不可能，但另一方面，逻辑也似乎没有权利可以踏入另一门科学的界限以内。尤其在逻辑学家自认不懂数学的时候，这个难点更不易于排解。因为在这种情形下，他好像是谈论他所不知道的东西。

不过这个难点实在基于一种误解。盖然性的计算所根据的原理，这种理论建立于其上的基础，本身并不属于数学。在数学可以处理这个问题之前，先须作出一些假定；这些假定凭其结果来说，虽然是有效的，但最好还是就其本身加以考察，以辨明它们到底是怎么一回事以及是不是真确。这样一种研究，无论由谁来进行，总是逻辑的研究。

第三十三节。我们知道，盖然性是和可能性有关的。由我们所已探明的这一点出发，马上就可达到一个重要的结论。我们关于盖然性所作的任何陈述本身决不能符合现实的事实。这种陈述可以说是一半真理,我们定不可忘记它。然而这却决不超过一半,也不是最值得我们记住的一半。这种陈述之为真实,恰和关于机会的断语也是对于实在有所肯定一样。每一个假言判断,我们已经知道,都必须建立在某种直言的基础上。我们所已得到的结果使我们不必再来探索就可说明,任何理论如果认为机会学说只是"客观的"或只是"主观的",都一定是错误的。这是一种有害的交替的说法,如果这样说是靠得住的,那就要推翻我们所已证明的一般结论,而与实际特殊的事实相反了。

第三十四节。以下我还要转回来探讨这个根本错误,但是现在可以先从一个真实的状态说起。我们可以略去一般盖然性的问题不谈,只限于讨论所谓数学的盖然性的理论。它使我们首先注意到的,就是一定要把可能性施以限制。要想前进一步,我们却非把整个的、全部的机会摆在我们面前不可。这个全面的衡量可以根据真正的知识,也可以凭着一个任意的假定,不过它总须以这个为其先决条件。简言之,机会的估计必须有一个选言判断做底子,而所有表示机会的假言的断语则只能在这个选言判断的范围以内出现有效。但是假言结构如我们所已知(第四章),必得暗含一个直言的基础。这个事实的根据乃是我们关于机会的断语不可少的条件。

第三十五节。我们可以举一个简单的例子来说。譬如一个骰子在我们面前掷下或将要掷下,结果完全为我们所不知道。此时要想估计点数的机会,我们必须预先作出一种直言的陈述。我们至少必得能够说,这个骰子将要落下(或已经落下),而且还会以某种方式落下。它一定有一面朝上,不管其他情形怎样,这一面总不出乎所有六面之外。它必得具有一种性质为六面所共有，而不能成为它们一个也不是的东西。所有其余的话都建立在这个直言的基础上，没有这个基础便一步也不能前进。

这个结论应用很为重要。在全部实在之前，便无所谓盖然性。也没有任何盖然性不建立于假设或真确事实的基据之上，或不是那个基据进一步的发展。

第三十六节。我们已经认清了我们选言判断的基础。是什么东西完成了这个基础呢？当然就是互相排斥的各选言肢的列举。这些交替的可能性便给予在我们对于骰子朝上或将要朝上一面的点数所能作的各种假言判断之中。这时我们便是有了一个选言判断，其中包括若干互相排斥的可能性的一个全面的说明。但是这样我们尚未得到数学的盖然性。要达到这点，我们还须再进一步。我们必须认为所有这些可能性都是相等的，或者如果它们不是相等的，我们就必须使它们可以互相比较。

第三十七节。这些可能性必得都是同等盖然的。这是什么意思呢？这个意思就是，对于其中任何一个所能说的话不能较多，也不能较少。这些可能性每一个都是从一定条件得来的假言的结果，所有的结果都是相等的，第一，它们当中每一个只由单独一组条件而来，第二，我对于任何一组的条件都不认为具有比其他各组更多的重量。换句话说，就是当我没有理由承认作出某一假言判断比任何其他假言判断更有根据的时候，它们便是同样和同等盖然的。

X 必为 a 或 b 或 c。这就是说，X 为某种条件所修饰便是 a，如果为另一种条件所限制便是 b，若为更不同的条件所规定则成为 c。如果在我的知识之中，我已有了某种根据[65]可以认为 X 为某一组条件所决定而与别的组无关,那么 a,b 和 c 就不是同等或能的。假若并没有这样的基础,它们就是相等的。其次,如果 X 具有单独某一组条件便可以产生 a,而具有多于一组的条件才会产生 b 或 c,这时机会的对比便视情形而不同。[36]相反,如果不是这样,机会便会相同。*

第三十八节。如果各别的选言肢我们发现不是相等的,那么我们就必得放弃我们估计机会的企图,否则就必得找出一个共同的价值单位。我们必须分析某一个可能性,也许发现它的最后结果实际是两个;或者,虽则最后结果是一个,却由两组或三组条件而来,从而可以代表两个或三个单位。在这种情形下,实际就有了两个假言判断被我们结合在一起。其次,如果我们不能把较大的分开,我们总可以把较小的连接起来。只要把两个或者更多的交替成分看作一个,我们就可使全体上升为具有更高价值的一个单位。

第三十九节。只有在我们有了一个选言结构,其所包含的选言肢是同样或能的,或可以还原为同等或能的选言肢的地方,我们对于机会才能有所说明。因为我们有了一个共同的基础来设想每一个可能性都是真实的,所以每一个可能性的盖然正是同样的数值。在我们的知识中,它们不啻平分了现实的事实。这样,我们就是把实在看作一个统一体或单元一,每一个交替的可能性我们都可以用一个分数来表示,分母就是等价选言肢的数目,而分子就是一。我们并没有什么东西可以和我们关于一般事实的信仰相对照。对于

---

* 沃尔夫对于这个原理阐述得很清楚,"一个命题其宾词陈述主词合于真理的必要成分愈多,其盖然性亦更多,反之,一个命题其宾词陈述主词合于真理的必要成分愈少,其盖然性亦较少。"

它的发展的任何一个可能性，我们都是把所有其他可能性的整体与之相比较。

第四十节。再以骰子为例来说。我们知道它一定会以某种方式落下来。这一点是直言的，现在我们所要决定的就是更进一步的可能性。每一种场合究竟有些什么条件，可以作为我们假言结论的依据呢？这些条件首先当然是骰子的降落的一般特性，以及所以使骰子落下只以六面当中的一面朝上，而不会多于一面的各种积极和消极的一般因素。是不是这些条件就构成一种基础，可以使某一面出现的或然性比其他各面为多呢？显而易见，它们不能。

这些一般的条件，在我们已经考察的范围之内，都知道是存在的。事实发生的状态一定使得这些条件都会实现。但是除了这个已知的因素之外，还有许多情节我们怀疑未决。这个特殊的一掷，必得取决于这个骰子的某一特殊位置，掷骰子的人特殊的肌肉收缩，以及骰子落下所在的平面的性质，也就是所有这些的结果。能够导致这个结果的各种条件不同组合的数目是很大的，一部分也许是不可知的。[37]但这并没有什么关系。至少我们总知道或者假定它们是和实在可以相容的，它们可以随便达到这六个结果当中的一个。对于骰子的每一面，我们都有同样多的理由设想其可以朝上，恰和我们可以设想任何其他一面朝上一样。每一面的机会都是相等的，因为一共有六面，六面平分一个单元的范围，所以它们每一个都是六分之一。我们有一定的理由可以指望任何一面，比如说四，但是我们却有五倍同样多的理由看不到四。

第四十一节。现在我们设想某一面装铅变重。最后的可能性仍然是六种，但它们的价值却不相等。因为这里使装铅的一面向下

第七章 判断的模态

的条件组合，实已多于可以使反对的一面入于同样地位的组合。这样，我指望其中一面出现，比较其余各面，就有了更多的理由。这时我所要做的，便是分解某一个可能性或所有这些可能性，从而求得一个新的单位。假如我能够做到这一步，这个全体就将再行化成分数，仍然表示各面的机会，不过这些分数便是不等的了。我们可以指望某一面出现的理由所包含的单位较多，而对于其他各面则指望的理由单位较少。

第四十二节。以上所述，我以为，正是机率理论全部的基础。这是很简单而完全合理的。我们用不着诉之于这个理论所造成的许多成就，才能证明它有确实的根据。如果我们能够正确地了解，它的原理本身实在充分明显，完全没有争论的余地。

我们虽然没有任何理由和权利可以信从这个理论最基本和最简单的应用，但是有一点却很重要，我们不容忽视。我们不能够直接决定不同的可能性所具各种条件数值的时候，也可以间接做到。例如，一个装了铅的骰子，我也许就没有资料可据以计算各种机会，因为我对于这些条件可以根本没有精确的知识。但是我可以用另一方法得到这个结果。我可以继续把骰子抛掷许多次，记下每一面朝上或朝下的次数，然后就能够按照这些次数的比例预言未知的抛掷每一面出现的分数。不过这个倒转过来的程序并没有包含不同的原理。

现在我们再来看一看这一程序的本性如何。假定我没有理由可以设想我所要决定的未知的抛掷和其余的抛掷不同。所以我只把它当作完全相同。但是我又不能认为它和任何一次抛掷是一样的，[38]因为那样它就必得和其他的抛掷不同了。因此，它只有在一般的性格上是相同的,而在现实系列所提供的材料的范围之内又具有各种可能的变化。我们所要做的便是把这些可能性以分数表示出来。

我们的推理只好从效果到原因。如果一个已知的原因 A 可以产生一定的效果,如果我们没有任何理由可以相信有任何其他原因[39],我们便假定我们能够从这个效果上溯到 A。我们所考察的效果便是一种系列,问题就在于,我们是不是能够知道可以产生那个系列的唯一的原因呢?

我以为我们是不能知道的。尽管这个系列是怎样长久和固定,我们也决不能说只有一种倾向的因素,可以导致或必得引起我们所看见的系列。假如我们能够说这句话,并且假定未知的抛掷将由这个决定的原因而产生,那么在这种情形下也就没有什么盖然性可言。整个事情已经了解并且一定就是如此。不过显而易见,我们确实不知道可以产生我们的系列的这个唯一的特殊原因。我们至多不过只能决定它的一般性格。它必得是这样一个原因,可以造成具有一定数字关系的系列。同时我们假定了一种安排,如果我们能够说"它便表示任何一次抛掷在这些数字关系中分配机会的真实可能性",这种安排便是上面所说的那个原因。因此大概上述系列便是这个原因的效果。又因为(根据另一假定)我们没有理由相信有任何其他原因,所以这种系列由这个原因所产生而成为确定。再加上我们假定了未知的一掷具有的一般特性,和这一系列所具有的相同,于是我们遂毫不踌躇地直接计算它能够出现的机会。

第四十三节。我们可以顺便指出,如果我们定要假定这个系列,除了上面所说的原因之外,还可以由一些其他的原因而发生,马上便会引起一个复杂的问题。[40]不过我们不需要考察这一点,因为倒转或归纳的盖然推理最简单的实例,其过程正是上面所说的那样,已足以表明其所依据的原理。其次,我们可以指出这里还含有几种假设,在下面一节我们将加以讨论。现在我们只须说明,如果我们不能满足于一个盖然的结论,如果我们进一步断言这一系列确为具有某种特性的某一原因所产生,而这种原因在一个未知的抛掷中可以再度发生作用,那么,我们的假设即使不是虚妄,也必很可怀疑。这一点虽然要到以下才能说清楚,但是这里可以简单撮述一下,我们关于机会的推理,无论其为归纳的盖然性,抑或为演绎的盖然性,在本质上都是一样。这个新的一掷的机会便代表我们信仰的各种基础的比例。这些基础之为一个系列所提供,以及那个系列之还原为确然或盖然的原因,这个事实并不能使以上的原理发生差异。我们有了什么基础才可以决定将要发生的一掷呢?就是作为决定已知系列之原因的基础。这些基础究竟是什么呢?它们就是我们在假言判断中过渡到一个系列的那些基础。这些基础的本性如何呢?我们并没有明确的认识,可是在已经知道的范围内,我们能够把它们作为单位或单位的组合排列起来,使它们相互之间存有一定的关系。但是彼此之间具有数量关系的信仰的基础,也就正是我们可说的掷骰子的不同的机会。

第四十四节。以上已经简略地说明了所谓机会逻辑的一般性质,现在我们再来揭破几个错误的观念。第一,显而易见,盖然性并没有肯定事实本身。一个事件可以成为过去或绝对固定化,而我们的交替的选言肢却可以继续说明,符合实际。可是另一方面,如果机会并非事实,那么它们是否只就是我们对于事实的信念呢?是不是盖然性便只是我们偶然抱有的信仰的分量呢?决不是,这样说也是不对的。所谓"信仰的数量"究竟能有什么意思,我们毋庸多费精神详细讨论,因为这一整个的观念马上就须加以摈弃。我们信仰的总和是心理的东西,而一个事实的盖然性则总是逻辑的东西。不管我们碰到所信仰的是什么,无论其存在或非存在,我们的信仰本身总不受影响。但是一个关于机会的断语却必得是真的或假的。它要靠着事实,也指着事实,虽然它对于问题当中的特殊事实并无所谓符合或不符合。

第四十五节。我们决没有自相矛盾。盖然性只告诉我们应该相信什么,即根据一定的资料应该相信什么。这些资料便是关于实在的断语,而我们应该相信什么的结论,便由我们的信仰所具各别基础的比较而产生。这些基础就是假言判断的条件,因此,这些判断也必得有是非真伪之分,而它们这样便都是建立在直言的基础上。在这两点上,即就(1)选言结构的一般基础,和(2)各选言肢的特殊基础来说,盖然性可以符合实在或不符合实在,我们可称之为"客观的"。

另一方面盖然性又是"主观的"。譬如,我说"S—P 的盖然性是 $\frac{1}{10}$",即使 S—P 是不可能的,这句话还是可以成为真实。它今天可以是对的,明天对的机会也许变为 $\frac{1}{12}$,后天也许是 $\frac{1}{7}$。这个信心可以随着我的知识而改变,可是无论怎样变化它始终是真实的,纵使上述每一个数字都有错误,也还是真实的。这怎么能够成为"客观的"呢?它似乎根本缺乏真实的特质。

这里的解答是很明显的。在盖然性的范围之内[41],成为真实或不真实的东西不是前提,而是我从前提出来的结论。给予了一定的假设，自然只能有一种方法可以表述各种机会。给予了一定的信仰或不信仰的基础，对于这些基础的分数的结果就只能有一种正确的推断。这个结果既不是"主观的"也不是"相对的"，如果这两个形容词便是"因人而异"的意思的话。由一定的资料只能作出一个结论，如果这个结论在不同的人们的头脑里可以不同，那么这些头脑当中就定有一个或者两个都是错误。盖然性决不比依据假言前提的任何其他逻辑推理作用来得更为"相对"和"主观"。它只是相对于它所处理的材料，而非任何其他意义的相对。它从某些关于事实本性的假设出发告诉我们，如果我们准备承认这些假定是实在的，那我们就应该相信会有怎样的效果。如果说这样还不能成为"客观的"和必然的，我们就再也不必用这两个词语了。

盖然性本身并不符合事实，但是它总必参照或指谓事实。它牵涉到一种特殊的演绎推理，其所根据的命题必得符合或不符合事实。⑫它确实只限于这些演绎推理。但是在它自己的界限以内，它却具有绝对的和无可疑问的真理，而且这个真理是不变的。

第四十六节。盖然性不是单纯"主观的"，也不是单纯"客观的"。这个恶性的选言交替便是我们须要祛除的第一个错误。和它相关联的还有另一个基本谬误，我们必须接着一谈。

许多人都以为一讲到机会总含有一个系列，而盖然性的逻辑便根本只和统计的回数有关，这实在完全出于误解。如果说"S—P 的盖然性是 $\frac{1}{4}$"这句话必然意谓着"在四次事件的系列中 S—P 定有一次是真实"，那就是大错。这个错误的理论也含有一些真理，可是却把一部分的真理当成了全部的真理。

第四十七节。这个系列到底是真实的还是幻想的呢？让我们来先把它看作实在的，认为一种存在着的，已经存在、或者将要存在的东西。我们说"S—P 的机会是 $\frac{1}{4}$"，这个判断是不是总必基本指着一个真实的系列呢？如果这样说，就是大错。S—P 这一事件可以是假设的。它可能有 $\frac{1}{4}$ 的盖然性，这句话所根据的假定也许我们明知是不实在的。这时，试问什么地方有一个真实的系列呢？其次，这个事件也可以是独一无二的。譬如说，我在四十岁以前死去的机会是 $\frac{1}{3}$。这个意思是否就是说如果我死三次，即有一次会实现这个可能性呢？再来一次的事件，不一定真是一个事件。它不需要是可以在时间里面出现的东西，我们给以这样的名称，就是自欺欺人。"灵魂不是别的东西而只是肉体的机能，这可以有一半的机会是对的"，这里的盖然率便是 $\frac{1}{2}$。"上帝是人的机会是一比二"，这个盖然率便是 $\frac{1}{3}$。"意志自由的机率是一对九十九"，其盖然性为 $\frac{1}{100}$。[*]毫无疑义，我们可以说这些数字都是虚幻的，我们找不出任何价值单位，但是我不认为这个难点可以成立。纵使我们承认这等情形很难置信，但是在有些人的心灵中所呈现的赞成或者反对那样判断的根据，仍然可以化为一个共通的分母。我们如何能否认这个呢？既然不能否认这里所说的话，那么我们的系列便成了怎样的东西呢？

---

[*] 当然这些分数并非真的就代表我的意见。

第七章 判断的模态

第四十八节。这里的系列很明显的不能够成为实在。让我们就把它看为虚幻的。如此，问题便是，难道这样一种虚构幻想的系列可以成为表现盖然性的适当的方法吗？我们能说，这就是我的意思，或者就是表述我的用意的唯一的真确方式吗？这种说法我认为是荒谬的。它是经不住认真检核的。

诚然，盖然性总可以表现为一个虚构的系列。说"某人有二对一的可能是有罪的"，这句话便可以改为"根据这样的证据所作的判决三回之中可有两回是正确的"。纵然这个可能性是独一无二的，我们还是可以离开那样的性质，抽象地说，"像我这样的人三次当中可有两次死于四十岁之前"。不仅如此，即使我们完全抛开实际的事件，我们也仍然可以保持这种表述方式，使用一个虚构的系列。这里虚幻的判断就变成了事件。"灵魂有一半的可能为肉体的功用"，这句话便可译为"一个人作出这样的判断，在一半系列中可以是错的，而在另一半系列中则可以是对的"。

但这样说是不是我们的真正用意？我们要求正确的时候，是不是非如此说不可？这总归是可能的，但也一定是必然的吗？它能够总是很自然的吗？我们还要再问一句，这并非是不正确的吗？

第四十九节。让我们从它的可能性说起。为什么我们总是可以利用一个虚构的系列来表明各种机会呢？理由就是这样。当我们据以计算的基础被视为原因的时候，我们都习惯于设想它们的效果，在一个现象的系列中，总会显示跟我们的分数相同的比例。如果是这样，那么一方面是这个系列的各种原因（或一个原因），另一方面是这个系列本身，当然可以互相对应。我们说明我们关于原因所要说的话，可以随便陈述它的效果，或者举出它给予我们得以预期某一效果而不是其他效果的理由。这在虚构的系列被假想为真实的时候,便是很自然的。但是对于独特的事件,如果这个系列是特别制造出来用以表示机会,就不是那么自然了。倘使这个可能性本身不是一个事件,而系列不过是若干判断组成的系列,那就更加不自然了。不过即使在这里,它仍然是可能的。因为在心理上,那些基础就是原因(参阅本书第545页),换言之,即因为导致一定结果而使之成为必然的逻辑的理由便是产生判断事实的东西,所以只要我愿意,我尽可以幻想一系列的判断,并宣称,因为这些判断在数值上与我所有的理由相对应,从而这样一种数字的部分也可以成为实在。这里利用一个系列来做说明确实很不自然,却仍旧是可能的。

第五十节。由此可见,构成一个系列乃是表明盖然性的方法的一种。这种方法有时很自然,有时并非怎样不自然,有时又极不自然。不过这总不是一个正当的方法,至多不外乎是一种说法,无论如何这决不是我们的命意和目的之所在。纵使当我从一个真确的系列出发的时候,在我能够达到盖然性之前,我也必得要抛开它。我要找到它的原因,只有依靠一种所谓还原的方法,凭借一种归纳的假设。我决不能把这个原因简单地解释为已经造成或将要归结为某种系列的东西。我不能说它已经造成了某种系列,因为那就要成为确实性而不是盖然性了。我也不能说它将要归结为某种系列,除非我作出一个为我所不能维护的假定。

第一,很明显,如果我采取一个系列,并说"产生了这个系列的原因产生了这个系列",这实在没有多大意思。另一方面,如果我加上一句"在其他的时机将要产生这个同样的系列",这句话固然不能说是毫无价值,但至少也是全不相干,否则便是毫无根据。假如它的意思便是"在另一场合,如条件不相抵触,同样的原因之后将伴随着同样的效果",这样的说法是不错的,但是不恰当的,因为它是纯然假设的。在一个现实的新的场合,其中新的条件我都是不知道的,即使我知道了,我也不知其原有特殊的原因是怎样。我不知道前一系列的确实原因,更不知道这些原因是否重新出现于未知的场合。我不知道新的情况将要带来的条件如何,即使我知道了,我也未必能够推知各种错综复杂的因素所能产生的结果。简单说一句,我决不能从一个给予的系列达到一个未知的系列或一个未知的情况。直接推论当然是不可能的,而通过原因间接推论也是办不到的,因为在这两种场合我都不知道其中真实的原因。前一场合,在一定限度之内,我固然知道它的一般性格,后一场合,则作出了一种假定,但是这个一般的性格并不含有一个系列,至于各个原因本身我实无所知,从而也谈不到加以利用。

由上可知,在盖然性的范围以内,实际上你所得到的决非一边是效果,另一边是原因。如果你认为盖然性的本质就在于提供一个具有确定标志的系列,那就是越出了你所掌握的材料能够保证的界限以外。因为现在㊸你的真确的系列,已经不再看为发生于时间中的事件的系列。它已经退化为关于某种事件的一组互相冲突的理由或可能性,由于缺乏详细的知识,我只好用它们来决定我的判断。我的盖然性并非表示这样一个系列本身。现在我所有的实在不是任何别的东西,而只是信仰和期待所含彼此冲突的基础,亦即对于某一新的情况或多数情况将具有我的系列一般性格的信念的基础。这些表现为分数的理由,就是我所能使用的全部的东西,在任何新的事例中都是一样，不管新的事例的数目如何。所以，第一，一个幻想的系列假定的特点，对于已经离开任何系列的观念而存在的盖然性并不能有何增加。第二，即使它有所增加。如果它要进一步说明这个系列必得具有某一特性与我所期待的相符合，那么它所增加的就是虚妄。

第五十一节。这里我们又须提起一个很顽固的妄想。一般人都以为假若你知道了任何一组事件的机会，你就如实知道了将要发生的现实事件的性格特征。大家都假定这种系列与我们计算好了的分数相合。再拿掷骰子为例来说，骰子的每一面出现的机会为 $\frac{1}{6}$，根据这一点我们也许说"骰子连掷若干次，每一面出现次数都将占总次数的六分之一"。其实我们并没有权利下这样的断语。既然连原因也不知，或者知其一而不知其二，我们至多也只能说我们的知识可以使我们期待某一种结果。如果因此宣称某种结果一定会产生，那就是荒谬至极。这是一种虚伪的先天的论证，在后天的事实面前是站不住脚的。在实际试验中，我们并没有找到骰子各面出现的次数总是或者时常[㊵]与我们计算出来的机会的分数丝毫不爽。这种符合固然是极可能的事，但我们的说明如果超过了这一点便是根本的错误。

第五十二节。以下我们还要说到这个错误所含的真理的成分，但是现在我们必须把这个错误本身完全揭破。也许有人说："实验并不曾否定我们的断语。我们的断语不是说在有限的系列中上述各种数目可以相符。只有在足够长或者长远的进程中，它们才能成为实在。"但是这里所谓"长远的进程"或很多回数究竟指什么？它的意义很模糊，否则便完全是虚构的。它是不是指一个有限的时间呢？如果是的，上述断语便是虚伪。它是否指一个没有终极的、无限的时间呢？苟其如此，那句话便毫无意义可言。一个无限的系列当然是不可能的。这是自相矛盾，决不能成为实在。说某种事物一定会发生于某些不可能的条件下，这跟断言一个事物的实在其中的距离是很远的。如果我们假定一件事可以在一个无限的系列中发生，而不会发生于这个无限的系列之外，这样一句肯定的话，出诸明知其所表示的意思的任何人之口，确实无异于暗示这件事根本就不会发生。㊺

第五十三节。我希望不至于有人误会，以为我要反对在数学范围内使用无穷大和无穷小的观念。㊻关于这个问题，我宁可不说，也不愿对许多最伟大的学者在这一最精密的科学中所使用的方法的功效表示怀疑。我决没有这种想法。反对在某种科学中使用某种观念，必得在这种科学范围以内来进行，外行人不便过问。但是这些观念的使用，如果超出原来科学的范围，便没有根据，任何人只要明白了它的一般用意，就可加以批评，哪怕他不懂这门科学，也不管在这门科学中这些观念产生了怎样辉煌的结果，都没有关系。无限的观念正是如此。一出数学的范围，无穷数的观念就是要把绝对互相冲突的因素结合在一起。除非我们经验所知的世界完全瓦解，彻底改变，所谓无穷数是不存在的。我实在找不出一个证例可以用来更好地说明不可能的情况。然而把这个观念拉出数学的范围之外，却是我们时常碰到的错误。维恩先生的学问是我素来钦佩的，我们从他的《机会逻辑》中可以得到很多的启发，他也主张在长远的进程中每一个机会都将实现。据他说，这个长远的进程就是一个无穷的系列(第146页),甚至还要进一步(如果我对于他了解无误的话)称之为一种"形而上学"的事实(第163页)。这样的形而上学可算坏到令人吃惊的地步,确实使他的著作受到很多损害。他已经把数学上的一个观念移植于另一世界,其结果只会造成荒谬。

第五十四节。我们一定要坚决反对把这样的虚构引到逻辑里面来,特别要反对不以虚构的形式提出这一类的观念。"长远的进程"这一公式,及其近似的虚妄而无力的成语,如"假若你继续下去足够长久",都须排斥于逻辑之外。据说,"一个事件总会与机率相符合"。可是它并不曾符合。"哦,它还是要符合的,如果这个过程继续下去足够长久。譬如你抛掷一个铜币,两面出现的机会是相等的,如果你继续抛掷次数多至足够的程度,则人像的一面与文字的一面朝上的次数定然会一样"。不过这句话实在很可笑。如果我继续抛掷这个铜币直到两面出现的次数相等为止,那么当然它们是相等的。假若我再把它抛一次,根据假定,它们就成为不等。在这种情形下,我也可以说,"如果我继续下去足够长久,事件就一定不会符合机率"。你的这种公式确实是虚妄,或者是同义反复。如果它的意思便指"假定两面出现次数相等,并假定我在这时停止了,这个次数便将相等",这当然是同义反复。但是,如果它的意思是说这个次数在一个无限的系列中可成为相等,那就是假的,因为这样的系列是不可能的。*

---

* 参阅陆宰《逻辑》第437页。我可以指出,如果这个公式表明"此系列可以反复越过平衡点",那么第一它就是假的,因为它没有确定性;第二,这样的摇摆就不是相等。

第七章 判断的模态

第五十五节。现在我们撇开这个错误，再来谈一谈隐藏在它里面的真理的成分。如果说机会一定可以实现于一个系列中，那是不对的。然而，如果说它很可能如此，却是对的；如果说我们所假定的系列愈长，则这个盖然性也愈增多，这也是对的。我们究竟有什么理由可以相信以下两点呢？(1)我们为什么要认为这个系列可能与我们计算的分数相符合？(2)我们为什么认为在一个更长的系列中，这种符合也更为可能？

（1）我们已经知道，盖然性基本上并不牵涉到任何系列。它所依据的底子即使我们认为实在，也不一定是可以产生时间里面的事件的原因。这些基础可以是认识上的原因（causa cognoscendi），而不是本质（essendi）[48]上的原因。我们的基础必须成为信仰的基础，使我们深信不疑某种媒介的本性可以产生时间里面的事件，然后我们才能把它们看成起因的因素。而这却正是我们所必须假设的东西。

我们知道一个系列只能用一个骰子来抛掷。让我们先来考察单独一次的抛掷。那当然也有一个原因，可是这个原因只有一部分为我们所知道。我们知道这个原因是复杂的，包含着许多因素。在这些因素当中，就我们所能明白辨认的范围以内来说，对于每一面都有五个部分与之冲突，而只有一个部分是有利的。至于剩下来未知的成分，对于整个的情形当然也有决定的影响，可是我们无从知道，因此，虽然它不是漠不相关，也不可能漠不相干，但是在我们认识范围以内，却只能把它当作毫无关系。所以讲到单独一次抛掷的原因，其中除了未知的因素而外，每一面都有六分之一的媒介作用对之有利。

现在再来考察整个的系列。那个系列在我尚未抛掷之前，便已明白固定，如同已经抛掷了一样。但是这里所有各种原因，我也是不知道的。一部分的详细情节为我所不知，我只好把它当作不起作用，虽然我知道实际上决不会如此。至于其余的成因，为我所假设的，其中六分之一对每一面有利，而六分之五则对之不利。对于这种系列的本性，我可以得出什么结论呢？是否我们假定为可以产生某种结果的起因媒介，真的就能产生那个结果，而其余的成因都不会来干涉呢？是否在这个系列的每一场合中，我们所假设的原因大多数一定会占优势？我们都没有办法可以知道。这个系列是绝对固定的，但是它的固定却是由于我们所不能领会的东西。我们必得接受这些可能性，具有最多、最充分基础的可能性，亦最为可信。譬如，把一个骰子抛掷六次，在这样的系列中，如果以为某一面不会出现，而另一面将出现两次，这种想法的根据便较少，而认为每一面都可以出现一次则有较多的根据。[49]后一场合，我们把各方面视为全无差别，不过是根据我们的无知而以此为公平合理。前一场合，我们便是对某一面给以优先机会，而并无一点理由。这里决不是每一面都有什么特殊权利可以要求朝上出现一次。实际上乃是任何一面都没有权利可以比其他各面多出现一次——出现两次。这便是我们所以认为，最可能的系列，或不可能性最少的系列，就是合于我们分数计算的系列的真正根由。

第五十六节。(2)但是，我们可以问，为什么系列的长度又可以增加这个盖然性呢？是不是系列越长，我们就越有更多的根据，可以相信将要发生的事件会与机会的比例相符合呢？应该回答一个不字，系列的长度并不能增加盖然性。那么，它是不是可以减少我

第七章 判断的模态

们以前所有相反想法的根据呢？是的，它是可以使相反想法的基础减少的，其减少的情形如下。每一次抛掷的原因未知的其余部分，都是假定为不相干的。可是它也并没有完全假定为消极的东西。它仍然提供原因里面决定的因素。它可以决定某一面出现，虽然我们不知道它决定的是哪一面。现在我们要问的就是，它的决定方式究竟如何。它是经常有规则地轮流决定呢，还是不规则地决定？这个我们可不知道，但是我们既然接受了各式各样的可能性，当然就相信那些有利于不规则性的机会多于严格轮流周转的机会。因此，我们的系列有最大的可能成为不规则。但是明知没有理由可给任何一面以优先权，我们又不能说除了严格的相等之外，还有什么其他配合比例更有可能。这两个断语如何可以协调呢？最容易的协调方法便是这样。由于原因成分有一部分残余假定为不相干的，所以每一面大概都会出现恰当的次数；但是又由于它具有不规则性，因而各面出现的情形大概也是不规则的，这个不规则的程度我们无法加以限制。要把这两种属性合并一起，就必须假定整个系列最可能是规则的，可是其中包含着周期的不规则性。不规则性愈大，则最后规则性的机会当然愈小，要想不是这样，只有把这个系列正比例地加长。正因为我们不能给骰子的六面不规则的连续加以限制，于是我们遂断定这个系列如果越长，则有规则结果的盖然性亦越多。这实在是从我们不完全的资料所能得到的一个合理的和必然的结论。

第五十七节。确实，如果你使一个系列成为更长，就可减少不规则的机会。假定这个系列长到这样的程度，和它的长度比较起来，一切可能不规则的延续都成为其所包括的周期，在整个进程中，可以很容易地为其他周期所平衡——假定这样一个不可能的空想能够成为实在，那么确实以上所述不规则性的机会就会完全消失。如果我们首先假定我们所知道的东西已经提供我们充分的理由，可以相信某一系列与我们所计算的分数相符合；其次，如果我们再假定一种虚构，认为未知的残余因素不能成为一种理由，使我们相信能有失其平衡的不规则性；那么，凭着这两个假定，我们便可以得到一个结论，而且也找不出什么根据可以不相信这个系列所表现的关系将与机率相符的推定。不过前一假定实系建立于无知之上，后一假定乃以一种明知为不可能的事情为依据。[50]其实，要讲到一个将要发生的事件的系列，我们只能这样说：它一定可以形成一个系列，其中每一次抛掷都有一面出现。在任何长度的系列中，也可能自始至终只有某一面出现。没有一种排列是不可能的。最有可能的是这些事件与我们所计算的分数相符合，但是和这个盖然性正相反对，仍然存在着另一种考虑，存在着由一部分原因成分可能的不规则性而起的机会。这个机率的分数固然可由系列的每一次加长而减少，但是它并没有消灭，也不可能消灭。

第五十八节。我们无从知道在长远的进程中这些事件就会与盖然性相符合。我们也不知道如果我们继续进行足够长久，每一个机会是否都会实现。只是由于一种迷信，我们才把虚妄当作实在，以至造成这许多狂想。许多人劝人戒赌，总是竭力证明赌钱的人长久下去只会输光，我听到这些话的时候，止不住问我自己，这个赌徒和劝他戒赌的人，哪一方面的幻想最厉害？我的回答是，两方面都是同样的迷妄。因为我们首先要知道赌徒的思想根源是什么。他是不是不相信输赢的事实互相关联？但是这个信念却正是从提供给他的前提所能得到的严格推论的结果。如果真的他必得会输，如果真有一个循环的过程，各种机会都必得实现于其中，那么，他只要看出这个循环的开端，掌握了它的不规则性，也就必得会赢。要把所有数目平均起来，这个循环的终端自必可使它的起点平衡，因此，他当然能靠这个平衡投机，而他的这种"思想体系"也确乎是对的。我们也许可以这样反驳"不对，我们所说的系列并不是有限的。只有继续赌下去，无限延续之后，才能获得这种平衡。所以说他一定能赢是荒谬的"。不过照此理论，说他一定会输，岂非也是同样的荒谬？如果你所说的话便意味着他到他的生命完结的时候必得输光，那就等于承认你的话是虚妄之言。如果你的意思是说他在一个无限时间的终点必得输掉老本，那便等于承认你所说的话毫无意义，而这个赌徒如果幻想，你——作为一个有理性的人——一定另有用意，就不能不认为是很正确的。实在的情形乃是，你们的共同假定都不对。这里面都说不上什么必得。各种机会都不过是对于某一系列的本性信仰的基础，这个系列里的事件我们一点也不知道。这些机会所能告诉我们的不过是这样：我们有较多的理由可以预期某一事物，而对于另一事物期待的理由则较少，系列的长度增加，则怀疑的理由可以反比例减少，但并不能完全消逝。

第五十九节。[51]我希望不至于有人误解，以为我是要侵入数学问题，不过这里我还要举出一个人所共知的似是而非的诡论。假使我抛掷一个铜币，只有人像的一面朝上而不是文字的一面朝上，我便可继续抛掷下去。再假设如果我掷出一次人像的一面朝上，我便可赢得两英镑；如果我抛出两次，就可赢得四英镑；如果连续三次都是人像的一面朝上，我就可赢得八英镑，依此类推。这个系列可以设想为没有极限，除非出现了文字的一面便会打断。这里自然产生一个问题，为了做一次这样的试验的权利，我应该付出多少代价？回答是，一个无限的总数，因为我可能掷出一个无穷的系列，全是人像的一面出现（参阅摩根［De Morgan］《盖然性论》第99页）。这个结论所依据的推理似乎极为简单，用不着说明，我并不怀疑它在数学里面完全有效。我想我也看不出能有什么其他的回答。除非任意定下一个限制，我可以说懂得这里所说的是什么，如果这个可能性具有任何一点价值的话，那么我的机会便是不可估计，或者是无限的。如果这个回答是由一门特殊科学给予我的，那么在那一门科学范围内，我诚恳地承认它是真确的。

不过假如有人告诉我，这个结论在真确的事实上也是实在的，我就不能不提出异议了。我必得要指出来，这里的推理很荒唐，而结果是妄诞无稽。我的意思不仅是说把它当作一个实际的教训是荒谬的，因为一个人不能够无限期地活下去，而这个世界上所有的钱数也是有限的。我的意思乃是说它在理论上也是荒谬的。无论从思想方面或者从现实方面来说，它都是虚妄的。因为一个无穷的总数只是一个不可能的拟想，而一个无限的系列也是不可能抛掷到底的。这里面就没有任何机会可言，也根本没有什么分数。我不能赢得什么东西，也没有什么东西可以指望。我所要为之付出代价的只是一种空洞的目标。这个结果不过是由明知其为虚伪而不可能的前提作出来的推测。

如果说这是"在理想的形式中说明了问题"（维恩《机会逻辑》第137页），这样的答辩是没有益处的。要知道我们可以有两种不同的理想，一种是作为不存在的理想的理想，它们都是抽象的东西，还有一种是根本自相矛盾的理想,两下的差别是很大的。说"某些抽象的因素之间具有一定的联系,如果其中之一成为一种真实性质的时候,则我们亦将发现其他的因素",这是一件事。而当我们已知这些因素当中头一个就是自相矛盾,不可能成为任何一种真实性质的时候,如果还继续这样说,这便是另一回事。在后一种情况下,其与事实相符的东西自不能为不可能性的效果,而只能是假言判断的根据。前件和后件都没有被认为实在,甚至也没有被认为是可能的。但是在一般抽象判断中,至少前件总被视为这个世界所具有的一种可能的性质。[52]也许维恩先生对于抽象和不可能性之间的差别会提出疑问,他也许认为无限的系列是实在可能的。不过无论如何,我必得反对数学的虚构侵入逻辑的理论中来。如果你一定要把无限的系列设想为可能的,那就应该说明它如何能成为可能。如果不认为是可能的,就不能再把它当作可能的东西提出来。

第六十节。机会的理论还有不少其他的论点颇富逻辑趣味,限于篇幅,不能逐一讨论。对于这种理论和我们一般原理的关系,我们的说明已经很够了。我们必须避免那种无限长远进程的虚构、"客观"和"主观"交替的混淆、以及认为机会的本质一定含有时间里面的事件所形成的系列这一虚妄的假定。只要我们避开这些陷阱,真理决不难于获得,我们希望以上各节已经说清楚了它的轮廓。*

第六十一节。关于判断模式还有一点我们尚未说到。这个忽略是有意的,就是要留到这里来讲。有一个古老的理论把普遍性和

---

* 关于这个问题,对我最有启发的著作,是陆宰的《逻辑》、西格瓦特的《逻辑》、冯特的《逻辑》、杰文斯的《科学原理》、维恩的《机会逻辑》、摩根的《盖然性论》,读者可以参考。——原注

必然性结合在一起,这个理论是对的。我们已经知道,所谓必然乃是观念上的效果,而这样的效果当然只能从一个观念上的前因而来。你不能够说"B 起于 A","B 是由于 A","给予了 A, 则必有 B"等语,除非 A 处于一种决定的形式。A 必得是这样一种内容不掺杂一点单纯感觉的条件。[53]它必须是观念的、抽象的,从而是一般东西。这个古老的理论在其逻辑的方面可以受到一些损失,因为对逻辑来说,必然性乃是假设的东西,可是它的地位却更加巩固。这里面的"因为",除了普遍性以外,确实没有任何东西可以与之相配合。

第六十二节。我们可以发现这个真理也带来了一个错谬。[54]必然性之中的前因必须是普遍性或一般,但它却不一定比后果更一般。在我们说"因为"的地方,我们决非总是诉之于一种东西,比从我们的理由产生的东西来得更抽象一般。"A 必等于 B, 因为 C 等于 B 和 A","A 必离 C 一尺,因为以某种方式与二者相接触的 B 恰长一尺"。这里后件的一般性决不比前件为差,如果认为后件总不如前件那样一般,就是自欺欺人。

毫无疑问,当你说起"因为"的时候,你可以发现我们所谓顺序相续的原理,那种原理自然比实际的后项更加抽象。可是这个原理当然不是前件本身。它是一般相续关系的基础,而决不是特殊后件的充足理由。后件不一定比前件更具体,恰和效果不一定比原因更特殊一样。所有这等观念都不过是类似的幻觉(本书第三部第二章)。

第六十三节。这一点我们以后还要转回来细说,但是这里不妨预先提出我们的结论。其实我们在前面早已开始预先讲到本书以下各部所要达到的结论，因为我们不知不觉地已经进入了它们的领域。在第二章里我们没有说，而现在几乎是讲明了，我们已经从判断过渡到推理。这两处我们都是很明白地在讨论下面两种模态。所谓可能或盖然就是我们推断由一定前提所能产生的东西，这些前提有一部分是认为实在的。所谓必然就是我们推论由前提的基础必得产生的东西。正是在这个意味中，可能也就是一种必然。在这两种情况下，我们所处理的同样都是从给予的资料进行推理而获得的结论。我们发现逻辑里面，一个必然的真理实际上就是一种推理，而一个推理也就是一种必然的真理。这一点我们从不保守秘密，而明白了这一点我们马上就可以转入本书第二部的讨论。

增补附注

① "这种理论……分别"，这句话需要更正。说逻辑断语的事实没有程度的差别，是确实的（参阅第一章第十五节（d））。说你不能够改变断言 S—P 的样式而能使 S—P 本身不变，也是确实的。但是另一方面，如果说你能使这个断语脱离陈述了的内容而成为抽象，那就是不确实的。参阅鲍桑葵，《逻辑》，第一卷363页以下。关于真理程度的学说，读者可参考拙著《现象》及《论集》。

② "肯定或否定的指谓本身"等语，即加以抽象作为一个心理的事实。

③ "盖然判断……任何分别"，这一句必须改正。这里又一次最好是用"有条件的"来代替"假言"一词。再则，"有条件的"和"直言的"都应该认为属于"必然"一类。单纯直言判断不过是必然判断的最低形式（第二章第七十五节以下）。关于这一整个问题，参看鲍桑葵《逻辑》同上部分及《知识与实在》第114页以下。

④ "内在的必然性"等语，如果整体构成一个系统，由于内在的必然而如此，并且被看作那样性质的时候，上面所讲的话便不能适用。

⑤ "因为"，关于"因为"，参阅编末论文第二篇。

⑥ "我们必须承认……联系"等语，我以为这样说是不对的。我同意逻辑应该避免讨论究极的问题。但另一方面逻辑确乎也不应当承认或者假定它的"因为"不是真实的。把逻辑的涵蕴视为仅仅"理想的"东西乃是错误的。参阅编末论文第一篇。我们必须记住，"事实"一词恰和"存在"一样，含义是很暧昧的。参看第二章第二及四节。

⑦ "它就不再是单纯必然的了"，这里"单纯"一词似乎易滋误会。"必然性"本身在任何场合都不是假言的。参阅第十二节。

⑧ 关于"如果"和"因为"的差别，参阅编末论文第二篇。这一节大体是错误的。它歪曲地把"实在"和"事实"等同起来，并荒谬地假定了真有一种不经过中介作用的判断存在。参考同上。

⑨ "从原理出发的论证"，这样说是有语病的。没有单纯的"观念"（参看第一章第十节）。逻辑必得假定观念的东西在某种情况和某些地方是实在的。不能修饰限制实在的观念，也就不能成为一个观念。

至于"依据习惯的用语来说明"，我同意"必得"一词用来可以削弱一个断语。但是这却只在我们暗中以为我们的"因为"仅是部分的，因而是有缺点的地方，才是如此。在直接的确信中，（例如）我们觉得我们在某一方面一定是对的，虽然没有说出其"所以然"。有时我们就是为了怀疑，才举出这个"所以然"来。我们只是表示有了这个理由，也不过是这点理由。参阅鲍桑葵《逻辑》第一卷第379页，及《知识与实在》第122页以下。关于直接知道的"究极的前提"，我以为像这样的东西都是幻想。

⑩ 关于"条件"，参阅第二十四节。

⑪ "假定与……相适合"，这些词语（参阅第十三、十四及二十一等节）有些批评我的人都忽视了，因此他们反对我所说的话，认为我抹煞了不相容条件的可能性。可是恰恰相反，我的说明不但假定我已经有了一切的条件，其中一部分是看作确实的，而且还假定了其余的部分在我的认识范围内并不是不相容的。这一点应该说得更明白些才好，后来在《现象与实在》中才能够做到。参考同书"可能性"索引各项。

⑫ "被认为存在"应为"当作真确的"。

⑬ "我们所能有的事实的基础"等语，但我们必须记住，一个观念既成为

第七章 判断的模态   291

一个观念，在这个范围内，它就不能够毫无意义。所以每一个观念都含着一个断语，认为它具有实在的性格，并且在某一方面是实在的。任何可能性基本上都不能建立于单纯打消或否定之上。但是如果假定超过以上的情形，一个观念还是可能的，这种设想在某种意味上仍可以此为根据。参阅第三章第九节。不过在我们对于绝对或相对的不可能性纯然无知的地方，如果使用"可能"一词便一定是错误的。参阅《现象》第二十四及二十七章。关于"可能性"的意义，参考编末论文第十一篇及本书索引。

⑭ "我们没有理由"等语，这些话必须更正。因为(1)如果观念具有一定的意指，那么在这个范围内它就是实在的。(2)如有一些事实堪以提示另外的实在，这些事实当然又给予了补充的基础。"最不利的见解"要是合理的话，我想，一定依据这种正面知识，就是肉体和心灵本身直接或间接本来是分不开的。以下"无谓的妄想……"等语大概是引用别人的话，而且也加了引号，不过出自何处现已记不清了。

⑮ "因为……假想的东西"，这句话有些过火。正确说明"假言的可能性"，我想，应该这样说：如果你把真确的(或完全有根据的)东西和可能的东西相对照，而使前者降为后者，那么你的头一个可能性便要成为进一步可能的东西。或者(其实是同样的事)把可能性当作真确的事物，结果(和这个可能性相比照)纵连一个基础较少的可能性也可以成为双重可能或可能的可能。参阅编末论文第十一篇。

⑯ 关于这一问题，参阅附注⑥。

⑰ "谈不到有所谓存在，也无所谓可能性"，但是它必得是可以设想的东西，因此在一定程度上，它也就必得是实在的和可能的。参考以上各项附注。

⑱ "彻底的革命"，我以为这种革命是必要的。

⑲ 所谓"人们"我的意思便是指"有限的存在"。同样的话也适用于"人类"一词。第十八节以下，我们记着下面的说明。通常抽象的判断并不明显地处理可能性的问题，因为它所假定的世界里这些可能就是现实。这里决无假设的态度，所以最好不要称之为"假言的"。其次，我们也不必把假想的东西当作可能的，虽则显然如果它在逻辑上对于我们没有一点可能意味的话，事实上我们也就不会作出这个假定了。

可能性只有一部分的基础，对已知的有限实在来说，便具有消极或否定的意味，即并非全部的可能性都在于此。一部分越出现在范围以外，只有在另一世界中才能成为真确。所以这种可能性乃是同时分属于两个不同的世界。它不能认为是前一有限世界的一分子，因为它只有局部是这样，却不止于是这样。唯其如此，所以各种交替的可能性（r^1，r^2，r^3）都是可能的，虽然它们并不能全部单纯地修饰我们有限的实在。因此可能的和现实的可以互相排斥，也可以不互相排斥。譬如说，现实的宇宙是不可能的，这个断语便很含糊。如果它的用意超出了单纯可能性的否定，暗示在多少的意味上以及任何环境中都必得互相排斥，那就是虚妄。参阅编末论文第十一篇。

把"可能的"和"不可能的"看为不能两立的东西。这是一个很危险的错误，以下还要回到这个问题上来（第二十八节）。参考同节。

⑳　第二十节以下应该完全更正，但是一般的原理现在既已说得很清楚，我也无需乎在每一个地方详细重复一遍了。

㉑　"所具的真确性比不上必然判断"，显而易见，如果"必然判断"被认为具有"完全根据"时，在这个限度内，实际情形就是如此了。

㉒　"打消或否定判断"，这也必须更正。参阅以上第十三及十四节。所谓"赤裸的可能性"乃是一种一般的东西，和这里或那里可能的东西是有区别的。这便指最少分量的可能性而言。

㉓　关于"真实的可能性"及"潜在力"，参阅《现象》及《论集》（索引）又本书索引。

㉔　关于基础及条件，参看编末论文第二篇。本节（24）一部分是错误的，因为它又一次忽视了实在的不同品类（参看第二章附注③）。所谓条件就是有根据的整体所具别的成分，因此在某种意味上，在某些地方，便是确乎真实的。在一个有限的"现实中"，上述的整体只有一部分你认为是呈现于其中，这个有限的实在便是其余部分"真实可能性"之所在，不过其余的部分并非显现在里面，至少我们没有认为显现在这里。下文讲到"原因"，我的意思当时大概就是指当作单纯存在事实的原因。这里也需要一些更正。参阅鲍桑葵《知识和实在》第 20—21 页。

㉕　"恒久的可能性"，参阅《现象》第 124—125 页。

㉖　这里我并非否认快乐主义的目的能够有一个正确的解释，而只是举出另一个实例，证明我们往往用同样迷惑的词语代替了思维的地位。

㉗ "并不包含……表述",这是"离开指示"而言的。参阅索引"指示"各项。

㉘ "这些宾词……找不到的",但须参阅附注⑥。其次,"对于这种知识……没有可能的东西",说到这句话,我们必须要问,一个完全的知识究竟在怎样的程度内和什么意味中可以着想到非实在呢?我以为只有在它仍然是论证知识的时候,它才能这样做,而且这样做也只限于这个非实在是相对的范围以内。

下一段中"直接消失"改为"全然直接"也许比较好一点。

㉙ 关于不可能性,参阅《现象》(索引)及编末论文第七篇。不可能性自然也必具有充分的意义可以称得上"可能的可能"。

㉚ "实在的东西……形成必然",这里某种宾词的缺乏也须归入"不相容性"一类。次一句"由于这个属性……别的东西",这些话我以为实已超出了必然的不可能性的最初面貌。这里面全部呈现的东西似乎便是一种再确认,随伴着以"必须"为根据的排斥的作用。

㉛ 关于剥夺或打消,参阅附注⑬,并参看编末论文第七、八篇和《现象》(索引)。这里要点就是,单纯的缺乏或排斥不过是无。"可能性"和"不可能性"因此不能成为简单对立的东西。如果不可能性真的一点可能性也没有,从而也没有什么意义,那它在逻辑上便等于零。完全缺乏对于实在的谐合性或相容性,便意味着完全虚无。真正的问题乃是关于进一步的谐合性,以及我们有没有正面的理由,假如有,则究有多少理由,可以假定如果有了"不相容性",这个"不相容性"便会显露出来。换言之,单纯排斥的失败在逻辑上是空无,一切单纯排斥的作用也都是这样,无论其所排斥的是有感觉的东西,还是非感觉的东西。

第二十八、二十九节所说的理论大体上是对的,虽然仍须略加更正。关于"完全转变"(第二十八节),参阅附注⑪。至于其余的部分,只要有一个提示,如果是一个逻辑的提示,便决不能毫无意义,而全不能引起实在的回应。作为一个心理的事实,是不是能有一个完全没有意义的提示或意念,这个问题这里用不着研究。在逻辑上,凡有所提示的东西都必有所指谓,从而在某种程度上必得是实在的,问题只在于更进一步的真实性。这里如果我们有的只是一种可能性,那个可能性便是实在的。反之,如果我们有的是许多互相冲突的可能性,那么问题便在于对其中的每一个依据的正面的基础给以怎样评价了。

除开这一点,第二十九节的理论似乎是正确的。我们有一个很坏的习惯,就是把实在本身和我们现在所发现在心理上呈现的实在相混同;我们还有一个很坏的结论,认为如果有了不相容的性质,我一定会知道它。这个归谬法也似乎是正确的。这样,如果某种东西是可能的,如果又没有相反的可能性,那它就是必然的和实在的了。

㉜ "一般的三角形不能告诉我……是什么","什么"应为"什么特殊的东西"。次一句"一般的三角形"应加"看成抽象的"。参看第三章第十节。

㉝ 关于第三十一节的理论,参看上文,附注㉛。"那时,我承认……可能性来"等语我们也已看出是不正确的,除非我们把下文理解为否认这个基础的剥夺的性格。

㉞ 关于盖然性,参阅鲍桑葵《逻辑》第八章第二节。

㉟ "某种根据",更正确一点说,应为"某种另外的根据"。

㊱ 这个理由当然是,后一场合 b(例如)已成为包括 $b^1 b^2$ 等的总类。

㊲ 这里"也许"两字应省去。

㊳ "和任何一次抛掷是一样"应为"和任何特殊一次抛掷相同"比较好。

㊴ 这里所谓"原因"不是看作纯粹的原因(即原因与效果之间具有相互关系),而是比较任便的意义,可以容许"多数的原因或原因的多元性"。参阅编末论文第十篇及索引"原因"条。

㊵ 所谓"其他的原因"指装铅骰子或掷骰人的特殊技巧。这样提出来的问题仍可由对每一个"原因"的盖然性比较研究而获得解答,并不牵涉到什么新的原则。

㊶ "在盖然性的范围之内","之内"二字应着重。

㊷ "符合或不符合事实",这里所谓"事实",我们还是必须给以广义的解释(参阅第二章第三节)。盖然性里面"主观的"东西,简单说一句,不过是我的无知和知识的混和。

㊸ "现在"两字应略去,因为可能引起误解,以为这是对"超过此时境界"而言。

㊹ "时常"两字欠妥,因为即使确实,也是多余的。

㊺ "暗示",我的意思是说"至少是暗示"。

㊻ 参阅第五十九节。其实我应该说我不懂数学上使用"无穷"一词的意

义。不过就我所能理解，在数学范围之外，有些数学家爱用这一名词的命意，明明是自相矛盾的。

关于“无穷数”，参阅鲍桑葵《逻辑》第二卷第161页以下。他指出了这里面含有一个谬误，就是在没有什么特殊东西可以计算之处进行计算，亦即离开预先假定的整体而作抽象的计算。这一难点在原则上恰和通常提出的见解一样，也是着重于外在必然的决定性以及任何单纯计算总数应有的内在不完整性。如果你在原则上越出了你所假定的整体，那在实际上当然和没有任何整体而作计算一样。

讲到对罗易斯教授（Prof.Royce）新近著作的批评，我只好说明，通过数学的研究，他是不是真的已经过渡到一个更好的观念世界，我实在不敢断定。不过他所越过的迷魂之川在我看来，确实已使他在这里以及其他地方，全然忘记了他一度和许多别人曾经分享过的理解方法（不管它是好是坏），这些人现在还是能够记得当初他们所学到的东西的。

㊼　由于过分专注于一个不必要的归谬法，可能也由于误解了陆宰，我在这里犯了一个肤浅而严重的谬误，使我的论点受到损害。鲍桑葵博士首先注意到这一点，参阅《知识与实在》第108页以下，又《逻辑》第一卷第108页以下。如果这个系列中断的一点不能与比例精确相符，因而把这个在某种意味中当作一种偏差，那显然是不对的。参阅鲍桑葵《逻辑》第一卷第350页。

㊽　“本质”（*essendi*）应为“现象”（*fiendi*）。

㊾　这句话这里似乎至少是欠清晰。“每一面都可以出现一次”以下，如果作以下改正，也许略好一点，“并非每一面都有权利出现一次，也非没有一面能有权利显露两次。而是这个比率偏差发生的基础比较不发生的基础为少。因此我们才是这样想法”。

㊿　“不过前一假定……以一种明知不可能的事情为依据”等语，须略加更正，应为“但是前一假定乃建立于一部分的无知之上，后一假定关于不知道的残余则是不实在的。这里我们有一些理由可以预期有不规则性出现，而找不出什么平衡的象征”。

(51)　关于第五十九节，参阅第五十三节附注。

(52)　“但是……可能的性质”及前两句一部分是不正确的（参阅第十七节）。但这里问题只是关于事实上的存在，所以结论仍然不受影响。

㊽ "不搀杂一点"应为"在这个范围内没有"。次一句中"从而是一般的"改为"在这个意味中就是普遍性"较好。这里还应该加上这样的话,出乎具体普遍性的整体之外,必然性便失其意义。以下"假言的"仍应为"有条件的"。

㊾ 我已不能记忆这一段话是针对什么一种理论或哪一个著作家而发,甚至这个谬误是否只出于我自己的误解也说不定。参阅鲍桑葵《知识与实在》第200页以下。

第二部

推　理

本书第一部末尾就已转入第二部的问题。模态便使我们由判断过渡到推理。推理可以指一个结果，也可以指一个过程。如果我们把它当作一个结果，它便是对一个必然真理的领会。如果我们把它当作一个过程，它便只是所以达到那个结果的一种作用。我们所谓结论便是因为有某种其他东西从而被断定为实在的真理，而所谓论证便是根据一个判断或假定[①]以达到一个真理的活动。有了这个认识作出发点，我们下一步所要做的便很明显。我们首先要搞清推理的一般特性，然后再就必要的细节加以证明。一定要这样，我们才能扫清许多徒乱人意的虚妄的说法。

也许有人反对照这样来处理这一问题。读者可能会感到有很多困难。我固然不知道在读完本书第一部之后，到了这个阶段，是不是还有哪一个现实的读者愿意再继续读下去；但是我认为假如有这样的一位读者，他也不会感到多大的劲头。我们也许不会再遇到像我们刚已越过的那些难关，可是障碍一定还是很多的。所以最好是稳步前进。不必急于从事实一下子达到真理，再根据那个真理破除谬误的理论，让我们先来解决一个比较容易的关键性问题，然后就可以此为据点，进而消除能够阻碍我们每一步前进运动的各种各样的错误。这便是我们将要首先贯彻的目标。等到后方巩固了之后，我们才好向最后的阵地进攻。

因此在本书以下两部的前一部，我们必得满足于仅只部分的真理。我们必须假定每一个有效的推理所提供的决不少于三个名词。入后我们将要见到，这个假定是靠不住的，但是它却可以作为进行论证的基础。没有一个适当的次序来据以阐明我们的主题内容，并使读者循序进行研究，这是不大方便的。可是另外还有一个办法也许比较切实可行，而且价值并不在小，那就是尽一切方法以使读者能有一个更好的了解。

这一部内容的安排顺序及其基础当然是任意而定的。我将先行指出推理所具的几个特性，也许为大家所能接受，接着再举出几个推理的实例。然后我便要进而揭破几个错误的观点，不过主要都只限于有关三段论式的错误。其次，我将说明推理形成一种观念的结构。第四步，我还要阐释几个综合的原理，我们正是利用这些原理实现了上述的结构。之后，便将揭示有效推理所包含的一个重要的因素，这个因素建立于一个重要的假定之上，我们还将看到每一个推理里面至少必有一个前提是普遍性的。这一点解释明白之后，我们便将结束这一部的第一篇而转入另一方面，在第二篇我们的工作就是要清理阵地。我们将要对所谓联想论，特别是相似观念的联合，提出一般的批判。我们将要简略地一述有些人所臆测的由特殊物到特殊物的推论，并将引用密尔的规准加以探讨，来证明他的归纳逻辑在理论上的不健全。我们不预备讨论斯宾塞的学说，而以杰文斯教授等式逻辑理论的批评为本篇的终结。这样逐步达到的地位以及在这个进程中不能不获得的否定的结果，将会使我们能有一个更全面的看法。

增补附注

① "判断或假定"，参阅以下第一章第二节脚注。但是如果认为"假定"一定排斥"判断"便是不对的。我们就根本没有"单纯的观念"，参看第一部第一章第四及五节。

第二部第一篇

推理的一般本性

第一章　推论的几个特点

第一节。当我们初看到推理这一题目时，似乎发现不出什么东西，只有意见的分歧。但是仔细再看一下，便可显露某些一致的地方。推理具有三种特征，对于这三种特征我们内心的想法确实都是一致的。我的意思并非说如果我们有了某种理论需要我们否认这些特征，我们就不能够做到否认它们，可是我们这样做的时候一定不是出乎本心，而总有一种勉强的感觉。这三种特征是什么呢？第一就是一个消极的特征。推理不同于单纯的观察；如果一个真理是由推论而来，它便决非单纯地看到了一个结论决不仅是一个知觉。后者给予我们的是具体的、有形的，而前者则包含着某种其他的成分。诚然一个结论有时可以好像是强加于我们，我们可以感到一种压力非作出这个结论不可，但我们总不能完全被动地接受它。我们所怀有的关于知觉的幻想，一说到推理便完全消逝。外在的事实及其所引起的反省可以猛烈地闯入我们的心灵，客观实在能够把它的影像和标志印上我们顺从的本质。但我们对一个结论就不能适用这些观念，因为我们察觉到它含有某种因素和这些观念格格不入。一个推理决不能是完全由外而来或消极承受的东西。它不是单纯的影像，也不仅是观察。

第二节。一个结论所具有的第二个特征，就在于它决不光是断片的或孤立的单元，它不是只凭它的本身存在，而是一个过程的结果。它必得建立于一个根据之上，那个根据一定是我们已经知道的东西。*推论的时候，我们是从已掌握的真理过渡到另外的真理，如果不是凭借着已有的知识，就无从得到我们的结论。可见结论是从属性的，在某种意味上还是描写性的。

第三节。此外，结论还有一种属性，它必得带来一点消息，必得告诉我们一点其所依据的真理范围以外或与之不同的东西。如果我们举出已经知道的东西，只就其全部或一部重述一下，于是遂说，"我已进行了推理，获得结论了"，那就根本不成为推理，而不过是无谓的废话或虚伪的托词。一个推理决不能仅是空疏的重复，它的结果不可能是毫无意义的再来一次的回声。它并非单纯的观察，却可以给我们一些新的东西。它虽非自己存在，却也不仅是一种幻影。如果容许我们用一个不伦不类的比喻的话，我们的见解便可以说明如下：通过推理的镜头而看见的真理，并非经由感觉的窗棂而穿入，也不仅是我们心灵中原已有了的某种装备所投射的反映。

第四节。除非一个人因为某种理论有了成见，我想以上的话至少就其本身意义来讲是不能否认的。不过我可不敢希望我所提出的推理的实例就没有人会反对。但是我也不打算为这些实例辩护，因为我实在不知道怎样辩护。这些实例都是很明显的、具体的推理，唯其如此，所以它们也就比任何逻辑理论更有力量。

以下便是推理的实例：(1) A 在 B 右，B 在 C 右，所以 A 在 C 右。

---

* 为求简单明了，这里暂不考虑推理的假设性。

第一章 推论的几个特点

(2)A在B正北,B在C正西,所以A在C西北。(3)A等于(大于或小于)B,B等于(大于或小于)C,所以A等于(大于或小于)C。(4)A与B谐调,B与C谐调,所以A与C谐调。(5)A在B先(在后或同时),B在C先,所以A在C先。(6)热使摆伸长,使摆伸长的东西就使摆的运动变缓,所以热使摆缓慢。(7)查理一世是国王,他上了断头台,所以国王也可以上断头台。(8)人是会死的,约翰是人,所以约翰也会死。我们现在就是要根据这些事实来探一探有哪些理论可以和它们符合,并且符合到什么程度。

第二章　几种错误的见解

第一节。本章的目的就是要消除几个错误的观念。首先必须抛弃的就是大前提的观念。从本书前部临了，我们已知道，必然的真理不需要比它所依据的真理有更多的特殊性，逻辑的必然性也不一定由于我们把普遍性[①]适用于较不普遍的某种东西而来。既然如此，那当然就不是总须有大前提；前面所举的许多证例更能使我们看清这点。

在第(8)例中，仍然发见我们的老伙伴，但是在第(6)及(7)两例中，我们已不能把他和小前提区别开来，到了其余各例中，他就完全不见了。你可以说第(3)例里面我们的论证实际是从这样一个大前提出发，即"各种东西如与同一物相等则彼此亦相等"，而且我也不怀疑还有许多人会相信你的话。但是假如这样的推理都是从一个公理出发而推理，那么试问在这些公理没有发明之前，人们又是怎样进行推理的呢？如果没有公理便不可能推理，我就不知道所有的公理又从何处得来了(参阅第二部第二篇第一章)。但是如若我们就第(1)例来看，有谁能够指出这里面的大前提是在什么地方呢？我们可以说，"一个物体在另一物体右边一点之右者，亦即在此另一物体之右"。我知道这是一个大前提，因为我刚才制造了它，但是相信有大前提的人，在他们作出这种推论的时候，却承认并没

第二章 几种错误的见解

有预先见到这个前提。

所以我们必得认为大前提是不必要的，否则我们就必得宣称我所举的证例都不是推理，因为它们都没有大前提，二者必居其一。无论采取哪一种途径，这个由来已久、衰老无力的迷信都是保不住的。

这个幻想是由一种古老的形而上学的谬误所产生，为愚蠢的例证所滋养，加以逻辑家昏庸的保守主义使它有机可乘，而后起的与之相冲突的若干想法又太软弱，让它无形中受到一种保护，于是遂一直持续到现在，早已超过了它的岁月。实际上它也是早已死亡了，除了应该把它埋葬起来而外，不值得有何留恋。可是我们现在还没有把它适当地埋葬起来。不过当它的幽灵看到曾经赋予它以生命的那个真理能够离开它而单独繁荣下去，大概也可以安息了吧（参阅第三部）。

第二节。由上可知，所谓大前提不过是一种幻想，这对于三段论式我们可以想象得到当然不是一个好的预示。这个疑惧是有根据的，因为三段论式本身恰和大前提一样，也无非是一种迷信。毫无疑问，在我们的第七例中，我们就可以找到一个三段论式根本没有大前提，或者无论如何决没有小前提。可是许多论证里面确乎使用一个大前提，又是无可怀疑的。同时，我也不否认我们的有效论证大约四分之三都可利用 *Barbara*，*Celarent* 等格式来进行。可是归根到底三段论式还是一种妄想，因为大家都把它认为唯一的推理型式，实则有许多推理无论怎样办法也不能够符合它的模型。不管就哪一方面的意义来加以解释，它总归显得是很不够的；在某些场合还可以比这个更坏。现在让我们来考察一下它所规定的推理的原则。

第三节。我们试以外延涵属公理为例来说,这个公理直接表现为关于种类说明(*dictum de omni*)的规则,我们不能不认为这个原理就有毛病。它违反了推理的第三个特征(参阅第一章第三节),因为它没有真正给予我们什么新的消息。恰如好久以前人们所已指出,它暗中已经窃取了论点;因为当我说出"凡人皆会死"这句话时,如果我把这一句的主词理解为每一个单独的人,那么我一定已经知道约翰也会死,如果不知道这一点的话,则我的大前提就断然不能成立。这里的大前提明明是对一个集体的每一个成员有所说明,而小前提和结论仅微弱地重复着这个陈述的一部分。但是这实在不能成为推理。

我们再从一个不同的方面来了解这句断语。我们也可以说,所谓"凡人或一切人"真正的意思是指集体或种类,而不是每一个成员。但是果其如此,我们便又要盲目地堕入另一个陷阱。约翰的人格也许缺乏统一性,但是我们总不能把他称作多数人的集体,这样一来,我们的三段论式便有了四词谬误(*quaternio terminorum*)。撇开这一点不谈,大前提的虚妄也将使三段论式失其作用。[②]

可见种类说明的规律问题很多。而且即使它没有这些毛病,也仍然是不够的,因为它不能够包括一切有效的推理。

第四节。还有一种不同的方式可以解释大前提。我们也可以认为"凡人都会死"这句话是断言主词"人们"和"有些会死的东西"相合一,而"约翰是人所以会死"便是告诉我们主词约翰与人类的一分子,同时又与会死的东西当中的一个相合一。但我们已经知道这里所说的是什么意思。[③]主词的同一就是肯定不同属性的联合的

第二章　几种错误的见解

另一种方式。这一名词所表示的事实,不外乎会死这一属性与约翰所有其余的属性共存于同一主词之中,或者同一个东西有了"约翰"、"人"和"会死的生物"等几种不同的名称(参阅第一部第一及第六章)。不过一经这样解释,这个推理虽然还是有效的,却不再能够适合关于种类说明的规则了。

第五节。以上所述可拿完全归纳作为一个证例。我们可以逐一列举并观察每一个行星,从而证明所有行星都循着椭圆的轨道运动。但是这样,在什么意味中我可以说是在进行推理呢?我说,"所以一切行星都循椭圆的轨道而运动",但是我实在先已知道了每一个单独的行星都是这样运行的。只要有任何一个行星不能加以这样的说明,我就决不能提起所以一切行星这些字眼。问题便在这里的"所以"是否仅重复原来的"因为"呢?假如是的,那就分明无所谓推理。这个结论是否就在于表述集体或种类本身在太空之中以椭圆的方式运动呢?如果这样说是对的,我们的前提就决难予以证明。其实,这个结论也可以意味如果我们发现哪里有一个行星,它所运行的轨道就必得是椭圆的。我们可以忘记掉已经知道的循着椭圆轨道而运动的各个行星,并无关系。我们已经在若干属性之间成立了一种固定的联系,以至于从此而后只要有某一物体我们一知其为行星,马上就能够根据那种属性而断定它必有椭圆形的运动。不过这里的结论已经不是依靠完全的或不完全的列举,而是建立于一种从观察中辨认出来的属性的联结之上(参阅第一部第六章及第二部第二篇第三章第三节)。

现在让我们作一个小结。假若你说,"每一个个体具有某一属性,所以每一个体必有此属性",那就是荒谬。假若你说,"所以这个集体即具有此属性",那也是不中用的。假若你说,"凡是属于这一集体的就有此属性,所以这个必有此属性",那才是对的,不过"凡属于此集体的"等语显然代表一个属性。这样,完全归纳便遭遇到与三段论式相同的命运了。

第六节。种类外延包括的原理不但是不够的,而且除非我们把它解释为属性的结合,它的本身便含着内在的矛盾。现在让我们来探一探是不是能有其他的见解,可以解除这些困难而使三段论式得救。康德曾经说过:"一件东西从属于某一法则的条件之下,亦即从属于此法则。"他说这句话,就是解释"一个事物的属性的属性亦即此事物的属性"的规律。这便是从主宾内涵方面来说明三段论式,也就是承认如果你有的是两个属性到处都联在一起,那么,在任何主词里面既发现了这一属性,亦必找到那一属性。

很显然,这一推理的原则是有效的,但是它也不能解释整个的事实,因为它只限于主词和属性的范畴,出了这个范围它便失其效用。诚然在某种方式中,主词也可由我们对于其属性所能确述的东西而获得修饰,但是当我们所要处理的不是关于主词和属性的时候,而要指望同样的结果,那就要白费精神了。譬如,"A 在 B 前,B 在 C 前,所以 A 在 C 前",试问这里面有什么东西我可以称之为"规则的条件"、"属性"或"属性的属性"呢?我不能把 B 当作 A 的属性,而如果认为"在 B 之前"是 A 的属性,那马上又要陷入四词谬误,因为第二个前提的主词只是一个单纯的 B。

其实即使我们只就主词和性质的关系来说,也有许多推理为这个原理所不能解释。例如三段论式的第三格就很难认为与康德所主张的公理相协调。不仅主词与属性的范畴(照通常的用法)不能包括整个推理的范围,而且就在那个范畴本身领域之内,如果坚持必须有一个大前提也是一个错误。

第七节。这样,显然三段论式是不能够得救的,或者如果要得救的话,它就不再能够成为三段论式。我们要想保全三段论式唯一的机会就在于抓牢第三格。按照第三格,"同一主词的不同属性互相关联"便成了推理的公理。我们也已知道(第四节)一切三段论式在外延的方面,都能依据这一公理而说明,因为主词的同一正是我们所要表述的属性的结合的另一方面。其次显而易见的就是,一切关系或属性都可以看作以一个主词为根据。以下我们还要讲到(第二篇第四章)"等项的交替"可以认为第三格的三段论式推理,以及有关其他各点。确实没有而且也不可能有任何推理不可以还原于这种公理,因为只要是以某种方式连接一起的东西,都能够视为结合于某一主词之中(参阅本书第三部第六章第三十三、三十四等节)。④

这个还原是怎样实现的,以后将有详细的阐述。现在我们只须指出,有许多场合,我们要想做到这种还原,就不能不采取一种方法,使保守的逻辑家为之震骇,而所得结果实在抵不上所费的气力。除非我们使用"主词和属性"这几个字眼另有一种为传统逻辑所不了解的意义之外,上述原理便不能普遍有效,因为它不能适用于两个以上的主词彼此之间的任何一种关系。譬如说,"两个钢琴和同一音叉调谐,所以这两个钢琴互相调谐"。在这样一种推理中,除非你对于各种名词任意穿凿,就找不出唯一的主词及其所具有的几种属性。

第八节。如果我们适当地考察第一章末尾所举的证例,很容易看出三段论式依照其传统的形式，大部分都不免于陈腐而无活力。我也承认我实在不知道为忠于三段论式的朋友们设想，应该采取怎样的态度才好。他们可以来一个快刀斩乱麻的措施，把他们所不能处理的例子完全取消。不过这样一种办法可以说便等于宣布自己破产。假如有一个野蛮人可以知道由 A 到 B 的道路，也知道由 B 到 C 的道路，却不知道或不能找出他由 A 到 C 应该走的道路（参阅斯宾塞《社会学》第一卷第 91 页），那我真看不出他如何可以否认他的昏愦无知，因为他明明做不出一个很普通的运算判别。[5] 如果说这个判别不是推理，我就不知道怎样才能叫作推理了。我以为像这一类浅显明了的事实，对于爱护三段论式的朋友们已成为太伤脑筋的问题。假若他们要选择另一条路，而以制造大前提来寻开心，那么我们已经知道，如果不是事前就已进行了这种论证，大前提也将无从寻觅，还是没有办法。所以这个陈腐过时的幻想并不能由那样的弥缝手段而得到出路。

但是，如我们所已经知道的，还可以有另一种办法，就是，也许先加上一些改变便能把三段论式保全下来。我们可以不要大前提，任何推理只要它的各成分有联为一个整体的形式，我们就可以称之为三段论式。不过假如爱护三段论式的朋友们决心采取这样一个策略，我想他们也就很难说得上是好朋友了。一件东西如果徒存其名而舍其实际，这种态度多少带有一点侮弄性，倒不如把它作为一个妄念埋葬起来永远忘记掉，反而来得干脆。我们宁可承认它是一种狂想，把它完全忘记，而决不应抛弃它的全部实质，只在表面上留下它的名称，暗中恢复它曾经造成的错误。这个谬见既已流传了两千年之久，我情愿相信它一定包含着一部分真理，但是我也

第二章　几种错误的见解

必得相信现在时候已经到了,那个真理应该单独呈现其面貌。我们不能永远闭着眼睛,把这个真理的内核连同覆盖在外面的糟粕一起吞入腹中。即使现在我们还不能抽出它的核心,至少也该排除它的外壳了。

第九节。但是如果三段论式的原理不成为推理的公理,我们能不能找出其他的东西可以担负起这个任务来呢?以下我们将要见到归纳逻辑也并非更能令人满意。我们还要说到斯宾塞的学说,以及杰文斯教授所倡导的交替理论。这里我们只须一提斯宾塞主张的原理,这也是冯特所采取的立场。据说"各种事物如与同一件东西相关联,则彼此亦相关联",这就是可以施于一切推理而有效的公理。"各种判断如依照其所共同具有的某些概念而被置于一种相互关系之中,则为这些判断所具有的其他概念虽非共同具有,亦必发生相互关系,而那种关系便表现为一种新的判断。"——(冯特《逻辑》第一卷第 282 页)

我们可以就一个比较简单的公式来加以讨论。"与同一物相关联的彼此亦相关联",这句话便足够广阔可以容纳前面所列举的各种推理的实例。它是不是广阔到足够包举一切可能的证例呢?这一问题我们以后还须研究(本书第三部第一篇第一章)。但是尽管以后我们可以指责它过于狭隘,这里却正因为它太广阔了,所以我们必定要反对它。这是一个真实的原理,也是一个虚伪的原理;"A 跑得比 B 快,B 养了一条狗(C)","A 重于 B,而 B 先于 C","A 比 B 更有价值,而 B 则在桌(C)上",或"A 像 B,B 像 C"。毫无疑问,你可以从这些前提里面抽出某种推理来,但是你决不能从它们得到 A 和 C 之间任何确定的和直接的关系。[6]

第十节。这是确实的，如果 A 和 C 都和一个共同项 B 相关联，我们便可以知道它们之间一定存在着某种关系，因为两下都是同一知识世界里的成分。但是不幸得很，所有这些我们用不着依据二者对 B 的特别关系，老早就预先知道了。[7]

也许有人这样说来为这个公理辩护，"A 类似 B，B 类似 C"这里面的名词并没有和什么第三个共同项相关联。B 大概是在某一点上与 A 相像，而在另外不同的一点上又与 C 相像，其余证例以此类推。并非在 B 养了一条狗这件事的范围以内，A 才跑得比他快；并非在时间里有了一定位置的 B，在这一方面就比 A 更重；B 在桌上是一种资格，而其比 A 更为值钱则代表另一种资格。所以这些名词实在不是和同一的东西相关联，如果是的，那它们就要互相关联起来了。

这里幻想出来的辩解也可表明一个真理，可是它却包含一个致命的错误。诚然，每一种关系总必有某种同一做它的底子；像空间和时间这一类的关系，其所连接的事物便非预先假定有一个共同的特征不可。因此，如果第三个名词 C 先与 A 发生空间关系，再与 B 发生时间关系，在这两种关系之中，它的特性一定有所不同。因此，如果两种关系属于不同的种类，则彼此共有的一项在这个限度内实际必不相同。

不过，如果照着这个路线推究下去，任何种类的关系也都将完结（参阅第六章第六节）。如果说 A 与 B 相关联的时候，B 就只能成为它自己对 A 的关系，除此以外不能有别的成分，这种话是讲不通的。如果我们不这样说，如果 B 本来不止于它对 A 的关系，而是和这种关系有所区别的东西，试问我们有什么根据可以否认它有权利能和 C 成立一种不同的关系呢？无论如何，这时它已有了一点与 A 不同。须知关系的各项总必不止于是它们彼此之间的关系，否则这个关系也便将消逝。"A 是等于 B"，但如果 B 只不过是 A 量的同一，那就只有 A 而无所谓相等了。"A 与 B 相同或在性质上不同"，但是苟非 A 和 B 既不同而又相同，同之中又有异，那么这两个名词以及它们之间的关系都将完全归于乌有。"A 在 B 北面或在 C 之先"；可是如果 A，B，和 C 不过是空间或时间里赤裸的、单纯的位置，那就不成其为 A，B，C，而它们的关系也就会成为一无所有。可见关系之中总必包含一些东西，超乎实际关系本身以外。假定这句话是对的，那么如果你否认，譬如说，在空间上与 C 相关联的 B，恰和在时间上与 A 发生关系的 B 是同样的东西，我们就只能认为你是在说 A—B 的关系中 B 的性格特征完全单纯，B 除了构成时间里面关系的东西而外没有别的成分了。但是果其如此，也就没有什么东西能够联系起来，而这个公理便不可能付诸实用了。

所以，由一个太广的公理而产生的错误，可以显示这样的真理：两个东西与同一物相关联不一定彼此相关联，除非它们是在某种条件之下发生联系。我们在第四章还要转回来讨论这个问题，下一章先来说一说关于推理的本性的一般概念。

增补附注

① "给予的普遍性"似乎比"普遍性"更适当些。
② 关于"集体的判断"及"种类"，参阅索引。所谓"大前提的虚妄"即指以上观念所包含的暧昧性而言。关于完全归纳和计算，参阅第二部第二篇第

三章第三节。

③ "但我们已经知道这里所说的是什么意思",应为"但我们已经知道这个不同主词的同一在这里应该怎样来理解"。参阅第一部第六章第十一节。

④ 参阅下一章第一节。

⑤ "假如有一个野蛮人"等语,这样说当然是很极端,而且是不正常的情形,不过作为一个例证还是可以的。

⑥ "确定的和直接的"应为"新鲜而特殊的",参考又同附注④。

⑦ "对 B 的特别"等语之后应加"其次,当我们所要知道的 A 和 B 以及 B 和 C,都是在我们眼前一个特殊整体中互相关联的时候,仅乎 A 和 C 两下为整体里面相联的成分这一点知识,实在不是我们所求的结论。大抵我们所要寻找的乃是 A 和 B 之间某种另外的特殊关系,与它们在同一生词中的共存是有所不同的"。

第三章　推理的一般观念[①]

第一节。每一个推理都兼有两种成分，第一它是一个过程，第二它又是一个结果。这个过程就是一种综合的程序，受取其材料，而以一种观念的结构把它们组成一个整体。*这里所谓结果便是结论，即对于那个统一体之中的新的关系的知觉或认识。我们从各种因素的一定的关系出发，通过这些因素中两个或更多的同一性，把它们的关系结合为一整然的体系，从而认识到这些因素的一种新关系。这里给予我们的乃是连结起来的各名词，我们便是就这些名词的连结进行处理，而把它们构成一个整体；[②]其结果便获得两个名词互相关系的认知，这两个名词在此程序之前是没有联系在一起的。可见这个过程就是一种结构的工夫，结果是一种直观，而这两者的结合便是逻辑的论证。

第二节。逻辑的论证决非与其他的论证完全不同，证明不过是论证的一种。一般逻辑学家却并不意识到这个事实。当数学家"论证"一个结论的时候，逻辑学家往往会感到不安，虽然他不能否认这个结论确已证明了。当他注意到解剖学家的"论证"或"证实"时，他的不安便会变成抗议和公开的拒绝。他听到了有人说"拿在我手

---

*　恰如我们在前面所说，本书这一部里面有许多话均须参照以下各篇加以校正。

里的东西已经证实了"这样亵渎的话,内心便会感到战栗。但是他的苦难还没有完毕,一个无学的讲烹饪术的人,可以对着一群女学员,公然宣称他已"证明了"某种点心或菜馔的做法,这就更加使得他难堪。

但是我以为这位逻辑学家实在没有多大理由来和这位烹饪技师争论。所谓"证实"或"证明"不过是指出或显示的意思;③如果一个推理的结论可以被看到或明示出来,那么一根神经或一件点心当然同样可以为我们所看到而证明。否认这一点是没有益处的,逻辑学者的任务只在于把推理跟其他不同种类的"论证"或"证明"区别开来。

第三节。在平常的事实中,当某种结果能够被我们看到而指出来的时候,也许没有人愿意把这个称之为"证明"。这不过是单纯的知觉或观察。只有在要想看出这个结果,我们必须首先处理有关事实的时候,这才叫作实证或证明;当你通过一种预备程序而在内心有所显示,这时你就可以说是在进行证明。但是,如果这个预备程序是外面的试验,如果它要改变安排外在的事实,那么这样的证明便不是一种推理。一定要这种预备过程是观念的、理想的,那种显现未知事实的重新安排是我们头脑里的活动,这才真是推理的作用。而看出在一个逻辑的结构中各种成分的新关系,④以及如果我们愿意的话,把这个新的关系显示出来,便是一种理论或推论意味的证明。

第四节。这种心理的准备实质何如呢?我们在说明综合判断时,也已知道了它的一般特性。它第一要有一定的材料⑤;它必须有两个或更多的因素的结合,如 A—B,B—C,C—D;这些都是前提。其次，这些前提还必得是现实的或暗示的判断，⑥它们所确述或假设的东西非形成逻辑上内容的联系不可。因为假如这些材料只是未曾精炼的感觉的质料，或仅是幻想，其结果便只能是感觉的或单纯幻想的东西，那就只会产生心理的效用，而不能成为逻辑的效果。这样，前提便是两个或两个以上的判断，而对于这些材料的处理手续便是把它们组成一个整体。我们必须把它们联结在一起，使它们不再是分散的，而成为一个结构、一个个性化的整体。因此，我们有的便不是原来的 A—B　B—C，而必得是 A—B—C。

可是这却不能任意来做，需要按逻辑的步调才行，否则我们便没有理由可以认为这个结果是真实的。假若我们采取了 A—B 和 C—D，把它们联在一起，变为 A—B—C—D，这样做法便徒劳无益，恰如在解剖学上我们为要研究人体关节而制造骨关节，或者在化学上为要澄清一种药剂而使用可以令它完全变质的化学品一样。对事实来说，这样得到的结果当然是无效的。*

我们的前提如果不能提供我们一些联接点，我们就无从把它们结合为一个整体。假若关系存于其间的各项名词都不相同，⑧那我们就毫无办法，正如我们不可能没有枢石而造成一个圆拱。因此，如果我们想要有所构造，就必需两端各点有其同一性。例如 A—B　B—C 里面，B 是相同的，我们便能联为 A—B—C；在 A—B—C 和 C—D 中，C 是相同的，我们才能联成 A—B—C—D。这个处理程序就在于通过共同环节的同一性，利用一组材料而使另一组材料得到延伸和扩展。正因为这些联合的环节已经给予了我们，所以我

---

* 所有这些话须参考本书第三部加以更正。⑦

们假定我们的结构是真实的；这个结构虽然出自我们的造作，却与事实相符合。

这样，我们的前提既经合为一个整体，结论便可以一望而知①。如果 A—B—C—D 符合实在，那么从这里面我们就可以看出 A—C 或 A—D，乃至 B—D，这些关系都是我们先前所不知道的。这时，我们就可把我们的结构所包含不为我们所注意的部分抛开，而抽出我们所要确述的结论。我们首先要做的就是对我们的材料进行一些加工，而这个工作就是构造组合。然后，我们便进行探察，找出和选择一种新的关系，这个直觉便是结论。⑩

第五节。现在我们再举例说明如下，假定墙上挂有三张图画 A、B 和 C；如果我看到它们一眼就能辨出 A—B—C 的关系，那么在此范围内似无推理可言，⑪ 因为我的单纯分析判断便可以提供给我 A—C 的知识（第一部第二章）。但是假定我先看到了 A—B，之后再看到了 B—C，那么单纯的分析就不能使我知道 A—C。我必须首先把它们合拢在一起成为 A—B—C，而这就是一种综合判断的结构。这样一来，我才看到 A—C，这个结论才是由推理而知，却并非因为它是在事实中发现，而是在我的头脑中看到的。

我们再举地理位置为例来说。A 在 B 以北十英里，B 在 C 以东十英里，D 在 C 以北十英里，A 对 D 之关系如何？如果我在纸上画下一个图形，实在并不能推出这个关系；⑫ 但是如果我在头脑中想象出这几条直线，我就可以进行推论。在这两种场合，我都使用

---

① 这里没有考虑选择的作用。那也不属于一切推理的本质范围。⑨ 参阅第三部第一篇第一章。

第三章 推理的一般观念

"证明"的方法,然而只有后者才是逻辑的证明。

"A=B,B=C,所以 A=C"。在这一论证中便不是对感觉的证明,因为这里面的指证乃是观念的、想象的。这几个名词通过 B 的同一性而拼拢在一起,再由量的同一关系而连为一个整体。这个全体构成一个系列,上述特性便贯串于其中,而这里所看到的就是它的结构。然后我们再考察这个系列,找出 A—C 的新关系,这便获得了结论。

第一章里还有一个例子不妨再举出来一说,假设三条琴弦 A,B,和 C 同时打响,如果我们听到这三根弦发出同样的声音,我们就不大可能是由推论才知道它们彼此谐调。[13]但是假若先敲响 A 和 B,而后再敲响 B 和 C,我们听出 A 和 B 音调没有差别,B 和 C 也没有音调上的差别,便可进而构成一个理想的组合 ABC,为同一的音调所结合。这就是一种心智的综合,这时再加上一个单纯分析的知觉,我们便可知道 A 和 C 彼此谐调了。

此外,在一个很平常的三段论式中也可找到同样的实例。我们不要把它说成窃取论点的方式,或者解为没有共同名词,可以采取这种说法,"人是会死的,而恺撒是人,所以恺撒也会死"。这也是先有了恺撒-人-会死的结构,然后再由观察而得出恺撒-会死的结论。

第六节。要想给这个过程的任一部分定下什么规则,那是毫无效益的。一个人能够看得出前提所包含的接合点,他就能够(如一般人所常说)把两个成对的关系联系在一起,他就能够进行推论。而且只要他能够保持他的结构的统一性,他的推论就是正确的。在下一章,我们将要见到没有人能给这个结构发明一种模型。至于审察的过程，一个人只有靠着敏锐的目光，没有任何规则能够告诉你应该知觉到什么。

我们必须尽我们所能解脱这些迷信，除此而外，还有不少其他的迷信也压迫我们太长久了。一个很可笑的例子就是，大家都注意前提的次序。这个结构造成时根本不需要有什么时间的次序，它的制作的顺序可以完全听任各人的便利或机会。

还有一个不同的迷信，我们可以在这里顺便予以破除。[14] 名词之数决不限于三个。例如上一节中所举关于地理位置的一例，我们确乎不是像下面这样推论，$C{\sqsupset}{A \atop B}\therefore C\diagup A$，再加上 $D{\diagdown}{A \atop C}\therefore D{-}A$，而是先完成我们的全部结构 ${D \atop C}{\sqsupset}{A \atop B}$，然后才得出 D—A。毫无疑问，在我们造成像恺撒-人-会死这样一种结构，以及对我们的结构进行考察时，我们不能不每一步只确定一个环节；但是如果要说在我们拿来另一个前提之前，非先下一个结论不可，那就是完全虚妄。逻辑并没有规定结论之前可以有的前提的数目，不过我们自己头脑的弱点限制了我们的结构，使它变得很狭隘，有时甚至损害了我们的推理。没有一门科学可以完全不需要组织结构的力量，相反，在有些科学中，这种力量具有头等的重要性。我们可以毫无夸张地说，一个人如果在推理过程中不能运用三个以上的名词，对于任何一种学问都未必能有多大成就。但是这个限制却是存在的，不过它只是心理的限制，而决非逻辑的限制。

增补附注

① 这一章只能看作临时性的引言。不仅第一节脚注中的警告必须记住，而且本章还有许多严重的错误，只好随时顺便更正。

② "构成一个整体"应为"构成一个相连的整体"，又下二行"没有联系在一起的"应为"没有这样相关联"。

③ "证明不过是指出"，这样说是一个严重的错误，这个名词我想实际上从来也没有过这种用意。不管在什么地方，它的意思总是显示一种必然和观念的联系与效应。究竟是不是以及在什么程度内，你的面前确有外在的事实及其变化，抑或你所处理的只是你自己"头脑里面的"东西，这些问题都毫无关系。在无论哪一种场合，所谓"证明"总是要揭示观念的关联与过程而非说明事实。参阅本书第三部第一篇第二章第五节及编后论文第一篇。

④ "在一个逻辑的结构中"应为"在其结构中并作为其结果的"等语。

⑤ 关于"材料"及"前提"，参阅索引"前提"条及鲍桑葵《逻辑》第二卷12和203页。

⑥ "现实的或暗示的"这几个字应略去。参阅第二部篇前附注①。本段之末"个性化的"前边，应插入"新的"二字，即"一个新的个性化的整体"。

⑦ 原文"所有这些话"应为"这些话的大部分"。

⑧ "不相同"应为"单纯地不同"。

⑨ "选择的作用"实际上是很重要的，参阅索引"选择"条。我的意思不过是说"排除"并非总是必要的。你在结论中并不一定要省略这个结构的一部分。参阅第三部第一篇第一章第二节。

⑩ "这个直觉便是结论"，除非这个新的关系作为它的结果而现于其中，那就断然不是如此。"结论"的意思是作为整体的一部而导因于整体的一种理会。参阅附注④。

⑪ "在此范围内似无推理可言"，这是就分析判断本身不含有推理的限度内而说的。参阅索引"分析"条。

⑫ "如果我画下一个图形"等语，这句话以及下文有严重的错误，参阅附

注③。

⑬ "我们就不大可能是由推论才知道"等语,是的,但是所谓"我们听到",究竟在什么程度内其本身并未已经含有推理作用,仍然成为一个问题。参阅附注⑪。

⑭ "还有一个不同的迷信"等语,关于此点参阅鲍桑葵《知识与实在》第307页,又《逻辑》第二卷第12页以下。这里我所说的是不对的,忘记了每一次每一环节综合结构的必然确立,其本身便是一个推理。不过另一方面,我认为最后的结论中含有一个推理,以整个的结构为依据,而与其中的名词数目无关,这个见解却是正确的。参阅第三部第一篇第二章第五节。

第四章 推论的原理[①]

第一节。我们对于推理的主要特性已经有了一个大概的认识，现在我们很自然地回到前面一个问题，到底我们的推论能不能有一个公理或原理？我们在第二章里研究的结果中，找不出任何可以使我们很满意的准则。三段论式的规律都不免过于狭隘，而另一方面，"各种东西与同物相关联者彼此亦相关联"的公理，我们发觉又嫌太广泛了。但是这却可以给我们作为一个出发点。如果加以适当的限制，在本书这一部所需要的范围以内，它还是可以表示我们所求的真理的[②]。

这里我只须重复一下前面已经获得的结果。凡与一共同点发生关系的各种成分，其本身亦互相关联，这一原理并非在任何特殊推理中发生作用的确切原理[③]。单是靠着抽象的形式，它对于我们求得结论的目的是没有用处的。在任何结构尚未作出之前，它只能告诉我们任何东西作为我们的知识所包含的一个成分，都必与每一个其他的成分建立某种关系。可是它并不能使我们更进一步，超过这一点，把我们的各种前提结合起来，从而求得一个确定的关系。如果 A 在时间里面在 B 之前，B 在空间中在 C 之西，我们当然可以通过 B 而把这两个断语联接在一起，但是我们却不能凭这个联合得到 A 对 C 的确定关系。我们老早就已知道了 A 和 B 同时并存，都是知识的宇宙里面的一分子，可是现在我们所要探索的却并非那个一般的联系，而是A对C的某种特殊的态度。但是要想得到这个，要想能够，譬如说，从A到C画一条新的直线，首先必须将A和C用一种特殊方式联系起来。它们的相互关联必得不是一般的，不是在普通的宇宙之中，而是在一种特殊的世界中。如果一个只是在时间里面，另一个只是在空间里面，它们就不可能有联系的中心。为了建立特殊的联系，它们就必得与同一个东西相关联，而且还要在这种条件下，能保持结构的统一。

假如在推理中发生作用的便是综合的个性化的原理，那个作用的公理就决不能看得太广阔，现在不避繁冗之嫌，再分为两段说明如后。"如果A和C与一共同的B具有同类的关系，则A和C在同一类中亦相关联。或如果只有一个关系（或为A—B，或为B—C）存于主词和属性的范畴之内，则A—B或B—C的范畴之内必有一个有效的结论。"换句话说就是，"在关系都属于异种类的地方便得不到结论，除非这两个当中有一个是将一个属性联接于一个主词。后一场合，即使出乎主词和属性的范畴之外，还是有作出一个推论的可能"。

第二节。我们讨论三段论式的时候，先已知道了有许多推理不能纳入一个主词属性的范畴。其次，我们也明白了如果离开一切特殊范畴，单是相互关联便太模糊，不能起到一种纽带作用。根据第二种情形，我们很自然地得出一个结论，就是推理离不开各种不同特殊的范畴（例如时间、空间、主词和属性，等等），但每一场合总必限于一个范畴。要想在结论中获得一种时间关系，你的各个前提里面就必须说的都是时间关系，其他各种关系亦莫不然。假如这样说是对的，那么这一公理便可改成，"各种事物在同一种类中与同一样东西相关联，则在那一种类中亦互相关联"。

可是也有许多推理并不依照这个原理。譬如，"黄金比铅重而铅为一种金属"，"A跑得比B更快而B则高过A一倍"，"A比B更强壮而B则为一个完全发育的成人"，"A与B等重而B则以某种速度运动"，所有这些前提都一定可以产生某种结论，然而它们的关系却是属于异种类的。这就表明我们可以从一个范畴跨越到另一个范畴。但另一方面，如果不存在着一个特殊条件，我们便不能做到这一步；两个关系当中必须有一个是属性对主词的关系。我们也已知道，你不能从"A等于B而B则具有某种速度"得到"A亦具有某种速度"的结论。要想做到这一步，你就非把B所包含所以与另一成分（C）发生关系的那一点作为宾词来说明A不可。从"A等于B，而B则在我的口袋里"，你也不能推得A也是在我的口袋里，因为这里面所肯定的关于B的空间关系并不能符合于作为与A相等的B。无论怎样论证，你总求不出A对我的口袋的关系，你的结论只能是"A等于我的口袋里面的某种东西"。我们所得的还是原来A对B的关系，不过加上B的一个形容词予以修饰罢了。确实，我以为，在一切可能的场合中，只有一个主词和属性的关系，才能与另一范畴联用，给予我们一个新的关系。*

---

* 其他证例如"A有一种声音（B），那个声音压倒了Z的声音（C），所以A压倒了C"。"A有一种声音（B），此声音与C一致，故A有些地方与C一致"。前一例中结论的关系并非主词与属性的关系。④A的属性已经获得暂时的独立，而A则凭借这一属性与另一主词发生一种新的关系。

我们在前一章所指出的几点（第二章第七节），也许已使读者对于这里的讨论结果在思想上有了准备。各种范畴并非立于同等的地位，全是一样。⑤ 我们要无条件地说明推论的原理毕竟是可能的，而其为可能便只限于在主词和属性的范畴以内（下文第六章第十二节）。但是现在我们还没有达到这个可能的阶段，所以必得满足于上一节末所举的公式，"在同一种类中与同一物相关联者，则在那个种类内彼此亦相关联"，加上"凡有一主词对属性的关系之处推理即成为可能"这个进一步的公理。

第三节。显而易见，我们的主要原理可以有多种不同的形式，恰和范畴或关系的种类一样。本书的任务不是要提出一种理论，说明这些种类相互联结和从属的情形。我们的目的也不是要毫无遗漏地把这些种类逐一列举出来，给以解释辩护。但是为了使这里所得到的一般的结果更加明了，让我就推理中发生作用的四五种主要原理略加阐述，作为证例。这几种主要原理我们可称之为（I）主词和属性综合的原理，（II）同一性的原理，（III）程度的原理，（IV）空间的原理，及（V）时间的原理。

I. 主词和属性综合的原理。

（α）同一主词的各种属性相互关联。

（β）两个主词因有相同或不同的属性而成为相同或不同。

（γ）（1）在我们不把属性当作与每一主词有所区别的地方，则我们所作关于属性的表述，也就是关于它的主词的表述。（2）在我们不把主词当作与每一属性有所区别的地方，则我们所作关于主词的肯定，也就是关于任何属性视为此主词的属性而作的肯定。

举例。（α）此人是一逻辑学家，此人是一傻瓜，所以一个逻辑学家可能是*(在某种条件下便确是)一个傻瓜。

(β)这条狗是白的,这匹马是白的(或棕色),所以这条狗和这匹马是相同的(或不同)。

(γ)(1)这个图形是一个三角形,三角形内角之和等于两直角,故此图形内角相加等于两直角。(2)黄金比铅重,而铅为金属,故铅-金属(或有些金属)是轻于黄金,或金属可能轻于黄金。

关于(γ)我们可以指出,假如我们说,"凡对属性为真实的,对主词来说亦为真实,凡对主词为真实的,对属性来说亦为真实",那便是错误。主词作为主词,属性作为属性,都各有其自己的宾词,这一个不能适用于另一个。例如,"铁很重,重为一性质",根据这个我们决不能说"铁是一种性质",我们从"铁很重,铁为一种实体",也不能得出这样的结论"重也许是一种实体"(参阅第一部第三章十节)。另一方面,如果我们给推理定下一个条件,认为这个属性和这个主词必须放在一起,那就要变成循环的说法。[6]

II. 同一性的原理。

如果一个名词与其他两个或更多的名词具有一个共同点,则这些其他名词亦都有此同一点。

举例。"A钱币的印文与B钱币相同,B钱币又与C钱币相同,所以A与C相同";"A乐器与我的音叉(B)谐调,C和D乐器也是这样,所以它们都彼此谐调";"如果A是B的兄弟,B是C的兄弟,而C是D的姊妹,那么A就是D的兄弟"。

---

* 为什么说可能是呢?因为主词未加说明,各种条件有一部分是不知道。参阅第一部第七章第二十六节。

III. 程度的原理。

一个名词如在同一点上与其他两个或更多的名词处于程度的关系，则这些其他的名词亦彼此发生程度的关系。

举例。"A 比 B 更热而 B 比 C 更热，所以 A 比 C 更热"；"A 色彩比 B 更明朗，B 比 C 更明朗，所以 A 比 C 更明朗"；"A 音调低于 B，B 低于 C，故 A 低于 C"。这里我不打算探究"A=B，B=C，所以 A=C"，应该属于这一类，还是属于上面同一性的原理一类。

IV. 及 V. 时间和空间的原理。[7]

若同一名词与其他两个或更多的名词发生某种时间或空间关系，则在这些其他的名词之间亦必具有一种时间或空间关系。

举例。"A 在 B 以北而 B 在 C 以西，故 C 在 A 东南"；"A 在 B 前一天，B 与 C 同时，所以 C 在 A 后一天"。

以上所列，我们也已说过，决不能说是已经很周全了，而且在这里也不可能谈起周全与否的问题。譬如原因和效果的综合，这是不是可以完全纳入时间的范畴呢？还是应该归入主词属性一类呢？它是属于这两类，抑或任何一类也不能归属呢？这几个问题都很难回答，而且即使有了回答，在这里对我们也没有多大用处。无论怎样回答也不能帮助我们证明已经得到的结果，顶多不过又添一个证例，但是我们举出的例子也许已经是很够的了。

第四节。但是有一个问题我们却不能忽略。我们把这些综合称作推理的原理，排斥三段论式，而要以这些原理来代替它。问题就在我们怎样来理解这些原理的地位和作用。我们都已知道三段论式所标榜的目的，它好像是要从一个中心指挥室来控制它的全部领域内一切可能发生的事件。它已经发布了两打以上各种不同的论证形式,一切推理都须以此为准则。任何时候你总可有一个模型,前提和结论所包含的一切名词之间都具有现成的关系,你只有按照空白的格式填上你自己的名词,除此以外别无其他的自由。三段论式的各种格和式恰和雅典传说中强盗普洛斯克拉的铁榻一样,这个强盗捉到了俘虏总是放上他的铁榻,如身长过榻便断其足,如不及则强拉之使与榻等长,而我们也是把一切论证硬行套入这些格式里面去,所以这些格式已不止是辩论的原理,而成了推理的严格法规和标准。在此范围之内,你就可以安全得救,出了这个范围,你就是离经叛道成为异端。这便是人们历来给三段论式立下的权威,在它保持着相当力量的时候总归要强制施行的。

如同一些其他已经过时的妄想一样,三段论式亦已腐朽,它的领域现在也成了无主之区,我们都想要继承这一份遗产,问题只在于以怎样的方式来承袭它的地位。我们是不是要以一个专制政体来代替另一个君王呢?我们的推论的原理是不是也要成为标准和法规呢?当然不是,因为即使这件事没有什么不好,作为一个忠实的新教徒,我也不能够想望它,无论如何这也是完全不可能的。

第五节。我们的原理对于每一种推理,都提供给我们一个概括而抽象的处理形式。这些原理并非在一切情况下都能给我们一个必要的个别处理的方法。不单各个名词是空白,就连各别前提和结论的特殊关系也都是空白。结构的种类确乎概括地明示出来了,在这里面你也可以找出结论的种类;但是确切的结构及其可以产生的确切的新的关系,却完全听凭个人自己的判断。[⑧]

譬如,"A 在 B 之右,而 B 在 C 之右",从这两个前提便没有、而且也不可能有任何推论的形式可以给予你一个结论。诚然,公理可以使你确知 A 和 B 必得在空间里互相关联，因为⑨在你知道那件事之前，你非先已知道这两种空间关系都属于同一个世界不可。而这两个同属于一个世界你也无从知道，除非你已确知它们在空间里有一个共同点（参阅第一部第二章第二十一节）。但是除此而外，公理便不能告诉我们任何其他东西。它既不能使你明白这里面确定的关系到底是怎样，甚至也不能教你相信一定能够得到这样一种关系。A 大于 B，C 亦大于 B，所以（如果 B 只在同一点上有关）A 和 C 在程度上必相关联，可是你却不知道它们如何关联。B 在 A 和 C 二者之南，所以 A 和 C 在空间上一定发生某种关系，然而你也没有法子可以知道它们特殊的关系毕竟如何。因为这里不能搞清楚个别化的结构，而正是这种结构才能提供我们的结论。

在推理有效的地方，其所赖以进行的特殊程序，都超乎公理的范围以外，从而这一公理也就不可能提供任何标准来衡定它的效用。而在推理无效的时候，其所以使之无效的东西亦往往非这一公理所能包括，因此它也不能作为鉴别有效与否的准则。假如我高兴这样说，因为 A 和 C 都大于 B，所以它们是相等的，前述原理并没有什么和我抵触的地方。假如我要从"B 在 A 和 C 的南方"作出这样的结论，"所以 A 和 C 一个在东一个在西"，这个原理也完全可以满足。它不能使我明白我这样说是怎样不对，恰如我说"A 在 C 的西北，因为 B 在 A 以南五英里，又在 C 以西五英里"，这个原理也不能告诉我是对的一样。在这两种场合下，一般的形式都是有效的，然而具体确切的计算程序，不管是错的还是对的，都越出原理的范围以外。这实在不是一个由上而下的指导的问题，而是全凭个人的灵感和洞察的问题。

第四章 推论的原理

第六节。你不可能给论证方法找出固定的模型,也不能给有效的推理作出一个详细而全面的项目表。我们确有一些原理,可以为组成一种结构的一般可能性的标准;但是关于确切具体的结构,却决无法规可循。假如要制造这种法规,那就永远不会完成,因为特殊关系的数目是没有限制的,而各种时间、空间以及程度的可能的联系也是无穷无尽的。要找出有效推理的规准,你首先要给各种有效推理列出一个详表。你必得为每一个推理制造一个大前提,而从每一个计算操作得到的大前提便显得是那个推理的规准。这样做法即使成功,也将如捕风捉影,结果只会造成不断的幻灭。没有任何法规可以确定正宗逻辑思想的领域,除非有一天一切事物的本性都变得那样顺从,可以满足我们顽固的幻想。

第七节。一般人好像认为逻辑具有一种神通,可以测验一切交给它的真理。大家把逻辑学家当作一种精神的指挥者,只要给予了一定前提的一定情况,纵使他不是从口袋里掏出来什么是对的、什么是不对的,至少他也能测定对的和不对的。因此,如果逻辑不是给我们提供论据的技艺,那么,只要有了一定的前提,它总可成为这样的技艺,可以从前提里面抽出结论,也能够检验所有门外汉不依它的规矩而擅自得来的结论。但是,如果用这种意义来加以理解,逻辑便不能有其存在,因为实际上没有、而且也不可能有这种论证术。逻辑所能提供的只能是一种概括的、一般的推理理论,其为真实仅是抽象的大致如此。超过了这个限界,它就不再成为科学,也不再成为逻辑,而只能变成它现在大体上已经变成的那样,一种腐朽的早已应该埋葬的妄想了。

第八节。这种情形,逻辑可以说是无独有偶。还有一种虚伪的科学，它的生命更无味，它的腐烂更可憎，我自己感到最讨厌。[10]恰和逻辑给人变成了推理术一样，伦理学也给人变成功了一种道德的技术。这一对幻想的双生子，如果我们聪明一点，正好把它们埋入同一个坟墓。

但是我并不吝惜给这种是非辨别术按照基督教仪式，举行一次像样的葬礼。我愿意在任何条件下看见它死去，从此不再引起麻烦，但是平心而论，它在晚近的岁月中，也遭到了不少委屈。无可否认，它已经令人憎恶到了极点，有些部分还猥琐到无以复加；但是那些对这个怪物的产生和发育应该负责的人，如果因为它出自本性进展的趋向而唉声叹气，那就更可鄙夷了。说一句老实话，不仅天主教的神父，就连我们功利主义的道德论者，都抱着同样妄诞的想法，所以才造成这样的结果。如果你像功利主义者所相信的那样，也相信什么哲学家会知道每一个行为应该判定为道德的或不道德的理由，如果你相信哲学家至少会有一套道德法典可以深思熟虑地支配他自己的行为，在任何可能的场合都能作为万无一失的规程，也能够帮助主动性较差的人们选择正当的行径，那你就犯了同样的错误。只有职业的教授们为了他们自己的例行公事，才需要编造这样一种完备的犯罪法典，把胡思乱想的教条和伦理学的谬见交织在一起。也许就因想要做精神上的暴主，所以使得被亵渎的良知最后的诉语归于窒息。可能那班终身不娶的神父们为了要在理论上详尽无遗地探讨人类邪恶的可能性，才不得不异常仔细地注意犯罪的病态问题。但是如果他的原理并非一无是处，我就不能指责他们这样做法完全不对，因为既然是一种技术而又需要一本道德法典，我实在看不出如何能预先缩小它的范围。这个领域不能因我们不欢喜而加以限制,任谁对其讨厌的部分进行研究工作,我们都不应该斥责而应该感谢才对。因此,如果功利主义者拒绝照着天主教神父的办法,他也就放弃了自己的原则;他的半途而止不是因为逻辑的理由,而是因为心理的原因。

第九节。我们很自然地以为逻辑一定要告诉我们,怎样依据特殊前提来进行论证;也很自然地会认为伦理学必得教会我们,在什么样的特殊情况下,就作出怎样的行为。我们无批判的逻辑和无批判的伦理学,也自然而然地把这等理论当作自明的道理。可是在这两种场合,这个错误如果是很自然的,同时也是很明显的。除非你故意造作、限制事实,就得不出推理的模型,因为可能发生的关系是无穷的,所以你需要列举的分类表也没有完结的时候。而一部道德的法典也是同样的不可能。要想预先见到每一特殊情况下的结论,你就非预先掌握一切可能的情况不可;同一行为可以因特殊条件在这里成为对的,而在那里又成为不对的,这个特殊条件便决不是抽象的法典所能包罗无遗的。这里你陷入了两难的境地:或则在某一点上,你必得承认不再依照你的规准;或则你就必须能够预先知道一切可能的错综复杂的环境,从而制造出不可计数的大前提来。如果你采取后一途径,那分明是虚妄,因为这样的原理只能出于直觉;而且是不可能的,因为原理的数字会成为无穷无尽。假如你选择前一办法,承认只有在某些场合中才有可能从一个原理推出某一结论,那当然是抛弃了你的"实践理性"的希望,也否认了你自己所从而出发的原理。

三段论式的逻辑却也具有一个优点。即使它的根据是错误的,结论是虚伪的,但至少它并没有抛弃它的目标。就三段论的各种格式来说，它的法规是很完整的，达到了它本来想定的目的。可是我们对于快乐主义的善恶辨别术就不能这样说。它所据以出发的那种自信的独断的论调，逐渐消逝于含糊其词和踌躇不决之中。它玩弄暧昧的词句而不敢加以分析，它对着一位神明空作低沉的叹息而没有祈求的勇气。但是如果我们最时髦的伦理学所倡导的原理是真确的，那么是非辨别术和犯罪科学便应该成为那种伦理学的目标，对于这个很明显的结果拒不承认，那可能合乎心愿，但对头脑来说是并不光荣的。假如流行的道德论者对于是非辨别术的态度不彻底，一接触到它不纯洁的气息便惶恐退避，他至少应该拿出勇气抛开所以造成这种思想的根本原理。斯特劳斯（Strauss）有一句话，我们正好用来形容这样的道德家，"这种人一部分不懂得自己所要求的是什么，一部分又不想要自己所懂得的东西"。*

第十节。现在回到三段论式逻辑问题上来，我们可以看出，一方面除了主词和属性的综合之外，所有我们其余的综合关系，对三段论的格和式一个也不能适合。第五、第四、第三以及第二个综合都不能纳入传统的框子以内。另一方面，我们的第一种综合又可以包括三段论式逻辑的每一种推论。我们只要把三段论格式考察一下，马上就可明白上面这句话对于肯定推理完全可以适用，现在我们须要做的就是来看一看这个结论应用于否定推理方面，是否也同样有效。

---

* 关于是非辨别术的问题。可参阅拙著小册子《西奇威克的快乐主义》第八节，又《伦理学研究》第 142、174 页以下。

增补附注

① 本章有一个主要点，如果不需要更正的话，至少似乎非加说明不可。一切推理都靠着一个主词具有连续完整的个性，在这个意味中，一切推理都可以说是属于主词和属性的范畴（第二部第一篇第六章第十三节）。但是如果照这样来理解，这一范畴就决不能看作仅是许多范畴当中的一个。所有其余的范畴全都要假定这一范畴作为先决条件，和它对比起来，其余的范畴都成了从属的和特殊的东西。另一方面，还有许多推理只是这一范畴应用所产生，而为其个别的一例。例如全部三段论式逻辑便属于这种情形。因此，要说到依我的见解，逻辑研究范围不外乎主词和属性，或实词和形容词的关系，这句话是对的抑或不对，那便视我们给它以怎样的意义而定。我承认，在我看来，每一个事物都须归属于这个主要的原理，我也找不出任何其他主要原理更可以理解。但是如果加上一句，说照我的见解，其他特殊范畴都是不必要的，在这些范畴之下所得到的结论，不要这些范畴仍然可以获得，而且可以同样正确，那么我认为就是不实在的。我所坚持的正与此相反，这也许是我的优点。但是本章以及别的地方所指出主词与属性这一范畴的双重意义，既是主导的，又是平列的，实在很易引起误解。这个双重意义，如果读本章时谨记在心，我以为，可以使一部分细节说明成为多余。

读者还要注意到下一区别。我们首先知道的是每一个事物都嵌入一个有个性的宇宙之内，并修饰这个宇宙。其次，在任何特殊场合，我们又必得与某种从属的个别的整体发生交涉。但是这个整体在其不作为直接认知的东西，它所包含的一切成分必得以某种方式相互关联。它们全部彼此之间至少总会发生一种联系，使它们本身成为相互共同的形容词。再次，既然区别了这个整体所包括的各种形容词，你就可以进一步利用存于此整体之外而与这些形容词当中任何一个相适合的东西来修饰这个整体，只要这时你不再进行抽象使这个形容词分离开来而成为实体。由此，在同样条件之下，你又可以推出相同或类似性来（第三节）。

但是在这个范围内，你所有的知识并不足以使你得出属于空间、时间或程度等更特殊的范畴的结论。这些范畴都各有自己的力量和权限，不过你凭借并依照这些范畴行事的时候，一面仍可以同时运用主词和属性这个更一般的范畴的力量。但是只要我们对于原理很清楚，那么仔细分别上述同时运用的力量在不同的情况中，从什么地方开始，达到怎样的程度，就似乎真正是多余的了。

② "在本书这一部所需要的范围以内"等语，参阅第二部第一篇第二章第九节。

③ "并非在任何特殊推理中发生作用的确切原理"等语，前面加上"其本身"三字，比较妥当。下文"告诉我们任何东西"应为"我们将要有的任何东西"。再下，"求得一个确定关系"，在第一句内应改为"求得一更确定的关系"，第二句内应改为"一个新的直接关系"。再下，"并非那个一般的联系"之后，应加"也不是由A，B，及C在新把握的整体中单纯共存而来的任何东西"。

④ "前一例中"等语似乎显然错误，否则这个结论就不合理了。

⑤ "各种范畴并非立于同等的地位"。参看第一节及索引。

⑥ "那就要变成循环的说法"之后应加"或完全归于失败"。这就是说，如果你把这个属性和这个主词看作直接的一体，那你便仍然停留在一个直接修饰的个别整体之中。

⑦ 这里第 IV 及 V 项"若同一名词"之后应插入"在同一时间或空间的世界之内"。我们不能假定一切空间或时间具有空间或时间的统一（参阅《现象》索引）。至于第 III 项是否需要相似的更正，便要看"凭着同一点"解作怎样的意义而定。

在任何地方，真正的问题在于推定的效果是否为我们认为主词的那种东西本身的发展，或主词的同一是否由某种外来的东西侵入而被打破。《心学》杂志的一位作者曾经提出一个问题（可惜这个资料原文已经遗失），在"A 欺骗 B，B 欺骗 C，所以 A 欺骗了 C"里面，我们是否获得了一个有效的推理？其实，这个问题也很易回答。如果我们把 A 加于 B 的行动看作本身发展其本身，始终保持同一，通过 B 而成为加于 C 的行动，那么我们在这里就有了一个正当的推理。另一方面，假使我们设想有一个外来条件成为必要，以至破坏了我们想象中 A 的行动本身发展的过程，那么这个推论便是靠不住的。

关于程度的综合，我所要说明的就是，虽然在本书里我没有注意到所谓比较论证（argument *a fortiori*），但是一看就可知道它属于上述一类。这种论证很显然是以理由的多少为根据。

⑧ "个人自己的判断"应为"个别的判断";又本节最后一句,原文"个人的"亦应作同样更正。

⑨ "因为在你知道那件事之前"等语,这里"因为"两字含义混乱。这个公理已经订正了的时候(参阅附注⑦),"这两种空间关系都属于同一个世界"改为"这些前提都属于同一原理"较妥。

⑩ 这里对是非鉴别术和快乐主义的攻击,我想,最好应该缩短,如果不删除的话。

第五章　否定的推论[①]

第一节。否定推论的一般本性与肯定推论并没有什么重要差别。我们有了前提之中所给予的两个或者更多的关系，显示着一定的共同点，我们便以这些共同点为根据，把各种关系联结起来成为一个有个性的整体。然后我们进行探察，又在那个整体之内找出一种新的关系。我们所得到的结论可以直接联系两个名词，例如，A—B—C ∴ A—C，也可以把这两个名词间接联系起来，例如，A—B—C ∴ A—（B）C，或 A（B）—C。[②]划出来的新线条可以撇开原来结构的中点，也可以循着旧关系的直线通过这个中点。无论是否定推论还是肯定推论，都具有这些共同特征。诚然，在否定推理中，把一个关系两端的名词联接起来的直线乃是否定的直线；我们在想象中所作出的图式的一部分带有拒绝的性质；从那个结构里引出来的新的联系也是一种排斥的关系。但是所有这些差别实在都是同一主要原理范围之内的变异。

第二节。这里似乎我们所要做的没有别的事情，只须列举一些与肯定推论公理相当的否定的公式加以说明便够了。这正是我们马上就要着手去做的，但是应该预先指出，在这一篇后面，我们还是要遇到许多困难的。

否定推论的原理可以说明如下，[③]"如果 B 在同一种类之内与

A发生肯定的关联,而与C发生否定的关联,那么在此类中,A与C亦发生否定的关联。如果原来的肯定和否定关系(A—B,B—C)都是异种类的,然而其中之一属于主词和属性的范畴,我们便可以作出一个否定的推理,而这个推理便包括于前提所含两个范畴里的一个或两个之中。"除非A—B B—C都在同一种类范围之内,或除非其中有一个是主词和属性的关系,便根本没有任何联系。

I. 主词和属性的综合。

(a)在我们不把属性看作与每个主词有所区别的处所,对属性所否定的东西亦即对主词所否定的东西,并且如果属性被否定了,主词也被否定了。

(b)在我们不把主词当作与每一属性分别开来的地方,关于主词所否定的东西亦即关于属性所否定的东西,而且如果主词被否定,则在那个意味中,属性亦被否定。

(c)如果两个主词具有相同或一个不同的属性,则在此范围内,它们便成为无差异或不相同。

举例:(a)"一个三角形不能有两直角,这是一个三角形,所以它不能有两直角"。"直角三角形不等边,这个图形是等边的,所以它不能是直角三角形"。(b)"人非四足动物,人为哺乳动物,所以一个哺乳动物可能不是(人这种哺乳动物就确乎不是)四足兽,四足兽也非完全是哺乳动物"。(c)"我的马是脊椎动物,这个动物是一条蠕虫,所以它和我的马不一样"。

II. 同一性的综合必得成为同异的综合,"如果两个名词具有同一共同点,其中一个名词因为此点而与第三个名词不同,则另一名词与第三个名词在这同一点上亦不相同"。

举例："A钢琴与B谐调，但B与C不谐调，所以A和C彼此亦不谐调。"

程度、空间及时间的综合，其公式亦无甚改变，我们可举例如下，

III. A与B等重，B不轻于C，所以A亦不轻于C。

IV. A在时间上不先于B，B与C同时，所以A亦不先于C。

V. A在B以东，C非在B以北，所以C亦不在A以北。

第三节。以上似乎都言之成理，但是还有一个复杂的问题必须解决。也许有人认为我们违犯了传统逻辑两个重要的规则，因为根据我们所提出来的原理，你就可以从两个否定的前提得出一个结论，而且那个结论至少一部分还可以是肯定的。可是我也不能遽然指斥这两个传统的规则一定是错误，至于它们是否有什么不妥当，这一问题便要视我们给这些规则以怎样的解释而定。毫无疑问，如果我们严格地解释否定的前提，只就单纯否认的意义来加以理解，那么这个规则不许我们作出一个推理便是很正确的。第二个规定限定结论只能仅仅是一个否认，无疑也是有效的，除非你打破另一个三段论式的戒律。假如你坚持省掉中词，那么这个结果就必得不仅是一部分否定的，而且实际上只能限于一个否认的判断。所以这两个规则虽然说得有些过火，但无论如何，它们是有坚实的根据的。

我们不难理解，从两个单纯的否认不能得出一个结论，因为这里面不可能形成任何结构。为什么形不成任何结构呢？因为这样就找不出共同点来，或者虽有共同点，而你又不知道其他名词的地位。让我们先从后一情形说起，在否定推论中我们可用排斥的直线代表否认，可是如果我们把否定的前提作严格的解释，我们便会发

现没有法子定出这些直线确定的位置。A 不是 C 也不是 B，C 被排斥了，B 也被排斥了，虽然我们仍可用拒绝的直线代表这两个排斥的关系，却不知道它们的下落是在什么地方。被排斥的东西得不到确定的位置，因而我们也无从知道它对其他成分的关系。

事情还不止于此，如果我们要想明了真实状况，我们尚须回到关于否定判断的理论（第一部第三章）。单纯的否认不管怎样，决不能使它所否认的东西有其存在或位置。④ 例如，在"A 不是 B"这一判断中，我们只是断言 B 完全为 A 所具有未经言明的某一属性所排斥，至于 B 的本身究竟怎样，则除了它被摈斥于我们的宇宙之外，其他便毫无所知。对于被排斥的名词，除了它为 A 所拒绝之外，我们没有任何确定的知识。因此，无论我们可以有多少否定的前提，加上被排除的名词，我们也不能更加接近一个结论。这些被放逐者不再往来运动于任何真实世界之内，要用一根连线把它们结合起来是不可能的。

这样，纵使两个否认具有一个共同的主词，我们也不能够从这些否认得出一个另外的关系。* 这又引起了另一个障碍，因为我们找不到形成一个结构所必需的共同的中心。例如，在"A 不是 B，B 不是 C"里面，前一场合是 B 被排斥，后一场合是 B 排斥别的东西；前者为不在，后者为存在。此外，假如我们给我们的前提换一个形式，说成"B 不是 A，B 也不是 C"，我们还是不能推出 A 和 C 之间的关系，因为（除别的理由不说）B 的性质在每一次否认中可能大

---

* 像"A 不是 B，也不是 C，所以 B 和 C 在这一点上是相同的"里面，两个前提其实都是肯定的。B 和 C 性质都与 A 不相容，或同有被摈斥的心理的事实。

不相同。也许我们以为可以从"C 不是 A，B 也不是 A"得出 C 和 B 之间一种部分同一的正面的关系。不过这里我们仍然缺乏一个中心，我们不知道作为拒绝之依据的那个性质，在这两个场合中是否完全不同。这样，我们的前提便只可以提供我们一个怀疑的基础，但决不能给我们一个证明，恰和"A 类似 B 和 C"、或"A 与 B 相似，B 与 C 亦相似"这样的肯定前提并不能成为证明，完全是一样的道理。简言之，如果两个前提都是否认，那就或者没有共同点，或者从一个共同点引出来的两种关系的终点成为空洞，没有东西能够联系起来。

可见两个前提不能都是否定，这一规则是有坚实的根据的，同样的话也可适用于禁止肯定结论的规则。因为既然一个宾词已被完全排斥于其主词的世界之外，我们所剩下的当然只是拒绝，没有别的关系。那么，显而易见，你就无法得到一个正面的结合，被否认的宾词与那个可以跟主词友好共处的宾词联接不起来，或者主词与另一分享宾词命运的主词合拢不起来。例如，在"A—B B—C"里，如果其中有一个是否定的，我们就无论如何也画不出一根 A—C 直线，使超过 B 点以外。因为这样，A 和 C 便被隔绝于两个不同的世界，如果它们当中有一个要跟另一个接近，它们的联络线自必要通过 B 点。可是 B 的一边只是单纯的拒绝，因此另一边肯定的直线画出来断不能超过中点，这个新的关系必得加上 B 里面先已存在的拒斥的关系。诚然，这个延长不能说是单纯的否认，而结论也非必得是完全否定的，但无论怎样，第二个传统的规则和第一个一样，是具有合理的基据的。

第四节。可是这两个戒律虽建立于坚固的基地之上，第一个戒律的意义却须要略加限制，第二个戒律亦非毫无例外地真实。两个否认固然不能得出一个结论，但我们对于两个有所否定的前提，就不能够这样说。杰文斯教授在其所著《科学原理》第 63 页上曾经指出下面一个三段论式：

"凡不是金属的东西就不能有强大的磁效应，（1）

碳素不是金属，（2）

所以碳素不能有强大的磁效应。（3）"

这个推论无疑有了四个名词，因而在专门术语的意味中是有疵瑕的，然而这个事实却不能抹煞，就是这里从两个否认总算证明了另一个否认。"A 不是 B，不是 B 的东西就不是 C，所以 A 不是 C。"出发的两个前提确实都是否定的，如果一定要说"A 不是 B"等于"A 是非-B"，还是完全肯定的，或者说 B 和非-B 不能联结，那就好像是有一点咬文嚼字了。如果我能够从否定的前提得出我的结论，那么你指摘我首先改变了一个前提，便似乎毫无用处；因为这样指摘并不能证明原来的前提不是否定的，也不能证明我没有能够得到我的结论。

假如我们摆脱三段论式逻辑的限制，那么各方面的例子就更多了；"A 的程度不能少于 B，B 不少于 C，所以 C 不能大于 A，或 A 必等于或大于 C"；"A 事件不在 B 以先，C 不在 B 以后，所以 A 亦不在 C 以先，或 C 与 A 同时或在 A 以前"；"C 非在 B 以北，B 非在 A 以北，所以 A 非在 C 以南，或 A 在 C 以东，或西，或在其北"。在这些地方，如果固执地抱着三段论格式机械的规则，那是毫无用处的，因为如果全照这等规则，我们甚至从肯定的前提也未必能够证明肯定的结论。既然"A 在 B 右边"是 A 对 B 的一种肯定关系，不能够还原为宾词和系词，那么在"A不在B右边"里，为什么就不能有一种否定关系也是无法还原的呢？传统逻辑可以反对后者，但是它先已反对了前者，也就丧失了它作证的资格；如果它在这一场合是很错误的，它在另一场合当然也可能是错误的。

第五节。但在这个场合中，它却不是错误，而是碰巧很对。这里它所掌握有限的局部范围，正是主词的界限。因为否认本身不能超出三段论式封闭于其中的单一范畴之外。

否认的本身我们老早已经知道，不过是观念上一种提示的排斥，因此各种肯定的存在之间的否定关系，决不能借单纯的否认而表现出来。另一方面，一种赤裸的单纯的否认也是找不到的，因为每当A排斥了观念上所提供对B的某种关系时，这个拒绝总必具有一种基础。这个拒绝的基础必得是正面的肯定的性质，虽然是未经明言，却完全是少不得的；因此，无论什么地方，只要我们有了一个否定判断，同时也就附带有了某种肯定的断语，这个肯定断语也许表面上看不出，但必得存乎其中。这一点，我们已经知道，正是许多迷惑的根源，以至于我们有所否认的时候，往往不明白自己说的是什么东西（参阅第125页）。

前面所举的例子就可作为证明。在第一例中，我们假定了A具有一定的程度，我们根据这个正面的确认，排斥所有被否认了的交替的东西，于是遂达到了一个肯定的结局。第二例中推论其实是从这样一个前提出发，"A是一个事件，它在一个系列里的位置是在B之后或与B同时"。第三例里面，我们假定了A是在空间之中，对B发生一种关系，以排斥为其标志。所有这些实例，如果我们坚持单纯的否认，便不能证明任何东西，因为我们对于一个没有程度、

第五章 否定的推论

没有时间和没有位置的东西,也可否认它"少于B",或"在B以先",或"在B以北"。这样一种途径也许是很少的,但是合理的,为大家所认可的,因为否认本身当然包括所有的可能性。

第六节。如果我们说你不能从否定的前提进行论证,以此作为一个规则便是不正确的;即使我们说单是否认不能有推理也是不对的,因为每一个否认都有其肯定的方面。那个肯定的方面是潜在的,也许为我们所看不到,例如,"7不小于5+1,5+1不小于4,所以7不小于4",我们并没有说明7是一个数目,与5+1一定具有某种比例关系。但是我们假定了它的时候,便已经超过了否认,虽然没有超出否认暗含的范围之外。所以在说出这个规则时,必须讲清楚。我们一定要说,如果你光是抱着单纯的否认,那就不能从两个否认作出推论。假如你处理的是这些否认所暗含的肯定断语,你就不是完全站在否认的方面。如果照这样加以界说,这个规则便是适当的。

否认便暗含着摈除或排斥,你决不能从排斥或摈除得出一个结论。"除去了A就是除去了B,除去了B就是除去了C",可以给予"除去了A就是除去了C";而"没有A就是没有B,没有B就是没有C",也可以证明没有A就是没有C。但是这里我们真正的前提乃是"排除了A的东西也排除了B",和"那个没有A的东西也没有B"。你很难说这些前提是很肯定的,但是它们所包含的实在不止于光是一个否认。所以否定必得总是含糊不清的(参阅第一部第三章),因为我们说"没有一个A是B"这句话可以只是排斥B,同时也可以是说"A的不在就是B的显现"或"没有A就是有了B"。"如果A在那里B就不在那里",和"因为A不在那里B必得在那里"，这两种意思都可用上面那个暧昧的公式来表示。但是如果我们认为否定的意义只限于单纯的否认，那么它指的就是一个观念被一种没有言明的性质所排斥；如果我们再把这个否认局限于它的否定方面，那它就指一个提示的观念单纯地被排斥。只有在这个最后的理解上，传统规则才是确实有效的。

假如否定是一种断语，传统的规则就不可能有效。如果在"A不是B"中，B的排斥成为A的存在的必要条件，那么，如果A要在那里出现，B就必须被摈除，如果A不在那里，B就不能被摈除。否定的前提如果照这样加以解释，我们无疑就可以从它们推断出某种结论。不过这种解释我们老早已经知道是错误的。否认的作用一定要排斥一个理想的提示，而作为这个排斥的基础的事实，却不需要是A对B的关系，它可以是A的一种性质，也可以是某种究极实在的性质。不过这种性质是潜在的，全然没有列举出来的。

第七节。我们已经知道，如果把否定前提作严格的解释，我们所提到的第一个规则便是有效的。那么我们所说综合的原理与这个规则相冲突，是不是真实可靠呢？我以为最好还是留着它们不动，因为如果我们不把否定前提的意义只限制于其所否认的东西，这些综合性的原理便都是有效的。

如果否定的前提所有的意义只限于否认，这些原理就必须加以订正。任何一个否定推理不可能完全纳入同一，或者时间，或者空间，或者程度的范畴以内。至少总必有一个前提只是属于主词和属性的关系。

这是十分明显的。一定要有一个前提作出否认，而否认本身决不能归之于属性对主词的关系以外的任何范畴。否认就是排斥一个观念的提示，而时间、空间或程度的关系则正是包括在主词所拒斥的这一提示之中。因此，显而易见，否认一个，譬如说，空间的关联，这个否认决不是存于空间范畴之内的一种关联。这个对象之所以有排斥的作用，固然是由于某一性质的缘故，然而你却不知道那个性质究竟如何。正因为你不知道什么性质发生摈斥的作用，这个拒绝以及形成它的基础的那个性质，也不能越出单纯属性指归的范围之外。因此，"A 不是在 B 以北"这句话如果只限于解释为否认的意义，便等于说"A 拒绝了 A 在 B 以北的提示"，这实在除了看作 A 的一个形容词之外不可能有别的意思。

试以前面所举的证例（第二节）来说，所有否定的前提都须这样加以解释。"B 非与 C 谐调"便意谓着"B 排斥与 C 谐调的属性"，而"B 不是比 C 更明亮"便意谓着"B 排斥对 C 的某种程度关系"。但是我们需要知道，即使 B 本身不具有任何音调，即使它本身没有任何程度的分别，它当然还是可以拒绝上述对 C 的两种关系；同样，即使 B 不占有任何位置，我们否认 B 是在某种空间地位仍然可以是对的。如果前提当中有一个只限于否认，那个前提便完全封闭于主词和属性的范畴之内。

但是，既然我们前提的性格受到了这样的限制，结论自然也会受到限制。所以现在我们的规则应该是这样，"在一切否定推理中，结论总是局限于主词和属性的关系之内，除非那个结论能以某种方式成为肯定。"

第八节。但是这个结论能不能成为不是否定的东西呢？这便是我们所要讨论的第二个问题。传统规则不许有肯定的结论，我们已经知道这个规则是有真实的根据的。因为在 A—B B—C 里面，两个关系有一个是否定的,把 A—C 连接起来的直线非通过 B 不可。这根直线必有一部分属于排斥的作用,所以我们知道 A—C 必得具有否定的特性(第三节)。

这一结果是不可动摇的,然而它却遗漏了一个可能性。我们的结论并不一定要采取 A—C 的形式,因为我们从两个前提的结合得出来的结果,也可以表现于整个观念的结构之中。三段论式的应用总是要略去中词,但是假若我们决定不把中词抛掉,谁又能强迫命令一定要我们这样办呢?另一方面,我们不略去中词而得出来的结果,谁又能否认它是一个真正的推理呢?"A 年长于(更亮于,或坐在其右边)B,B 不比 C 年轻,所以 A 年长于(更亮于,或坐于其右)一个不比 C 年轻的人(B)。"这里不是一个直接的结论 A—C,也不是限于一个范畴以内的推理,同时一个前提似乎只是用来作为单纯的否认。然而我实在找不出任何合理的根据可以不承认我们已经得出了一个结论。但是这个结论却既不是单纯的否认,也不能纳入主词和属性的范畴之中。

我们还可以更进一步。就以三段论式本身来说,如果我们不把中词 B 略去,我们也可以得到一种推理,它的结论决不止于是一个否认。试举第一格第二式 Celarent 为例,"凡用肺呼吸的动物(B)不是鱼(C),所有鲸类(A)都用肺呼吸(B)",从这两个前提所能得到的正规的结论便是"A 不是 C"。但是如果我们作出这样的结论,"所有鲸类都用肺呼吸,这种性质排斥了认它们为鱼的断语",确实也没有什么不妥当的地方。这就决不止光是一个否认,也不是前提简单的重述。如果说中词略去之后,A 不排斥 C,便不成为推理,也不能有结论,那就似乎纯然武断了。而且我也看不出像这样坚持略去中词,假如推至其应有结论,如何能与第三格的一般效力调协起来。

第九节。我们讨论的结果可以说明如后。我们不能从两个否认得出结论。假若一个前提作出否认,而且只限于否认,则至少必有一前提局限于主词和属性的种类以内。如果中词 B 落于结论之外,如果 A 和 C 通过 B 而连接起来,但并不以 B 为直接的媒介,那么结论一定是否认,而且也局限于上述种类之中。可是如果 B 继续出现,则结论便至少可以有一部分是肯定的,同时也就不会限制在一个范畴里面。

否定推论的一般公式⑤,如果我们只限于注意简单否认的方面,便可说明如下:假如 B 拒斥一个内容 C,而与第三个名词 A 相联系,那么 A 和 C 就会直接经由否认而互相关联起来,或者成为 A—B—C 整体中的因素,这些因素当中至少必有一个限制在主词和属性的种类以内。说到这里,我想我们可以暂时撇开这个饶有兴趣却是很伤脑筋的问题。

增补附注

① 说一切推论无论是否定的还是肯定的,都依靠着一个观念的整体,这个整体可以称之为一种结构,这句话大体上是正确的。但是除此而外,这一段以及下文许多地方均不能认为满意。每一个否定(参阅第一部第三章)都暗含一个选言推论。正因为否定推论是以一种选言的整体为根据,并继续加以发展,而且也只有在这个限度内,它才有其真正的价值。鲍桑葵《逻辑》对于这个见解有很精辟的说明,读者可以参看。

假使我们只看到单纯的否认,被否认的东西当然还是要在这个宇宙里有着落，因为纯粹的观念是不可能的。但是这个宇宙内特殊的世界品类无穷，单纯被否认的东西没有确定的方位，所以你不能凭单纯否认的事实为根据来建立起特殊的联系。要想否定而能导致一定的结果，它就必得（再说一句）建立于若干特殊化交替因素的机构之上，而往来运动于其范围之内，这些因素互相关联，同时作为肯定的东西，又是否定的东西。

因此我以为对于本章实在无须再作详细的更正。但是有些地方我还是说到了的。

② 一般人认为中词必须略去，这个要求似乎是没有多大根据的，从而限定结论只能是否认的规则也不能不有所改变。参阅第八节。但是不许有两个否定前提的规则，如果解释为两个否认的意义，这个规则便必得有效。因为被否认的东西可以属于各别的世界，不能那样联系起来以形成一种整个的结构。因此，除非有一个前提提出单纯的否认之外，成为肯定的东西，便不可能得到一个结论。第四节"四名词"之后应加"否则就是有了一肯定前提"。

③ 如果你只看到单纯的否认，与排斥，拒绝，或不相区分，这里面所有的含意便只是一个没有说清楚的整体(x)包括着两个不同的东西(A和B)。这两个东西都必得是正面的，但是由于你只否认这一个是另一个，在这个限度内，你便仅注意到它们的差异。其次，当你承认两个当中的一个(A)与C为同一的时候，你就是否认了另一个(B)与C为同一。但是不管是在这里还是其他地方，通过单纯否认，决不能有一种推理超出主词和属性的范畴以外。而一到你假定了各种世界具有超乎同异之外的其他排列和关系的时候，你就已离开了单纯否认意味的否定。

因此，这个"一般公式"（第九节）是站不住脚的，应该改为这样说才对，"如果你否认B含有某一内容C，你也就可以否认C为与B同一的东西，而C通过否认，遂与那个跟B有着肯定联系的东西间接取得了联系"。不过在后一种情形之下，"结论"虽不一定要"限于一个单独的范畴"，这个推理以及实际推断出来的东西，还是不能超过主词和属性的范畴。相反的说明（第二、八及九节）都是错误的。

④ 作为一个不重要的更正，这里在"有其存在或位置"之前应插入"确定的"一词，改为"有其确定的存在或位置"；又本节之末，"不再往来运动于任何真实世界之内，"真实世界之前应加"一个"两字。一般说来，读者必须注

意，像"去除"，"排斥"，"拒绝"，乃至"不在"等，这些名词在其至少总含有一些正面成分的意味中，便都是肯定的。而这个正面的成分确实超过了否定所包含的东西，如果我们把那个否定当作单纯的否认，并且只就这个限度来说的话。

⑤ 关于"一般公式"参阅附注③。

第六章　推理的两个条件

第一节。以上我们讨论的结果，可以简单扼要地重述一下。凡是一个推理总是一个观念的结构，结果造成一种新的联系的知觉。就这个结论的知觉本身范围来说，没有定出任何规则的可能，三段论式逻辑所告诉我们的不过是一种迷信。这种逻辑并没有能够把在结构中发生作用的一切综合的原理包罗无遗，而且谬误地限制于一个单独的范畴。它规定前提的数目也是错误的，墨守成规一定要有一个大前提，盲目坚持已经破产了的形而上学，直接与最明白显著的事实相冲突亦在所不顾。它又认为必须要削除或省略中词，这也是一个错误。

我们既然对于三段论式加以这样的诋斥，也许似乎应与反对三段论式的人结成同盟了。不过即使有人这样想法，我们还是愿和爱护三段论式的朋友们站在一条战线上。我们的分歧与我们的共同点比较起来，是微不足道的，对于我们的论敌，我们的主张完全一致，因为我们有两个共同的信仰：(1)除非在同一性的基础上，便不可能进行推理；(2)除非至少有一个前提是普遍的，也不可能进行推理。在这两点上，我们的立场是同样的坚决。

第二节。(1)让我先从必须有一个同一点说起。我们知道一个推理总是一个观念的结构，而这个结构的实在便靠着它的统一；假

第六章 推理的两个条件

若这个结构不是有个性的，那它就成为纯然虚构的东西。但是如果一个结构没有一个共同点把它结合起来，它如何能够有其统一？而如果两个前提不包含着一个完全同样的东西，又如何能有一个共同点呢？

显而易见，假定摆在我们面前的问题就是要依据 S 和 P 二者对 M 的共同关系，来找出 S 对 P 的关系，再假定 S—M 和 M—P 都必得是分别给予的，那么如果两个前提所包含的 M 不是一模一样，我们便一步也不能前进。这样，给予了 S—M^1 和 M^2—P，我们将无从造成任何一种结构，因为你缺乏一道桥梁可以从 M^1 过渡到 M^2。在这种情形下，你的推理就像折断了脊梁，两端的名词不能为任何个别一致的原理所统摄。除非 M 在两个场合里绝对相同，你就不能把 S 和 P 互相联系起来。

假如我们愿意放弃系词的迷信，承认判断中关系的变异，我们便可以说在推理中每一对前提必有一个名词相同，如果不同的话，就不可能有推理。

第三节。非常明显，假使我们舍弃固执的成见，就这个问题本身来加以公正的考察，单是凭着类似性，你是不能进行推论的。[①]不管有没有其他正确的地方，这一点无论如何必得是不对的；"A 与 B 相似，B 与 C 相似，所以 A 与 C 相似"，这样的推理是有毛病的，它在事实上不一定总是错误的，但它却必得总是一个逻辑的错误。实际上，我以为，这是我们大家所能够承认的。一个推理如果除了类似性以外没有别的根据，那是完全靠不住的；它一定是含混模糊，而且多半是谬妄的。

类似和同一决不能相混，前者所表示的不过是一般的印象罢了。所谓相似性就是我们在两个名词之间所察觉到的一种关系，它的含义和依据都不外乎部分的同一。譬如我们说，A和B是相似的，我们的意思必得就是断言它们具有某种同样的东西。但是我们并没有详细说明这个同一点，而一到我们这样做的时候，我们便已超出单纯类似的范围之外了。例如，A和B都有肺或鳃，只在这一点上它们是同一的，可是由于这个部分的同一，在我们看来，它们却可以显得是一般地相似。现在我们再加上一个断语，"B和C是相似的"。假如我们把这里的相似性还原为部分的同一，我们可能发现这里的共同点仍旧是具有肺或鳃，根据这一点我们便可以进而断定A和C（两终端）也是相似的。但是这里实际使A和C互相联系起来的东西，可以不是一般的相似性。假如你所知道的只是B与C相似，而这个相似之点并没有说明白，那么事实也许并非二者都具有肺或鳃，而是每一个都具有一只眼睛或自由意志。在这种场合，两对当中的每一对虽各有其内在的相似性，你还是不可能推定A和C的相似。

也许有人告诉我们这是无关宏旨的，如果是精确地相似，这些话就不能够适用，对于这样的解释我可以回答，我已经等候了许多年了，但直到现今，仍然没有一个人能给我们说明"精确地相似"究竟是什么意思。"A和B不是同一，但它们却精确地相似，因此凡对B为真实的任何东西对A亦必真实。"这句话能有什么意义呢？是不是说，有些双生子完全一样，如果他们有一个人犯罪，我们就可随便抓到哪一个加以惩罚，而用不着仔细认清犯罪人本身呢？如果一张照片和一个人"精确相似"，是不是就变成了一个活人呢？一个铸件和原来的模型"毫发不爽"，是不是两个东西就成了一件东西；父亲和儿子"酷似"，是不是儿子便成了父亲的替身，父亲便是借着儿子的身体还魂了呢？照这样想法当然是很荒唐的，在我看来，所谓"精确相似"的意指不过就是"部分相同"，或"在某一点或某几点上同一"。类似总不外乎是在部分同一的基础上所察觉到的一种关系。单纯一般的类似所含的同一性是不确定的，在这种类似比较特殊的地方，它至少就必得有部分的说明，而当这个相似性被称作"精确的"时候，照我所理解，实在就是有确定的一点或几点完全相同。如果相似性不是暗含着同一，那么一切以它为根据的推理都将落空。实际上，每一个人会承认那样的推理有漏洞；在理论上，我更看不出它如何能够说得过去。

我很想详细讨论（假如我能够的话）我们"先进的思想家"赋予了所谓"类似"或"相同"这些字眼以怎样的意义。但是我不能不在这里重复我在好几年前所说的一句话。* 我们的"先进思想家"只高唱他们从小学会的、他们的父亲教给他们的老调，却从来不想讨论一下它的意义究竟如何，因此，他们也不能怪别人认为他们毫无真实的意义。

第四节。除非每一对前提具有一个共同点，要把给予的前提造成一个结构便是不可能的。而这个共同点当然必得是一个同一的名词。例如，"A—B B—C 所以 A—B—C，"这里每一个前提中的 B 不仅必须是相似的，而且必须是绝对同一。但是这里我们虽避免了一个错误，一不当心又很容易犯另一个相反的错误。因为说 B 不是同一固然错了，如果否认它是不同也同样的不对。

---

*　参考拙著《伦理学研究》第 151 页。

这些话看来也许有点神秘，实则很简单。如果 B 在两个前提里面完全一样，没有任何差别，那么很明显，这两个前提马上就会合而为一，或者它们纵有差异也与 B 毫不相干。无论是哪一种场合，推理总归要消逝了。如果两个前提纯然一样，它们的重复便全无意义；如果它们所包含的殊异与 B 漠不相关，显然也无法形成任何结构，因为假使把 B 作为中心，它等于缺乏半径，从而也不可能形成一个圆周。同一性而不能成为差异的综合，分明便是软弱无力，一点用处也没有的东西。

其实，B 乃是同之中有异，虽异而又相同，它是一种观念的内容，抽象的结果，发露于两种脉络之中，并因之而有所区别。就其为 B 的同一个内容来看，它便是绝对和完全的同一；就其为各别关系中的成分来说，它又明明具有差异。推理的过程正完全依靠着这个双重现象，就是因为 B 一面是异，一面又是同，所以它的差异才能够相互关联起来。假如它全然没有差异，它也就没有什么东西可以联接；假如它不是同一，那也就不可能成立联系。推理一定要以这样一个假定作基础，就是如果观念的内容为同一，那么它的差异便是同一圆心的半径。换句话说，如果 B 是同一，则在某一机构中与之相符的东西，在另一机构中亦与之相符。

第五节。现在我们又回到了前面所说的同一的原理（第一部第五章）。我们还可以称之为不可区别物同一性的公理，说得更明白一点，推理的基本原理就是，凡显似同一即为同一，[②] 也就不因变异而成为不同，当一个观念的内容保持同一的时候，即使它的机构脉络改变了，仍然不能破坏它的统一。这样一个假定的原理不能不认为非常大胆，我并不否认它也许是错谬的。如果在一本形而上学

第六章　推理的两个条件

的著作中，这个问题就不能避而不谈，但在逻辑里面我们却不一定要讨论它（参阅本书第三部第二篇第四章）。这一公理也许怪诞惊人，也许真确可靠，但至少这一点是无可置疑，它是我们推理少不了的基础。从形而上学的观点看来，它可能是虚妄的，但是你不可能作出一个推理，除非你每一步都假定它是实在有效。

第六节。我们很容易误解这个原理，而且也一定会误解。有人会这样说，空间和时间分成许多单位，都是无区别的，然而不成为同一。但这个难点实完全建立于一个错误之上。作为具有某种特性的空间或时间，A 和 B 确乎是同一的；而作为同一系列之中不同的成分，A 和 B 便确乎不是无区别的。你认为所有各种关系，其两端之点不会超出关系本身之外，那不过是一种迷信。* 如果把各种关系幻想成为武断的格式，由于命运或偶然的机缘从外面套上去的东西，不会使任何事物发生相当的差异，那便是另一种迷信。两种迷

---

*　我是准备超过这一点很远的。③ 我认为你所有的关系两端之点决不能在性质上毫无差别，如果真的毫无差异，也就不能有任何关系。例如，互相关联的空间，不仅决不止于单纯空间的关系，而且必得具有性质上的差别。你不可能着想关系之中的各点，除非你通过性质的指示，例如在你的身体左右上下各方面，以及作为这些分辨的基础的不同的感觉，使之有所区别，除非你利用一种表明性质的记号如 A 或 B，有意识地使这一个和那一个不同。也许有人说，在这等场合，性质的不同只不过是整个关系的一个侧面。不过提出这种意见的人至少是承认了差异的存在，所以这里用不着讨论。性质和关系二者之间究极的联系如何，当然是一个很难的问题。但是很明显，如果就它们的现象方面所透露的看来，任何一个都不能还原为另一个。这个双重现象是不是符合实在呢？照我们最后所必得获致的理解，有没有一个独一的本性存乎其中，可以把这两方面结合起来，从而成为这个双重现象的根源呢？我们能不能假定各种性质都由于以关系的姿态呈现于我们之前的那种东西的对应物的抗衡所产生？或者是不是那些超感觉的性质真的就是我们所看到的那些现象关系的实在？还是这个问题根本就无法解答呢？假如这个问题是无法解答，那么至少我们也不能只凭我们所并不能认真维护的一种理论，而对给予的材料采取粗暴的态度（参阅第一部第二章第六十五节以下）。

信虽不相同,而思想根源却是一样。这个根源就在于不肯承认与料的内容总有两个方面,④感觉的性质和关系,任何一方面除非加以矫揉造作,决不能脱离另一方面而独立,也不能融合于另一方面。我并不是说这两方面的成分在形而上学上不能转变还原;我只是说,就它们各自所显示的那样来看,你必得把它们每一个都视为与料的一种特性。如果认为所与的内容单是性质而无关系,或者只是关系没有性质,以及把任何一方面当作存在于另一方面之外,都是可怪的幻想。二者都是给予在一块的,而且都是给予于内容之中。前面已经说过(第一部第二章第二十一节),空间和时间的关系都不是个性化的原理;它们同属于什么的范围之内,而不能成为这个。

同一章中还得出了另一个结论。如果一个感觉的判断没有构成虚伪的断语,它就必得是肯定或者否定内容的联系,而决不能肯定任何别的东西。你可以说,假使恺撒是同一个人,那他就既在高卢又在意大利,同时在两个地方,或者假使他是三十岁,他也是二十九岁了,但这个反对的论点实在是荒谬。这里"同时"和"也是"等字眼正掩盖着上面所说的老错误。诚然,同一恺撒在同样的条件下⑤不能对意大利在空间上发生不同的关系,也不能对于他自己的出生有不同的时间关系;不过这时所谓相同条件的变化实在是很难把握。仅把没有说明的各种条件,在"现在是"的总称之下,笼统地合在一起,并不能证明这些条件是无区别的,而抹煞了这些差异不提,我们就必得给恺撒加上互相冲突的宾词。我们说在某种机构之中符合于恺撒的东西,在任何其他机构组织之中亦必符合于同一的恺撒。但这个意思决不是说这一机构就是另一机构,或可以与另一机构相混同。这只是说恺撒有了两个不同的机构或遇合,这一个

第六章 推理的两个条件

机构的真确决不能成为另一个机构的虚妄的理由。如果我们幻想它可以成为这种理由，那我们便是一定已经赋与了这两个断语或其中之一以虚伪的意义，而我们也就必得回到第一部第二章重温一下那里已经作过的讨论了。

第七节。还有一个误解，我们也须提防。凡在这里对 B 为真实的，在一切地方对 B 亦必为真实，这个意思就是，无论何处只要有 B 出现，你总可以对它来说你曾经说过一次的话。但须知你所表述的这个 B，固然是显露于各种差异之中的同一的 B，却并非恰如其在千差万别的状态中所呈现的那样的 B。在 A—B，B—C 里面，B 确乎是同一的，A 和 C 正通过这个同一性而联结起来。可是 A 和 C 本身决非同一，你也不能够说 A—B 就是 B—C。我们曾经对之作过一次说明永远继续有效的那个 B，并不是与 A 为一事或与 C 为一事的 B。它是一种抽象⑥，内容观念化了的 B，与它各别的机构因缘不相同而又相关联，并凭着它自己的同一性的力量而把这些机构因缘结合为一体。所以同一性永远是各种差异的综合，但差异本身彼此决非同一，离开这些差异，所谓同一也就会消失于含糊混沌之中。

我们可以举一个简单的例子来说明整个问题。假定我们在某处田场的角落有一间草棚，这间草棚被火烧掉，又新造了一间与原来的毫无区别。假定前一个草棚为 B—A，第二个草棚为 B—C，在什么意味中我们可以说对 B 曾经一次相符的东西将继续总会与之相符呢？这里反对的论点是很明显的，在 B—A 所代表的草棚曾经发生过一个事件 D，但是我们能不能说那个事件曾经发生在 B—C 之中呢？假若我们不能这样说，假若 B 又是不可区分的，试问我们的定理如何讲得过去呢？

其实，我们倒也并不有所困惑。这个 B 的内容显然不是个别的草棚。两个草棚都以其在整个系列中各自的位置而成为个别的，而这些位置实在并不包括于抽象的 B 的范围以内。与 B 相符合的只是普遍性的命题，除此而外没有别的东西。而那个事件 D 也不能够确切说明，除非它首先成为一个假言的陈述（第一部第二章）。

但是持着反对论点的人还可以说，"这两个草棚和它们的环境乃是一个确定的内容，而这个内容始终是相同的。如果凭着这一内容，我们对草棚 B—A 可以说过'昨天这里发生了 D 事件'，为什么根据同一内容对草棚 B—C 我们现在就不能说'去年这里发生过 D 事件呢'？我们是从内容出发，而那个内容在两种场合都是一样。"我的回答是：无论如何，这个内容是相同的。但是让我们把你所说的过程仔细研究一下，我们当然不能把 D 和 B—C 联系起来，除非我们能通过它们的终点造成一串关系的链索（参考同上）。你不能直接从内容 B 过渡到时间的事件 D，因为我们已经知道，那个内容也没有直言的说明（参考同上）。⑦ 你必须从同一时间之内给予的内容出发。当然，如果从 B—A 出发，你可以通过一些连续的事件再回到 D。但是如果你从 B—C 出发，那么你便会发现一个接着一个的事件，使你首先追溯到 B—C 的起点，即 B 还没有存在的时候，然后再通过 B—A 的消灭，回到 B 又一次存在从而与 D 相连接的时候。这样的过程将会使你明白事件 D 不在观念的内容 B—C 同一性的范围之内。那个内容已经为时间的限制所修饰，又受到了它的各组成因素确定的修饰，这个确定就会使这些因素不可能与 B—A 的因素同一。如果你否认这等修饰都成为知识的对象，那么我当然要承认 D 也与 B—C 相符合，真的，在这个世界里为什么我们不可以设想它是相符的呢？但是如果你承认这些修饰就是区别，那么这两个草棚的内容便不是不可区分的，而你自己也就承认了它不是同一的了。⑧

我以为以上就可作为对上述反对意见的充分的答复，但是还有几个困难未曾提到。确有不少问题仍然会引起麻烦，不过在这里似乎无关于我们的论旨。我们也已不得不指出了一个形而上学的问题，至少在这本书里我们不能加以讨论，因而这一方面我们所没有试图解答的一些问题就可以成为反击我们的箭垛。但至少有一方面我们用不着担心；我们不必顾虑和经验哲学有什么抵触，因为那种哲学连它自己的根据也不知道。自从休谟对于这个同一性的问题作出大胆的臆测、又被他自己所推翻之后，这个英国的学派便一直背诵祖传的盲目成见并以此夸耀。

第八节。这个问题的重要性使我们有理由把它再说一遍。凡是在观念上相同的便是实在相同，这句话无疑是一个很要紧的假定，但我并不是说这个假定是对的。我所要说的只是（a）一切推理都须以此为根据，（b）反对它的意见都建立于形而上学的观点上。

（a）假若我们注意到明显的事实，就不能不承认逻辑是离不开这一公理的。无论何处，只要我们把某一前提和另一前提连接起来，我们就必得通过一个同一点才能这样做，这个同一点虽给予于各不相同的表象之中，却被视为同一，因为它具有相同的内容，就其在观念上是区别不开的来说，它便当作是一。没有这个同一，整个的机构都会破裂。我自认我不知道怎样才好把它说得更明白一些。我只能请任何怀疑它的人，告诉我一件这个假定不发生作用的推理的实例，同时我也可给他举出一个错误的推理，而这个推理你自己也会承认是有错误的。

（b）说同一是差异的观念的综合，以及这种同一是实在的事实，这样的话也许令人诧异。普通的人听了这话虽感到奇怪，但他们还是接受了这个见解，不过是不说出来罢了。我们相信一个物体已经改变了位置，但是在运动完毕之后，变化既成为过去，当然就不是感觉的事实。我们把这个物体从它现在的地位中抽象出来，再把这个抽象看作连续的同一，于是遂以变化中的差异为它的宾词来加以说明。但是我们可曾怀疑那个运动是一个真确的事实呢？当然不会。如果有人告诉我们，在这个运动中就是物质的原子始终保持同一，我也不会提出问题，因为尽管这些原子有时间和空间的差异，我们仍然把它们看成一样，唯一的原因就在它们观念的内容是相同的。这些不可区别的东西的同一可以是真实的，也可以是虚妄的，但是不仅没有它就不可能进行推理，而且它也已成了我们常识信仰的抽象的公式。

常识的权威并不就是我的见解，但是以上讨论的结果可以说明一个事实。经验哲学所提出对于真正同一性反对的论点，并非根据常识所感到的任何困难，更不是常识所能想到要提出的异议。这不过是一种形而上学的辩驳，完全建立于形而上学的空论之上。正因为经验哲学确认除了互相排斥的特别物之外，没有任何实在；所以它最怕想起一个真实的普遍性。也正因为它的信仰毫无凭据，甚至从来没有设想过需要证明，或者以任何方式给以讨论，正因为它只是一种沿袭的成见，年湮日久遂自认为确凿的事实，所以它委实不够称为一种学说，而只能算是一种教条和传统的迷信。

第六章　推理的两个条件

恰如一切独断的教条的情形一样，抱着这种谬见的人也并没有把他们自己所说的话认真当作一回事。如果一个普遍性的内容可以成为实在，那么他们有什么根据可以仅凭一个思想是关于昨天，另一个思想是关于今天，于是遂否认这两个思想的同一性呢？假若这样一种观念的同一不是实在，一切过程或者变化或者连续性岂非都毫无着落而成为虚妄？须知如果一件东西现在不是过去原有的那件东西，如果它仅是仿佛类似，那它就不可能有变化。但是如果它是同一，那么除了依据内容的同一而外，我们又有什么根据可以说它是同一呢？单是说那个同一性只有当连续存在而且在时间系列中不间断的时候才能成为实在，否则就不是实在，这种说法是没有多大意思的。⑨因为只要你承认某种经过或变化是事实，你就承认了一种因素的实在不止限于这个或那个特殊物，你就已根据不可区别的东西的同一性而承认了这一点。你已经把你自己的原理抛诸脑后，如果它在这一场合是不对的，它在另一场合也可能是不对的。换句话来说，既然你在某一点上不敢背离常识，为什么你在另一点上又有勇气这样做？假如要我替你回答问题，我只好说你一部分没有头脑，一部分不懂人情。你看不出从你的议论所能引出的结果，而当一个结果一经显示近似归谬法的时候，你又拒绝推寻。这就是我们英国人所称或惯称的"前进的思想"⑩。

第九节。对这些反对论者来说，三段论式便是很正确的。三段论式关于系词和名词的说法当然是站不住脚的，然而它要求推理一定要有同一性却是对的。中词就是把几个差异联结起来的同一性，作为这样一个同一，中词当然是一种普遍性。在这一点上，三段论式也是对的。因为虽然大前提只是一种迷信，但至少总必有一个前提是普遍性，否则就根本不能有所谓推理。这实在是推理的另一必要的条件。

第十节。(2)我们在第一部第二章，之后又在第六章第三十九节，已经知道了归根结蒂没有一个判断是真正特殊的。[11]所有判断都是全称的。我们可以满足于回忆一下前面已经得到的结论，但是让我们不辞烦冗之嫌，再就这个问题多说几句话。如果两个前提之中没有一个是普遍性，它们如何能有一个对于两下都适合的共同点呢？B这一名词必得为两个前提所共有。它是存于两个不同的机构脉络中的单一的内容。但是因为它又是普遍性，所以至少必须有一个前提具备这个同样的特色。

以上简单的考察，我想对于任何一个有正常看法的人也就够了。但是尽管我们说得已经很清楚，一定还有一些读者仍然不愿或不能理会所有的说明。也许有人说，"当我们说'A在B以前，B在C以前'的时候，这个B能够真正成为普遍的吗？我看不然，即使在三段论式中，如果就第三格来讲，里面的中词难道是真正普遍的吗？在专门术语的解释上它是普遍的，因为它是周延的，或者是以全部外延来加以理解的，但是这些术语的区别老早就已为人所抛弃，而所有个别物的普遍性当然也随之而消逝了"。这个难点我可以简单地回答一下。

第十一节。一个普遍或全称判断就是对任一主词有效的判断，这个主词总是差异的综合。它便是这样一个命题，其真实性决不限于单独的这个。这里的主词超出判断之外，凡为主词所达到的地方，这个判断总是确实的。在这个意味里面，我们也已知道，一切判断都是普遍性。但现在我们讨论的问题比较单纯，因为我们只须证明给予了一个有效的推理,至少必有一个前提是普遍性。所以恰如以上所说,只要考察中词的同一就够了,不过说得更详细一点也许是会受到欢迎的。

有些实例根本不需要讨论。如果中词是一个抽象的属性,而又成为两个前提当中一个的主词,那么这个前提我们就必得承认其为普遍的。*

我们感到困难的是这种情形,中词是单一的东西,或者不是任何一个前提表面的主词。举一个例,"A在B右边,B在C右边,所以A在C右边",或"A和C都具有B音调,所以C与A谐调,二者通过B的同一而互相关联。"在这样的推理中,我们有什么法子证明一定有一个前提是普遍性呢?

第十二节。假如我们在前面所作的推论没有错,这个问题就很容易答复。"B是在C右边"乃是一个普遍的判断,因为B是一个同一而又具有对A和C的两种空间关系的差异。⑬它超乎B—C的结构之上,所以是普遍的。或者从另一个观点来看,B—C的关系符合于一个主词,而这个主词本身则伸延到这个关系的界限以外,成为A—B的关系也照样符合的同一的主词。假使你把这两种关系看作都是修饰B的,那么B自然就成了显示这些差异的普遍性。再则,如果你更向后追溯一步,那么共同空间统一性便成为真正的主词,原来两种关系就变为这个主词的不同的属性。我们总能找到一个同一的主词,虽然那个主词不一定是很明显的。在"恺撒发脾

---

* 要得到这种推理的形式,我们可任意令否定判断变质换位。例如第二格,我们可视需要,使否定前提或结论变质换位。以 *Baroco* 三段论来说就没有什么困难。⑫

气，恺撒是沉默的，所以沉默可以伴随着发怒"这一推理中，就是文法的主词提供了一个普遍性，综合的作用即寄托在这个普遍性的同一之中。可是如果我们要从"A具有某种音调B，C也具备同样的音调"，推出A和C之间的一种关系，这时真实的主词在什么地方就很成问题。假若我们愿意接受文法的主词，那么在"C也有B音调"里面，C就是我们的普遍性。因为C显然不安于原来的机构，而在观念上向外膨胀，以与A形成一个整体。假使它不是普遍性，那它就不可能被看成这样一个主词，等待着要从它本来给予的存在之外取得一个宾词了。*如果A和C都当作主词来看，这样的解释便是很合理的。但是这里我想，还是把中词作为两个前提确切的主词更为妥当。B是一个普遍性，我们用B—A和B—C两个差异作宾词来说明它，而这个同一性的纽带便贯串于整体之中。

第十三节。以下我们还将见到每一个推理都可认为保持于一个主词的同一之中（参阅第三部第一篇第六章第三十四节），如果采取这种看法，很显然的两个前提的主词就都成了普遍性的。暂时我们只须记住，推理是一种观念的结构，因此也合有一个观念的中心，它一定有一个前提越出原来特殊主词范围之外仍然是对的。只要我们能够把握住这个认识，我们就不会为各种错综复杂的现象所迷惑。在上一部各章中，我已经预先提到了那些最容易引起困难的根源，并加以驳斥，假若还有读者不免有所踌躇的话，最好请他把第一部里所作的讨论重温一遍。

---

* 自然如果你把A—C的关系设想为仅是从与料得来的一个知觉，那就没有了推理，也用不着讨论了。

第六章　推理的两个条件

这一部下面的一篇将对有关推理的各种不正确的见解予以批判，我们将从那个与本章所提的主张冲突得最厉害的信仰说起。

增补附注

①　关于相似、类似和同一，参考本书及《现象》和《论集》索引。

②　"显似同一即为同一"，应为"在这个限度内即为同一"。下文"变异"之前应插入"另外"或"增加的"字样。我们必须反对的就是认为同样可以不暗示同一的那种看法。这个"公理"——就其为一个公理的限度来说——在形而上学里面也分明是有效的。关于同一性最后的困难，参阅《论集》索引。

③　这些终端点在我后来的著作中已有阐述，但是这里却一部分忽略了那个真正的结论，即各种名词和关系在知识起始的时候都是看不到的，同样在最后的结局，这两种东西也都转化而成为从属的东西。名词和关系（从这本书里来看）彼此一样都是抽象，而且（我们必须加上一句）正因为如此，所以同样都是不实在的。

④　"与料的内容总有两个方面"，这里我们必须记住，如果是这样，直接的经验或感知就必不能称作"与料"。参阅第三部第一篇第七章及《现象》和《论集》。

关于下二行"在形而上学上不能转变还原"，我们也许不能（我应该这样说）使这些"原素"转变还原。但是我们能够知道，在终极的整体中，它们都会丧失它们的特色，这样，也就不是不可还原的了。

⑤　"在同样的条件下"，与 B 一度相符的东西在同样的条件下总是与 B 相符。假如你这样反驳，不同的条件下也必与 B 相符，那必须予以承认。不过这就势必引导到下面的结论，单纯的 B—A 和单纯的 B—C 归根结蒂都不过是抽象，到底没有一个是实在的，所以二者仍然是相对地真实。我们必得要假定一个具体的整体包含着更多的条件，可以使各项名词受到修饰限制，从而把它们结合起来成为一种更高级的东西。但是在这个整体之中，我们必须记住，所有各种条件和各项名词结果都不再以原来的状态继续存在了。

⑥ "它是一种抽象",最好是说"一种普遍性",因为同一也许是一个有机个体全体的同一,这样,它就不是"抽象的"。

⑦ "没有直言的说明","无条件的说明"也许更适合一些。

⑧ "不是同一的了",即使只有一个草棚始终是一样,它仍然要受到时间变异的修饰限制,在这一方面它便又不相同,从而也就不是不可区分的。

⑨ "这种说法是没有多大意思的"等语,"没有多大意思"在某些场合也许欠妥,不如说"不合理",我以为任何地方都是如此。只要你察觉到一种变化而加以执着,在这个知觉之中就已有了差异之中的同一,也就有了观念的性质,虽然你还没有把它抽象出来。这个观念性,或者你的知觉都不是变化的知觉。

连续性对同一性的关系,亦可参看《现象》索引。

⑩ "前进的思想",以上攻击的语句虽然是不必要的,但在1883年却是完全有理由的。

⑪ "没有一个判断是真正特殊的",我们可以这样加以说明,一切判断都是属于内容,而没有一个内容局限于单纯的"这个"之中。参阅《现象》索引。关于"指示",参阅《论集》索引。不过这里我们得出一个规模较小的结论只关于一个前提也就够了。参阅鲍桑葵《逻辑》第二卷第203—204页。

⑫ 这里的脚注从略也毫无影响。

⑬ "因为B是一个同一"等语,改为"因为在进行推理时,B是用作一个同一"等语,比较恰当。下文"因为C显然不安于"等语中,C的后面也许应该插入"在推理里面"几个字。

第二部第二篇

推理（续）

第一章　观念的联合或联想论[①]

第一节。本部第一篇的目的在于给推理作一个概括的说明，这种说明在一定意义中是临时性的，因为讨论的实例并不能代表一切种类的推理。但是在这个范围之内，我们所得到的结论却是无可辩驳的实在。第二篇的目的，便是要来批评和驳斥与我们所得到的论断不能协调的一些理论。

这一章的标题首先需要说明一下。也许有人说，"所谓观念的联合或联想与其认为是一种理论，毋宁认为是一个事实；这个事实一方面是无可争议的，另一方面也不会与任何理论相抵触，除非那是一种与事实冲突的理论。"不过这一反对意见完全建立于一种误解之上。心理学上"联想"的事实当然是毫无疑问。可是正统的英国哲学对于这个事实所提出的说明，在我看来，不仅很有疑问，而且虚妄无稽。它不但不足信，甚至连最起码的合理论证也谈不上。因为普遍性和同一律这两种东西，我们已经知道，对于每一个推理都是少不了的，而在"经验论"的思想中，却没有存在的余地。根据这种理论，我们应该代之以一种虚构，这种虚构是不存在的，所以不可能发生作用，而且即使存在，也仍然于事无补。

第二节。所谓"不可分的联系"和"观念的化学"这些滥调，我们大多数人已听得太多了。这等词语使我们回想起过去的一场争论，当时据说是要澄清某些问题，结果反而把这些问题更加弄得模糊不清。不过联想论进一步精密的发展，在这里跟我们并无直接关系，*因为它并不直接牵涉到推理的理论；我们所要探讨的只是联想论与推理有关方面，所以我们可以限制我们的讨论范围，单把类似律和接近律的理论提出来研究一下。

第三节。"观念的联合"一词可以认为表示一种为大家所熟知的心理的事实。不过如果认为是这样，它就只能成为一个空洞的名称。它所代表的事实固然是一个熟悉的经验，可是这个名称的意义却跟那个事实的精确说明相距很远。这个名称决不能硬拉成一种理论。

但是按照"经验哲学"的理解，"观念的联合"也早已不再能够表示我们承认为真实存在的事物。它已经成了一个学派的战斗口号，一种形而上学的事物的说教和理论。它包含着一种关于心灵的本性，或至少关于心灵活动方式的信仰，与我们所持的见解无法调和。因此，如果"联想"只是代表一种心理的事实，那么当然如同每一个别人一样，我也相信确有其事；这里我还正要说明那个事实。但是如果"联想"指的是某些学派所主张关于事实的见解，我就不能相信它；我也要来证明这个后一意味的"联想"没有真实的存在。它不但已经被推广来解释许多不能适当地归入其范围的现象，而且就连在它所能有的无论怎样狭小的范围以内，它也是对于事物的一种虚妄的看法。

第四节。所谓"联合"一词，照我所想，本来的意思是指一种

---

* 在本章之末，我们还要补充几句说明。

第一章　观念的联合或联想论

自愿的联合。这个原义自然已归消失，但是它还残留有依稀的痕迹可寻。客观事物的离合并非出于自己的必要，或者由于某种内在的关联。像家庭乃至国家这样的团体，都不能称为严格意义的联合。这里所谓联合暗含一种机会，这就是说，它要完全依赖外在的环境，即依赖存在于被联结的事物以外的东西。所以我们使用这一名词的时候，总是暗中假定如果 A 和 B 不曾联结在一起，也仍然同样是 A 和 B。因为促使它们聚集一起的条件，事实上并非单纯由 A 和 B 的存在或特性而产生，在观念上也不能从 A 和 B 的存在或特性而推得。我们可以用假言判断做例子来说明一下。在这样一个判断中，如果条件为已知，[②]那你断言的就不是一个偶然的连续，而总是一个固定的联系。但是在一个直言的知觉的判断中，这便是说，在条件是不知道的假言判断之中，你所断言的就是一个偶然的连续，而不是一个固定的联系。前一个字眼正好与联合或联想相当。与 B 相接续这件事成为 A 的一种宾词，其所根据的条件并非包含在主词本身以内，而是由于外在环境，对于 A 的偶然的关系所造成。

这样，所谓联想意谓着只是一种不期而遇的联接，在我们的心理发展史上，可以找到各种观念连结一起往往完全出于偶然。如果就这些观念的本身来看，你是不能发现它们有什么联系或理由会结合在一起的。纯然偶发的环境情况使这些观念聚拢来，而对这些观念来讲，那种情况却是完全可以不存在的。这样一种偶然的集结，便可代表心理上的联想一般的意义。就是在这个意味中，这一名词才相应于我猜想大家都得承认的那个事实；但是它实在决不带有任何种类的理论。它并没有作出关于观念的本性的任何断语，也没有作出任何关于它们复现的定律的说明。它只是教我们注意到许多事实当中的一个事实。它并没有说除了感觉、印象或感情之外，还几乎要把心灵中的一切东西都还原为这一简单的事实。

第五节。经验学派更彻底的发展，已经把一个事实的譬喻的说法变为一种包举一切的理论。它提出了关于心灵究极成分的一种学说，认为这些因素就是特殊的感觉和特殊的观念，都是互相排斥的单位，绝对没有任何内在联系的纽带。各不相同的单位找不出一点共同的基础，可以作为它们结合的真实根据。普遍性和同一律都被嘲笑为幻想的东西。在这些单元的行列中，我们可以分为两类，一类是感觉，另一类是观念；它们都是各自分开个别的实体。"一切互相区别的知觉也就是互相区别的存在，心灵决不能察觉到这些各不相干的存在之间任何真实的联系"（休谟）。经验论的哲学就是一种心理的原子论。

这些原子都没有共同的东西，从而它们彼此之间也不可能有"真正的关联"。它们的集结一起完全由于机缘凑合或命运的作用。我们所得到的各种印象的出现也有某种排列次序，在某些场合先于它们本身微弱暗淡的摹本，但这实在起于一种不可知的必然的性质，这种性质决不能说是那些单元的本性。至于这些印象与观念，以及观念与观念之间的第二次的连接，那当然更加是偶然的联合，它所遵循的定律不过是某种无理性的组合重复出现一般的表露，除此而外还能是什么别的东西呢？命运和机会便是同一恶魔的两个别名，这个魔鬼主宰着那些飘忽无常的单元的进程。在它们占据我们的灵魂深处的短促过程中，它们都不过是为偶然的表象或命运的凑合而联结在一起。这里面最后的"不可解之谜"，密尔正好称之为伊壁鸠鲁的"自由意志"隐约的回声。

第一章 观念的联合或联想论

第六节。既然用这样一种抹煞一切的理论来解释我们可以经验到的每一件事物的本性,这个学派对于将来,如果忠于其所采取的形而上学的观点的话,确实可以自称为"经验哲学"。它的思想也是分析的[③],因为它不是明明假定了属于心灵的任何复杂现象,都可以分解为这种理论所建立的单元吗?它的第一原理无疑都没有经过分析;但是显而易见,分析到了某种地方还是必得要中断。如果"分析的学派"也只好止步不前,那当然是已经到达了人类思维的极限。如果经验哲学能以这种结果为满足,那么这个分析的结果当然必得是事实。将来的分析就是要用按照第一原理或其所产生的定律而获得的元素,通过综合的方法重新复制心理的现象(参阅第三部第一篇第六章第十节)。并非在每一个场合,每一个元素的存在都需要后天的检证。假如为要说明视觉的外延,首先必须在实际观察中,检证没有一点外延的色彩感觉的事实,那么这个分析也许就不可能进行。但是这个分析又是确实可凭的,所以显然它的根据也不能是不实在。假如我们不越出经验学派的限制和方法之外,我们便可以确定一件事,就是,如果我们忠于经验,那我们也就一定符合事实。

第七节。现在我们已可体会"经验"和"分析"这两个名称所能有的意义。但是我们还须赶快来研究一下支配着灵魂深处和观念运动的那些定律的特性。这种定律在我们心理的空虚中与外界空间里的所谓"凝聚"或"吸力"相呼应(休谟《论文集》第一卷第一章第四节)。这两个主要的原理就是接近律和类似律。

I."无论行动、感觉或感情的状态,如果出现在一起或连续出现,则今后也会发生或凝聚在一起,即换一个时候他们当中任何一个呈现于我们的心灵之前,其余的在观念中也就会跟踪而至。"培恩《感性论》第327页。

II."现在的行动、感觉、思想或情绪,都倾向于唤起与之相同的以前的印象或心理状态。"同书第457页。

密尔在其所著《逻辑》第二卷第440页(第九版)中也有同样的话,但是次序不同,"这些定律的第一个是,相同的观念总倾向于互相唤起。第二个是两个印象如果时常同时或直接相连地被经验到(或哪怕是想到),则这些印象或其观念无论何时只要有一个出现,也总可以引起另一个观念"。

我们可以用比较简单的话说明,大体上也许反而更确切一些:凡同时存在的心理单元总会凝聚在一起,凡相似的心理单元总会互相引起或至少唤起一个意象。

第八节。如果我说这两个定律每一个我都完全不同意,也许有人以为我是在否认事实的存在。但是(把我已经说过的区别再说一遍)我发现,所不能相信的并非大家认为这些公式可以大概表示的事实。相反,我所不能生吞活剥予以接受的,乃是他们所杜撰的关于那个事实的理论。我对于这两句话的应用也没有什么绝对反对的意见,但是我确实不能承认这些话是靠得住的。

以下我将要详细说明我所以要认为这两个定律都是虚构的理由。但是我的主要反对论据,这里马上就可简单地说明一下。按照这两个定律而回忆起来的观念都是特殊的存在。联想的单元不外乎个别的原子。可是恰好与此相反,依我看来,在一切心理的再现中到处起作用的还是共同的同一性。从来没有任何特殊的观念互相结合或能够联结起来。凡是联合在一起的必是普遍性。

第一章 观念的联合或联想论

要搞清楚这个问题,我想,最适当的步骤是先说明我所设想这个联合实现的方式,然后再证明通常当作事实的那种联合的方法完全是虚幻。

第九节。在上一部中(第34页以下),在一定的限度内,我已预先讨论了这一问题,读者也许还能回忆起我们所达到的结果,所以这里说起来不妨简略一些。我并不希望说服那些正宗思想的信仰者,但是其他的读者多半是愿意帮助阐明一种理论的概要的。

再现的主要规律可以这样说明:一个心理状态所包括的任何一部分,如果再现的时候,也会使其余的部分复原;或任何因素总倾向于复现跟它在一起形成一个心理状态的其他因素。这可以称之为复原律。这个名称可以从哈密尔顿(Sir W. Hamilton)的著作中找出来(《托马斯·里德著作集》,第897页),虽然这位爵士在其他方面一无可取。

这个公式有几点还要解释一下。我们可以提出疑问,第一,什么叫作一个心理状态?它是不是把连续性也排除掉了?其实它并不是这样。我们也可以说它是一种心理的复合物,杂然呈现在一起,这个呈现便意谓着表象,一种对心灵的直接关系而不暗示时间的连续。我在前面(第53页)对于这一名词的含义已经说得很清楚,所以这里不必多讲了。

第二,这个现在心理状态的"各部分"不一定是知觉或观念。因为这个公式包括一切可能的心理因素在内,我们为什么不能接受沃尔夫等人给这个原理所作的说明,其理由便在此。这里我不准备探询,所谓联想的事实究竟是否可以只限于理智或知觉的成分(参阅本书第三部第一篇第三章第二十至二十二节)。不过在通常的目的，最好还是假定它也可以适用于感情和欲望。如果加上这个订正，要是我们愿意的话，那就未尝不可以采取沃尔夫对这个定律所下的界说。

"如果我们曾经同时知觉到某些事物，那么这个整个知觉便可通过感觉或幻想而重新回复；幻想还可引起其他成分的知觉，先前的知觉只要有一部分包含于现在知觉的东西以内，便可全部重新出现"（《经验心理学》第104页）。

马斯（Maas）追随沃尔夫，这样说明了这一原理，"给予了一个观念或知觉，那么凡是和它同属于一整个知觉状态的那些观念，都可以直接跟它联合在一起，而任何其他的观念则不能如此。"或"每一个观念或知觉都可使我们的心灵回忆起它的整个知觉结构"（*Versuch*, Verb. Ausg. 1797, 第十三节）。

这个复原律，我们必须记着，并没有排除作为一个整体呈现于心灵之前事件的衔接，而且也非只限于知觉和观念。

第十节。所谓复原律跟接近律相比差别很大，这是经验学派中人所了解的。这两种东西表面相似，但是所代表的见解实在彼此不可调和，中间隔着一道鸿沟。因为接近就是心理单元的凝结，它的成分都属于特殊存在的现象。它所联接的都是真确的个别印象或意象本身。它决不是普遍性跟普遍性的联合。而复原却只能是各种普遍性之间的联合，决不是特殊事实的恢复原状。复原律根本不能用来安排任何可以成为现象，或可以存在的事物。它不能联系各种心理单元，而完全局限于普遍性的东西。

以上关于联想的事实两种解释之间的歧异，我们决没有过甚其词。接近律所表述的是各种存在的东西的联结。复原律所表述的

第一章 观念的联合或联想论

却是普遍性的东西的联结,而普遍性本身是不存在的。前一场合起作用的是个别物之间的外在关系。而在后一场合发生效力的则为存于个体之内的观念的同一。前者所处理的是那个,后者所处理的则是什么。前者所联接的是事实,后者所联接的不过是内容。

在我看来,依照这种见解,要说到心理上特别物之间的联合,似乎完全是无稽之谈。第一,这些特殊的东西都是变化无常、转瞬即逝的。其次,它们只能出现一次,一经过去,即永不再来。④决没有什么世外幽冥的境界可以做这些阴郁的离魂栖身之处,等到联想发生又把它们招回来,重新复活。当一个事实既已整个埋入过去之中,任何奇迹再也不能打开它的坟墓,而使逝去的实在重行显露,不受到自然规律的改变。这种传奇式的天真的信仰可以在传统衰朽的心理学中,继续发出凄厉感人的声音,或者在形而上学中变形而成为一种非常狂妄的独断的教条,但是真正的哲学至多只能把它们记录下来,叹一口气,掉头不顾。

要说一个特殊的事实可以持续存在,或者已成过去之后又能复活,那样的想法,在我们知识所及的范围以内,实在找不出一点证据。我们知道,在我们实际经验中,确有心理的复现可以给我们各种特殊的意象,但是如果认为这些意象就是已经消逝的原来的东西,那就需要一个奇迹才能支持我们的幻念。在我们的经验中绝对没有一点凭据,可以认为联想给心灵所带来的是我们过去有过的一模一样特殊的东西。须知特殊的事实其所以成为特殊,乃由于一种特有的机构和具体的内容。这决不是再度出现的格局和内容。第二次唤回或想起的东西,不但添上了新的关系,而且它的本身也不相同。它已经失掉了一些特色,改变了原来的性质,披上了新的装饰。就算它是复活的话，复活了的也只能是它的灵魂，而断非原来的个体。如果这种幽灵不甘满足于无影无形的存在，它就只好拥抱异乎它自身的其他成分而成为一体。在这样的情况下，我们有理由揣测已死的骸骨也许被当作常备的资本来运用了。

假如我们愿意放弃正宗的信条，对于这种思想可能反而更容易解释一点。复原的理论并不要我们一定相信过去的东西能够重新存在。它可以给这类事实提供一个比较简单的说明。假定给予了任一表象 X，具有这样的内容，……a b c d……，这个表象的同一性在某种意味上，即存于内容的联接之中。表象的事实是绝对一去不复返了。剩下来的只是一种心理的结果，⑤它的究极的形而上学的本性我们在这里不打算详细讨论。但是这个结果无论如何决不是一种现象，也不是一种特殊的意象，或者这种意象之间的关系。它不过是心灵的改变和交替、呈现于我们面前由内容过渡到内容的一种趋势。它是一种联系，但并非这个 a 和这个 b，或这个 c 和这个 d 之间的联系，而是普遍性的 a 和 b，或 c 和 d 之间的联系。它是我们心灵的一种特征，表现于这样的事实之中，就是，如果某一内容曾经在 X 表象里面出现过，那么纵然使那个内容在 X 里成为特殊化，以及使之存在的一切成分已经消逝，只要我们现在有了原来内容的一部分，这个单纯的普遍性 a，b，c 或 d 这时虽给予于不同的特殊性组合之中，仍可以凭着观念的同一恢复任何其他的普遍性 a，b，c 或 d。它所唤起回忆的部分一定带有一种特殊的容貌，但是这个容貌却为现在的心理环境所决定，决不是它的过去存在的风姿。还有一层，这个特殊的姿貌也不是在复现中发生纽带作用的东西。在这里面发生作用的乃是普遍性与普遍性之间的联接，而这个作用的基础便是现在表象和过去表象所合的某种成分观念的同一。

第十一节。这一点我在前已预先说得很清楚(第35页),以后还要加以论证。现在我们必须先来回答一个反对的论点。我认为一切联合都发生于普遍性之间,决无其他的联合存在。照我的见解,无论哪一种再现的起源都是同一性加上普遍性的联系。不过这里也许有人会提出这样的异议,"你是不是真的相信这些话也可有效适用于情绪呢?假使蓖麻籽油曾经使我呕吐,以至于现在我看到了它或者想到了它便会感觉不舒服,这难道也可以说是普遍性与普遍性之间的联系吗?"我毫不踌躇地回答,我相信确乎是如此;我必得相信是这样,否则我就须承认一个奇迹,而这个奇迹又是跟所要解释的事实不相谐合的。必须指出,照你所说,你是相信伴随着你的呕吐的现实的感受又从死亡中复活,以一种比较暗淡的姿态,使你再度发生烦恼了。我不能相信这是合乎事实的。其所以不合,就因为新的感情分明与旧的感受不同。旧的感觉自成一个过去的事件,乃为一系列特殊的情节所造成。它有许多连带的因素、条件和环境,都为这个感觉所独具。它的心理环境大部分都不相同。而且假如我们能够观察的话,也许可以发现它的骨子里的内容实际也已起了变化。我们可以看出这两方面各种深浅程度不同的性质全然不同。你的神话式的猜测甚至连可以发生作用的虚构也比不上。

如果你说你所谓感情的同一便是指同类的感情而言,这种感情在一切实际的目的上彼此可以认为是一样,可是这正是我所要成立而为你所反对的理论。病痛或苦恼的感觉大体上都是一样,换言之,就是具有同一的内容,这个内容通过各种不同的结构格局而仍然保持原样。但是假如这样说，我就要请问，岂非明明承认了再现的东西不是特殊物而是普遍性吗？蓖麻籽油和苦恼的感受这两种东西第一次的联结已成过去，现在当然一点也不再成为经验的事实了。但是它却引起我们心灵中几个因素的结合，这几个因素都是那个已经消逝的事实原来内容观念化了的部分。这个蓖麻籽油新的表象乃是一个事实，但确非原来那个事实，然而它所具有的内容却是一部分相同的。这个同一的普遍性的出现，便给我们心灵中各种因素假言的结合提供了一个前件，于是这个结合又从假言的推论转变为真确的事实。换句话说，现在的蓖麻油与过去的蓖麻油观念的同一，在观念上、在普遍性或一般的形式中，又引起了原来结构另一成分的回复。在单纯复现的范围内，没有别的，只有普遍性才能被唤起。只是新的表象才给再现的成分加上具体细节。这个新鲜的知觉又把普遍性重新特殊化了，可是特殊化的方式却并非原来的方式，在许多场合都显著的不同。不过这样的再度特殊化（如果这一名词可以容许的话）确实不是联合，也不是再现。因为虽则这个新的特殊的作呕之感，毫无疑义是再现的结果，但是它却决不是联合而成的东西，也不可能是复制出来的东西，须知它现在的存在还是破天荒第一次。你可以说这个旧有的作呕之感由于一种奇迹，可以随时改变而无损于它的同一，可是承认了这个变化和差异也就否认了你自己的学说，除非你的理论出现同样的奇迹也能够随时改变。

我并不是说我们可以把一切再现都归之于逻辑的复原，⑥全是对的。这一点留待以后讨论（第三部第一篇第三章第二十节），这里不必多说。我们不一定要相信一个感情的"观念"便是一个逻辑

第一章 观念的联合或联想论

的观念,以及它是一个有意识的或者无意识的符号。然而我们必须知道它是一个普遍性。明白这一点,是不会引起一点心理上的困难的。各种心理现象不管有怎样的差别,但总有一个共同点。它们都有内容[⑦],又有存在。它们都不是限于"那个",而是每一个包含着"什么",因为它们都具备复杂的性质和各种性质的关系。*这样,我们就有了为形成普遍性所需要的一切条件。因为呈现于不同机构之中的内容的同一就是普遍性,而且必得是普遍性,不拘我们说的是知觉、感情或愿望,无不如此。

第十二节。假定一切复现都合有普遍性的作用,这就可以使我们关于灵魂的见解得到统一。有了这个假设,我们才好说明心灵所有不同的阶段,把它看作一个原理的发展。这样,我们就能够毫无遗漏地把握最高的现象,也能深入灵魂的底蕴而揭发其根株。我们可以说,当一个现在的知觉有其内容的一部分与过去的知觉为同一,当这个共同的普遍性的成分恢复了原来结构的另一部分,我们的经验便从这个时候开始。但是那个过去的成分实非以其特殊的形式重行出现。它也是普遍性,便是这些普遍性的联系在我们心灵中发生作用。所以现在呈露的知觉的内容,由于这个观念的综合而得以延长,又因它的本身是有个性的,于是遂使整个结果亦随之而个性化。这才是符合事实的正确的说明。另一方面,如果我们假想一个或者一个以上的特殊感觉或意象,魔术似的被重新唤起而附着于现在的知觉之上,这便与我们观察到的明显的事实直接相冲突。因为这些各不相连的特别物是显然没有的,要想说明这个很明显的

---

* 在这一阶段,性质包括着数量。

缺乏,又须借助于一个遗忘的定律,有了这个定律便可再来消除它们的细节。可是这个遗忘的定律也是没有权利按照人们给它规定的形式存在的,它只不过是用来满足一个错误的理论的需要罢了(参阅以下第二十五节)。这般人先是想出了一个奇迹来解释事实,接着又加上一个虚构来强制事实以便合于那个奇迹。

但是未经歪曲的事实,以其本来的同一,却可以支持复原律的观点。在一个朴质的灵魂中,有了一个现在的感觉,它的内容总为内在的伸延所放大。此时呈于心灵之前的,决非几个事实,而是一个事实,其所具有的内容经过放大之后,一部分便由一种无意识的推理而构成。原来的感觉因为加上了一种观念的补充从而扩大,而这个补充一经与有个性的感觉相结合,于是对于心灵也就成了有个性的事实。感觉及其结果知觉之间不需要有中介的东西。我们根本不必假设毫不相干而互相冲突的特殊意象的细节,也无须另外搬出一个武断的定律来抵消这个明显的虚构。进一步说,如果这个新的感觉结果成为欲望或行动,我们的理论还是可以保持它的优越性。现在让我们作一个比较详细的解说。

我们所要说明的是什么事实呢?我以为这个事实就是这样。某一感觉 Ab 曾经引起一个行动 Cd;现在又出现了一个感觉 Eb(就 b 来说与第一个感觉相同)。Eb 的后面引起了一个行动 Fd,就 d 来说与 Cd 为同一。这样的事实,现在我们有了两种不同的解释。按照第一种不正确的解说,Eb 唤起了一个特殊意象 Ab,后者再与一个行动 Cd 的特殊观念相联合,于是又由 Cd 产生了 Fd。这个转变过程就是,Eb—Ab—Cd—Fd;这里每一环节都各自分开,而转变也好像从原子到原子似的。这是第一个解释。另一方面,我们也可

第一章 观念的联合或联想论

以说 Eb 直接回复了 d，而 Ebd 又直接产生了 EbdF。这个转变过程就可表示如下，Eb—d—F；但由于 b 和 d 都是普遍性，并非心理的现象，所以从 E 到 F 实际的转变是连续不断的。这是另一种解释。现在我们要问，这两种解释哪一种更符合于事实呢？事实是这里面假想的中间单元 Ab 和 Cd 都不能通过观察加以检证。它们出现只是凭一种先天的演绎推断而知，不是经过后天的指证。联想论者就是要我们相信它们现在都是存在，虽然我们看不见它们，那只是因为一种忘却律遮住了我们的眼睛。不过这么一个不可思议的怪物本身也是出于先天的造作。它还是不能为实际经验所证明。所以我们先是搬出一个原理，造成了超乎我们的事实以外的东西；接着又加上一个毫无根据的幻想，来弥补说不过去的漏洞。第一个解释便是这样，现在我们再来看一看第二个解释如何。我用不着说第二个解释所表述的既不超过，也没有遗漏我们能够观察得到的东西，我只须指出这一点来。这个解释不仅始终用的只是一个原理，也不仅这一个原理就足以说明所有的事实，而且整个的结果，一切现象，没有一丝一毫出于这个原理的假设，每一部分都能有后天的证明。即使撇开了所有是非真伪的问题不谈，与其采取一种理论需要有两个互相补偿的假定，当然不如接受只要有一个单独的假定就可以自圆其说的理论。

第十三节。但是可能有人说，"这样的解说是不对头的，首先，是非的问题姑且不论，你所主张的理论并不能包举各种事实。它没有说明我们为什么能够想起同样的东西。其次，你所采用的假定也显然不对。一个单一的假定固然很好，但如果它并不充分，或者不实在，或者我们明明可以找到一个真确的说明，那么这个单一的假定还是不能接受的"。我回答，第一，我马上可以指出，相同事物的提示之归约于复原乃是一个既成事实。第二，你说复原是假的，这句话拿不出一点证明；相反，你的假说毫无根据，却可以证明。因为(1)没有"接近的联想"这种事物，(2)也没有"相似的联想"这样的东西。让我先来把上述最后两点说清楚，然后再来给真实的说明提出辩护。

第十四节。(1)我们可以先从"接近"或毗连说起。这究竟是怎样一种见解呢？这个理论的真意就是，如果各种因素已经同时存在，那它们便倾向于互相联结。这是什么意思呢？这就是说，如果（譬如）在一个知觉 A 里面，含有两个成分 β 和 γ 是相联的，则无论何时只要任何一个下次又出现了，我们的心灵便有一种趋势要把它和另一个联接起来。但这里的 β 和 γ 是什么东西呢？这都是普遍性。它们都已从它们的原来环境中分离出来，而且在一定程度中剥除了各自特殊的性质。它们实在不是有个性的意象。譬如，我曾经看见一个黑人在一条街上，某一个时候以及在某种情况下，被人刺杀，此时我心灵中保留下来的决非这些特殊的感觉的相互联系，或者这些感觉比较晦暗的摹本的各种特殊意象间的联系。我在一个不同的时候、不同的场所和不同的情况下，看见一条白色牝牛正在一个屠宰工人的手中受到白刃的威胁，我也可引起一种激动。这里联想到的确实不是意象，而是各种普遍性或类型，这些东西本身即使在我们的心灵中也是没有真实存在的。这才是正确的看法。以下我们还是来探讨一下那个错误的理论。

关于那种理论的真意，我想，是没有多少疑问的。但是主张这种理论的人说话很随便，往往过于浮夸，使我们不明白他们是不是

第一章　观念的联合或联想论

晓得自己所说的是神话。他们好像是要我们相信过去的知觉可以继续存在，一有机会又能为我们所看见。试观他们所下的定义。

"各种行为、感觉以及感情状况，一度出现在一起或一个紧接着一个，便老是倾向集合或凝聚在一起，以至于它们当中只要有一个后来又复呈现于心灵之前，其余的在观念上也就会跟踪而至"。"如果两个印象常常同时经验到（甚至或者想到），或紧密相联，那么无论何时这些印象中的一个或其观念再度出现，就会联带唤起其他印象的观念"。

既然是定义，就不应该是幻想，而要表示信心。但是我们且来看一看这些词句，"只要有任何一个后来又复显现"，"无论何时这些印象中的一个再度出现"。如果著者不是相信最粗糙的另一个世界的存在以及死人复活，这些话是可通的吗？实际上这两个著者没有一个说他自己有这种信仰。他们还驳斥这种信仰。可是这却并不能阻止他们说出话来好像完全承认这一类的迷信，两人当中至少还有一个假定了这是实在，以此作为他的理论根据*。

第十五节。这一点也许不过是纯粹词句的问题，我们可以姑且不论，因为毫无疑问，我们的著者一定会否认过去的印象可以回复其生命的。"无论何时这些印象中的一个或其观念再度出现"，这句话必须用于通俗的意义中。那么它的确切意义究竟如何呢？我们是不是应把这个公式改变一下，写成这样，"无论何时这些印象中的一个观念再度出现"？

不过即使改成这样，我们还是停留在神话的境界。这里所谓

---

*　我所指的是密尔（J.S.Mill），参阅他的《论哈密尔顿》第十一章及附录。

"观念"仍然指特殊的存在。倏忽变化的印象通过虚无的空间，抛下了暗淡的摹本，留下了自己模糊的样品。这种观念恰和印象相似，实在是特殊的单元；它决不是普遍性，而只是一种实际的现象。我们固然把它称作"印象的观念"，但这个成语决没有意谓这两种东西具有什么本质上的同一。它不过意谓着这一个在时间上紧接另一个后面，在隐约依稀的痕迹中，表明有一个类似的细节。不过假如它所意谓的是这样，那就决不是所说的东西。

据说，"无论何时它的观念可以复现。"但是这个观念也跟印象一样，只存于一瞬之间。这里我们要问，如果它不是同一，它如何可以复现；如果它不是始终持续不变，它又如何成为同一？我们自然可以任意想象有一个忠实的精灵，躲在无影无形的所在，仗着联想的魔力，重新回到人间。可是我们必须知道这样的荒诞之谈是不足凭信的。因为意象恰和感觉相同，都是转瞬即逝的东西。既然印象不能回复，观念当然也不能再来，因为在这一点上它们是毫无差别的。

要说印象可以蜕脱一层皮壳似的留下它的样本，继续存在于某一个角落，通过变化的长流始终保持其同一，这不过是一种神话。所谓"再现"、"回复"，这些字眼都应该排除在这个公式以外。这里有的是许多意象衔接的长列，而并不是一个意象。还有一个含糊的成语也是不能用的，我们没有理由可以把几个不连续的意象所形成的行列称作"一个印象的观念"。我们必须称之为"这个印象的许多不同的观念"才对。这里，我以为我们面临着一个危险。因为我们很自然地会认为既然许多事例互相连接，成为联想，那就一定有一种联系贯串于它们的全体之中。我们止不住会相信，或者说起话来好像我们相信,只要(如我们所欢喜说的那样)有某种东西"再现"的时候,就会有某种别的东西也跟着"再现"。但是我们必须破除这种幻觉,否则就是自欺欺人。其实,没有任何东西可以复现。原来的印象是一个心理的单元,第一个观念是另一个单元,第二个观念又是第三个过而不留的原子,以此类推至无穷。没有真正的纽带把它们联牢在一起。也没有共同的内在的同一,在它们每一个当中保持原样,通过各种变化重新出现。即使我们称之为"一个印象的多种观念",也还是纯粹的妄想。毫无疑问,在所有这些实例中,都有几分相似。假定有一百个意象,或者比这个数目更多,个个都有它的差异和特殊性,然而它们一面各不相同,一面又彼此相似,它们都和印象有些仿佛类似。我要承认这是很可惊异的,但是纵然如此,我们也毫无根据可以认为它们彼此相同,含有某种原型的本质因而一脉贯通。假如我们定要一个寓言,对于别人许没有害处,我们也可以称之为"印象的多种观念",不过这样说也不过意味着有如《创世记》上亚伯拉罕蒙受神的保佑,老来生了许多儿子似的,这个印象存在的时候也孕育了许多观念,到后来一个跟着一个地以次出现。《圣经》上的故事和印象再现说是同样的难以置信。

第十六节。"无论何时这些印象中只要有一个印象或其观念再度出现,它就会引起其他印象的观念",这是我们原来出发的命题。现在我们剩下来的还有什么呢?"印象"都成为过去了,"再现"是不可能了,"它的观念"也没有了。似乎我们必得要把我们的公式改为这样,"无论何时如果有一个观念出现,与这些印象当中之一相似,它就会引起其他印象的观念。"这该可以言之成理,想必是确实可信了。不幸并非如此,因为它仍然说得太多,必得再打一些折扣才行；同时它又嫌说得太少了，已经不再能够容纳其所要解释的许多事实。但是现在我们可以只就它说得太多的方面来谈。首先"引起其他印象的观念"这等词语就不妥当，应该改为"引起某一像煞其他印象的观念"。这个公式的头一段话也不能保持，因为"当两个印象时常或反复地经验到了的时候"实际是神话，假使两个印象曾经"常常反复地被经验到"，那它们就决非两个了。这样说是毫无意义的，除非这里面的许多经验变成了一个经验，而这个当然是讲不通的。这一部分也须更正，最后原来的定律必得改为下面的形式：

"如果我们经验到（或者想到）几对或许多成对的印象（同时或连续），而这些一对对的印象又彼此相像；那么无论何时只要有一个观念出现，与这些对偶一边所有的印象相似，它就会引起又一个观念与另一边所有的印象相似。"

我认为联想论所谓接近的联合，其真意便不外乎如此。不过这里我们要问，究竟互相接近的是什么东西，而联合起来的又是什么东西呢？印象不是联合起来的，我以为这一点是极其明显的。它们在表象中彼此衔接，恰和我们所知觉的任何其他东西集结一起一样。只有观念才真是联合或联想的，因为如我们所见到，它们当中这一个可以唤起那一个。但是这样说来，所谓互相接近的观念是什么意思呢？因为互相接近的缘故，所以它们现在是连续的或同时的。接近性把它们联结起来，因此，如果再说它们彼此相联乃是由于它们已经是互相接近，那实在毫无意义。须知如果它们现在是彼此接近，那么这两个东西就必得都已存在而且并列一起，我们如何能说这一个引起那一个？如果它们不是彼此接近，那就不是由于它

第一章 观念的联合或联想论

们彼此接近才使得它们联结一起。这一论点在我看是很浅显的,但对"接近律"来说实在是一个致命的打击。

这个定律一定要凭借和通过接近性才能发生作用,从而预先假定了它。但是除了印象的接近而外,便无所谓接近。因此,发生作用的必得是印象的接近。因为它们曾经一度在一起,所以它们的观念现在来了还是在一起。但是,果其如此,还有什么联合?因为印象不是联合在一起的,而联想,如果任何地方真有所谓联想的话,总必存在于一个现在的观念和一个不在的观念之间。所以凡是联想的东西决不是彼此接近毗连的东西,只要是互相接近的东西就不是现在联想起来的东西。联想和接近是没有法子拼拢一起的,所以这个定律根本不能成立,它不可能是依靠接近的状态同时又是联想律。简单说一句,这个定律的意思就是,如果各种印象已经成为彼此接近,则跟它们类似的观念现在便会互相唤起。我实在看不出在怎样的意味中能认为这就是观念的联想。

第十七节。现在再讲到这个问题的另一方面,如果我们把这个定律改成这种方式,它又不能容纳这里面所有的事实。因为一般说来,第一次给予的总是一个印象,然后这个印象又唤起一个观念。例如,我有过一次感到火是灼热的,第二次我见到火的时候,热的观念便随之而来。可见引起一个观念的东西,其本身并非观念,也从来没有和什么东西接近或毗连。所以最后我们还得再一次改正我们的公式,"如有任何心理的单元已彼此接近,则和它们相似的任何其他单元便可以互相唤起"。这样,剩下来的已没有一点联合的痕迹,各种因素的结合完全凭着过去其他东西彼此接近而发生了。

第十八节。接近造成联合这句话可以说是已经粉碎了。不过经验哲学对这个结果，至少在某种程度以内，似乎也已有所准备。它大概可以承认这一点，单靠接近是不行的。所以它早就要用另一件法宝来补其不足。它明知道光是接近或毗连，不可能有联想这么一回事。一切心理的再现还要靠着相似性。

"不先有以相似为依据的联想，就不可能有以接近为依据的联想。为什么这一瞬间所获得的一个感觉，能使我回想起以前我所有过（如我们所常说）与之相连的许多感觉呢？我以前有过的感觉并没有和现在这一感觉连在一起。直到现在我从来没有过这一感觉，将来也不能再有第二次。我以前有过的感觉不是与现有的感觉相联，而只是和一个跟它相像的感觉相联。我的现有感觉决不能使我想起以前有过跟它自身不相像的感觉，除非首先使我想起一些感觉，一方面跟它自身相像，而另一方面又确曾与那些不相像的感觉并存。所以在接近律之前，先已假定了一种联合的定律，就是，一个感觉总会引起其本身的观念，或以前经验过的一个类似的感觉的回忆。""这就是相似性的暗示，现在的感觉可以唤起过去相似感觉的观念，这不仅不靠着接近的关系，而且还是由接近而发生联想的必要的根据"（J.S.密尔《论詹姆斯·密尔》第一卷第112,113页）。

"没有脱离相似性的接近，也没有脱离接近的相似性。譬如我们看见一条河，便能说明它的名称，这可以说是接近律的作用，这条河和它的名称时常联系在一起，所以这一个可以唤起另一个。但是我们仔细研究一下这个回忆的过程，就可发现它可以分为几步。当我们注视着河流的时候，首先呈现在我们面前的是河流的印象。这个印象必得要通过类似或同一的性质，恢复以前河流的印象，从

第一章 观念的联合或联想论

而及于与之接近或相联的河流名称以前的印象。假如我们在新的表象之下,不能恢复以前河流的观念,那么所谓接近毗连的纽带也就没有发挥作用的机会了"(培恩《感觉论》第121页)。

让我们来考察一下这个修正的理论是怎样,第一,我们必须记住,这里虽然提到了同一,但是含义却大有出入。这里所说的多少不过是相似而已。这一点切不可忘记。

第二,上面所引培恩教授的一段话也很欠精确。单是说"恢复先前的印象"是没有什么意思的,而且我还要指出,像这样毫无意义的话在这种场合更不能容许。前一段引语也是很含糊的。我们必须明白,所谓"感觉的回忆"并不能复活感觉本身,也不能跟那个早已不存在的心理的单元建立起真实的联系。如果不是这样,如果一个心理的现象能够通过各种事件演化的长流,而始终保持其存在和同一,那么联想论学派就是在沉默之中推翻了他们自己本来主张的全部理论了。

但是,另一方面,如果一个印象既成过去便归完结,如果它真的不存在了,那它就不仅在实体上不能恢复,而且即使在观念上它的本身也决不能恢复。我们所说"它的观念"这个很易使人迷惑的成语,至多也不过表明这一事实,即先有一个感觉,接着就会有一个比较暗淡的副本随之而至。但是我们一揭开这个迷人的公式,透过一层蒙眬的云雾,仍可看出它所隐蔽的理论无法弥补的漏洞。

曾经互相接近连在一起的东西现在已是不存在了,而现在所"恢复"的又决非曾经连接的东西。让我们正视这里面的事实。一个感觉 A 因相似性而引起一个意象 b,到此为止,剩下来的便全凭接近律去做。但是这里的 b 曾经和什么东西相接近呢?就我们眼前所讲的例子来说，应该有两个可能。我们所从而出发的事实是这样：我们已经有过的是一个印象 B 连接着一个印象 C，现在又有了一个印象 A。两种可能性是怎样呢？第一，可能我们本来就没有什么微弱的意象与 B 相似。这一可能性是很大的，尤其在一个初期的心灵是如此。不过在这种情形下，当 A 引起了一个意象 b 的时候，就绝对没有什么东西和什么东西接近可言了。在我们的复制中，没有一个假想的成分曾经和任何别的东西连接在一起；既然如此，再现也就无从说起了。这是第一个可能性，似乎为大家所忽视。现在我们再说到第二个可能。这里我们已经有了的是两个相接近的印象 B—C。这两个印象后面我们假定又伴随着一对或者许多成对的比较暗淡的意象 b^1—c^1, b^2—c^2, b^3—c^3。每一对都和其他各对相似，同时它们每一个又都是各不相同的实在。以上都属于过去，现在我们又经验到了一个感觉 A。这个感觉既与我们称作 B 的先前的感觉相似，又与 b^1, b^2, b^3 等意象相似。但是我要提醒读者记住，这些东西现在每一个都是绝对地不存在了，那么当 A 出现的时候，将要发生怎样的事情呢？它可以依据相似性而唤起一个意象 b^4。但是这实在不是我们所需要的。因为我们所需要的乃是这样一个意象 b^4—c^4, 靠着这里面接近的关系才好带来一个 c^4。不过现在这个接近虽然有了，还是无用。因为 c^4 从来没有存在过，而按照假定必须利用接近性才能使之存在。另一方面，b^4 也根本没有和任何东西接近过。这样我们又得出了上面的结果。并没有由接近而来的联想。联想到的东西从来不是互相接近，而互相接近的东西又联想不起来。现在发生作用的连接也是过去的连接，它没有被恢复，也不可能恢复，然而按照我们虔敬的说教，这个原来的接近性却如同

第一章 观念的联合或联想论

天主教所说人类原始罪恶似的,一直留传下来,永远不变。

假如以上所说是对的,那么所谓接近的联想便无法成立,即使加上相似性的吸引,还是不能使它免于破产。因为被唤起的相似的东西并不曾彼此接近,而真正接近的东西又不能被唤起。纵使现在的感觉受到各种意象的改变修饰恰如所说的那样,根据那种(虚妄的)假定也仍然不能有联想的再现。如果各种成分不是并存相伴的东西,当然就谈不到有什么连接或联想。可是如果它们业已并存,从而已经是联结起来了,那又何必再假定这个奇异的联想之名,利用它们已有的同时存在来造成其中各别成分的同时存在呢?

第十九节。假如经验论学派诚恳对待他们所讲的原理,就不能说出像"联想"这种事来。成问题的就是,他们是不是诚恳的?他们是不是口里尽管有相反的表示,暗中仍在盼望死人复活?是不是相似性的魔力就可打开幽冥的门户,使不甘消逝的过去重新恢复生命?是不是有些事情为联想的力量所不及?这一派人对于联想已经深信不疑,他们自己固然还在否认,可是他们的思想却不能摆脱联想论的支配。事实上,他们就是相信复活的奇迹。但是,由于受了意义与词语纠缠的无声力量所驱使,他们盲目地和无意识地相信着。

我们知道,照这一派的前进人士自认,联想是要靠着相似性。假使没有相似性的再现,那就根本不能再有什么联想,这已经是公认的了。现在我们就是要就这一点来说。假如你不相信有这种联想,那你更不会相信有别的联想。但是假如你相信这样的联想,你就是相信一种奇迹,推翻一切的定律。此外,我们也找不到一点后天的凭据可以证明这种奇迹。更明白地说,所谓相似性的联想也完全是幻念。它不符合事实，而且包含着一些形而上学的假设，不单使我吃惊，任何人也会感到诧异。现在让我来给读者说明经验学派是怎样生吞活剥地采取了形而上学最荒谬的观点，如果你不想仿效他们的样子，就必须放弃这个错误的见解。

第二十节。(2)由相似性而起的联想，或相似性的联想，如果它有什么真实意义的话，那就是作为一种联想的方法，可以引起不呈现于当前的观念。假如这种联想不能提供现在离开原来的根源，为我们所没有的东西，它本身就成了一个失败，而不值得我们讨论。大家也许一致同意，假如说一个人能够回忆，而他所回忆的无非是已经显露于现场的东西，这便成了一种笑话。现在我要指出，所谓相似性的联想正是这样的笑话。

相似性是一种关系，但这种关系，严格说来，除非两端名词呈现于心灵之前，它便不可能存在。各种事物即使在没有人看见的时候，也可以有某些相同之点；但如果它们没有造成相同的印象，就不好称为彼此相同；而若要造成这种印象，这两个东西便非出现于心灵之前不可。这句话并不是我故意要说的，[⑧]密尔就是这样看法。他告诉我们：

"任何客体无论是物理的还是心理的，彼此相关联，或发生一种关系，总必由于它们进入了某种复杂的意识状态中"（《论詹姆斯·密尔》第二卷第10页）。

"相同或不同本身不过是一个感觉的问题：当我们有了两个感觉的时候，同异的感觉总是跟有了这些感觉的事实不可分地交织在一起。我们获得感觉的条件之一，便是这些感觉有同有异；如果是简单感觉，我们就不能把同异的性质与这些感觉本身分开。可是当

第一章 观念的联合或联想论

我们有了两个直接相续的感觉时,便很难断定它们相同性的感觉一定不成为另外第三个感觉,这个另外一个感觉便跟随着而不是包括于前两个感觉中"(前引书第18页)。

"我有了两个感觉,假定都是简单感觉,两个白色的感觉,或者一个白色和一个黑色的感觉。我称前两个感觉为相同,后两个感觉为不同。什么事实或现象构成这个关系的基本内容呢?首先是两个原来的感觉,其次便是我们所谓一种相同或不相同的感觉。我们可以只限于讨论前一场合。相同显然是一个感觉,属于观察者所具有的一种意识状态"(《逻辑》第一卷第75页)。

这还不够明显吗?还有什么可疑的地方吗?这不是很清楚地说明了两个心理如果不先同时或直接相续呈现于我面前,他们便不能成为相同吗?但是这样一来,所谓通过相似性而唤起一个观念,这种话还有什么意义可言呢?既然先要引起观念而后才能存在一种关系,又如何能说观念为由于关系而引起的呢?这样一加深究,相似性的联想岂非都是毫无意义的废话吗?

第二十一节。我们首先必须知道,这里所说被唤起的东西都是绝对不存在的。联想论者一再声明,感觉是一去不复返的,各种特殊的意象也都是这样。假若这些东西现在都存在,那就是过去又成为存在,这样一种程序在心灵中当然不是真实的而是虚幻的。我们是不是能够相信有这种事,并且言之凿凿呢?如果我们不能相信它,如果过去并不存在,那么我们就必得相信一种关系可以发生于存在的东西和非存在的东西之间,并且要相信这个整体(关系和相关之物)便是我们心灵的一种状态。但是另一方面,如果过去能够恢复存在,这个奇迹还是不能使我们免于幻灭。因为在相似性的关系里面，两端之项都要出现；而通过相似性的关系这一个可以引起那一个，这个事实又假定了两项之中必有一项是不在场的。所以它同时既是在我们面前，又是不在我们面前。随便从哪一个假定来说，我们总必陷于矛盾。这里我已经实现了我对读者所作的一个诺言。一个观念并没有出现，而同时又是已经出现。它没有出现在眼前，所以要通过一种关系才好唤起它来，而另一方面如果这个观念不是先已出现在这里，这个关系又无从产生。这样一种结合出了心灵之外纯然是不可能的，竟然能够持续于存在的东西和完全不存在的东西之间永不消磨。这种形而上学的见解可算是荒唐到家了。

第二十二节。也许有人认为"这是不可置信的，大概英帝国的人该不会这样愚笨吧"。我回答，这个问题也很易解决，既称"联想"，自必有其意义，但是除了上面所讲的以外，还能有什么别的意义呢？

经验哲学必须解答两个难题。它要说明白不存在的东西如何能与存在的东西互相关联起来。这个问题解决之后，它还要说明一个不在场的东西如何能被一个现在呈现于眼前的东西所唤起，因为所谓相似性便暗含着两个东西都在场的意思，而所谓再现又必得要有一个东西不在场。假定前一困难可以用形而上学的公式如"可能与现实"或我心与他心的区别，蒙蔽过去，第二个困难仍然存在。即使你的过去系列确乎以某种方式继续残存，试问，你又如何能够把握到它或想起它来？你所需要的也不是过去和现在所含有的单纯局部的同一，因为经验论不承认有这种同一，所以它也不能成为你的心目中的真确的关系。

这一点马斯已经说得很清楚。"两个观念（或感觉）之间单纯

第一章 观念的联合或联想论

的相似不可能是它们联合的原因。因为相似性乃是观念本身客观的关系，而联想则为我们幻想里面主观的联系。后者并非由前者而来，也不会从前者推出"（前引书第55页）。这里马斯所谓"相似性"当然指"局部同一"而言，他的论点是很简单的。问题在于，我的心灵如何能从一个东西过渡到另一个东西？假如你说，这是因为那两个东西在我们的心目中彼此相像，那就是假定了这两个东西都在眼前。但是假如你说，我们的心灵所以能从这个想到那个，是由于这两个东西离开我们的心灵彼此相像，那就成了一个奇迹，因为这便等于说我们的心灵能够为与它毫不相干的事情所影响。哈密尔顿曾经就这一难点提出答辩（《托马斯·里德著作集》，第914页），但是他的批判不过证明他自己没有认清这个问题。

以上所举各种困难，经验哲学也许都能作出一个答复，但是我必得承认我实在预想不出它将怎样答复。它可能退后一步采取一个更简单的见解。它可以说，根据冯特（《生理心理学原理》，第788页），"每一个知觉或观念都倾向于在意识中唤起跟它本身相似的观念"。这句话是否实在留待以后再说，现在我只须指出这一点。不管这句话有没有其他的意义，它已经把联想抛到九霄云外了。因为它只陈述一个现象，而决不是一种说明。一个人相信这个公式，同时可以完全不必要联想的理论。我们可以用别的方式来解释这个事实，给予了任何一个因素，另一相似的因素便可随之而来，我们大可提出自然分裂或观念繁殖的理论，这从联想方面来看，要比相似性的说法清醒合理得多。我们也可以把这个现象归之于一种生理的倾向，大脑的机能，只要有了一个新的知觉或观念作为刺激，马上就可以转变为事实。对于这等解释，我没有一句反对的话。我所要强调的就是,所有这些都根本不是心理的说明,凡是明白自己所做的是什么事的人,也决不会把它当成这种说明提出来。如果这就变成了唯一可能的说明,那就是对于心理的说明已经绝望,而通常所讲的联想律也解释不了任何事物。所以经验哲学必得决定,或则依旧坚持蛮不讲理的神话,或者承认再现的事实明知是有的,但心理的说明却无从提出,这就是自认破产。所谓相似性的再现可以说是联想论最后的支柱,但我们已经证明这是一个不可能的幻想。

第二十三节。可是我们的证明也许不会引起多大的不安,可能还有人说"你总不能取消这种事实"。现在让我提出第二个论点,那个说明不但是不可能的,而且也是不需要的。我们不能给它找出一点后天的证据。所有再现的事实都可从另一种理论获得更好的说明。我们在本书第一部中已经知道得很清楚,现在让我再来仔细说明一下。

我们可以举一个很简单的再现的实例,假定一个小孩或者一个下等动物,星期一分到了一块糖,把它吃掉,晓得它是很甜的。星期二他又看见了一块糖,于是不等人家招呼就拿起这块糖吃掉。这当然包含着意志的现象,同时也是理智的现象,也许我们还可以使这个例子更加简单化,以便于说明。

按照联想论的理论,这个事实应该怎样解释呢?我想大概不外乎如此。星期二的一块糖现于眼前的表象,凭着相似性引起了星期一那块糖的观念。这个观念乃是原来感觉的不甚鲜明的副本,又凭着接近性引起了星期一所感到的许多运动以及继之而来的甜味等各种副本。这样,发生的事实就是,星期二所看到的一个方块糖在心理上的表露,被察觉到跟一个较暗淡的想象中的圆粒糖相似,伴

第一章　观念的联合或联想论　　403

随着后者来的又有一整套其他的意象。我们必得推出的结论便是，星期二的一块糖被星期一那块糖的观念相连的许多意象所修饰；一看便知，我们似乎并没有法子可以得到这个结果。因为这个结论不仅是一个很坏的推理，而且是一个不近情理的错误。星期二的感觉和星期一的意象乃是各自分开的事实，正因为是相似，所以不是同一；它们的性质和环境相差悬远是很容易看得出来的。凭着什么可以使我们的心灵把这一个当作那一个呢？

在这紧要关头，出于上天的仁慈，忽然又来了一个"原始轻信心"[9]。它在我们的耳朵里面低语，凡是曾经一度出现过的事物，也就会再次发现，从前糖是甜的，以后还是甜的。这个原始的轻信马上便成了我们的生活不可缺少的部分。它引导我们走上经验的道路，直到最后它的指示并非总是可靠的，终于引起我们的怀疑。于是我们遂痛斥这个"轻信"是要不得的，许多时候我们都是上了它的当。这个怪物就展开翅膀飞回到没有哲学家的天上，从此我们也不再有任何东西可以指点迷津了。

经验学派并没有公开承认这样的神话，我所以要说到它，一部分是因为它和我们所讨论的问题相近，但主要还是因为我总觉得这便可代表培恩教授最有独创性的思想（《情绪论》第511页以下）。

第二十四节。其次，还有一个见解不是那样富于诗意，但荒谬的程度并不亚于上述幻想。给予了一个知觉 A 和一个意象 b 相联，后者跟前者相像，而且随伴着一连串意象 c, d, 及 e；问题就在于如何把 e 的内容转移给 A。据说完成这个业绩的便是一种遗忘律。这个神秘的力量可以隐蔽 A 和 e 之间连串起来的一切东西，也可以遮盖 e 所具有不合于 A 的一部分因素。剩下来 e 的残余部分便附着于A；这个意思，我想，大概就是两个变成一个。我们所以能得出结论"这块糖是甜的"，便是由于上述过程，这在逻辑上似乎说不过去，但推理的本质确实不外乎如此。*

我不敢说对于联想论这样的说明是否正确，但我希望它大体不差。现在就让我们来看一看这种过程有没有什么困难。

这里主要的难点便是它说得不免有些言过其实，把简单的现象复杂化了。它首先提出一个极繁琐的解释，实际上并没有这回事；而发明了这样一个复杂的机构之后，接着又想出一个不实在的过程来予以打消。

显而易见，这决不是观察得来的事实，说星期二看见了一块糖的时候，就有一个相似的糖块或许多相似的糖块，带着它们原来的特色和各种差别，纷纷出现于心灵之前，这实在仍然是幻想。没有一个人会从观察中得到这样的事实。这当然全出于理论的虚构。我承认在记忆已经发达较晚的阶段，确有一些迹象可以造成这种误解。不过那样再现当然还是在前，而记忆在后，这里我们却跟后者并不发生关系（参阅第36页）。现在显示于心灵之前的事实乃是，这一块糖暗示了甜味，又引起了吃糖的动作，而并没有任何其他糖块的意象出现。这一点我们在第一部已经预先讲得很清楚，这里就不再多说了。

第二十五节。但是也许有人又说，这些意象还是存在的，只是我们不能够意识到，因为它们已经受到遗忘律的搬弄调制。不过这

---

* 在最低级的心灵中这种理论性的结论当然不会有。它可能只有行动或企图，而没有像判断这样的东西。不过原则还是完全一样，如果有理论性结论时，总必经过这样的步骤。

第一章 观念的联合或联想论

又是一个离奇的虚构，和要用它来支持的前一个虚构同样不合于经验。现在让我引用 J.S. 密尔的一段话。

"读者……现在当已……熟知这样的事实……，假如一系列的感觉时常重复出现，结果一连串相应的观念可以风驰电掣地通过心灵之中，快到极点，以至于有些环节在意识里面往往完全消失，好像整个系列原来没有这些成分似的。自来哲学家对于这个问题认为有三种可能的情形，究竟实际发生的是哪一种，一直互相争辩，迄无定论。是不是这些消失了的观念通过我们的心灵时不为我们所意识到？还是它们通过心灵时本来在我们意识之中，可是很快地就完全忘却？抑或它们根本不曾进入心灵里面去，好像许多观念纷涌而来，前面的为后面的所超越排挤似的呢？"（《论詹姆斯·密尔》第一卷第 106 页）。

上面这段引语所提出的问题可以陈述如下：给予了心灵中几个观念的间接联系，要找出这个间接联系变为直接联系的道路。这里我不想讨论这个一般问题。但是我必须指出，密尔对这个问题的提法，根本就使它不可能得到圆满的解决。因为这里互相连接的观念实在并不仅是一系列特殊的意象，所以事实真相一开始就被预先歪曲了。如果我们设想一种例外的场合，我们有的只是一连串单纯个别的意象，那么上述"三种可能的情况"便没有一个可以中用。因为只要这些观念仍然是单纯的意象，它们彼此之间便根本建立不起来任何联系。我们可以断定，无论这个心理过程的细节到底是怎样，它总有一方面是在于把这些意象化为普遍性。正因为如此，所以密尔先生所说的遗忘律乃是彻底虚构的过程。即使你从这样一种复杂的机构和一连串的观念出发，单是这样，你也是处理不了的。

但是我要特别强调的就是，在我们现在所考察的基本上很简单的再现的实例中，这些定律暗含的复杂性都是不可能存在的。它们所根据的资料纯然出于附会造作，密尔所举的三种情形，一个也不可能出现。至于遗忘律就是假定了这样的事实：A 糖块因相似性的作用而引起了 b 糖块的意象；b 由于接近之故而引起运动 c 的意象；c 又引起一种特殊甜味的意象 d。但是这个事实是不存在的，所有列举的过程都是无稽之谈。

首先，我们根本没有理由可以假定这一连串的观念，有如潮水一般冲过心灵，就是原来知觉和行动的副本。我们有什么根据可以假设特殊的意象 b，c 及 d，在其一切细节上都跟我们以前曾经有过的一连串印象一模一样呢？即使承认有这样一连串的印象，你又凭什么理由可以肯定二者之间具有超乎一般相似性以上的关系？你有什么根据可以断言，如果你能够回忆过去，便一定可以发现一串相连的印象 B，C 和 D，而现在的意象都是它们的摹本呢？为什么 d 必得要跟一个特殊吃糖的甜味 D "精确相似"呢？这等独断的教条在我看来似乎都不过是臆想。就我所观察得到的来说，事实明明是不管过去怎样，这种意象在一定的限度内是变化无穷的，而这个限度便以显露于它们全体中的普遍性的关联为标志。不过这样看来，所有连接起来的东西就不是特殊的意象了。寄托于每一个特殊意象中的普遍性才是能动的原理，而这些特殊意象本身都是很沉滞的东西了。

其次，上述过程又给原来所谓资料加上了一个瞒天大谎。它告诉我们相似性唤起了一个意象 b，这个意象便是星期一那块糖的摹本。我们刚才已经说过，这个意象纵然出现，也不一定是一个摹本；

第一章 观念的联合或联想论

现在我们还要进一步指出,在我们所讲的这个简单的实例中,意象 b 并不存在。我要再说一次,这是一个纯粹的幻想,只有为联想论的理论所需要,但事实上是没有的,当星期二的那块糖呈现在眼前的时候,糖的各种属性如白色和结晶形马上便再现吃糖的活动和甜味的观念,根本用不着添出另一块不同的糖这么一个多余的环节。这不单是因为我们现在找不出这样一个意象。我们也决不能够找到它。根本就没有这个意象存在。我们也无需乎仔细推究是不是遗忘律能够把它弄模糊了,在我们谈到这个问题之前,总得先能拿出一点真凭实据证明它不止是一种幻想才对。

其实,这不但是幻想,而且是一点作用也起不了的幻想。因为即使你获得了星期一那块糖的意象,仍然于事无补。你所得到的这个新的因素,乃是刚才落地诞生的,所以它也就从来没有和任何东西连接一起。假如你说,"但是它却很像过去曾经接近的东西",那就不单背弃了你自己的原理,而且使你陷于一个很可笑的地位。假如你想要的是以前的那块糖,你当然再也不能够得到它。可是假如你需要的是像以前那块糖的东西,那么明明在你现在的知觉中你老早已经有了。

你的妄想对你没有什么帮助,你为什么要这样想法呢?为什么要凭空捏造这些相似意象的存在,使人一不当心就会作出荒谬的推理呢?为什么要无中生有假设"一连串的观念",完全为心灵所不知道,有如波浪似的一个接着一个穿过其中,又想入非非制造一个遗忘律来,把心灵的耳目遮住呢?这就是因为假如你不这样做,你便会不得不承认我们的心灵并非总是由特殊到特殊,其实它也决不能够由特殊直接过渡到特殊,简单说一句就是承认经验哲学破产。

第二十六节。现在再让我对这个简单的事实提出一个很自然的解释。这个自然的见解就是，星期一的经验仍然存在于心灵中，但决非保持特殊意象的形式，而是内容所含各成分之间的联系。这样一种结果，它的形而上学的本性我们不能在这里探讨，[10]可是就其显现于我们面前的情况来说，它也很容易说明。这就是一种倾向要从一个普遍性过渡到另一个普遍性，无论何时一遇前者呈现于一实际的知觉或意象中，马上就会想起后者。就我们现在所考察的例子来讲，所有糖块的式样、大小、给糖的人、什么地方、什么时候以及当时的经过情形，都已经没有了。剩下来的不过是一种倾向从一个因素过渡到另一因素，从糖的白色、结晶形以及吃时所感到的硬度，而想到吃糖以及糖的甜味。

我们可以这样说，星期一的经验建立了"白色—吃下—甜味"的联系。星期二给予了白的颜色，于是我们便有了"这个白色"。通过一个初步的综合，我们得到了"这个—白色—吃下—甜味"，再略去我们所不注意的部分，便获得了"这个—吃下—甜蜜"，或再加以省略，就成了"这个很甜"。我承认你这个"甜"现在是完全特别的，可是它的特殊性却与它的回忆无关。相反，它的细节倒要靠着引起它来的现在的结构。这里根本没有什么特殊的"白色"的意象，能够发生作用的只是一种普遍性的"白色"，而这却已经给予在现在的知觉之中。

这里有什么"相似性"呢？它是不存在的。相似性总必暗含着差异的感觉，但是这里特殊性的差异并没有出现于心灵之前，因为它完全不在想到的范围以内。

我们不妨抛弃"相似性＋接近性＋遗忘律或原始的轻信"，而

第一章 观念的联合或联想论

代之以"同一性＋接近性"的假设，这样一来就容易得多了。但是有两件事我们必须牢记在心，这里所谓接近乃是各种普遍性的联接，决不是联想论派所说的接近。而同一性也并非呈现于心灵之前。如果你专就简单的事例来看，心灵是不知道有所谓差异的。它总是直接从一个给予的东西过渡到另外一个事实。

第二十七节。我们可以把我们的见解说出来作为一个工作的假设，不一定是对的，甚至也不一定是可能的。假定一个心灵 X 具有某种机能，X 受到了刺激就可以重新作出其从前曾经作过的机能；假定每一个机能里面都含有一些成分连接在一起，例如 a—b，a 出现了就会引起 X 再次实现那个包含着 a—b 的机能；再假定 a 是给予在一个新的结构中，例如 Ca。这样，X 一受刺激便过渡到 b，于是遂有了 Ca—b；结果在这个心灵之前便出现了 Cab，这就是我们现在所要说明的事实。这样解释可能是不对的，但至少我们必得承认它是很简单的。

联想论派就是要我们相信，依据"经验"，应该说"相似性"乃是一种中间的东西，随着每一对成分的出现而出现，同时如果只有一个成分出现，这个相似性就会唤起另一个成分。"科学"应该承认心理现象只有在被知觉到的时候，才能够成为存在的东西，一面又说可以"唤起"、"回忆"它们，如同"召回"一个驻外使节，或者呼唤一个仆人，又好像"关系"变成了电线，按动电钮就会使电铃响起来，或者"相似性"可以当作钓饵，把过去的幽灵引到面前似的。而"实证的知识"就是使本来没有呈现于心灵之前的东西，转变为呈现于心灵之前的东西，跟着后面又施展一个神奇的手法把它一齐打消。诚然，我们不可以迷信形而上学，但是天下还有比这些话更坏的形而上学和更荒唐的神话吗？

第二十八节。我们为什么要采取这种粗暴的诡辩呢？这当然不是事实真相，我们歪曲了事实。我们认为这正是利用形而上学掩耳盗铃地逃避问题。这才是真正的形而上学。就是因为我们不加辨别地滥用形而上学的教条，所以得出了这些混乱支离的结论。我们为什么一定要认为同一律是不可能的，而普遍性的综合不过是迷信的残余，在十九世纪已经过时了呢？这不过是因为我们定要认为除了特殊的存在之外便无所谓实在，而心理的结合则只限于这些分离割裂的各单元之间的关系，因此同一律是不可能的。不过这当然不外乎一种形而上学的见解，如果不止于此的话，那就是一种教条。经验论的哲学家，就我所知，从来没有提出过任何证据；他们只是从他们的父亲听来的，而他们的父亲也是从他们的祖父传袭下来的。其所以认为真确，不过是由于一脉相承的正宗传统，从来没有人不是这样。试问经验学派还能拿得出任何其他稍微合理的根据吗？

照我所知，他们从没有这种企图，只是假定了如果你不能生吞活剥地接受这一教条，你就不能不采取另一种不可容忍的观点。你只能在单纯的普遍性和单纯的特殊物之间作出选择，不相信前者，就必须采纳后者。但是我们要问，为什么一定非采取这两者不可呢？为什么我们不可以另换一种看法，认为只有具体的个别物、只有个体才是实在，而所有单纯的特殊性和抽象的普遍性都不过是具体个别物里面的各种区别，离开了个体便成为同一虚构的两种方式呢？你也许说，这是不可理解的。但这大概由于你从未听到过这种说法，或者听到了已经太晚，习以为是，不想再求进步，改造自己的思想。即使承认我所提出的看法是难以理解的，你的见解在事实

第一章 观念的联合或联想论

的面前，如果没有其他比较有力的论据，单靠形而上学片面先天的演绎，还是站不住脚。

第二十九节。前面我们已经说明了，我们经验演进的过程具有一种综合的结构，以同一律为基础，而相似性的联想跟它并不发生关系。我们说明了进行推理以及检证其是否有效的标准，也就是在一切经验发展过程中发生作用的原理。照我们的见解，这个事实的起源已经说明，同时它的存在也就有了合理的根据。但是如果照联想论时髦的理论所说，各种初步的推论到了后来便都说不过去，为了解释这个无根据的事实，只好制造许多荒谬的幻想。

所谓相似联合或联想不仅不能解释推理的过程，而且彻头彻尾是空话，找不出一点证据。现在我们便来说明这一点。

由以上所举反对的论点，至少我们已可推知相似联想论所说的现象是靠不住的，这里且来研究一下能否找出一点迹象可以作为它的根据。

据说（密尔《论哈密尔顿》第315页附注），最基本的相似联想的实例并不能归入心理复原作用一类。但是我们可以提出一个很简单的答复。由单纯相似性而引起再现的作用，这个事实如果实在，它本身就可以成立，谁也不能怀疑它。但是我们所要否认的正是这个事实的存在。各种观念和知觉可以引起跟它们相似的观念和知觉，这个一般的事实当然是已经承认了的。可是这不单能够归之于复原的作用，而且老早就已经归入心理复原作用一类了。我们可以举一个具体的例子来说一说。

第三十节。假定我在英格兰海岸散步，看见一个地岬 A 伸入海中，忽然想起威尔士的另一个地岬 B 的观念，于是有感于衷地说，

A 和 B 两个地岬是多么相像啊。现在所要说明的就是这个事实。根据虚伪的理论，要解释这个事实必须假设地岬 A 和 B 观念之间发生直接的联系，因为照这种理论所说，联想的暗示是完全简单的。其实，首先这样假设的要求就是妄想，其次所说的暗示也决不简单。假如我们在断论的时候，愿意分析一下，那么很快就可以找出这个事实真确的说明。

A 的内容如同任何其他知觉的内容一样，也是复杂的，包含着各不相同的成分。例如，它具有一种形式，这个因素我们可以称之为 p。再看同时引起来的观念 B，它也有一个复杂的内容，其中包含一个同样的因素 p，跟许多其他的因素 q，r，s，t 等连在一起。这便是所与的条件，让我们来研究一下应该有怎样的结果。

首先是 A 呈现于当前，从而显露了 p，这个因素通过复原的作用刺激心灵 X 又产生了 qr。接着怎样呢？

这时可以发生的情形很多，我们很难搞清各种不同心理的细节，确定最后的结果。但是这也不属于这里所要研究的范围。我们所要注意的就是这一结果，qr 一定与 Ap 相合一。于是 A 便被修饰而成为 Apqr，这自然是一个无意识的推论。不过就现在的场合来说，我们还得假定这个不可能发生；因为我们原来假定了 q，r（譬如说一定的颜色和一定的体积）是和 A 不相合的。那么结果如何呢？我们可以设想 qr 也许被抹煞掉，它可以不为我们所察觉，心灵可能很快为另一新的感觉所吸引。我们还可以设想 qr 虽未受忽略，却当成了一种媒介，引起许多其他的观念，跟 A 和 B 都毫不相干，使我们浮游到很遥远的他方。但是这些可能性我们却须假定没有一个可以成为实在，惟有 B 的观念能够在心灵中出现。我们怎样

第一章 观念的联合或联想论

解释这一点呢？

我们的解释很简单。B（我们回忆而知）曾经有过的内容是 $pqrst$，现在我们有的 A 带来了 p，于是又引起了 qr。但是 qr 不能与 A 相结合。我们可以假定它们继续吸引，最后成为完全的综合 $pqrst$，这个综合与 A 不符，当然始终不能与 A 成为一体。可是一个独立的 $pqrst$ 就是 B，我们也可认出它就是 B。现在 B 既与 A 相对照，那么我们对于它们两者相同的知觉便根本无须乎特别说明了。这样解释这一问题，我以为很简单，很自然，而且很真实。

第三十一节。也许有人仍然反对，第一认为假如这个感觉是简单的，上面所讲的理论就不会发生作用。我承认这一点，如果对于一个简单的感觉它也会起作用，那就反而不合理了。我情愿我所采取的任何理论都不是解释不可能的事情。其实，要任何现实的表象都很简单是不大可能的。纵使它没有什么内在的性格特征，它也必得会受到它的各种环境关系的限制修饰。而这个错综复杂的情形就足够使它成为不简单，并且适合我们的目的。因为简单内在性格的同一，加上两组外在关系差异的对比，马上就可引起心理复原的作用，产生类似性的知觉。这一点我想一个清醒的争论的对方是不能够否认的。如果他们一定要否认这一点，我便请求以归谬论的形式来答复。如果这个提示或暗示是很简单的，那就意谓着相似的东西之间大概没有差异，或者大概十分不同。这两种情形无论哪一种是对的，都不能成为相似；可是如果两种情形没有一种是对的，那就是承认所谓暗示并不简单，这里面各种因素都有一个相当复杂的内容。

我也能设想出另一种情形，其中可能包含着错误，但是所有暗示却似乎没有什么心理复原的作用。假如一个观念现于心灵之前是不稳定的和动摇的,它可以转变为不同的东西。这个不同可以被认识到,可以显露为一个观念,并非第一个观念,然而仍然看得出和它是相似的。不过既然是不稳定,当然就不是通过相似性的再现或复制。如果这个与前一观念相似的新观念,是由实际印象中所发生的变化而产生的,那么自然就根本不是什么相似性再生的问题。但是,如果这里面变化的发生与新感觉的刺激无关,它就还是心理复原作用的一例。因为这可能便是决定这一观念动摇方向的原理。

现在说到第二个反对的论点,虽然我要承认我对于这一论点不大能够理解。据说形式,比如一个三角板的形式,并非许多特点当中的一个,从而也不能跟它们一样唤起其他的特点;然而一个三角形却可以唤起另一个三角形,除形式而外别无其他相似之处(参考J.S.密尔《论詹姆斯·密尔》第一卷第113页)。但是为什么一个东西或一个图像的形式就一定不能成为"特点"或特征之一,从来没有人讲过,而至少在我也实在无法想象。我很高兴,当我忘记了这一节文章的时候,再度想到这个情节,发现无意之中(第三十节)我已经找出了一个例证,可以明示形式,也能作心理复原作用的基础。所以我也就不再多说了。

还有一个误解,我们最后可以讲清楚。培恩教授先指出"在相似性的中心总具有接近性作它必要的纽带,这便显示了两种过程同时进行,是分不开的",但是,如果我对他的理解没有错误的话,接着他又声称,尽管如此,通过纯粹相似性至少确有局部的再现可以发生。

他说,"我们可以设想相似性不过是接近性的另一形态,就是指一个复杂的整体所包含各种特点或各部分的接近和联合而言。这个推理是很匆促的。因为接近就是相似物的恢复事实的一部分，但并非全部的事实。待恢复的事物，在其各部分互相附着以前，还要经过一个清晰可辨的特有的步骤。把一个新的和一个旧的相符合的部分嵌入原来的轨迹，这件事本身就是一种心灵的活动，随之而来的另一种心灵活动决不能打消它。上面所说的效果作为符合或同一的意识，相似性灵感的闪耀，是很真实而且很清楚的。我们可以意识到这种效果本身；有时我们可以发觉到它而没有其他，也就是说，没有按照旧有对象的整体给以全面的恢复。我们往往察觉到一种同一，却不能够说出与之同一的是什么东西，恰如有时我们看到一张画像，发生一种印象，觉得曾经看见过本人，可是说不出这个本人是谁。这时对我们发生作用的便是同一或相似性，但是事态的恢复由于视为同一的对象各部分接近很微弱，于是有了缺陷。这里明明是纯粹相似性的效果，随伴着这个效果的是一种特别形式的意识；但是再现的力量却是不充分的，缺少了纯粹接近性同时发生作用的纽带。一张画像也许不能使我们意识到曾经看见过本人。假定我们已经看见过本人，这当然就是纯粹相似性的失败"（培恩《论詹姆斯·密尔》第一卷第122—123页）。

在批判这一段引语之前，让我们先来看一看这里面所说的事实按照我们的理论，是怎样容易解释。当地岬 A 凭着 p 唤起了 q, r 的时候，这些因素并没有归属于 A。但是除非 p, q, r, s, t 等综合体完全齐备了，它们也不能够使 B 恢复。这个局部而又不完整的认识之所以造成不安的情调，正由于出现了互相连接的因素 p, q, r, s，它们实际上是不完全的，但一面又隐约暗示着完整的迹象，使我们感到每一个瞬间有如一个别的对象将要来临似的。但是尽管 *pqrs* 的整体可以继续不断地唤起其他因素，例如，*u*, *x*, *y*, *w*，却终不能造成一个全局可以归入我们所知道的任何项目。然而，如若 *t* 被唤起，马上我们就能想起 B 来。在这个场合，我们便有了恍然发现之感；而在前一场合，我们则只有思索的心情。这样说完全是合理的，没有矛盾的。

培恩教授的说法就不能这样首尾一贯。[11] 他的见解，照我所了解，就是认为要使 B 的再现成为完整，非有接近性不可，可是部分的再现没有接近性也可以发生。换句话说，相似性的触发足以使我们认识过去的轨迹，但是接近性的纽带却过于薄弱，不能把各部分牵合在一起。打一个比方，相似性好像一个铁锤打下来了，虽有火光一闪可为符合之证，但是这个火光却来自铁水的锅中，冲不破接近性方面所受的限制。这里我以为培恩教授又是为了幻想而牺牲真理了。

其实，任何东西一经回想引起符合之感，就必得含有所谓接近的性质。假使没有这样的接近性，便没有东西可以辨认。这是很容易明白的。让我们先假定我们所发现的相似性已经"达到了同一的程度"，再假定所有和 B 相联并且使 B 受到限制修饰的各种差异，没有一个被唤起。这样能够得到的是什么呢？没有别的东西，不过是 A 的内容的一部分，比如说，是 *p*。可是 *p* 不能符合任何东西，因为它能符合什么呢？这里除了它本身而外，便没有别的了。但是另一方面，如果使 B 受到修饰并使之所以成为 B 的各种差异均被唤起，那么显而易见，我们便马上有了接近性；因为 *p* 正是通过接近性才恢复了 *pqrst*。培恩教授的意思就是说，"我们并没有达到 t,

第一章 观念的联合或联想论

所以我们也就没有达到 B。我们只是有了 pqrs，所以我们不能认识这个结果。假如我们从 p 一直过渡到 t，那才有所谓接近；假如我们只到 s 为止，便根本没有接近可言"。

这种看法当然是空疏的武断。如果一张画像和原型的观念两下的差异不能全部由接近性而来，为什么有些差异又能由接近性而来？为什么不能整个都由相似性带给我们呢？如果有些差异能够由接近性提供，为什么不能全部都由它提供呢？它们都互相"接近"，岂不是很明显的吗？换言之，假使相似性不能唤起所有各种差异，它为什么又能唤起某些差异？为什么不能整个地归之于接近律呢？

这都不过是因为我们不从事实出发，而只凭自己对于那个事实不正确的理论说话。在 Ap 这个知觉中，p 并非真是一个特殊的意象；如果你说 q，r，s，t 只是和这么一个单纯的形容词 p 相联，那你就是放弃了自己的谬论。你要保全你的理论，所以杜撰了一个虚构的意象 p，当作实在的东西，而且只能为相似性所引起。但是结果却造成一个妥协而动摇的局面。你没有勇气说明 A 通过相似性唤起了整个的 B，而你的理论又不许你说它是凭着接近性做到这一步的。既要满足这个事实，又要适合你的理论，于是你任意指称某一部分为相似性所造成，其余部分又为接近性所产生。实则这样既不能满足你的理论，也不能符合这个事实。因为真正接近的东西并不相似，而认为相似的东西又从来不曾接近。按照你的理论被唤起的特殊意象，根本没有和任何东西接近过。而通过接近的关系恢复了 $qrst$ 的那个现实的因素，又根本不能称作与 A 相像的东西。它是一个普遍性，构成 A 的内容的一部分。我们所以陷入这种混乱，便由于我们硬要把很坏的形而上学强加于事实之上；但是如果我们明白了所谓相似性的联想是不存在的，马上这种混乱就可以烟消云散，一切都可以找出头绪来。

第三十二节。由上可知，相似观念的再现可以归为心理恢复或复原作用的一种。如果英国歌颂联想论的人们不专以指摘德国人的愚笨为事，而肯虚心向他们学习一些东西，也就不至于这样落后到现今还坚持原来的糊涂主张了。

"假使现在所看见的事物和另一个事物在种类上相同，而这另一个事物是在另一地方跟其他事物联结一起被知觉到的，则幻想一定可以产生所有这些事物的知觉。所谓彼此相似也就是指属于同一种类而言（《本体论》第233及234节）。这些东西在种类上是相同的，因此相同的事物里面必具有某些东西是相同的（同书第195节）。所以我们现在看到了A在种类上与B相同，而我们曾经见到，B则在另一地方与C合在一起，如此，则B所包涵的东西至少必有一部分发现于A的知觉中，整个知觉便可通过幻想而再现（第104节）；幻想也可以使B本身出现……

"这一点可以证明如下：假定我们在一次宴会上看见了许多宾客和斟满了美酒的酒杯。第二天我们在家里看见了自己时常饮酒的酒杯，便唤起昨天所见宾客和酒杯的意象以及宴会上的其他各种事情。此时你在家中所见的酒杯便跟宴会上的酒杯至少在种类上是相同的"。*

让我们再来看一看马斯是怎样说的，下面一段系译自他所著的

---

* 引自 Wolff 著 *Psych.Emp.* 第 105 节，1738 年新版，1732 年初版。

第一章　观念的联合或联想论

《关于幻想的研究》1797年第二版。

"我们说到的这些规则第一个便是所谓相似律：一切相像的观念都互相联结。*我觉得许多心理学者给予这个定律的地位和部分知觉"[复原]"平等无差，并且认为它是独立的。不过依照这种见解，前者被抬得过高，而后者又降得太低了。相似的观念或其符号，如果没有形成一整个知觉状态所含的部分，它们就决不能够联结起来。这句话有效是无例外的。例如两个观念 a 和 b 彼此相像，因为它们有一个共同标志 β。假定现在 b 与 a 相结合已成为一个事实。"[这个事实的解释就是]"b 含有特征 $\beta, \delta, \varepsilon$，而 a 则含有特征 β, α, γ。"[当 b 呈现时]"α, γ 两个特征自然与 β 相联合，"[β 是在 b 里面出现的，而 $\beta\alpha\gamma$ 当然可辨认为 a。]"所以联想的发生是在两个相连的观念之间，这两个观念是一整个知觉状态里的局部的成分。"（原书第55节）**

我承认这段话原文非常简短而艰涩，因此我不能不加上一些注解。但是我可以参照原书的其他地方，所以大意是不会弄错的。

就从这几句简单的引语，也可很清楚地看出联想论者还有不少东西必须从头学起了。***

第三十三节。还有一个可能的反对意见我们可以预想得到。

---

* 这里"观念"包含知觉而言。

** 原书附录 Maas, *Versuch über die Einbildungskraft* 德文，从略。——译者

*** 哈密尔顿曾经提起关于相似联想真确的说明，而且加以批评。遗憾的是他对这个问题完全没有了解。他首先告诉我们沃尔夫之言不足信，"引用是不恰当的"，这里"恰当"二字不知作何解释，大概哈密尔顿并没有真正懂得沃尔夫所说的意思。接着，他又窜改了马斯的话，使它变得毫无意义，至于他的批评，不过证明他对于沃尔夫及其追随者实在的用意，一点也不曾理解罢了（参阅《托马斯·里德著作集》第913—914页）。

也许有人说，"姑且承认你的理论可以解释相似性的暗示，但这种解释未免太间接迂回了。我们的说明却是直截了当的，只需要一个简单的定律。哪一个说明比较简单，当然也就更好"。我实在想象不出还有什么比这种论调更不科学的。这就是要把复杂的事件作简单的说明，换言之，即不肯分析，只声明一个事实便当成了原理。结果（如我们所已明示）反而给简单的事物造成复杂的描绘。但是像这样，你把一个派生的定律说成一个终极的原理，所付的代价已经使你陷于破灭的地位了。你必得为最简单的过程添出许多细节，明明是原来所没有的。这样一种手法当然是和科学背道而驰的。

如果还有人说，"无论如何，照你所说那种暗示的过程，对于一个原始的心灵总归是太复杂了"，这样辩驳只会再一次加强我的立场。因为这一过程并不存在于原始的低级的心灵中。本来相似性乃是比较晚近才有的知觉，在早期阶段是不可能出现的。对于未发达的智力来说，不相像的东西大概就是单纯地不同，只是差异。能够看出或者察觉两个东西不是一样而又相像，彼此相区别而又有一部分同一，这个业绩在低级的心智是不可能的。这需要有一种比较高级的反省和辨别的能力，没有一种清醒健全的心理学可以把它归于心理演进的最初阶段。毫无疑问，你可以说从最早的时期心理的成分一开始就有彼此相像的，虽然心灵还不能够知觉它。可是这样说来，你又引起了一个问题，我以为对于经验主义的信徒们，是不会怎样受到欢迎的。因为既然心灵的状态能成为彼此相像，而这个相像又非对心灵才显现，试问这样的相似性如果不是这些状态所包含各种成分的同一，还能是什么呢？须知一经承认一方面有心灵里面的现在是或曾经是如此的东西，另一方面又有为心灵所感知或现在显露于心灵之前的东西,提出这种区别,对于正统英国信条来说,是有致命的影响的。这就等于为了自圆其说,而出之以自杀的手段。

假如联想论派希望自己的理论首尾一贯,也许可以在离开意识的"观念的机构"中,找到一点办法来支持他们摇摇欲坠的信仰。但是那个机构便暗含着关于灵魂之统一以及观念之永存的形而上学的主张,而这些本身也多少有些难于维持,并且与我们最根深蒂固的偏见相冲突。

不过,如果为了理论的一致而不惜走上自杀的道路,那就很可以考虑一下是否应该采纳我们所说的见解了——这个见解就是一切联想或联接都起于普遍性之间,整个都是通过同一性而产生的心理复原的作用。

第三十四节。无疑,我们所能得到的回答定然是一句老话:"不能,不可能两个心理状态具有共同的成分,因为果其如此,它们便得成为同样的了,而这是不可能的。"碰到这个顽固的形而上学成见的礁石,我们的说明只好打断了。我们也犯不着对经验论的信徒,指出他自己的理论便是碰上这个同一的铁的教条而归于破灭,这是毫无益处的。我推测,他一定会说:"这些事实尽可以不必解释,奇迹也好,虚构也好,让它们一直说下去吧,分析可以忽视,而经验也可抹煞,只是切不要叫我不忠于我的原理,不要叫我背弃祖宗的传说。一度成为前进的思想家,便永远是前进的思想家。"这些话我无从回答,也不愿有所指摘。我只敬佩这种虔诚的态度,但再也不能够学到。

但是,对于那些不预备一辈子抱残守缺墨守成规的人,临了我还要尽一点忠告。首先我要问,你是不是专想在第一原理上作理论投机,抑或愿意把你的目光完全限制在特殊的题材中?假如是第一种情形,我就要请你自行慎重地考虑问题,而不可轻于接受别人的论断。如此,我纵然不敢预言你将得到怎样的结果(如果能够有一点结果的话),但可以肯定你所作出的结论不会与英国人世代相传的正宗教义完全一样。有些人并不想做形而上学的研究,无意花费许多时间,浪费自己的生命于毫无效果的辛勤努力,这种辛劳大多数人都视为痴狂,而他们自己对它的价值也半信半疑——对于这种人,我也要提一个浅薄的意见。我们是否可以研究心理的事实,而不必自找麻烦,对心灵终极的本性及其内容,先存一种信仰或不信仰呢?在形而上学上,你如果有所不信仰,同时就必得相应的有所信仰,如果你一定要回避变成一个职业的形而上学者,那么这些信仰便要成为教条。假若专钻研事实而完全撇开形而上学,是不是更好一点呢?

假如别的科学能够这样做,心理学当然也能这样做。我们知道在别的科学中是怎样做到这一步的。用来说明事实的所谓原理不过是工作的假设,其所以成为真实便因为它有效,亦只限于在它有效的范围以内,并不一定当作关于事物本性的必然的说明。例如,物理学家就不一定要相信原子或以太存在的形状真的完全合乎他的观念。只要这些观念能够使现有的知识获得合理的统一性,而且导致新的发明,这样,哪怕是最精密的科学最迫切的要求也就充分满足了。这些观念既经证实,就是真确的,因为它们可以拿来应用于事实而有效。假设这时一个形而上学者从旁插入,对物理学家进行干涉,或者批评他的结论,这种行径在我看来是对形而上学采取

第一章 观念的联合或联想论

了一个极不正确的见解。心理学也是这样。我们没有理由可以认为这一门科学就不应该运用一些推论假设来帮助研究,虽然这些如果你要看为各种事实的真实说明,就会变成荒谬。因为心理学家研究心理,并不需要知道他的原理当成绝对的东西是不是实在。这种原理只要对解释现象能有用处,只要能使问题研究获得一些头绪,可以帮助我们处理可能发生的新的事实,这便是心理学家所关心的一切。我们的原理除了是工作的假设而外,没有别的意思;我们不知道,也不必知道它们经过严格的审查是否会成为虚构。

这当然也可成为研究心理学的一个方法,用这种方法研究心理学还能避免一些无谓的纷争。例如,"联想律"如果不再当成心灵活动的真实说明,我便没有任何权利,也不会有任何欲望来批评它的真与不真。在同样经验的心理学范围内,我也要提出我所认为比较更方便的假设,而任何以形而上学为根据的反对的论点当然是置之不顾的。这样,我们也许能够使这一门科学的研究得到现在看来似乎不大可能的进展。即使我们不能推动知识的进步,至少也可省掉自己许多的麻烦。

第三十五节。以上区区之见是很平凡的,但它将要碰到的阻力却是很大。第一个障碍就是一个很坏的传统的成见。大家总以为心理学者必须做一个哲学家。而心理学者也习惯自以为是哲学家,如果给以一个较低的地位是不大愿意接受的。然而这种看法事实上恐怕完全是讲不通的。我可以承认他是哲学家,但不能承认他研究第一原理。第二个障碍跟第一个差不多。这里我们正好得出一种所谓反题。心理学家应该知道自己的分际,不能侵入形而上学的范围。然而,如果他不是一个懂得形而上学的人,他又不能知道这个分际或界限何在。其他的科学在一定程度内也是如此。例如，物理学家也往往以为他的指导观念就是终极的事实。这种倾向对于一般的专家都很不利。只有广阔的知识和胸襟，或相当形而上学的修养，才能使他免于这个错误。可是在心理学上，情形却更加恶劣。[12]这门科学本身便带着特殊的引诱力，研究物理学、化学或生物学的人所不容易犯的毛病，在心理学上却不算一回事。再者，心理学家大概也欢喜涉猎或牵连到形而上学。仅有很少一点形而上学的知识，决不够使他明白其所谓原理都是虚构。可是我们主要的英国心理学者，对于形而上学所知道的却少得可怜。他们一知半解便自以为是，甚至（比这个更坏）还要教别人相信他们已经完全懂得了形而上学。这种恶劣的状况在某种限度内恐怕还将继续发展下去。

最后还有一个阻碍。研究形而上学的人往往对于心理现象的本质自有一套看法。他会以为只有他懂得这些事实的真相，因而坚持他所认为万无一失的心理的解释。这样一来，他就会对以经验为主的心理学者横加干涉，本意是想提供一种很好的形而上学，结果反而产生一种很坏的形而上学。这固然出于一种错误，不过这个错误恐怕是不大可能完全消除的。因为一个人一旦看到除了形而上学之外，每门科学都使用一些虚妄的假设，这时他便很容易作出结论，认为第二步应该由他来打消这些虚构，而代之以他所承认的真理。但是他如果仔细一想，便可明白，人们是不能够没有神话的。[13]无论是在科学、政治、艺术还是宗教方面，总可以找出一些神话，而且要完全排除它就不行。如果专就科学来说，便没有一种科学不利用假设，一点虚构或神话都不要的科学是不存在的。

第三十六节。这里我们已经说到了一个很大的问题，为我们所不能处理,可能只会引起误会与怀疑。可是我们拒绝联想论派的原理,却决无误会与怀疑的余地。我们驳斥它们是为了形而上学、为了心理学、也为了逻辑。我们为了形而上学,所以要反对武断的原子论,这种原始的神话拿不出一点真凭实据。说心理的现象都是单纯的特殊性,是不对的。认为过去印象的幽灵能够离开坟墓而复活,也是不对的。至于把存在的和不存在的、眼前呈现的和没有出现的东西耦合起来,成为一种并列的关系,好像两端都实有其物似的,那就更加可笑了。为了保护心理学,我们反对假定一个显然没有的现象,接着又杜撰一个根本不存在的过程予以打消。当只须一个假设就可以说明事实的时候,而一定要制造一个复杂的局面,在效果上并不更好,这当然是不科学的。所有这些,我们为了逻辑,也要坚决地反对。推理的基础决不能是这样一个原理,到后来我们明知其为错误;如果联想的理论是对的,我们就不会察觉那个原理不对。假如最高阶段所承认的准则,不能证明从心灵发展的最初便已作为它的活动规律而发生效用,那么在逻辑上当然也是一个不好的征候。

第一章 附注

第一节。虽然我没有多少篇幅,也没有权利在这里讨论这一问题,但是对于本章第二节所说分不开的联想和观念的化学,还须作一个简短的说明。

这两种观点头一个在形而上学方面很重要,据说偶然的联接如果一再重复,就会造成拆不开的观念的结合。这便是说表面看来是必然的联系,可能不过是偶然的遇合。由此我们自可得出结论,认为必然的联系不成为真理的标则。这也就证明我们的信赖必得寄托于其他的地方。经验哲学的逻辑当然有责任告诉我们可以信赖的是什么。

就我来讲，我实在不能从经验论的逻辑得到一点合理的指示，所以现在只好来谈一谈上面说明的前一部分。

第二节。我首先要揭示的第一个缺点，就是这样说还不够彻底，这个联系并不一定要多次重复。只要有一次出现的实例，就足以产生必然的结合。因为正如我们所常说，一次真实的事情便总是真实的。

第三节。其次，我所要指摘的就是各种组合都称作"联合"或联想，但既称联合，当然暗示它所包含联结一起的成分也可以不联合。在我们假定同时存在或并存的现象仅是单纯的联合之前，我们先须证明这一点，至少总要能说得通。

第四节。也许有人说，"即使一切事物互相关联，但作为我们知觉到的东西，它们的结合对我们来说，总必得是一种偶然的联接，所以还是我们所说的联合或联想。"不过这句话说起来也必得要有一点证据才对。我们实在看不出心灵的活动能够想起某一因素而不牵连到别的因素。当你不能解明这一点的时候，你就谈不到什么联合。

第五节。可能还有人这样回答："我们所证明的乃是在某些场合中，单纯的偶然的联接可以造成必然的联系；由此我们可以推断一切场合也许都是这样。这一可能性是已经证实了，而只要有了这个可能性也就够了。"以下将要详细讨论这里所提出的论点在逻辑上的谬误（参阅本书第三部第二篇第三章第二十二节）[14]，但是现在我们可以姑且承认它是对的。从这个论点应该得出什么结论呢？是说人们免不了差错吗？这个我们老早就已知道了。应该断定这些联系都不足信，而须要另寻其他可以信赖的东西吗？那么又有什么其他可信的东西呢？为了辩论，我们不妨承认我们一切信仰可能都是毫无根据，结果怎样呢？那就什么也没有了。假如我们还要活下去继续进行思维，这个可能性便是毫无益处的废话。假定我们都为偶然的联接所欺骗，这样受骗是不是反而正确呢？

第六节。联合便含有其他的条件。它暗含着临时突发的情况。当一个偶然的结合被误认为是必然联系的时候，这个错误实际就在于分析得不够好。补救的方法只有靠着分析力的提高，也许离不开新的事实的帮助。如果这一步做不到，就不可能补救，也没有其他补救的方法。

第七节。除开我们就要说到的心理的化学之外，如果观念的联系确乎只由于联合而来，它就不可能继续保持必然的性质。这是很明显的。因为观念之间

第一章 观念的联合或联想论

真正的联系或结合,必须假定有一个内容在理念上是不可分的,然而联合的知识却必得包含这个理念上的可分性。我们的经验,当其证明有这种联合的事实发生的时候,同时也就进行了分析,解开了被联合的成分彼此间的纽带。

第八节。但这一点还是次要的。如果有人一定认为一切真理可能都不外乎偶然的联想,对于这种论点,我们的回答是(同上面一样),即使这句话不错,我们也不能满足于毫无实效的可能性。如果你想超出无用的可能性范围之外,那就必得要证明哪些地方不讲理的偶然联系曾经造成虚伪的信仰,却一点破绽也没有。这个意思就是,你必须证明对于这种联系的信仰完全错谬,不是符合实际事实的真确信仰,而是混淆互相联系和不相干的事实成分颠倒错乱的幻觉。这个证明我以为是没有的。

第九节。假如联想以知觉之中所发现的联续为根据,那它就是信仰可靠的基础。它所以有欺骗性,只是因为没有加以分析,从而把有关的因素和无关的因素混淆不分。否则它就可以为必然联系的证据。不过在后一情况下,它已不是单纯的联合或堆集了。因为并非表象之中每一种联续都能称为联合,所谓联合只是指偶然产生的联续而言。而一经分析,偶然的东西便归消逝。

第十节。现在说到心理化合的理论。有人说心灵中各种因素如果一再重复,因偶然的机会联接在一起,它们就可以互相附着形成第三种成品,与未结合以前本来的成分迥不相同。但是首先这已经不是联合,因为如果叫作联合,顾名思义,当然要它所包含的个别成分继续存在。化合的东西[15]所包含的分子决不是原来物质的分子,如果把化合品称为联合物那就大错特错了。

第十一节。这当然也可以说只是名词的争执,不过在观念方面像这样化合的事实,至少在我的知识范围以内,实在从来没有发现过。这固然不能说是一定不可能的,但我自己的确没有见过一个具体的例证。

第十二节。以情绪而论,这种"化学的结合"似乎可以发生。不过就连这里,情绪是否可以认为是与化合物同样的东西也很成疑问。它也许是对于一种新的合成材料的新的反应。[16]可是尽管如此,情绪的结果往往不能加以分析。[17]它的再现一部分必须以假想为依据。再者,如果我们就理智的功能来看,在心理发展过程中,无疑确可产生某些作用跟以前的阶段在本质上有所区别。[18]但是这样这些功能也不是观念的结合。只要你严格注意心理的对象,我想任何人也须承认像化学上的那种合成物是没有的。

第十三节。单是举出一些证例，以明联合的事实没有得到承认，那自然只是白费时间，譬如视觉外延的观念就是一种循环论的证法，因为没有外延的视觉实在纯然是臆想。不但这个事实为我们所观察不到，而且有坚实的理由可以完全否认它。你也用不着举出像白色一类的感觉，宣称这就是各种不同的感觉混合的证据，这也是没有用的。可能你听说的是一种复合的感觉，但是这样你就必得以具体的例子证明这些感觉的存在，并告诉我们你为什么相信它们都已被转化了。最后，要把一个观念看作化学品似的，可以随时分解，很容易还原为原来各种成分，也是太可笑了。密尔每当理屈词穷的时候，便拿出无限的观念作为最后的王牌（《论哈密尔顿》，第十五章附注）。其实所谓无限这一观念，照他所理解，便根本不需要分析。它本身便很自然地分为许多部分，因为它是纯然机械的结合。

结论我们必须承认观念的化学不过是一种臆想，决不能正确说明事实，也没有证明这个事实本身的存在。[19]还有一层，假使我们深信不疑单纯偶然的集结便可以造成这样一种化合物，那也不过使我们得到一个原已有了的知识，即根据一般先行的盖然率，任何信念都可以是假的，除此而外，别无其他效益。这个结果在理论上或实际上，有了跟没有完全一样。

增补附注

① 这一章很长，这是由于1883年英国一般心理学的状态造成的。读者须知本章大部分都在特定的时候，为了特殊的目的写成，有些地方现在也许成为多余的了。但是这句话决不能适用于联想只能发生在普遍性之间的理论。这个理论，我老早已说过（《心学》杂志新编第二十期第472页，还有其他处所），得力于黑格尔不少（《哲学全书》第452节以下）。至于我在心理学上别的方面所受于他的启发，可参看本书第三部第一篇第七章。我可在这里附带说明，就我记忆所及，在1883年，我还没有读到赫尔巴特、德罗比施、福尔克曼，甚至魏茨的著作，以及陆宰的《医疗心理学》卷一。不过我已经看过了斯顿德尔的《语言学》第一卷。

② "如果条件为已知"，应改为"被认为即在主词之中"比较好一点；"如

第一章 观念的联合或联想论

果条件是不知道的",应为"如果你不能列举这个条件"。

③ "分析的",参阅本书第三部第一篇第六章第十节。

④ "一经过去"等语,这一段话关于"复活"的问题也许另是一种写法,如果当时我能更好地掌握了赫尔巴特派心理学卓越的著作。他们认为每一种心理状态都可继续存在,并在下意识中继续活动,这种理论作为一个进行研究的假设是不能轻视的。

⑤ "剩下来的只是一种心理的结果",参阅第二十六节。这里我们讨论的实际是心情倾向的问题。这种问题,应该说,归根结底是解决不了的,如果你所要求的是超过一个或者多数经验法则的话。参阅《心学》杂志(旧编)第47期363页,(新编)第13期25页,又33期9页。

⑥ "逻辑的",参阅本书第三部第一篇第三章第二十及二十三节。联想成为逻辑的联想便是应用并从属于逻辑的目的;这就是说,它因求真的目的而为研究对象的同一性和个别性所支配。参阅《心学》杂志(旧编)第47期381—382页及《论集》第362页以下。

⑦ "它们都有内容",参阅第三十及三十一节。这里的要点就是,你找不到一个心理事实完全是单纯的,从而在这个意义中也是独特的。我们必须记着,每一个与料在某种意味中,必为它的结构所限制修饰。参阅编后论文第五篇。

⑧ "这并不是我故意要说的",苏莱教授在其所著《人类的心智》第一卷第331页(1892)也是这样说。读者看了本章之后,自能对这种批评有一个正确的意见,无需我来多说了。

⑨ "原始轻信心",参阅第三部第一篇第六章第三十二节及《论集》第377页。

⑩ "这样一种结果",参阅附注⑤。

⑪ "培恩教授的说法"等语,我很抱憾我对培恩所说的话难免有些失礼。趁这个机会我应该说明,他实在是当时以及他的学派在心理学上最有创见的人。虽然他有时很荒谬,但至少他对事实总有自己的独立看法。

⑫ "在心理学上情形更加恶劣",这里读者不可忘记我指的是英国当时的心理学情形,至少主要在1883年是如此。不过这些话说得有些过火。

⑬ "神话",参阅拙著《现象》及《论集》,特别关于心理学,可看《心学》杂志第九卷新编第33期。读者也许不需要我来说明,一出形而上学之外,任何

部门的真理多少总有些神话的性质，我所以有这种见解实渊源于柏拉图，主要还是得于黑格尔。

⑭ 这里可参阅《现象》第620页。

⑮ "化合的东西"，这里我自然不是表示同意，而只是引用一般所提关于化合真正本性的见解。

这里本来可以谈到融合的问题，研究一下感觉与感觉，感觉与观念或倾向，以及后两者与其本身或相互之间的结合到底是怎么一回事。但是由于这个问题太困难，只好暂且不论。

⑯ "它也许是对于一种新的合成材料的新的反应"，这似乎是比较好一点的见解。没有一个心理状态作为一个统一体能够分解为各种成分单纯的混和，它也不可能像化学上的化合。

⑰ "往往不能加以分析"，这个意思就是，有些情绪分析起来不但很难分析得恰当，而且你还必得要依靠你所相信为它们起源的东西。

⑱ "功能"及"作用"，这些话当然适用于大部分所谓"本能"的东西。

⑲ "也没有证明这个事实本身的存在"，所谓"事实本身"便是指一种复杂心理状态的呈现，其所包含的各种成分不能区别，从而不能把它看成这些成分单纯混合的结果。我想能够承认这样一个事实的心理学家一定是很少的。但是我们可以而且必得认为新的产品决不是许多观念的化合和化学品一样。每一个新的心理结果都是起于有个性的整体的新反应；要想加以说明，我们必须找出各种心理倾向所由形成，以及前一经验结果如何接纳外来刺激并使之或多或少地发生转化的规律。

第二章　由特殊到特殊的推论[①]

第一节。现在来讨论这一问题，似乎是不应该的。在我们已经证明除了在各种普遍性之间，联想是不可能的，而且在心灵发展很低的阶段普遍性便已发挥作用之后，又来重提我们早已从根揭露了的错误，这对于急切期待学习一点新东西的读者，也许是不适当的。因为假定我们所得到的结果是正确的，这个问题就已经解决了。直接从特殊事物过渡到特殊事物的推理是完全不可能的。它至多也只能是心灵的一种想望，而为这个世界所决不能够满足，或者是由直觉而产生的一种先天的假设，一经分析便会归于消逝而为经验所排斥。

第二节。不过也许读者并不同意我们所得出的结论，也可能把这些结论都忽略了，所以还是让我们再做一次努力，看我们能不能使这个晦涩的问题彻底澄清。可是我们决不要希望说服相信经验哲学的一般人。无论我们说得怎样好，他们也不会放弃从小就熟悉时髦而容易的信条。但是至少我们不许他们留下一点借口，不要让他们再以为我们不敢正视他们自欺欺人之谈。

但是有一件事我们却不能替他们做到。我们不愿对密尔《逻辑》有名的一章作直接的探察。那一章所含模糊不清的地方很多，[②]说起来也许比讨论这个问题本身还要费更多的篇幅，而这种探讨我可明告读者，在现阶段他是没有权利要求的。

第三节。为什么我们不能从单纯的特别物进行推理呢？我们的推理是否不根据事实呢？如果各种事实并非特别物，它们又是什么东西呢？所以或则我们不从事实出发，结论也不归着于事实，或则我们能够从特殊物推出特殊物，二者必居其一。这个结果可以从第一原理推演而知。而普通经验也可以支持这个推断。我们可以从已知的事例过渡到新的事例，不需要诉之于任何一般原理。我们已经看到了某种事物出现之后，给予了一个新的实例，马上我们就可断定还要发生某种事物，但是我们的结论除了这个事实之外，并没有别的理由。这样，在后一场合，我们的论题获得了后天的印证，而前一场合则是先天的证明。现在我们还能再加上一个间接的证据。假如推论一定要有大前提才行，那么下等动物便不能够有推理的活动。但是它们显然也会推论，因此，我们的命题岂不是已经证明了吗？

第四节。我们能够逃避这许多证明，置之不顾吗？难道它们不是无可辩驳的吗？我也承认这都似乎是无可争辩的，而且我也没有一点意思想要逃避它们。我同意所有这些证明，可是我却要提出一个问题，它们所能证明的究竟是什么呢？

它们首先证明了我们是从事实的经验出发，这个经验便是我们推理的基础。其次，它们也证明了我们并非总是从一个明显的大前提出发，从而其他方式的推论也是可能的。对于维护这两个论断，我的心愿是决不在任何读者之后的。假如经验学派人除此而外，还要说外延的三段论法实际上是窃取论点，根本不成其为论证，那也早已为我所同意。但是让我们来看一看结论是怎样。假使你的意思便止于此而尽于此，仅在于说明特殊事物的经验为推理的基础，

第二章 由特殊到特殊的推论

不需要什么明确的大前提,我是准备支持你的。但是,假如你还要添上一个结论,认为所以我们的推理是从特殊事物本身直接过渡到特殊事物,那么我马上便要反对。这个结论不能从这两个前提得出来,而且也完全违反我们的经验。

第五节。其实,我们在这里所讨论的乃是一个很平常的逻辑的错误。我们所要证明的命题乃是我们能够作出一个推理,直接从特殊事物本身过渡到其他特殊的事物。而你拿出来证明了的结论则是,我们可以从特殊事物的经验得到一个特殊的结论。如果看不出这两个断语中间绝大的区别,那就陷入了一个很可笑的不当推断。在辩论中,我们要证明这个论题,必须假定或则我们可以直接从特殊事实过渡到特殊事实,或则必得通过一个明显的三段论法(甚至可能通过一个明显的外延三段论法)逐步前进。但是我们实在找不出一点证据可以说这里互相交替的两点就已经把一切的可能包罗无遗,而且这种看法一与事实相对照马上便不能成立。

第六节。假如你一定要说我们可以从特殊事物推论到特殊事物,那么我第一就要请问所谓特殊事物究竟指的是什么东西。我们是不是要这样理会,过去的经验以其本来的特殊面貌重现为这个假想的推理所用的前提?假如有人这样说,我当然只有回答,这不过是纯粹心理的虚构。过去事物特殊的意象保留原来特殊状况,是再也不能够利用得到的。如果认为每一个消逝了的知觉都留下一个永不消磨的样品,这种理论实在是离奇透顶的幻想(参阅第35—37页又第二部第二篇第一章)。

第七节。有人在最低级形式的推理中,也看出一个或者几个过去的意象出现,跟它们所修饰的事实结合一起,这也是一个纯然的错觉。当一个现在的知觉为过去经验的暗示所限制的时候,这些暗示决非来自已逝的事件的特殊意象。这个理论乃是另一种毫无根据的妄想(参考同上)。

第八节。第三,在较高的发展阶段中,过去的事件才能为心灵所回忆,我们才能从一个特殊意象进行论断,但是就连这时我们也不是从它的特殊性、心理环境以及临时色彩出发。我们推理的出发点乃是内容、乃是观念,它们可以存在于不同的时间和变化纷纭的心理条件之下。最后第四,还有一层,这个观念本身也不需要整个用到,我们推论可以从它的一部分出发就够了。

第九节。儿童到了一定的时期就会知道,狗高兴起来便摇尾巴。由此他可以推论,猫摇尾巴的时候,它一定也是感到高兴。他所从而出发的根据究竟是什么东西呢?我们现在所讨论的错误的见解实际就是假定了,先有过去看到的狗高兴摇尾巴的一个或几个意象呈现于心灵之前,因此现在发生的猫摇尾巴的知觉遂直接产生了这个结论,摇尾巴的猫也是很高兴。但是这里必得引起一个问题,为什么从狗的意象里面只会挑选一个属性让渡给猫,而其余的东西都没有和猫相混呢?狗-意象只有一部分被利用,其余的部分完全忽略,这是不是表明了所有这些意象已经发生一些变化,所以它虽然出现,但推理并不依赖这些意象当中任何一个的整体?再假定它们本身彼此便不相同,我们的推论是不是还可以从它们整个的全体出发呢?如其不能,又能从什么东西出发呢?

第十节。所有这些事实,我们应该认为,已使我们没有怀疑的余地,经验的结果只是一些属性的结合,而它们各自特殊主词原有的差别则全已模糊,换言之,即是一种含混的普遍性,它在我们的心灵之前也许显露于一个特殊意象中,但我们加以利用时却完全不管这些。我以为这是再明显也没有了,在我们从记忆出发进行推论特别的事例中,我们使用过去的事件总是把它当作一种类型或例证。由于这个过去的事件以及现在的知觉,都是作为实例来到我们的面前,所以它们两下虽然存在着差异,一部分往往为我们所忽视。我们并不知道什么原理,但是我们觉得这两方面"具有相同的东西"。不过假如是这样,我们的结论直接所从而得出的前提便不是特殊性了。这是一种普遍性的抽象的东西,也就是我们所谓"一般的印象"。

第十一节。从特殊到特殊的推理,显而易见,不过是一种类推的论断。在这种论证中,大家都知道,我们运用的决不是我们的推论所从而出发的特殊事物的整体。这种类比的推理只能骗得了一个小孩子(第九节)。他把狗所具有的一些属性的关系移植到猫的身上。他的推理的根据就是这个一般的关系,其所以为一虚伪的类比,正因为它是一个拙劣的概括。其次,我们为什么要反对错谬的类比呢?这难道不是因为我们误把一些事实当作某种定则的另一证例,而实则并没有共同的定则,所有的事实也都非实例吗?而这一点岂非就可以暗示在真正的类比中,我们一定要使用一个原理,虽然我们未必能把它说明吗?

第十二节。这便使我们要提出又一问题。我们不妨假定一个不可能的情形,在我们心灵之前出现了许多特殊的意象,我们真的直接从它们出发进行推论,这样的推理是不是很坏呢?如果我说,"A,B及C是a,而D跟A,B及C没有差别,所以D是a",这不是一种循环说法,一种毫无意义的窃取论点吗?其次,如果我说,

352　"A、B及C是 a，D不同于A、B及C，所以D是 a"，这岂不是一种更坏的推论，连儿童和牲畜也不会使用吗？

但是假如我们把这个推论的外表修改一下，使它变成真正推理的形式，如果我们说，"A、B、及C是 a，所以D既与它们相像，当然也是 a"，这样一来，我们便不再是从单纯的特殊事物进行推理了。我们的推论乃是从相似性出发，从D跟A、B、及C共同具备的一点或几点出发。不是因为A、B、及C是 a，而是因为它们包含着某种成分 β 是 a，又因为我们在D里面也发现有 β，于是我们才推定"所以D是 a"。可是无论何时我们一从相似性出发进行推论，我们就是从同一性出发进行推论，出发点便是几个特殊事物所包含相同的东西，其本身并非特殊事物。由此可知，从特殊事例进行推论时，我们总是舍弃其中所含的一些差异，不舍弃这些差异就不能进行推论，这岂不是再明白不过的吗？而当这些差异都被忽视的时候，剩下来的岂非很清楚的就是普遍性或一般吗？那么上述错误类比的推理，其缺点在于概括的不当，也就更加灼然可见了。

第十三节。最后，我还要说到一个普通的经验。大家都很熟知，在我们日常生活中，我们都习惯从过去经验的结果推断各种事情，虽然我们也许根本不能举出一个特殊事实来支持我们的结论。此外，我们还知道有许多人记忆力非常好，可以回忆过去详细的情节，历历如在目前，为我们所不能做到，然而他们却不能作出我们所引出的结论，正因为他们不能越出这些细节复制的范围以外。原来不是特殊事实的集合，而是从这些事实得来的一般概括的印象，才真正形成我们推理的必要条件；实际上我们便是从这个出发才得到了我们的结论。

第二章 由特殊到特殊的推论

如果你讨论像这样的一个问题，而从一个谬妄的选言判断出发，那你一开始就走上了歧途。作为讨论的第一步，你已经杜绝了真理。从这么一种二中取一的前提——或者是一个明显的三段论法，或者是从特殊事物到特殊事物的推理——你只能得出一个荒谬的结论。你可以说，外延的三段论法不成为论证，所以我们的推理是从特殊事物到特殊事物。你也可以说，从特殊事物进行推理是不可能的，所以我们总是凭三段论法进行推理，这个三段论法是明显的，（如果你欢喜的话）又是外延的。对我来讲，不管你采取哪一个结论都是一样。因为这两种结论都是错误的，而且根本上是同样的错误。它们是同一根深蒂固的成见和虚妄假定所产生的两个分枝。

第十四节。这一章本来很短，现在让我趁此机会说出我久已想要说的话。有一件事我故意避而不谈，也许有些读者认为是不应当的。在这本书里，我固然不一定要批评我所不同意的每一种理论，但是其中有一种理论似乎很值得一说，我却打算不说。斯宾塞在其所著《心理学》中曾经提出一种关于推理本质的见解，尽管说得头头是道，而且也掌握了一些为三段论式所忽视的真理，可是我认为根本错误。我总觉得他的见解很武断、很牵强，离开事实真相很远，拿到这里来讨论，我不相信对于我们解决逻辑的问题会有多大帮助。③

我也不止一次地想过，以斯宾塞在英国哲学上的地位，我没有权利可以完全不提他的创见。我这样做不是怕多占篇幅，不是顾虑自己没有理解他的想法，也不是有心避免把这位著名学者的学说和我自己的理论相对照。但是我想起了另外一件事，于是遂决定了省略对这一问题的考察。已故的密尔和培恩教授都曾写了不少有系统的逻辑著作。他们对于斯宾塞的学力和在哲学上的贡献,都有一种看法和我不同。特别是密尔表示他的信念所用的词语使我感到,如果没有他的信念,那些赞美的话也许反而好像是诽谤。他们两人都必明知斯宾塞有过许多论著阐述他独创的推理的理论。然而他们一个也没有(就我所知)详细研究过和那个理论最有关系、最新颖而突出的说明。

因此我想我也可以仿效他们共同的沉默。是不是他们不能理会斯宾塞的论证,抑或认为这个问题讨论起来毫无益处,不管怎样,我也可以仰赖他们权威的庇荫。假如这两种情形一样也不是,假如他们认为斯宾塞和他们是一条心,说出来的话虽不同而意思一样,那么他们也应该可以原谅我。因为这样,我当然也可以不作任何批评,或者至少推迟到必要的时候再作批评,不能算是不对了。

增补附注

① 关于从特殊事物推论的问题,参考第三部第一篇第七章第八节及第二篇第一章第五节。

② "那一章所含模糊不清的地方很多",这些含混之点就是(假定以充分的好意来看)本章显然也可意谓我们不曾而且也不能直接从特殊事物进行推论(参阅《现象》第596页附注)。关于密尔,值得探究的问题是,(1)他是不是提出了什么新的见解?(2)假如是的,这些新见解是什么?(3)他的一般立场在逻辑上应有怎样的见解才对?不过这些问题都只有历史的意义了。

③ 关于斯宾塞的见解,我以为它不是以事实为根据,而只是他在哈密尔顿的书中所看到的关于"比较"的理论的发展或继续。大概斯宾塞读书不多,自然更易于为书本所迷惑。

第三章 归纳的论证法

第一节。我们已经知道,在实际上从来没有由特殊事物到新的特殊事物的推理。本章所要说明的是另一个类似的迷信。在英国,至少我们已经相习成风①,大家都认为另有一种归纳的逻辑,可以从给予的特殊事实出发,进而证明一般普遍的真理。它的程序跟最严格的三段论式同样精确,也要遵守各种规则,其严密程度不亚于三段论格式,有人还相信它比三段论式更有用。所以我很担心,如果劝告读者对于具有这些特色的东西采取怀疑态度,也许马上就会失掉他们的同情。

第二节。一种推理的方法(不管它怎样),对于现代科学的发展已经有了相当的贡献,我们还要怀疑它的存在或否认它的效力,当然显得是荒谬。既然有了很大的成就,就可证明它的价值。本书目的不在于探讨科学研究程序的本性,也不在于推究其所提供的证据的多寡。我所要说明的就是,从感觉的特殊知觉出发,单靠完全精确的论证过程以及理论严密的步骤,决不能够达到普遍真理。归纳法的逻辑家如果认为可以做到这一步,我们便可明告他们,这种说法是经不住一驳的。

第三节。我们不需要详细讨论所谓全归纳法。②考察一定数目的个体,然后再把你对每一个体所说的话,用来说明它们的全体,这首先就不是一个到达普遍真理的推理。一个集合的名词,不管是指集体也好,还是分指其所包含的每一个体也好,终究不是普遍性或一般(参阅第一部第二章第四十四节);而以此为根据的推理即使为我们所承认,也决不能达到我们所指望的结论。第二,这种推理本身就是说不过去的。换句话说,假使你从每一个体出发,结果再回到每一个体,这实在不成为一个过程;如果你把符合于每一成员的东西拿来说明这个集合体,那你的错误便更加显然。所以完全列举的归纳法根本就是重复或虚妄,决不能为我们所接受(参阅第二部第一篇第二章第五节)。

如果我们以另一意义来了解归纳法,它的本性便有所改变。假若你先逐一计数达到一个全体,然后又从这个全体转移到任何个体,这个过程当然不一定是虚妄的,也不一定仅重复原先开始的事实;但那样一来,就不仅是以特殊材料为根据了。假如有一群羊经过兽医治疗都吃了药,我知道在这个一定的畜栏内,任何一只羊都吃了药,于是我便可以把各种属性联系起来,而不必想到各别的个体。这样得到的结论是正确的,而且是真正普遍性的;不过这已经暗含一种过程,超乎计数之外。"这个羊和那个羊以及其他的羊都吃了药";这是第一个前提;这里显然缺少了第二个前提。其实第二个前提是有的,写出来应该是,"这个羊和那个羊以及其他羊便是这个畜栏内所有的羊",或"这个畜栏除我们已经计数的羊而外没有任何别的羊"。我们就是凭着这个前提得出结论,"现在只要在这个畜栏内任何一只羊都必已吃了药"。这样,我们似乎还是从"全体"推论到"任何一个",但这个"全体"已经不再是单纯的集合体了。

第三章 归纳的论证法

我们首先确定了全场都已检验完竣，没有遗漏任何一个有关的对象。而计数就是所以得到这个确信的手段。但是逐一列举要想完全，非加上一个消极的判断予以修饰不可，即"在这个畜栏内已经没有一个未曾数过"。这就把集合的全体与可能加入畜栏以内的每一只羊合而为一。这是我们实际推理过程的一方面。另一方面便是一种抽象的活动，能够把贯彻于我们全体对象中的某些属性的联系辨别出来的知觉。由此，给予了一个对象，只要它具有这个条件，属于我们的畜栏以内，我们马上就可以知道与之相联的其他属性。

现在我们得到这个一般联系的过程，在某种意味中固然是"归纳的"，而且还是使用计数的方法。但是计数本身并非归纳，也不是概括。随伴着计数而发生的有区别的分析，才是所以使我们得到普遍性的真正的动力，这才是"归纳"的作用之所在（参考本书第三部）。就是这个分析把事实作了概括。但是它仍然没有越出个别的实例范围，[③]因为它的效力就靠着唯一一个打消的判断，有了这个判断，任何一只圈入栏内的羊都必得与已经考察过的羊是同一样的情形。

重述一遍，假如你只限于单纯的计数，你就得不到一般的结果。假如你要在单纯计数的基础上继续前进，你的阵地便很不稳固。假如你要从完全的列举出发，那么这个完全的保证便根本不在计数的作用之内。概括的力量起于一种选择的知觉，它可以把各种性质特征，或不同的形容词分别开来，而寻出其中的联系。但结论还是靠完全性的保证。其所以有效，就因为我们知道这个联系贯串于全体之中，可以预期包括一定种类每一个可能的实例在内。

第四节。但是通过列举的归纳并不是我们所要相信的推理方法。*密尔讨论这个问题的著作最为有名，一部分由于它本身的价值，一部分也由于其他的原因，现在几乎成了我们的教科书，在这本书里我们找到了所谓归纳的规则，不外乎从别的著作家摭拾而来并加以补缀，给以公式的外表，好像很严密精确。我在这章里面所要指出的，正是这种自称的证明所具虚幻的本质。我们决不要慑于权威的阴影。现代逻辑发展的趋势并不符合归纳证明的思想，真正的权威也许不在那一方面。而且从我们已有的经验看来，密尔也是时常会有错误的。

第五节。最重要的必须记住，我们所讨论的问题并不是利用这等方法是不是也能有所发明？它们也许如某些人所说在实际上很有用，也许如另一些人所说并不适合于工作。这不是我们现在讨论的要点。这里我们所要回答的问题乃是，它们是不是有效的证明方法，可以使我们从个别事实出发而达到普遍性？

因为据说这些规则就具有这种效力。"归纳的逻辑所要做的就是提供一些规则范例（恰如三段论法及其规则之于演绎推理），按照这些规范进行归纳推论，我们的论断便可成为确实无疑。这便是四种方法本质之所在"（密尔《逻辑》第三卷第九章第六节）。"如果说从来没有什么发明利用此四种方法而获得，那就等于说从来的发明都不通过观察实验；因为确实不够，任何发明的过程都可以还原为这些方法当中的一种"（同上）。"但是归纳还不仅是一种研究的方

---

　　* 读过密尔《逻辑》的人当能回忆，他另一方面又认为整个归纳的程序能否成立，便视不完全列举的证明是否可靠而决定。

第三章 归纳的论证法

式"。"归纳就是证明;它是从已经观察到的一些事物推断出未经观察到的某种事物;所以它需要有一个适当证明的标准;而提供这一标准便是归纳逻辑特殊的任务"(《逻辑》第三卷第二章第五节)。看了这几句话,我们对于这四种方法的意旨该可以完全明白了,现在我们便来就这个本旨加以讨论。

第六节。我所要指出的有三点:首先,假使我们只凭单纯的事实出发,这四种归纳的方法便不可能付诸实用,所有规则都预先假定了一些普遍的真理作为工作的基础;从而即使是有效的,这等方法也根本不是归纳的,决非如我们所想象从个别事物进行概括。其次,我要简单地说明上述四种方法骨子里所用的真正推理作用的本性,并指出它的实质决不能视为归纳的。最后,我所要明示的就是,这些规则没有一个可以成为证明的标准,每一个都可得出虚妄的结果。这三种观点并不互相依赖。如果这些规则是无效的,如果它们的本质不是归纳的,或者如果它们都不能适用于个别的事实,简单说一句,只要这三点当中有一点可以成立,归纳的逻辑便从根驳倒。但是这三点都有坚实的根据。

第七节。(I)首先毫无疑义,在归纳中我们所从而出发的基础,主要应该是给予的特殊事实。这一点无需乎引用原文作证。我们很自然地希望看见一方面是没有接触到这些方法的原料,另一方面是作用于原始题材而据以出发的能动的因素。然而这一自然的期待却必得归于失望。

(a)首先引起我们怀疑的也许就是所谓"剩余法"。据说这是"心灵活动"重要手段之一,"人类便赖以实施特殊的观察,通过经验探求自然的规律,"但是接着又公开宣称它要完全靠"先前的归纳"。这就是说，如果没有预先准备好了一个或者多数现成的一般命题，老实说它就根本不能发生作用。我们实在不明白"剩余法"应该从什么地方开始，我们所得的指示只不过是最好先研究"差异法"。等到我们仔细考察所谓"差异"，马上就可发现它们相像的程度令人吃惊。我们不觉感到一种沮丧的观念袭入心头，但是说到这里也已扯得太远，让我们撇开"剩余法"开始我们的探讨吧。

（b）我们注视所有归纳的例证，在各方面都可找到同样的东西。作为这些方法所处理的材料，从来不是事实，而总是普遍性。有时公然毫不掩饰地把概括的结果当作出发点。即使不是这样干的时候，处理的材料也决不是特殊的事实。它总是已经受过预先的炮制，所以能够马上拿来应用，当作一个"场合"或"实例"。但是这就意味着它已经变成了抽象的陈述，是观念的而不是真实的，可以拿来在其他环境中重复使用，从而成了无可怀疑的普遍性。试就第一个证例来看："假定前件 A 为一种碱质和油质的接触。这个化合作用经过屡次试验，除此一点而外每一次的情况全不相同，而结果同样产生一种油脂状的清洁剂或胰皂质的东西"（《逻辑》第三卷第八章第一节）。这就是所提供的原料。在我开始归纳之前，我先须知道在某种确定的条件组合之下，已经发生了某种结果。但是如果我知道了这个，也就知道了给予一定的条件总会产生这些结果。这样，每一个实例已经变成一个普遍性的命题，根本不是一个特殊事实或现象了。[*]

第八节。说来似乎很奇怪，人们的本能有一种偏向，往往欢喜

---

[*] 参阅休厄尔（Whewell），《发明的哲学》第 263 页。

选择不能有所证明的证例。*可是等到我们详细研究了上述规则的本身，我们的惊诧也就转化为另一种情感。那些证例之所以被选择，并非出于爱好，而为势所必然。因为所有列举的规则按照原来假定，就根本不可能处理任何材料，而只能和普遍性的命题发生交涉。

第一条规则

如果研究的现象出现了两个或更多的场合，其中只有一种情况是相同的，则为所有场合之所同具的这一共同情况，即是此特定现象的原因（或效果）。

第二条规则

如果研究的现象在某一场合出现，在另一场合不出现，而这两个场合一切情形都相同，只有一个情形为前一场合所有，后一场合所无，则为这两个场合差别之所在的这一情形，便是所研究的现象的效果或原因，或其原因必不可少的一部分。

第三条规则

如果有两个或更多的场合出现了所研究的现象，其中只找到一种情况相同，又有两个或更多的场合不发生这个现象，其中一切都

---

* 第九节所说的却是一个例外。

不相同，只具备一个共同点，即找不出上述的情况；如此，则为这两组场合区别之所在的那个情况，便是这个现象的效果或原因，或其原因必不可少的一部分。

第四条规则

如果从某种现象，减去由先前的归纳知其为一定前件的效果的那一部分，剩下来的就必得是其余前件的效果。

第五条规则

如果每逢某一现象发生一定的变化时，另一现象亦随之而发生一定的变化，则前一现象必为此另一现象的原因或效果，或两者之间具有因果的联系。（密尔《逻辑》第三卷第八章）。

注意这里所用的词语，"只有一种情况相同"，"一切情形都相同，只有一点除外"，"一切全不相同，只是都没有前一情况"。仔细想一想，等到弄清了这些话究竟是什么意思，然后再从另一方面，就任一给予的知觉的事实考察一下。这样就可看出，一个事实之所以成为特殊的事实，正因为它具有这些公式所预先假定为没有的东西。而一个全称判断之所以成为全称，也不过因为它具有这些方法所处理的材料之所必备的属性。当你把特殊事实化为完全确定的一组因素，各个因素都存在于截然分明的关系之中，这时你已经抛开了原来的事实。你已经有了一个普遍的判断，这个普遍性的意义决不在你的"归纳"的结果所具普遍性之下。我们可以再拿第一个证例来说。你所达到的普遍性就是"油脂和碱质化合便可产生胰皂"。你所从而出发的都是普遍性的,一般的东西,一种油脂和一种碱质,如果在 bc 和 de 条件下化合一起,在每一个场合中都可造成胰皂。你怎么能够否认后面这些东西就不是普遍性呢?无疑它们是不纯粹的,但是"归纳"的结果又何尝是纯粹?难道一个不纯粹的普遍性就全然不是普遍性么?假如你肯定这一点,你就否认你自己的"归纳"的效力。假如你不肯定这一点,那你就是承认你的"归纳"不成其为归纳了,因为它建立于其上的基点并非个别的特殊事实。如果细心体察一下这些公式,我们一定可以看出,凡是能够这样公式化的"实例",都已经预先受到了一番炮制,先已经过了据说只有为那些方法所能做到的加工。苟其如此,所有这等方法也就没有多大作用,可以束之高阁了。我们感到许多先生说起这些规则来,好像以为它们有多大了不起的作用似的,都不过是无谓的空谈罢了。

第九节。也许有人会指出,而且为了公正我也应该提到,密尔自己曾经选择了一个实例,可以证明他的方法足以处理普通的材料。这个证例在这里关系比较密切,因为他显然知道人家会认为他的公式的必要条件并不能在事实中找到,所以煞费苦心地想出这个例子来作为对策。

"假如我的目的是在说明这些过程本身为一种研究方法,那么证据有的就是,不需要舍近求远,也用不着举什么高深和复杂的例子。作为契合法真理之一例,我们可以随意选择这样一个命题,'狗都会吠人。'这个狗,那个狗,还有别的狗,可以 ABC,ADE,

AFG 代表之。这里的 A 表示是一条狗。而 a 便相当于吠人。作为差异法所发现的真理的一例,'火能灼人'这样一个命题便可使我们充分明白。在我接触这个火之前,我没有被灼伤,这时可以 BC 表示之;我接触了火,于是被灼伤,这便成了 ABC,aBC。"(《逻辑》第三卷第九章第六节)

假如这就可以满足上述规则,我想这些规则也就不难满足了。不过此时著者确实已把他的规则置诸脑后了。看见三条狗吠,我便知觉到它们"只有一种情形相同"。当我站到一个烧着的火炉之前,然后再伸手触火受到灼伤,于是我就知道了这前后两个事实"除了一点不同而外一切情形完全相同"。这岂不是很古怪么?显而易见,在前一例中,密尔的论断也同样可以证明一切的狗都患癫癣,后一例也可证明每一个炉灶都会把人烫得起泡。不过这等结论都似乎很难令人置信。*

如果以上所说的话是不错的,那么归纳的方法就陷入这样一个两难之境。因为它们都预先假定了普遍的真理,所以不成其为唯一证明的方法。但是,如果它们能够成为唯一证明的方法,那么每一个真理就都没有得到证明。

第十节。(II) 我要指出的第二点就是,这些方法真正的过程并不是归纳的。这个意思不仅是说它们如上面所已谈过,只能适用于普遍性而已;并且还指这一点而言,就是它们的过程本质也不在于得出一个结论,一定要比前提来得更为广泛。这些方法实际不过是

---

* 这也许可作著者在许多小处精确性的尺度,第二个证例对于方法的应用就有一个错误。这里正确的结论应为"接触便会灼伤",而火实非赋予特征的条件。因为在我接触之前,火已经在那里了,如果本来没有火,那就弄出两个差异,又增加一个错误了。

一种消去的过程(参阅第三部)。一个观念的结构,排除掉它的一部分,你当然可以建立起剩下的一部分。这个结果可以显得比整个原来的材料更为抽象,但是不一定会比某些前提更为抽象;相反,它的抽象程度也许更少。④ 如果五个李子、两个苹果和十个栗子放在秤盘上,与三个梨子、两个桃子和六个葡萄恰相平衡,这时我知道了栗子跟葡萄等重,苹果跟桃子等重,如此,通过想象的作用,减掉其余的部分,我自可推断李子跟梨子等重。不过假如这就是"归纳"的话,那么"$x+5-3=a+4-2$,所以$x=a$",以及"A 或者是b或者是c,A 不是c,所以它是b",也都可以成为归纳了。假如每一个不是三段论式的推理都是归纳,上述两例当然也就是归纳的推理。但是这样一种假设分明是错谬的。这便等于说归纳的方法并非真正是"归纳的",所以它们就是三段论法。这两种话都同样有点糊涂。

所有这些方法本质上都不过是剩余法或差异法,变来变去,它们的结论完全一样。它们都是在一定的整体之间确定一种关系,然后抛开每一个整体各别的部分,于是遂在剩下来的成分中间建立起这种关系来。契合法和共变法的原理也跟其余的方法没有两样。前者的材料就是 ABC—def, AGH—dij, AKL—dmn。又假定了def, dij和dmn这三个组合里面的d不可能由不同的原因而产生,BC, GH, KL 既然不同,因而也就不能产生d。剩下来的只有 A,它是剩余,也是差额,所以 A 就成了原因。这样的过程我们将要见到实在是很不可靠的,按其实质,不过是一种消去法罢了。在共变法里面,我们有的似乎就是 A^1BC—d^1ef;又假定 A^1 变为 A^2 的时候,我们有的便是 A^2BC—d^2ef。从这个整体除掉 ^1BC—^1ef, ^2BC—^2ef,于是便得到了结论 A—d。这里面所包含的原理始终是一样,而著者却熟视无睹,竟然把它当成不同的方法,制订了两三种并列的公理,由此一端也可看出他对这一问题并没有真正深入的钻研。这些不同的方法不过是同一过程的不同应用,由于消去的前提可能与剩下来的结论同样抽象,所以这个过程决不能称为"归纳的"。

第十一节。我们也已知道,首先,这些规则除了适用于普遍性而外便不起作用;其次,我们也知道了纵连在这些限制之内,它们的进程基本上也不是概括的,现在我们再提出第三个反对的论点,这些方法是错误的,而规则都是虚妄的。

(III)我的意思不是要说,对于一切发明的目的,这些方法的缺点一定成为严重的错误。这样一种争论已经越出本书范围以外。但是许多有独创思想的逻辑学者,如英国的休厄尔博士和杰文斯教授,德国的陆宰和西格瓦特教授,对于科学发明的实际过程,都不怎样重视密尔的四种方法。不过不管这些方法有用还是无用,这里所要讨论的只是它们作为证明是不是有效。

现在我就是要指出,这些方法越出了这一或那一个别的事例之外,都不能证明任何东西。它们之所以能够得出一个比较一般的、概括的结论,完全靠着一个毫无根据的假定。

第十二节。我想读者大概可以同意,如果一种方法能够从真实的前提证出一个虚妄的结论,那个方法在逻辑上就必得有不妥当的地方,而它的规则作为鉴别的标准也必得是靠不住的。现在正是密尔本人承认了契合法也可以证明虚妄的结论(《逻辑》第十章)。他自己就说这个方法是"不确定的",并且有"缺点"。然而这却不妨害它继续成为一种证明,而相应的规则也始终公然保持其虚伪的面貌。这个方法还暗含一些"公理",如果方法是虚妄的,这些"公理"

第三章 归纳的论证法

当然也有问题,可是说起来却一直好像没有这回事一样。他明告我们(第十章第一节)以上各章都作了一些虚妄的假定,但是仍把各章的内容当作"福音"似的传授给我们。这里老实说,我实在感到有一点莫明其妙。著者是不是真的知道了所有他的规则都不过是无稽之谈?他知道还是不知道,我不打算在这里细究,因为这种讨论对我们没有多大好处。为了便于说理起见,我们可以假定他并没有见到他的整个方法的全部毛病。

契合法是从这样一些前提出发:ABC—def,*AGH—dij,AKL—dmn;而它的结论就是 A 为 d 的原因。它所根据的原理,恰如我们在前面所已说过,不外乎凡是不同的事例不同的成分都可以略去。这个原理是荒唐的,因为同样的结果不一定总由同样的原因而来。⑦所以这个概括根本就靠不住,从而它的规则也都是臆想。同在第八章,第二节所说的公理也是一样的无稽。要把这些公理变为真实,你就必得加上一个条件:"在这一事例中"。但是这样一来又等于削除了它们的概括力。

第十三节。差异法的毛病是一样。**它从 ABC—def,BC—ef 两个前提出发,得出一个结论,"A 为 d 的原因或其原因不可少的一部分。其实这个结论根本是站不住的。A 在这里可能是一个孤立的因素,在 d 的产生中它的出现也许是很偶然的。对这个规则来说,d 的发生可以完全用不着 A,而 A 的出现也可以不产生 d。这个方

---

* 这里我当然改变了密尔的用语,假如他原来的话能有什么意义,那就显然犯了窃取论点的错误;假若不是如此,那就只会引起困惑。

** 更进一步的说明见第三部第二篇第三章第十一节以下。

法的基础*就是"凡是不能消去的东西，便一定与现象具有一种规律的关系"，这是说不过去的，除非我们加上一个限制，"在这一实例中是如此"，但这样马上就使得它丧失概括的作用了。

同异并用法基本上是一样，毛病完全相同。它的前提就是ABC—def, AGH—dij, AKL—dmn, BC—ef, GH—ij, KL—mn。从这些前提得出了结论 A—d。这个错误与差异法毫无分别。这里正确的结论应该是，在这三个实例中，A 产生了 d。

剩余法的过程正复相同，它从 ABC—def, B—f, C—e，马上就过渡到 A—d。但是这样做，要想言之成理，只有否定 B，C 或 BC 对 A 都起影响以及为 A 所影响的可能性。否则这个结论便跟所有其余的结论同样的不可靠，而它的规则也是假的，除非你加上"在这一场合"字样作为修饰。

最后我们要讲到共变法，这个方法的原理，我以为本来的说明就很欠精密。第一，它的规则里面所说的"无论何时"以及与之相关的公理里面所谓"一定不移"，这两个字眼便非常含混。假如这些词语所意味的是各组因素都有因果的关联，那就必得预先另有一个方法作为根据，而不是光凭眼前单纯的事实。第二，即使我们把这一过程看作是从那些观念化了的前提得出来的结论，也仍然不可能证实所得的结果离开这个或那个场合（或多数场合）还是有效。这里的前提是 $A^1BC—d^1ef$, $A^2BC—d^2ef$, $A^3BC—d^3ef$，而所得到的结论似乎是 A—d。我们显然已经消去了一切东西，只剩下了 A—d，

---

* 原书第三节提出契合法的基础，并认为与差异法的基础不同，都是错误，这两个基础实质上并没有区别，因为你已经假定了各前提相互之间的关系。至于契合法真正的基础，我在前面已说过了。

所以不证明也就证明了。但是所有这些因素当然也不是孤立绝缘的,我们又一次重演了差异法的错误。真正的结论应该是,"在这一个实例(或一组实例)中没有 A 就没有 d"。因为 A 的修饰限制已经使结果发生变化,所以在这个改变或一系列的改变中,A 必与 d 有关。但是不管有多少实例,不管怎样近似,在逻辑上总是不能证明这种关系离开个别场合仍然有效。

假如不是这些前提先已经过观念化,使之可以嵌入我们所定的公式,假如我们所从而出发的真的没有任何别的东西,而只是一些观察到的并存的事实,那就根本得不出任何结论。因为同时存在或共存并列,永远可以是单纯机会的遇合。所以这些规则以及公理,照我们所能理解,必得认为是不够的,否则就是全然虚妄。

第十四节。以上已经说明,所有列举的实例都是炮制好了的材料,要想超出这一或那一个别实例范围之外而进行概括化,所谓归纳的方法都是不中用的,它们的规则都是虚构的。消去的过程不过证明整个的前件跟整个后件的产生有关系(参阅第三部)。如果还要再进一步,把各个因素孤立起来,越出给予的前提一定的界限,这个企图我们已经看出,是在一切方面必然归于失败的。[⑥]

在 ABC—def, BC—ef 等前提中,你已假定知道了 def 与 ABC 相关联,ef 与 BC 相关联,你所尚未知道的仅乎 A 在 ABC 里面是否为一真实的因素。因为它也可能没有关系,BC 可以没有它也能够产生 def。但是现在既知 BC—ef,而根据同一律的假想(第一部第五章),你又确认只要 BC—ef 一度成为真实,它就永远会是真实的。由此,你遂推断 BC—def 必得是不对的。因为要产生 def, B 先须受到改变;而在 ABC—def 中这个结果的发生,除了光是多了一个 A 之外，并无其他可能的改变，可是 A 一定与 def 的出现有关系。所以在这个场合（即 ABC—def）A 必得直接或间接与 d 有关。但是你只能说到这里为止，决不能更进一步，而把这种联系加以怎样特别的渲染。如果要作这样的企图，那就必得要拒绝许多不同的可能性，而且还须假定一些本来在你的前提里面找不到的东西。[*]

我们还不可忘记，纵连这个结论也仍然靠着我们在前提里假定了 d 在 ABC—def 中并非不相干的孤零偶然的东西。除非我们预先完全确定了整个 def 都为 ABC 所产生，我们决不能前进一步。单是这一点也足以使我们明白，如果幻想这等方法能够适用于特殊事实，该是怎样的荒谬。它们完全依靠一种人为的调制，使所与的材料预先经过加工，变成了普遍性的形式。确实，这四种（或者五种）方法如果再要详细说下去，就是浪费时间，因为所有这些程序归根到底都不过是同样的东西。[**]

第十五节。我们已经知道这些方法都不是"归纳的"，因为它们并不能越出给予的实例范围进行概括化。另一方面，它们不能成为"归纳的"，因为它们也不能适用于单纯的事实。它们如果不借助于普遍性，便根本不能发生作用。简言之，它们一面预先假定了一种结果作为其本身的先决条件，同时又声称这个结果只能由它们而产生。再说一句，它们的过程与其称为"归纳的"，毋宁认为演绎的。有些地方所得的结论，其概括性甚至反而比不上它的前提。

根据上述任何一点（我希望每一点），我们都可以宣布归纳的

---

[*] 关于这点以及整个问题，读者可参阅陆宰《逻辑》第二卷第七章。
[**] 关于消去法推理的说明，读者可参阅本书下一部。

第三章 归纳的论证法

逻辑完全失败。如果有人一定要说所有这些缺点，或者其中的大部分，都已为归纳的逻辑家所承认，那么我也不想收回我在上面说过的话。但是为了使对方满意，我愿意妥协一下，把失败两字加上一个形容词，改为自认的失败。

第十六节。如果真的这些方法都是不健全的，如果真的这些规则都是不确实的，如果当真"归纳法"不能成为一种证明，而他又明明知道，并且经常意识到这件事，那么，我将明告归纳的逻辑家，他一定会受到严正的指摘。固然严正的批判也可以是错误的，但我总认为他最好还是告诉人家他确实不懂的是什么，以及到底相信的是什么。不过假使如我所想象，归纳的逻辑家确乎犯了一般人已经公认的错误，那就是说，一方面明认他的方法跟一切人间的事物一样，也有缺点和"不完全"的地方，同时又把它们当作证明的根据，好像没有多大差池，在这种情形下，我只有表示一个最后调协的希望。[7] 如果省略掉那些经不住批评的主张，把他的理论基础和根本观点重新改造一下，也许反能保全他的思想体系大部分免于崩溃。即使专就密尔先生的逻辑来讲，我们也觉得他所谓四种归纳的方法以及由单纯特殊事物的推理，如果作为一种误解，予以完全删除，他的科学理论比较有价值的部分，甚至是更大的一部分，还是可以照旧维持不动的。

增补附注

① "相习成风"，这句话是指 1883 年而说的。
② 关于完全列举和集合判断，这里的说明是有严重错误的。其实，在这

本书里所有关于集合判断的解释（参阅索引），也许都需要彻底更正。要想更好地研究这个问题，读者可参阅鲍桑葵《知识与实在》第76页以下，及《逻辑》第一卷第152页以下。主要的一点就是一切计数都须预先假定一个具有性格特征的整体为基础，而集合判断便是在其组合的范围以内表述其种属的关系。所以我们能够计数到的不可能是单纯特属事物。我很遗憾，在这本书里我的讨论相形之下便是很肤浅了。

③ "个别的实例范围"，假如这个意思仅指"一个单独的羊"而言，那就显然错误；即使指"每一单独的羊"，也仍然是不对的。真正的情形乃是整个的组合当作一个范围，在这个范围内，普遍性的关系便可施于任何地方而皆准。这样，也只有这样，我们才能使用像"任何"和"同样的情形"一类的字眼。

其次一点是，所谓"任何一只圈入栏内的羊"应读为"任何圈入这里的羊"。这里面的差别也就可指出集合判断的弱点。不过关于这一整个的问题，读者还是要参阅鲍桑葵《逻辑》第一卷第152页以下。

④ "相反，它的抽象程度也许更少"，这里我的意思是说，剩余的部分也许比不上某些被排除掉的成分的抽象，或至少在排除时已经使用过的东西。不过这一点（虽然说得过去）还是多余的，可以从略。

⑤ "不一定总由同样的原因而来"，假如一个结果是纯粹的，与其原因密切地"相互关联"，这句话当然就是不对的。但是这里你不能假定你的前提是唯一真纯的，因为你还没有知道你的"一种情况"到底是怎么一回事。关于差异法，参阅第三部第二篇第三章第十三节。

⑥ "在一切方面"几个字，是指归纳法作为证明而言。

⑦ 这本书关于归纳法没有作何积极的主张，我对这个问题也没有什么独特的见解，大体上我现在仍然同意杰文斯的看法，尤其是关于归纳的特色就在于假设与检证联合运用的说明。

第四章　杰文斯的等式逻辑[①]

第一节。当一个人离开了青春的幻想而与事实相接触的时候，会感到一种喜悦的心情。等式逻辑的结果证明它能够把握实在的世界。凡是能够工作有效的，至少必有一部分是正确的。而这种新的逻辑理论正是有效果的。我们也许可以看出它的方法对它的一部分题材并不能适用。我们可以认为这种逻辑理论在某些场合非常累赘，甚至怀疑它的整个公式都有问题。但是这一点我们必须相信，就是，最低限度，这个新的体系也能证明为三段论式所能证明的任何东西。在某些方面，它还显得是真实推理更严格的准则。许多能够适合计数推论的问题，等式逻辑处理起来反而非常简便。无论是讲道理还是凭经验，我们可以说，跟三段论式比较起来，它实在是更易于学习而难于忘记。

本章讨论等式逻辑，完全以杰文斯的理论为依据，我希望做到我未必能做到的两点。我希望能够说明这种理论，使从来没有接近过它的人也可以懂得。其次，我希望能够对它在教育上的价值和实际的力量作一个近似的估计。但是由于既限于篇幅，又缺乏经验，我不得不采取一个较狭隘的计划。本章目的只在于探明这种理论解释推理的过程是不是很正确，它是不是没有什么错误。对于这个问题，我们只能有一个否定的答复。

第二节。我们可以把这个问题分为三个部分。第一(A)我们要问清各种命题是否就是同一,第二(B)直接推论是否就是代入法。第三(C)我们还要研究一下间接法的真相和逻辑机的价值。为便于探讨,我们不妨把我们研究的结果预先作一个大概的说明。我们首先将要证明(A)虽则每一个命题都确乎而且必得说出一个同一性来,然而这决不是一切命题的目的。我们第二个结论就是(B)代入法决不是推理真正的本质,某些推理就根本不能归入这一类。我们还要说明虽然大多数论证可以用等式的形式来表示,但杰文斯所提出的推理的公式却是不正确的。第三(C)我们将要阐明所谓间接的方法虽然完全有效,但并非靠着代入法来进行;最后我们将提出对于逻辑机的一部分不同意见。讨论的时候,是假定读者已经读过杰文斯所著《科学原理》的头几篇的。

第三节。(A)当我们问到命题是否就是等式时,我们必须记着等式逻辑所用的等号 = 并非表示相等(参阅第23页),而是表示完全相同或同一性。所以我们开始所用的"等式"一词,马上便可以取消。现在的问题应该是,判断所表述的是否就是同一性? 这一点我们在前面已经作了很多讨论,所以下面大部分都是重复已经说过的话。

(1)假使我们撇开所有各种理论,专注意事实,那么这个问题就只能有一个否定的答复。例如,"恺撒是病了",或"池水是结冰了",或"哺乳动物是热血的",我们如何能说这些判断的意思就是表示自身同一性呢? 如果说当我们作出这些断语时,我们真正的目的是要否认差异,所要说明的只是恺撒虽然病了却仍旧是恺撒,那就太荒唐了。我们并不是要从差异的前提来申述同一性。这里差别本身才是我们所要表达的知识。

（2）假若一切命题都是表述单纯的同一性，那么每一个命题便要成为虚妄。如果 A=B，B=BC，我们从这里面得到的结论为 A=C，那么或则 B 可以使 A 发生差异，或则根本不发生差异，二者必居其一。前一场合，这一命题就是虚假的；后一场合，这一命题便化为乌有，因为 B=O。ABC 如何能够成为跟 A 是一样的东西呢？假如 BC 是一无所有，这个断语就变成了空话。假如 BC 可以造成一种差异，两下又怎样能够成为同一？

可见杰文斯所说的部分同一都是虚妄，但是简单同一也并不较好。如果我们认为等号"="便是表示"相同或同一"，则"A=B"就不可能是真实的。假如这里面决无差异，这个断语便没有告诉我们什么；假如它确乎有所说明，那就是否定了这里面的同一性。

（3）显而易见，假如我们坚持同一性，则主词和宾词必得完全相同。AB=AB，ABC=ABC。但是就连这里，我们能否站得住脚也很成问题。即使是一个同义反复，各项名词的位置也仍然有所不同（参阅第一部第五章）。如果我们想要做到彻底，连这一点也不能保留。我们必须把这个双重断语取消一半，只留下一边；我们必得像这样说才对，譬如，AB 或 ABC。这样一来，我们放弃了对同一性的追求，马上便可发现我们的断语整个的内容。假定了 AB，则 A 就是 B。假定了 ABC，则 A 就是 C。我们在建立等式的过程中，不知不觉地使每一边都包括了所有的差异。其实，正是这些差异的综合，才是我们真正想要断言的东西。取消了一边，再取消掉这个等号"="，剩下来的便是整个判断的内容。[*]

---

[*] 这里并不是讨论"简单同一"，关于简单同一，可看第六节。

判断决非仅限于肯定同一性,同一和相等都不过是宾词的一种。假如用传统逻辑的语言来讲,那么在"S—=P"这一断语中,等号"="便与系词毫不相干,而完全包括在宾词范围以内:"A=AB"就是"A—=AB"。假如我们想要说的是 A 等于 B 或与 B 相同,那么最自然的语法当然就是说 A 跟 B 相同或相等。假如我们不这样说,那就是公开承认差异的存在,结果必然得出左边的"A=B"恰和右边的"A=B"完全一样。因为这两边是有差异的,所以就连这一点也是不实在。

第四节。以上一节只在于说明每一个命题都是肯定一种差异。判断决不能还原为片面的等同和合一。如果一定要这样做,就会使判断的整个内容在系词的两端同时出现。例如,说"钠元素 = 钠金属导电体",这里的判断其实是在右边。这个断语就是把金属和导电体跟钠元素综合在一起;只要我们知道了这一点,主词"钠元素"和系词"="便成为虚幻或毫无意义。你可以说,作为一种金属和导电体对于钠元素并不能构成什么差异。但如果这就是说没有任何差别,那真是很奇怪的说法,再要认为这就可以暗示钠元素整个的差异,便更加不合常情了。

第五节。没有任何命题表述单纯的同一性,但是如果不表示或暗含同一性又不能作出任何判断。要想解决这个难题,上节末尾也已暗示,只有承认同一和差异互相关联,是同一事实不同的两方面。单纯的同一或单纯的差异都是不可解的。因此,虽然我们在判断中并非总要把一个主词跟一个宾词等同起来,可是每一个判断里面却都可以找出同一性来。凡是说明有同一性的地方,也就预先假定了有差异。凡是说明一种差异的地方,同时一定含有同一性作为它的基础。所以，如果我们把暗中的涵蕴和明显的意义放在同一水平上，便可以证明每个判断都是差异与同一性的结合。

第六节。每一个判断里面所联结的各种差异，都可以看作同一主词的不同的属性②（参阅第 27 页，又第 180 页）。例如，在"钠 = 钠金属"这一判断里，我们就是断言钠和金属这两个属性联结于称作钠的这一主体之中；假如你愿意，但也可以这样说：在钠和金属这两个不同的属性之下，原来的主体并没有变成另一主体。再如，"等边三角形 = 等角三角形"，这个意思就是说，尽管有了这些差异，仍然是同一个三角形，或者说，这些属性当中只要有了一种出现，在同一主体里面也必可以找到另一种属性。又譬如，"北极星是运动最缓的恒星"，这就是说同一星体有了两个不同的属性，或尽管有这些差异仍然是同一星体。在所有这些实例中，都是既有同一，又有殊异，虽然我们可以着重这一个或那一个，但无论何时二者总是并行不悖的。

现在再举一些不同的实例来加以证明。譬如说，"这十五件陈诉每一件都是伪证"，这里同一的主词便是每一件陈述，或者表现于每一件陈述之中的伪证的性质。因此，我们可以得出四种不同的意义。第一种意义是说，每一件陈述除了具有其他的性质之外，还要加上伪证的特征。第二种意义是说，虽然这些陈述是虚伪的，③ 尽管各执一词互有歧异，但决不能因此而成为两样，改变其伪证的本性。第三种意义是说，同一犯罪发生于十五种不同细节的环境中。第四种意义是说，十五种陈述详情虽有不同，但并不能证明所犯的罪不是一样。

再就相等或同一性本身来举例一谈。当我说 A 和 B 是相等的时候，我所断言的实在就是 A 和 B 虽不相同，但它们所具的数量 x 却仍然一样。假如我说"A 和 B 完全相同"，那么，我一定先把 A 和 B 放在不同的地点或时间或其他特殊情况下，认其为不同，然后再肯定它们的同一性跟以上各节作一个对比。前一场合的相等和后一场合的同一，都可以看为一个主词，而 A 和 B 则都不过是并存于这个主词之中的属性。

假如上述各点都是对的，那就不可能有像"简单的同一"这种东西。"等角三角形＝等边三角形"，这句话如果否认了性质的不同便是不对的，或者如果忽视了主词的区别也是不对的。这里所说的同一性必得存在于差异之中。等边的主词与等角的主词就三角形来说是同一的。这个事实最自然的说法当然是，不同的主词是同样的，或者说，不同的性质彼此相关联。

第七节。我们关于命题研究的结果，对代入法的理论，显然是不利的。因为我们已经明白，一切主词都表现一种同一性，同时也具有它们的差异。这样，我们的等号"＝"便找不到适用的地方了。如果 S 和 P 变成了十分同一，我们的判断就要化为乌有，或者完全转移到等式的一边。但是如果我们承认 S 和 P 是不同的，这个同一的符号便明明是在说谎。这都是很难排解的。更难解的就是，每一个同一都可以证明为同一主体之中各种不同的属性的联接。此外，还有不容易调协的一点我们没有提到。一切判断，我们早已知道，都可以看作同一性的断语。然而时间和空间的关系却似乎很难适用代入法来加以处理，或至少在一般的看法都认为如此（参阅第一部第 22 页）。我以为在这些困难面前，代入法都是说不过去的。

第八节。（B）现在我们来讨论我们的第二个问题。推理的过程

第四章 杰文斯的等式逻辑

是否就是靠着交替互换或代入法？上面也已指出，这是不可能的。

（1）交换或代入的名词必得是同一才行，然而如果是同一，你又不可能代入。假如你的推理过程不能提供你任何差异，那就不成为一个推理过程。但是假如它能够供给你一种差异，那又会打破你的同一性。由此看来，如果推理就在于交替代入，所代入的势必都是不同的东西。

举一个例来说，"A 等于 B，B 等于 C，所以 A 等于 C"。这里便不可能靠代入法而获得任何结论。因为我们能够找出什么同一的东西呢？A 当然不同于 B，B 不同于 C，而 "等于 B" 也并非与 A 相同。所谓同一实际上不过仅限于 A，B 及 C 的数量之中。A 与 B 的数量相同，而 C 与 B 亦复如是。所以 A 和 C 的数量也是一样。可是这却决不能用代入法来加以证明。因为这里每一项的量是没有差异的。这三个名词写出来应该是这样，xA，xB，xC。如果你用 xA 来代替 xB，显然就是用不同的东西互相替换。假使你仅乎交换 x，那在实际上便等于一样也没有做，因为你已经有了 xB 一项。A 固然等于 B，但并非就是相同。这两方面的量确乎是一样，但只有一个量，并无两个量。

真正的推理过程乃是在共通的同一性 x 的基础上，把 A 和 C 的各种差异联系起来。这自然也可以称作代入法。取出与某种差异连结在一起的 x，再代之以与另一种差异结合在一起的 x。同时存在于 x 之中的各种差异，才是我们所需要的结论。但这种代入法已经不是同一性的替换，而是差别物的替换了。

第九节。（2）可见代入法在其有效的范围之内，就是把各种差异综合起来的一种间接方法。这个方法的规准不过是以"表式"代替名词。但是"表式"无非是关于这个名词的判断。所以这个规准就是"以判断代替名词"。换句话说,一个名词是不行的,你必得要有一个前提,而这当然便意谓着一个判断。你必得要撇开同一性,得出一些差异来。

在"钠是金属导电体"(第四节)这一判断中,钠金属代替了原来的钠,而金属则让其地位于金属导电体,我们说这对钠元素不会造成什么差异,或尽管有了这些差异钠元素还是一样。其实这里真正始终不变的主词,乃是为这些差异所寄托的某种东西;实在的过程乃是把差异加在一起,从而展开这个主词所包含的各种属性的联系。我们努力以求的乃是各种不同属性的综合,如果我们说起来好像我们所想望的只是保持主词的同一,那就完全误解了我们的目的。既然我们每一步明明都是结合各种差异,现在的解释却好像我们除了消除差异之外没有别的作为,这不过是颠倒事实罢了。

"不用原来的名词而代以它们各自的表式",换句话说,当然就是把各个前提结合起来。这不过是以一种人为的方法来完成一个古老的工作。由于许多我不能在这里说明的原因,这个人为的方法在某些地方是很有用的。但是实际上它只是把三段论式倒转过来,而且具有同样的局限性。

第十节。(3)代入法打破了传统逻辑的某些迷信。对某些目的来说,它也更为有效。此外,凡是三段论式所能证明的东西,这个新兴的竞争者也都能够证明。但是另一方面,三段论式所不能证明的东西,代入法也不能够证明。两方面的限制完全是一样。二者都只能局限于主词和属性的关系以及同一主词之中各种属性的结合;出了这个范畴之外,两下都不能发生作用(参阅第二部第一篇第二章第六节)。

要用三段论式来证明因为 A 和 C 都等于 B，所以它们必彼此相等，是不可能的*。但是要靠代入法来证明这个结论，也同样不可能。你所得到的前提就是 A=A 等于 B，B=B 等于 C；要想避免四词谬误，只有以虚妄的意义来理解这里的前提。

我们无需乎重复我们反对三段论式所说的话来驳斥等式逻辑。如果一种逻辑不能够处理程度、空间和时间的综合，甚至如我们将见到的，连它自己的"间接方法"也越出了应有的界限，这种逻辑如何可以提供一个真确的推理方法呢？它之所以失之于太狭隘，倒也并非因为它要求一个同一性来作它的前提各项名词依托的基础。它之所以太狭隘，实在由于它的结论只能限于主词和属性的范畴。杰文斯教授在其所著《科学原理》第二版第 22 页有一段话，也明白承认了这个限制。他的逻辑就其现在的情形来说，也仅能限于解释"简单的关系"。"所谓简单的逻辑关系便是存在于同一对象或种属里面各种性质状态之间的关系"。如果照这样说，这种推理的理论当然也只能适用于一部分的事实了。

第十一节。(4)我们已经知道，在三段论式的范围内，等式逻辑用来也可以很有效；同时我们对于这种推理的本性，也已有了一个大概的认识。我们固然可以说在推理中同一性是完全必要的，但是

---

* "A 的数量与 B 的数量相同，B 的数量与 C 的数量相同，所以 A 的数量即是 C 的数量"，光这样说是没有用的。如果把数量加以抽象来看，它固然是一样，但是你决不能从这个来证明 A，B 和 C 作为相等的东西互相关联或具有任何关系。如果你把这个数量跟它对 A 和 B 及 C 的关系结合起来加以考察，就会发现四词谬误，或所有前提都是虚伪。总之，从这个结论决不能得出相等的关系。

差异也同样的必要。我以为杰文斯阐释推理的原理，并把它化为一个简单的公式，在许多地方犯了严重的错误。

"各种事物如果存在着同一性或相似性或彼此相同，则符合于此一事物的东西亦必符合于另一事物"。"某一事物如果对于另一事物具有某种关系，则对于与此第二个事物相似或相等的东西，亦必具有同样的关系"（原书第9，17页）。

但是如果这些公式里面所说的"相似性"就是指没有差别而言，那么我们马上便可看出这不过是同义反复或者完全虚伪。因为只要存在着单纯的同一性，凡与某一事物相符合的东西正以此故便必得与其他事物不相符合。就上述A，B及C的例子来说，假若A—C这一判断由于A和B是单纯的同一，因而与A相符合，那么这个判断就只能有两种可能，或则根本不符合A，或则一切差异全归消灭，而成为$x=x$。这样，A对B的关系，当然也就是对与B相同的事物的关系。但是"与B相同"实际上就是B，如此，我们岂非一步也没有前进？

第十二节。这个公式能否还有另一种意义呢？如果有，应该是怎样的意义？单纯的相似性无论如何是不行的。A和C虽都跟B相似，但并不因此就一定彼此相似。尤其明显，如果B和C是"相等的"，那么A对于两下就更加不一定要有同样的关系。两个硬币是相等的，只有一个装在我的口袋里面，无论什么逻辑或事实也不能使我掌握住另一个硬币而成为它的主人。我想著者也决不会有这样的意思。

所谓相等或相似性的存在，要合于这里的用意，还必须达到充分的程度才行。但是怎样才可算达到了充分的程度？"相等性的一

第四章 杰文斯的等式逻辑

般准则就是能够交替代入"(《科学原理》第19页)。但是这样说还不能解决问题。这就是一方面告诉你达到了充分程度的相似性就可以交替代入，同时又说明这个程度是否充分便以能不能交替代入为断。原来的命意大概不是如此。真正的意思也许是说有了一定分量的相似性就可以得出结论，当你实行代入法的时候，你必已看到了这个充分的程度。但是我觉得杰文斯并没有告诉我们怎样的程度才算得是充分。

第十三节。不过我以为他已给了我们足够的材料，可以找出一个答案。摆在我们面前的问题乃是：给予了一个名词 B 与 C 相关联，或给予了 C 作为与 B 相符合的东西，则 A 和 B 之间一定要有多少分量的相同性，我们才能写出 A 来代替 B？这里我们所能提出的第一个答复就是，二者之间不需要有任何分量的相同性。A 和 B 根本用不着相似或相等。但是我们所能提出的第二个答复却是，这里面所需要的相同便是同一主词的相同。如果 A 和 B 都是 X 的性质，或者如果 B 是 A 的性质，那么 A 和 C 就自然可以互相关联起来了。即主词的性质成为中词，所有宾词均通过它而使主词受到修饰限制。或则主词的同一性[④]成为中词，在这个同一性的范围以内，各种属性自必互相联系而附着在一起。

以上我们考察了关于判断以及代入法推理的理论。现在我们要说到第三个，也是最重要的问题："间接方法"和"逻辑机"。这里也可以把我们将要得到的结果预先简略地一说。(a)间接方法的实质不能归原为代入法。(b)这个推理过程一部分固然可以应用代入法，但其他推理方式也同样可以适用。(c)逻辑机并不能提供完整的结论。(d)它只是不适当地局限于一种推理。

第十四节。(C)(a)间接法不过是一种排斥的过程。使用这种方法，你必得首先找出所有的可能性，然后再逐一把所有其余的都排除掉，只留下一个可能性。换言之，你就是要有一个选言结构，消除一切交替的成分，只许有一个成分余留下来。正因为主词如果当作实在的，就必得看为完全确定和特殊化的东西，所以剩下的可能性就是真实的(参阅第一部第四章)。A 是 b, c 或 d，它不是 b 或 c，所以它是 d。这便是间接法的实质，我们在前面，在某种限度之内，已经有了一个大概的认识了。

第十五节。我们知道这一过程是越出三段论式之外的。在我们探究的现阶段，我们已可推断它决不能够还原为代入法。不过既然它不能还原为代入法，那么，杰文斯最精彩的说明就和他自己的理论相矛盾了。现在让我们来一看杰文斯到底是怎样解释的。

"这里一般的规则是，从任一交替成分的否定就可推知其余成分的肯定。而这个结果显然是由我们代入法的过程所产生的，因为假定我们有下一命题：

$$A = B \cdot | \cdot C \cdot | \cdot D,$$

如果我们将上面 A 的表式，也就是 A 的值，插入下面自明的同一性等式的一边，

$$Ab = Ab,$$

即得 $$Ab = ABb \cdot | \cdot AbC \cdot | \cdot AbD;$$

但是这三个交替成分的头一个是自相矛盾的，按照矛盾律应该予以打消，于是只剩下了

$$Ab = AbC \cdot | \cdot AbD.$$

可见我们的体系完全包括了，而且也说明了选言三段论式术语上所

称的否定肯定法"(《科学原理》第 77 页)。*

我以为这些话都是经不住一驳的。第一，我们可以看出，消去一部分，而把其余部分加以确认，就是这个方法的实质，即使从表面上来说，也根本没有还原为代入法。第二，在这一实例里面，代入法的推论也是完全没有用处的。它并不能够使你向着结论前进一步。

我们可以举一个更简单的例子来说，"A 是 b 或 c"，"A 不是 b"，只要有了这两个前提，马上我们就可以从它们得出这个结论，"A 是 c"。但是杰文斯，如果我对他的理解没有错误，却认为你一定要绕一个圈子，通过代入法的程序才能获得结论。A=b 或 c，A=非-b。必须把第一式中 A 的表式 "A 是 b 或 c" 插入这样一个等式 A 非-b=A 非-b 的一边。如此，便得出了 A 非-b=A 非-b 又是 b 或 A 非-b 又是 c。但 A 非-b 又是 b=o，所以 A 非-b=o 或非-b 又是 c。

不过假如文字还有一点意义的话，当我知道了 A 是 b 或 c，并且明知 A 不是 b 的时候，我马上就可知道 b 是必得要取消的。我只要在我的头脑中作一个试验，想象一下，就可明白 c 是唯一剩下来的东西。如果我高兴，我当然也可以把这个写成 "c 或 o"。但是我实在看不出像这样转一大弯，再回到原来的出发点，能够得到什么好处。A 是 b 或 c，现在已知它不是 b。如果可能，我们不妨假定 A 是 b。但是假若它是 b，那就同时是 b 而又非 b。这当然是不可能的，

---

* 应当提醒读者，这里的 $\cdot|\cdot$ 表示"或"的意思，而 b 便是"非-B"，本书并不用这些符号。

所以结论便很明显了，即 A 不是 b。其实，这不过是用原有的前提来证明它自身。假使有人说实际上不是如此，认为我这样做时已经利用"或者是 o"这一选言肢丰富了给予的前提，那么，我可以回答，如果你不能懂得只有 b 和 c，取消了 b，剩下的便必得是 c；又如何可以明白给予了"c 或 o"，没有了 o，就必得只剩下 c？在我看来，后者决不比前者更为明显。

第十六节。我以为杰文斯之所以有这种错误，完全由于他对间接推理存着一个不正确的看法。按照他对于间接推理的看法，我们必得有一个选言结构作出发点，然后再消去一个成分，从而证明另一个成分。而且我们一般还要自上而下地运用直接推理。我们必得假定一个选言肢作为我们的前提之一，而这个选言肢明明最后一定要予以取消，根据这个假定我们才能够得出一个结论与前提里面所包含的某种成分相冲突。这是一个通常的程序，但也不过是一个通常的程序而已。我们并非经常需要自上而下的直接推论。因为当前提本身已经说明了必须取消某一个交替成分的时候，再要运用这样一个直接推论，试问还能够证明什么东西呢？我们的手上不止有了一个选言结构，而且已经有了排除某一个选言肢的说明。我们所以需要直接推论，不过是借以引入最后的步骤，仅乎用来准备一定的主词；但是既然我们的前提已经提供了一个现成的主词，我们还要使用所谓间接推理能够得到什么益处呢？

这个错误又跟另一错误有联带的关系。我很怀疑杰文斯对于矛盾律和排中律的误解，也是造成他整个错误看法的原因。不过只要我们明白了排中律[⑤]乃是选言结构的一种，而决非它的基础（第一部第 151 页），马上就可看出自己矛盾的证明并没有什么神秘的力量。如果我们兜了一个圈子所得的结果还是一样,那岂不是白费气力吗?这个逻辑的错误非常明显,是无法加以辩解的。

现在我们可以再举一个例子来说明一下,但决不要因此认为我是对杰文斯缺乏敬意。假定我有了一个前提,"A 是 b"。如果我一定要从这个前提再来证明一次"A 是 b",这是不是毫无意义的绕圈子?可是果真要这样做,那也很容易。我们可以假定 A 又不是 b,如此一来,A 就成了同时是 b 而又非 b,或把 A 的表式插入 A 非-b=A 非-b 这个自明的同一性等式的一边,即得 A 非-b=A 非-b 又是 b。这个等式的右边成了自相矛盾,按照矛盾律应予打消,于是便剩下了 A 非-b=o,或者 A 是 b。我认为这样绕了一个圈子恰和前面绕圈子的说法是一样,说来说去还是原来的前提,除此以外毫无所得。

由此可见,所谓间接方法是不能够还原为代入法的过程了。

第十七节。(b)如果就杰文斯所依靠的方法来讲,他确实是把等式当作一个法宝来使用,但是实际上也根本没有这个必要。照他自己所说,这个推理程序分为下列四个步骤。

"1. 依照二分律,根据各个前提中所包含的名词,找出所求名词或种属的说明一切可能存在的交替成分。

2. 将这些成分当中每一个名词,一律代之以前提里面给予的说明或表式。

3. 消去所有发现与矛盾律相抵触的每一个交替的成分。

4. 剩下来的各名词合拢来与所求的名词成立等式,如此即得我们所需要的结论。"(《科学原理》第 89—90 页)

这个程序里面真正使用了代入法的地方,我们可以看出,便是第二步。其实,这一步如果不用代入法,而用普通的方法,也是一样。我们已经有了这些名词一切可能的组合,我们的目的不过是要利用各别的前提,来消去与各别前提相冲突的那些组合。我们的前提应该采取怎样的形式呢?任何人都会回答,当然要采取组合的方式。正是这样的组合,普通的推理过程可以直接提供我们而按照代入法则必须绕一个大圈子才能够获得。显而易见,名词的"说明"或表式就是我们关于这个名词的判断。因此,杰文斯实际使用的方法这一部分之所以有效,也不过由于它本来可以通过三段论式加以表述。因为这些前提就是各种属性的组合。它们所以能够互相关联起来,诚如杰文斯所说,"正是作为同一对象的属性"(前引书第114页);苟非如此,也就不能用他的方法来处理了。假如我们愿意,我们很可以直接把这些属性组合起来;现在我们不这样做,也不过是出于我们的选择,或者有时为了某种方便,实则如果我们通过它们共同的主词把它们组合起来,还是可以达到同样的目的的。

由此可见,我们可以使用代入法来准备我们的结论,但我们并不能凭它来引出、得到我们的结论,这个方法的作用便只限于第二步。

第十八节。以上我们考察这个方法的本身,已可看出它只能处理综合或组合,它的作用根本不在于处理等式。而逻辑机实际体现的方法,更证实了我们所采取的见解的真确性。杰文斯本人也很坦白地告诉我们要注意这一点。

"毫无疑问,这是一个值得注意的事实,即一个简单的同一不能纳入这个逻辑机,而必须化为两个部分同一,这个事实也许使有些逻辑学家根本怀疑可以用等式来表示各种命题。"(《科学原理》

第 112 页）

在我看来，杰文斯的推理机不能解答单纯同一性并不稀奇，相反，如果它能够解答单纯同一性，倒反而稀奇了。假若我的理解无误的话，这个机器所得的结论，如果解释为表述简单同一的等式，那就会互相矛盾。A—B—C 可以与非-A—B—C 相一致[6]；但是我们如何可以调解 A=C 和 C= 非-A 呢？

第十九节。(c) 现在我们要说到逻辑机的问题，首先我们要问它所能做到的是什么工作。我不知道这种机器的详情，所以虽然我知道这是杰文斯一个重要的成就，也无从表示我的赞美之诚。但是这个机器所能做到的大概不外乎如此。各种名词一切可能组合都已制备好了，然后放入这个机器里面，所以都是现成的东西。操纵者只须从一端纳入他的前提，而这些前提每一个也都是组合的形式。这些前提的组合每一个都排挤掉了一切和它不相容的可能性。于是从机器的另一端，我们可以这样说，遂得出了所有剩下来的没有被前提所排挤掉的可能的组合。我们很容易夸大这个机器的力量。可是我以为它能够执行一部分工作，因而省去一段思维的过程，这是不能否认的。我可以毫不踌躇地承认，它所完成的机械的工作，如果让我们开动脑筋去做，那就是推理。在这个意味中，杰文斯有充分的理由可以自认为发明了一个推理的机器[7]。它的实际效用在某些地方可能是很大的，但即使撇开这个不谈，单从纯理论的观点来看，这也是一个极有意义的成绩。纵令杰文斯对于逻辑没有其他贡献，这个逻辑机也就足以使他在科学史上博得人们的敬仰。

不过另一方面，如果要说这个机器能够代替我们的心智，完成整个推理，没有经过制造的原材料从一端进去，做好了的结论从另一端出来，那就离开事实很远了。所有前提未经这个机械处理之前，先须变换安排，成为字母组合的形式。但这还不是最重要的一点。最重要的是，从这个机器里面得出来的结果并非真正的结论。当机器停止的时候，推理过程尚未完成，剩下来的工作仍然要靠心智来做。杰文斯所谓"读出"结论，在某种程度上便是制造了结论。

第二十节。我的意义就是说，在这个机器里面，关于我所用的名词一切可能的排列，已经预备好了一个齐全的选言结构。在我开始解答问题之前，这个机器早就提供了我们几个前提当中的一个。它罗列了一切的可能性，这是它的力量之所在。但是它列举的只是单纯的可能性，这是它的弱点。我们开始动作之后，纳入我们的材料所给予我们的各种组合。这些组合便是其余的前提。这个机器接受每一个组合的时候，便从所有可能性里面把凡是不合于这个材料的可能性一律除开。之后，才把剩下来的可能组合揭示出来。但这仍然不过是朴素的可能性，并没有形成真确事实的陈述。

这个过程可以分为五个部分。(1)一个完全无缺的选言的陈述，一切可能的组合都包括在内，这是由机器所提供的现成的东西。(2)把各个前提都化成组合的方式，这完全要操纵者去做。(3)发现所有与前提里面的组合不相容的交替成分，这一步全是机器的工作。(4)消除这些不相容的交替的成分，这也是机器所做的工作，而且为得出结论的那个最后推理的前一部分。(5)断言剩下来的成分是对的，如果只剩有一个可能性，便承认它是事实。这一步对于完成推理是绝对必要的，而这却是全部要操纵者来做的工作。

这个最后一步也许有人认为是多余的。但是根据上述排斥交

第四章 杰文斯的等式逻辑

替成分进行推理的见解，我以为这一步是完全必要的。而这却决不能说是由逻辑机完成的工作。

第二十一节。以上已说得很清楚，如果有人还要认为这个机器所能得出的结论便是直言的、确定的陈述，那么，我们就要指出，这样说只会使逻辑机得出来的结果都成为虚妄。下面便是这个机器所得的一个结果，可以作为证例（《科学原理》第109页）。

A—B—C.　非 A—B—C.

非 A—非 B—C.　非 A—非 B—非 C.

这里只有一种可能性，如果限定了 A，实际上我们自可很有把握地认为，这个机器作出了关于这个可能性的直言的断语。但是，假使我们采取这种看法，彻底说来，马上就会引起困难。互相冲突的可能性在其仅是单纯可能性的时候，是可以并存的，可是一到你把它们作为真确事实加以肯定，它们便要彼此排斥了。果其如此，那我们就只能认为，或则这个机器得出来结论都是虚妄，或则所有结论都必得看作单纯的可能性，二者必居其一。你从这个机器得不到任何根据可以断言 A 是 C。我们只晓得 A 可能是 C；因为它可能是 C，并因为它不可能是别的东西，又因为它这样也必得成为 C，那样也必得成为 C，所以你才能推断 A 是 C，这个结论当然决不是逻辑机所能提供给你的。

第二十二节。（d）这个机器所做的已经超过了我们正当的要求，如果再要给它加上许多虚构的力量，那就很可笑了。我们也已知道它并不能得出一个结论。此外，在另一方面，它也有很大的局限性。虽则它不是依靠代入法而工作，然而它的范围却只限于等式逻辑或三段论式中可能的推理。除了代表同一主词之内各种性质同时存在的组合之外，它不能够处理任何其他的组合。而这正是一个很严重的缺点，因为这便意味着这个机器只能接触到主词的一部分。

这实在不是间接方法本身的过失。除非加之以人为的限制，那个方法本来可以适用于任何地方以及任何种类的题材。例如假定有了这两个前提，"A 在 B 之右，B 在 C 之右"，我固然可以由此直接得到我的结论；但是假如我愿意，我也同样可以使用间接的方法。A 对于 C 的各种可能性或者根本没有任何空间关系，或 A 在 C 之右，或在 C 之左，也许二者都不对，而是在 C 之上，或在它的下面，等等。但是 "A 在 B 之右" 这一前提却排除了（我们可以想象出来）一切其他交替的关系，只有 A 在 C 之右才是可能的。因为假定任何其他关系成为实在，所得的结果就会与我们的前提不相符合。所以只有剩下的唯一的可能性才是事实。这实在是一个完全为我们所熟知的极平常的推理，而等式逻辑的体系竟没有它的地位，在这一点上至少不能不认为是不完全的。

第二十三节。以上所作粗略的论述可以概括说明如下：

（1）间接方法与相似项或等量的代入并无绝对必要的关联。

（2）这个方法本身原来无可指谪而且是很完满的，但是杰文斯教授那样运用却使它受到不适当的限制。

（3）就在这等限制以内，逻辑机的作用也并不能真正提供直言的、明确的结论。

（4）这些不利的限制也就是等式推理的限制。

（5）这些限制正好与三段论式的界限相合一，有很大一部分的推理都超出它们的范围之外。

第四章 杰文斯的等式逻辑

(6) 代入法不过就是倒转过来的三段论法,它的原理杰文斯并没有能够正确地阐明。

本文只能说到这里为止,所遗憾的就是,限于篇幅,以上谈到的几乎完全限于我不能同意著者的几点。假如我有可能多谈一些他的逻辑著作的优点,那该是怎样更加愉快的工作!不过杰文斯的声誉也许并不需要我来赞美。所以我只有在本篇的终结表示我的信念,没有一个活着的英国人[8]对于逻辑的贡献可以比得上杰文斯成就的一半。而且就我见闻所及,也没有一个其他活着的著者曾经有过更多的贡献。陆宰教授可能应作别论,但他也已逝世了。在逻辑研究上,杰文斯的著作曾经给我很大的教益,对于任何其他的英国逻辑学家我都不能诚恳地说这句话。不能接受某种结论,不一定会阻止一个人虚心学习。凡是读过杰文斯《科学原理》的人,都可从这本书得到一些收获。*

---

* 这篇文章写成以后,接到了杰文斯教授不幸淹死的消息,我已经没有机会向他请教,以便改正我对他的理论有什么误解的地方,所以这篇文章也就不加更动了。

还有一点需要解释一下,读者也许会疑问我为什么没有谈到等式逻辑中有关数理的问题。我只有把回答这个问题的责任推给以前负责我的教育的人,他们没有给我必要的训练。否则我也很想能够知道等式逻辑理论的缺点在数理上的表现。说起来可能显得不仅缺乏认识而且有偏见之嫌,但我还是要表示我的意见。假如我懂数学,我一定要明白为什么数学没有什么特殊之处或只限于数学才有的东西,以及如何可以说数学也成为一般逻辑乃至(就我所知)形而上学的灵魂。同时我也要向数理逻辑学家指出,如果他不能说明(例如)像"A 在 B 前,B 与 C 在一起,所以 A 也在 C 之前"这样的简单论据,他的话就不能使人信服。一种逻辑的理论,假若必须割裂歪曲主体的事实作为自己的根据,这种逻辑就根本不成其为逻辑。它可以把某些问题处理得更好而且很出色,但决不能提供关于一般推理的任何(正确或不正确)说明。再说一句也许是偏见的话,这种考虑在我看来似乎是很重要的。[9]

增补附注

① 关于本章可参看第一部第六章附注及编后论文第三篇。

② "一个主词","同一主词",参阅第一部第六章第十一节及编后论文第三篇。

③ "虽然这些陈述是虚伪的",这句话最好省去,"四种意义"如下,(1)每一个陈述都互有分歧,但(2)它的分歧并不能使它成为两种陈述,从而改变其一贯的有意作伪的性质。而这个性质的特点就在(4)始终是同一或同样的作伪,但(3)随着证例的增多,又受到影响更为严重。

④ "主词的同一性",参阅附注 ②。

⑤ "排中律",参阅第一部第五章附注 ⑫。

⑥ "A—B—C 相一致"等语,"可以与"之前最好插入"(照一般所理解)"一语,因为假如 A 是纯粹的,也就是说,作为无条件的,上面的话就是不正确的了。参阅第二十一节,及第二部第二篇第三章第十二节附注。

⑦ "推理的机器",鲍桑葵博士(《知识与实在》第 327 页以下,又《逻辑》第二卷 150 页)告诉我们要注意这一点:一切测量和观察的工具都可以称为"推理的机械"。

⑧ "没有一个活着的英国人",本书出版于 1883 年,当时说这句话我以为是对的。我这一段称扬也许失之过甚,不过这一问题只有留待别人来判定。我所写下的仅表示我对杰文斯的铭感之情,他的著作对于我在逻辑的钻研曾经有过很大的帮助。

⑨ 这个脚注的第二段不如省掉好。当我写下这一段话的时候,我还不知道有非等式的数理逻辑。不过直到如今,我的情形实际上并没有改善。

究竟一个研究逻辑的人,如果不懂数学,因而在他的理论中不能不放弃一部分公认的事实,是否就不应该写逻辑的著作,或者稍迟至少须把以前写下的著作收回,这个问题可以暂且不谈。至于他对逻辑原理须以数学为根据的主张,应该采取怎样的态度,我也无从置答。不过假如有人像我自己一样,听到这种主张,也许认为这在他看来,似乎是不切实际,而且是不合理的;可能有人告诉他，如果他懂得了数学，马上他就会另是一种想法。对于这样的话，他将如何回答，我自认也不能够揣测。

不过，我当然也不能承认数学已经合理地解决了逻辑和形而上学的问题，其解决的方式只有不懂数学的人才不可理解。必得有下面一个条件，才能使我同意这种看法。说这样话的人必须能面对不懂数学的逻辑学者和形而上学者，能够证明他自己实在深透地懂得了他们的想法和难题，并且使别人相信纵然越出数学范围之外他也确乎来得更高明，真的可以解决各种究极的问题。可是我对这一整个问题的认识是太有限了，所以即此一点也很难说得定。